Ilse Wegner

Einführung in die hurritische Sprache
2., überarbeitete Auflage

Ilse Wegner

Einführung in die hurritische Sprache

2., überarbeitete Auflage

2007
Harrassowitz Verlag · Wiesbaden

Die Umschlagabbildung zeigt einen Ausschnitt aus Bo 83/601 = KBo XXXII 13 Vs.
(aus: Erich Neu, Das hurritische Epos der Freilassung I, Studien zu den Boğazköy-Texten, Heft 32, Wiesbaden 1996. Tafel II, s.a. S. 179-192).

Bibliografische Information der Deutschen Nationalbibliothek
Die Deutsche Nationalbibliothek verzeichnet diese Publikation in der Deutschen Nationalbibliografie; detaillierte bibliografische Daten sind im Internet über http://dnb.d-nb.de abrufbar.

Bibliographic information published by the Deutsche Nationalbibliothek
The Deutsche Nationalbibliothek lists this publication in the Deutsche Nationalbibliografie; detailed bibliographic data are available in the internet at http://dnb.d-nb.de.

Informationen zum Verlagsprogramm finden Sie unter
http://www.harrassowitz-verlag.de

Gedruckt auf alterungsbeständigem Papier.
Druck und Verarbeitung: Hubert & Co., Göttingen
Printed in Germany

ISBN 978-3-447-05394-5

Inhaltsverzeichnis

Vorwort zur 1. Auflage 11
Vorwort zur 2. Auflage 13
Abkürzungsverzeichnis 15
Zeichenerklärung 20

I. Einleitung

1. Zeit und Raum der Überlieferung 21
2. Dialektgliederung nach M. L. Chačikjan 33

II. Einführung in die Grammatik

A Sprachverwandtschaft und typologische Charakterisierung

1. Die genetische Verwandtschaft 35
2. Die typologische Charakterisierung 36

B Schrift- und Lautlehre

1. Graphie, Orthographie und Phonetik 43

C Die hurritischen Wurzeln

1. Silbenstruktur und Wortbildungselemente 51
2. Die Nominalmorphologie 52
2.1 Die Wortbildungs- bzw. Stammbildungselemente ... 53
2.2 Die Suffixkette beim Nomen 60
2.2.1 Die 1. Position: Der sog. „Artikel“ 60
2.2.2 Die 2. Position: Die enklitischen Possessiv-Pronomina 62
2.2.3 Die 3. Position: Der Pluralisator *-aš-* 63
2.2.4 Die 4. Position: Die Kasussuffixe 65
2.2.5 Die 5., 6. und 7. Position: Die Suffixe der „Suffixaufnahme“ 69
2.2.6 Die 8. Position: Die enklitischen Personalpronomina .. 76
2.2.7 Die 9. Position: Die syntaktischen Partikeln 78
2.3 Die Zahlwörter 81
3. Die selbständigen Pronomina 82
3.1 Das Relativpronomen 84
4. Die Demonstrativpronomina und andere Pronominalstämme ... 84
5. Die Verbalmorphologie 85
5.1 Die Verbalwurzeln 86
5.2 Die Suffixkette beim Verbum 87
5.2.1 Die 1. Position: Die Wurzelerweiterungen 87

5.2.2 Die 2. Position: Die Tempussuffixe 90
5.2.3 Die 3. Position: Das Kennzeichen der Objektlosigkeit 90
5.2.4 Die 4. Position: Das Suffix *-imbu-* 90
5.2.5 Die 5. Position: Der Transitiv- und Intransitivanzeiger 90
5.2.6 Die 6. Position: Das Kennzeichen der Negation 91
5.2.7 Die 7. Position: Der Personenanzeiger der transitiv-ergativischen Verben 91
5.2.8 Die 8. Position: Der verbale Pluralanzeiger *-š(a)-* 91
5.2.9 Die Positionen 9-10: Enklitische Pronomina und syntaktische Partikeln 91
5.3 Die indikativen, transitiv-ergativischen, negierten Personenkennzeichen 94
5.4 Die Suffixfolge beim indikativen, intransitiven positiven Verb 97
5.4.1 Die Suffixfolge beim indikativen, intransitiven, negierten und beim antipassivischen Verb 97
5.5 Unregelmäßige Verben 101
5.6 Die nicht-indikativen Verbalformen 102
5.6.1 Die nicht-indikative positive Form (der positive Jussiv) 102
5.6.2 Die nicht-indikative negative Form (der negierte Jussiv) 108
5.6.3 Die nicht-indikativen Formen auf –ewa /eva/ (sog. konditioneller Optativ) 109
5.6.4 Die nicht-indikativen Formen auf –ae/ai (sog. Debitiv-Finalis) 111
5.6.5 Weitere Wunschformen aus dem Boğazköy-Material . . 112
5.7 Der Infinitiv 113
5.8 Die Partizipien 113
6. Die Postpositionen und Partikeln 114

D Syntax

1. Allgemeine Bemerkungen 119
2. Die ergativische Satzkonstruktion 120
3. Die intransitive Satzkonstruktion 120
4. Die „antipassivische“ Satzkonstruktion mit Unterarten 120
5. Der Nominalsatz 122
6. Der Relativsatz 122

E „Althurritisch“ 125

F Übungsbeispiele zur Grammatik

1. Übungsbeispiele zu den Kasus 141
2. Übungsbeispiele zur „Suffixaufnahme" 143
3. Übungsbeispiele zu den enklitischen Pronomina 144
4. Übungsbeispiele zu den Verben 145

III. Textproben und Textanalysen

1. Allgemeine Bemerkungen:

a) Kurzgefaßte Forschungsgeschichte 149
b) Wichtige Veröffentlichungen 151

2. Textproben aus dem Mittani-Brief

Lektion 1: Mit. § 8 153
Lektion 2: Mit. § 20 156
Lektion 3: Mit. § 22 160
Lektion 4: Mit. § 24 164
Lektion 5: Mit. § 28 171
Lektion 6: Mit. § 21 174
Lektion 7: Mit. § 9 179
Lektion 8: Mit. §§ 29 / 30 183
Lektion 9: Mit. § 31 189
Lektion 10: Mit. § 25 191

3. Textproben zum sog. „Althurritischen"

a) Aus der hurritisch-hethitischen Bilingue aus Boğazköy
Lektion 11: Der Mythos KBo 32: 13 203
Lektion 12: Die Parabeln KBo 32: 14 216
Lektion 13: Die Geschichte um Ebla KBo 32: 15 227
b) Lektion 14: Die Tiš-atal-Inschrift 232

4. Textproben aus verschiedenen Archiven

Lektion 15: Mari, Qaṭna, Ugarit 236

IV. Register

1. Wörterverzeichnis 245
2. Morphemverzeichnis 295
3. Stellenverzeichnis 301

Verzeichnis der Tabellen

Tabelle 1: Das Paradigma der hurritischen Kasusendungen 65
Tabelle 2: Schematische Darstellung der „Suffixaufnahme“ 75
Tabelle 3: Schematische Gesamttabelle der Suffixkette des Nomens 80
Tabelle 4: Die Suffixfolge beim indikativen, transitiv ergativischen, positiven Verb 93
Tabelle 5: Die Suffixfolge beim indikativen, transitiv-ergativischen, negierten Verb der 1. und 2. Person 95
Tabelle 6/7: Die Suffixfolge beim indikativen, intransitiv-positiven und intransitiv-negativen Verb sowie beim antipassivischen Verb 99
Tabelle 8: Gesamttabelle der Suffixfolge des indikativen Verbs ... 100
Tabelle 9: Die Suffixfolge beim positiven Jussiv 103
Tabelle 10: Die Suffixfolge beim negierten Jussiv 108
Tabelle 11: Die Suffixfolge beim sog. konditionellen Optativ ... 110
Tabelle 12: Die Suffixfolge beim sog. Debitiv-Finalis 111
Tabelle 13: Die Suffixfolge beim „althurritischen“ Verb 134
Tabelle 14: Die „Mittani-Formen“ der Bilingue KBo 32 136

Vorwort zur 1. Auflage

Von den zahlreichen Sprachen des Alten Vorderasiens darf das Hurritische als eine wichtige, aber im Gegensatz zum Akkadischen oder Hethitischen weniger erforschte Sprache gelten. Zusammenfassende Arbeiten, die den derzeitigen Kenntnisstand dokumentieren, sind nicht vorhanden. Die vorliegende „Einführung" soll dem Interessierten den Zugang zur Grammatik, die den derzeitigen Forschungsstand widerspiegelt, erleichtern. Viele grammatische Phänomene, die hier vorgestellt werden, könnten jedoch in der Zukunft modifiziert oder gar völlig anders zu beurteilen sein, dies vor allem deshalb, weil die Erforschung der hurritischen Sprache kräftig voranschreitet. Eine wissenschaftliche Grammatik im eigentlichen Sinn stellt diese Einführung nicht dar. Die bisherigen Hilfsmittel zur Erlernung des Hurritischen sind jedoch alle älteren Datums und bestehen aus drei Grammatiken und einem Glossar sowie aus zahlreichen verstreut veröffentlichten Artikeln. Arbeiten, die den Lernenden anhand von größeren zusammenhängenden Textstücken in die Grammatik einführen, sind nicht vorhanden. Diesem Umstand soll hier Rechnung getragen werden. Als Lesestücke sind keine künstlich gebildeten Übungssätze verwendet worden. Die Textproben entstammen mehrheitlich dem Mittani-Brief und in geringerem Umfang den Boğazköy-Texten. Nach dem eigentlichen grammatischen Teil folgen die in Umschrift wiedergegebenen, mit einer Übersetzung und einem Kommentar versehenen Lektionen. Die Lektionen 1-10 sind Textpassagen aus dem Mittani-Brief, die Lektionen 11-13 entstammen einer hurritisch-hethitischen Bilingue aus Boğazköy, die Lektion 14 behandelt die Tiš-atal-Inschrift. Die Textabschnitte, die dem Mittani-Brief entnommen sind, sind nicht nach inhaltlichen Kriterien angeordnet, sondern es wurden geeignete Textstücke herausgelöst, die den grammatischen Stoff vom Einfachen zum Schwierigen fortschreitend behandeln.

Herzlich danken möchte ich in diesem Zusammenhang Herrn Dr. Chr. Girbal für die Durchsicht des Manuskriptes, für wertvolle Hinweise und Korrekturen. Das Hurritische, vor allem der Mittani-Brief, war immer wieder Gegenstand vieler gemeinsamer Gespräche, durch die ich wichtige Ratschläge erhalten habe, aber auch vor manchem Irrtum bewahrt wurde.

Herr Dr. J. Klinger hatte sich liebenswürdigerweise bereit erklärt, an der Erstellung der Druckvorlage mitzuwirken. Für diese nicht zu unterschätzende Hilfe sei ihm herzlich gedankt.

Meinem Mann Volkert Haas möchte ich für die zahlreichen Anregungen, Ratschläge und Korrekturen danken, vor allem aber für die stete Ermutigung, das Lehrbuch zu vollenden.

Berlin, im März 1999 — Ilse Wegner

Vorwort zur 2. Auflage

Gleichzeitig mit meiner „Einführung in die hurritische Sprache“ war im Jahre 2000 im Rahmen einer größeren Arbeit zur Kultur der Hurriter ein grammatikalischer Abriß des Hurritischen von Mauro Giorgieri erschienen, den ich nicht mehr berücksichtigen konnte (M. Giorgieri, Schizzo grammaticale della Lingua Hurrica, in: La Civiltà dei Hurriti. La Parola del Passato, vol. 55. Napoli 2000, 171-277).

Die dort vertretenen unterschiedlichen Auffassungen zu einigen Phänomenen betreffen hauptsächlich das sog. „althurritische“ Verbum sowie die Interpretation des Imperativs und des Jussivs. Zwei weitere kürzere Zusammenfassungen zur hurritischen Grammatik sind von G. Wilhelm (2004) und J. Hazenbos (2005) erschienen. In diesen beiden Arbeiten wird auch stärker Bezug auf das Urartäische genommen.

Gegenüber der ersten Auflage haben sich – durch weitere Fortschritte bei der Erschließung der Grammatik des Hurritischen und auch durch die Diskussionen mit Fachkollegen – einige Veränderungen und Erweiterungen ergeben. Insgesamt aber ist der Aufbau der gleiche geblieben. Die Änderungen beziehen sich vor allem auf folgende Teile:

1. Die Gestaltung des Inhaltsverzeichnisses ist ausführlicher angelegt, dies vor allem deshalb, um das Auffinden von Morphemen in den Suffixketten zu erleichtern.
2. Bei den Wortbildungs- bzw. Stammbildungselementen sind etliche Suffixe hinzugefügt worden, die inzwischen isoliert werden konnten. Nach wie vor bestehen hier aber noch größere Unsicherheiten bei der Bedeutungsbestimmung.
3. Bei den Verben, insbesondere beim sog. „althurritischen“ Verbum, werden neue Tendenzen der Forschung aufgezeigt und diskutiert.
4. Eine weitere Lektion ist hinzugefügt worden mit Textproben aus verschiedenen Archiven, darunter einige Sätze aus den Textfunden der letzten Jahre (Qaṭna).
5. Das Wörterverzeichnis ist um die in der Zwischenzeit gedeuteten Lexeme vervollständigt bzw. erweitert worden.
6. Die Literatur ist bis zum Jahr 2006 vervollständigt worden.

Obwohl viele Fortschritte bei der Erschließung der Grammatik des Hurritischen seit Erscheinen der ersten Auflage erzielt werden konnten, müssen zahlreiche Phänomene nach wie vor als nicht bzw. nicht restlos geklärt bezeichnet werden. Hinzu kommt, daß neue Texte – wie z. B. die aus Qaṭna – oft auch neue Probleme (mitunter gar schon gelöst geglaubte) mit sich bringen.

Herzlich danken möchte ich Frau Birgit Christiansen, die die mühevolle Arbeit der Formatierung der Druckvorlage übernommen hat.

Berlin, im Februar 2007 Ilse Wegner

Abkürzungsverzeichnis

aAkk.	altakkadisch
AASOR	The Annual of the American Schools of Oriental Research. New Haven 1920.
aB.	altbabylonisch
AdŠ	G. Wilhelm, Das Archiv des Šilwa-Teššup. Wiesbaden 1980 ff.
AHw	W. von Soden, Akkadisches Handwörterbuch. Wiesbaden (1958)-1965 ff.
akk.	akkadisch
Amurru 1	Amurru 1. Mari, Ébla et les Hourrites. Dix ans des travaux. Première Partie. Actes du colloque international (Paris, mai 1993). Textes réunis par Jean-Marie Durand. Paris 1996.
Anm.	Anmerkung(en)
AnOr	Analecta Orientalia. Roma 1931 ff.
AOAT (S)	Alter Orient und Altes Testament. (Sonderreihe) Kevelaer/Neukirchen-Vluyn 1968 ff.
AoF	Altorientalische Forschungen. Berlin 1974 ff.
BChG	J. Friedrich, Kleine Beiträge zur Churritischen Grammatik, MVAeG 42/2. Berlin 1939.
Bibl.Mes.	Bibliotheca Mesopotamica. Malibu.
BiOr	Bibliotheca Orientalis. Leiden 1943 ff.
Bo	Inventarnummern unveröffentlichter Tontafeln aus Boğazköy.
Boğ.	Boğazköy
Boğ.-Bil.	Boğazköy-Bilingue
Bush GHL	F. W. Bush, A Grammar of the Hurrian Language. Brandeis University, Ph.D. Ann Arbor 1964.
bzw.	beziehungsweise
ca.	circa
CAD	The Assyrian Dictionary of the Oriental Institute of the University of Chicago. Chicago – Glückstadt 1956 ff.
Chačikjan, Churr. i urart.	M. L. Chačikjan, Churritskij i urartskij jazyki (= Akademija Nauk Armjanskoj SSR, Institut Vostokovedenija, Churrity i Urarty 2). Erevan 1985.
ChS	Corpus der hurritischen Sprachdenkmäler. Hrsg. von V. Haas, M. Salvini, I. Wegner, G. Wilhelm. Roma 1984-2005.
Diakonoff HuU	I. M. Diakonoff, Hurrisch und Urartäisch. Vom Verfasser autorisierte Übersetzung aus dem Russischen von K. Sdrembek (= MSS Beiheft 6 NF). München 1971.
Double Case	Double Case. Agreement by *Suffixaufnahme*. Edited by Frans Plank. New York – Oxford 1995.
Drevnij Vostok	Drevnij Vostok. Erevan 1973 ff.
EA	J. A. Knudtzon, Die El-Amarna-Tafeln (VAB 2). Leipzig 1915; Nachdruck Aalen 1964.

Eothen	Eothen. Collana di studi sulle civiltà dell'Oriente antico. Firenze 1988 ff.
Friedrich, Sprachdenkmäler	J. Friedrich, Kleinasiatische Sprachdenkmäler. Berlin 1932.
Friedrich, HdO	J. Friedrich, „Churritisch“, in: Handbuch der Orientalistik 1. Abt. II. Bd., 1./2. Abschn., Lfg. 2: Altkleinasiatische Sprachen. Leiden –Köln 1969, 1-30.
FsAlp	Sedat Alp'a Armağan. Festschrift für Sedat Alp. Hittite and other Anatolian and Near Eastern Studies in Honour of Sedat Alp. Edited by E. Akurgal, H. Ertem, H. Otten, A. Süel. Ankara 1992.
FsBoretzky	„Was ich noch sagen wollte ...“. Festschrift for Norbert Boretzky on occasion of his 65th birthday. Edited by Birgit Igla and Thomas Stolz. Studia typologica, Vol. 2. Berlin 2001.
FsFriedrich	R. von Kienle et al. (eds.). Festschrift Johannes Friedrich zum 65. Geburtstag am 27. August 1958 gewidmet. Heidelberg 1959.
FsHaas	Kulturgeschichten. Altorientalistische Studien für Volkert Haas zum 65. Geburtstag. Hrsg. von Thomas Richter – Doris Prechel – Jörg Klinger. Saarbrücken 2001.
FsHeger	Texte, Sätze, Wörter und Moneme. Festschrift für K. Heger zum 65. Geburtstag. Hrsg. von S. R. Anschütz. Heidelberg 1992.
FsKlengel	Aufsätze zum 65. Geburtstag von Horst Klengel. Hrsg. von V. Haas. AoF 24/1-2. Berlin 1997.
FsOtten 1988	Documentum Asiae Minoris Antiquae. Festschrift für H. Otten zum 75. Geburtstag. Hrsg. von E. Neu und Chr. Rüster. Wiesbaden 1988.
FsPopko	Silva Anatolica, Festschrift für M. Popko. Hrsg. von P. Taracha. Warsaw 2002.
FsSchmitt-Brandt	Europa et Asia Polyglotta – Sprachen und Kulturen – Festschrift für Robert Schmitt-Brandt zum 70. Geburtstag. Hrsg. von Y. Nishina. Dettelbach 2000.
FsThomas	Studia Indogermanica et Slavica. Festgabe für W. Thomas zum 65. Geburtstag. Hrsg. von P. Kosta unter Mitarbeit von G. Lerch und P. Olivier (= Specimina Philologiae Slavicae – Supplementband 26). München 1988.
FsWilcke	W. Sallaberger, K. Volk, A. Zgoll (Hrsg.), Literatur, Politik und Recht in Mesopotamien. Festschrift für Claus Wilcke. (Orientalia Biblica et Christiana, hrsg. von Eckart Otto und Siegbert Uhlig, Band 14). Wiesbaden 2003.
Fut.	Futur
Gelb, Hurrians and Subarians	I. J. Gelb, Hurrians and Subarians. The Oriental Institute of the University of Chicago. Studies in Ancient Oriental Civilization 22. Chicago 1944.
Gelb, Hurrians at Nippur	„The Hurrians at Nippur in the Sargonic Period“, in FsFriedrich, Heidelberg 1959.

Girbal, Hattisch	Chr. Girbal, Beiträge zur Grammatik des Hattischen. Europäische Hochschulschriften, Reihe XXI, Linguistik, Bd. 50. Frankfurt – Bern – New York 1986.
GN	Götternamе
GsForrer	*šarnikzel*. Hethitologische Studien zum Gedenken an Emil Orgetorix Forrer (19. 02. 1894 – 10. 01. 1986). Hrsg. von Detlev Groddek/Sylvester Rößle. Dresdner Beiträge zur Hethitologie, Bd. 10, Dresden 2004.
Hazenbos Hurr.u.Urart.	J. Hazenbos, Hurritisch und Urartäisch, in: Sprachen des Alten Orients. Hrsg. von Michael P. Streck. Wissenschaftliche Buchgesellschaft. Darmstadt 2005.
HdO	Siehe Friedrich, HdO.
heth.	hethitisch
Hethitica	Hethitica. Louvain, Louvain-La-Neuve 1972 ff.
hurr.	hurritisch
HZL	Chr. Rüster – E. Neu, Hethitisches Zeichenlexikon. Inventar und Interpretation der Keilschriftzeichen aus den Boğazköy-Texten (= StBoT, Beiheft 2). Wiesbaden 1989.
i.e.	id est
Iraq	Iraq. Published by the British School of Archaeology in Iraq. London 1934 ff.
JAOS	Journal of the American Oriental Society. Baltimore 1851 ff.
JCS	Journal of Cuneiform Studies. New Haven 1947 ff.
Jh.	Jahrhundert
jmd.en	jemanden
Jt.	Jahrtausend
Kammenhuber, Arier	A. Kammenhuber, Die Arier im Vorderen Orient. Heidelberg 1968.
K	Konsonant
KBo	Keilschrifttexte aus Boghazköi. Leipzig – Berlin 1916 ff.
Kn	Siehe unter EA.
KUB	Keilschrifturkunden aus Boghazköi. Berlin 1921-1990.
Language	Language. Journal of the Linguistic Society of America. Baltimore 1925 ff.
Laroche GLH	E. Laroche, Glossaire de la langue hourrite. Paris 1980.
Mari 5, Mari 7+6	F. Thureau-Dangin, Tablettes hurrites provenant de Mâri, RA 36, 1939, 1-28.
Mayrhofer, Arier	M. Mayrhofer, Die Arier im Vorderen Orient – ein Mythos? (Österreichische Akademie der Wissenschaften. Philosophisch-historische Klasse. Sitzungsberichte, 294. Band 3, 3. Abhandlung). Wien 1974.
mB.	mittelbabylonisch
MDOG	Mitteilungen der Deutschen Orient-Gesellschaft.
Mit.	Mittani-Brief (EA Nr. 24) zitiert nach J. Friedrich, Kleinasiatische Sprachdenkmäler.

MSS	Münchener Studien zur Sprachwissenschaft. München 1952 ff.
MVA(e)G	Mitteilungen der Vorderasiatischen bzw. (seit 1922) Vorderasiatisch-Aegyptischen Gesellschaft. Leipzig 1922-1944 (Fortsetzung der MVAG).
MVAG	Mitteilungen der Vorderasiatischen Gesellschaft (fortgesetzt durch MVA(e)G). Berlin, später Leipzig 1896 ff.
N.A.B.U.	Nouvelles Assyriologiques Brèves et Utilitaires.
Neu, Das Hurritische	E. Neu, Das Hurritische: Eine altorientalische Sprache in neuem Licht. Abhandlungen der geistes- und sozialwissenschaftlichen Klasse (Akademie der Wissenschaften und der Literatur). Jahrgang 1988, Nr. 3. Mainz – Stuttgart 1988.
NPN	I. J. Gelb, P. M. Purves, A. A. MacRae, Nuzi Personal Names (The University of Chicago, Oriental Institute Publications, vol. LVII). Chicago 1943.
o.ä.	oder ähnliches
OBO	Orbis Biblicus et Orientalis. Göttingen – Freiburg (Schweiz) 1973 ff.
OIP	Oriental Institute Publications. Chicago
OLZ	Orientalistische Literaturzeitung. Leipzig, Berlin 1898 ff.
ON	Ortsname
Orientalia	Orientalia. Commentarii periodici Pontificii Instituti Biblici. Nova Series. Roma 1931 ff.
Otten, JAWGött	H. Otten, Ein Blick in die altorientalische Geisteswelt, Neufund einer hethitischen Tempelbibliothek, Jahrbuch der Akademie der Wissenschaften in Göttingen. Göttingen 1985.
PdP	M. Giorgieri, Schizzo grammaticale della Lingua Hurrica, in: La Civiltà dei Hurriti. La Parola del Passato, vol. 55. Napoli 2000, 171-277.
PEC	Proto-East Caucasian
Pers.	(grammatische) Person
Pl.	Plural
Plank, Ergativity	Ergativity. Towards a theory of grammatical relations. Edited by F. Plank. London 1979.
PN	Personenname(n)
Präs.	Präsens
Prät.	Präteritum
RA	Revue d'Assyriologie et d'archéologie orientale. Paris 1886 ff.
RHA	Revue hittite et asianique. Paris 1930-1978.
RlA	Reallexikon der Assyriologie und Vorderasiatischen Archäologie. Berlin 1928-1938, 1957 ff.
Rs.	Rückseite einer Tontafel
s.	siehe
S.	Seite(n)

SCCNH	Studies on the Civilization and Culture of Nuzi and the Hurrians. Winona Lake (Indiana) 1981 ff., Bethesda (Maryland) 1994 ff.
SEL	Studi epigrafici e linguistici sul Vicino Oriente antico. Verona 1984 ff.
Sg.	Singular
SMEA	Studi Micenei ed Egeo-Anatolici. Roma 1966 ff.
SMS	Syro-Mesopotamian Studies. Malibu 1977 ff.
Speiser IH	E.A. Speiser, Introduction to Hurrian (= The Annual of the American Schools of Oriental Research, XX). New Haven 1941.
StBoT	Studien zu den Boğazköy-Texten. Wiesbaden 1965 ff.
Sternemann/Gutschmidt, Einführung	R. Sternemann/K. Gutschmidt, Einführung in die vergleichende Sprachwissenschaft. Berlin 1989.
sum.	sumerisch
H.-J. Thiel, Phonematik	Phonematik und grammatische Struktur des Hurrischen, in: Das Hurritologische Archiv (Corpus der hurri(ti)schen Sprachdenkmäler des Altorientalischen Seminars der Freien Universität Berlin [1975]). Hrsg. von V. Haas, H.-J. Thiel et al., 98-239.
TTKY	Türk Tarih Kurumu Yayınları – Ankara.
u.a.	unter anderem
UF	Ugarit-Forschungen. Kevelaer 1969 ff.
Ugaritica V	Ugaritica V. Mission de Ras Shamra 16. Hrsg. von J. Nougayrol, E. Laroche, Ch. Virolleaud, Ch. A. F. Schaeffer. Paris 1968.
Ug.-Bil.	Die akkadisch-hurritische Bilingue (RS 15.010) aus Ugarit, nach der Bearbeitung von M. Dijkstra, The Akkado-Hurrian Bilingual Wisdom-Text RS 15.010 Reconsidered, UF 25, 1993, 163-171.
unv.	unveröffentlicht
u.ö.	und öfter
urart.	urartäisch
V	Vokal
VAB	Vorderasiatische Bibliothek. Leipzig 1907 ff.
VAS	Vorderasiatische Schriftdenkmäler der Königlichen Museen zu Berlin.
ved.	vedisch
vgl.	vergleiche
Vs.	Vorderseite einer Tontafel
WE(n)	Wurzelerweiterung(en)
Wilhelm, Cambridge Encyclopedia	G. Wilhelm, The Cambridge Encyclopedia of the World's Ancient Languages. Hrsg. von R. Woodard. Chapter 4: Hurrian. Cambridge 2004, 95-118.
Wilhelm, Grundzüge	G. Wilhelm, Grundzüge der Geschichte und Kultur der Hurriter (= Grundzüge, 45). Darmstadt 1982.

Wilhelm, The Hurrians	G. Wilhelm, The Hurrians. Translated from German by J. Barnes, with a Chapter by D. L. Stein. Warminster (England) 1989.
Wilhelm, Lettres	Les Lettres d'El-Amarna. Correspondance diplomatique du pharaon. Traduction de W. L. Moran avec la collaboration de V. Haas et G. Wilhelm. Traduction française de D. Collon et H. Cazelles. Paris 1987.
Wilhelm, Letters	The Amarna Letters. Edited and Translated by W. L. Moran. Baltimore – London 1992. [Überarbeitete englischsprachige Ausgabe von „Les Lettres d'El-Amarna"].
WO	Die Welt des Orients. Wissenschaftliche Beiträge zur Kunde des Morgenlandes. Wuppertal – Göttingen 1947 ff.
WZKM	Wiener Zeitschrift für die Kunde des Morgenlandes. Wien 1887 ff.
YOS	Yale Oriental Series, Babylonian Texts. New Haven.
Xenia	Xenia. Konstanzer Althistorische Vorträge und Forschungen. Hrsg. von W. Schuller. Konstanz 1981 ff.
Z.	Zeile(n)
z.B.	zum Beispiel
ZA	Zeitschrift für Assyriologie und verwandte Gebiete – Vorderasiatische Archäologie. Leipzig, Berlin 1887 ff.
ZDMG	Zeitschrift der Deutschen Morgenländischen Gesellschaft. Leipzig, Stuttgart, Wiesbaden 1847 ff.

Zeichenerklärung

[ ]	Lücke im überlieferten Text
( )	1. Ergänzung nach Duplikat
	2. In der deutschen Übersetzung zum besseren Verständnis eingefügte Zusätze
-	Bindestrich zwischen den einzelnen Silben in der Transliteration
=	In den morphemanalytischen Umschriften werden die Morphemgrenzen durch ein Gleichheitszeichen (=) markiert
+	1. Ein Pluszeichen wird gesetzt bei nicht sicherer Segmentierung (z.B *-i+l-* bzw. *-il-*)
	2. Ein Pluszeichen wird gesetzt bei einfacher Aneinanderreihung von Segmenten, ohne phonetische Aussage (z.B. kel + ti [= *keldi*])
	3. Ein oder mehrere Pluszeichen geben Textzusammenschlüsse an (z.B. KUB 23: 71+)
*	Erschlossene Form
> <	Zu tilgen
/... /	Phonemische Wiedergabe
[...]	Phonetische Wiedergabe
<... >	Graphische Aufzeichnung

I. Einleitung

1. *Zeit und Raum der Überlieferung. Ein Überblick über die hurritischen Sprachdenkmäler nach Zeit und Raum*

a) Die zeitliche Verbreitung: Schriftlich nachweisbar ist das Hurritische von ca. 2230 v. Chr. an (Akkade-Zeit 2230-2090, nach der Kurzchronologie; sonst zusätzlich 60 Jahre) bis etwa 1200 v. Chr.; danach vermutlich noch in Rückzugsgebieten Ostanatoliens weiterlebend.

Möglicherweise – so ist vermutet worden – ist das Hurritische aber auch schon wesentlich früher im Nordirak und Ostanatolien anwesend, wie die im Altsumerischen belegte Handwerkerbezeichnung *ta/ibira* „Kupferarbeiter" nahelegt, für die eine plausible hurritische Ableitung gegeben werden kann: Wurzel *tab/v* „gießen" + *i* + *ri*, das eine agensorientierte Partizipialendung darstellt = „der, der gießt"[1] (ablehnend P. Attinger, zitiert von Hazenbos Hurr.u.Urar., 2005, 136 Anm. 6).

b) Die räumliche Verbreitung:[2] Zunächst faßbar ist das Hurritische im Nordirak und Nordostsyrien (Ḫābūr-Gebiet), in beiden Gebieten um ca. 2230 v. Chr. bezeugt. Später dann erfolgte eine Ausdehnung bis zum Mittelmeer und nach Anatolien; bei den Hethitern ist das Hurritische seit ca. 1400 v. Chr. hauptsächlich in Texten der kultischen Sphäre bezeugt.

Akkade-Zeit
(ca. 2230-2090)

Im einzelnen ist dazu folgendes festzustellen. Die ältesten Zeugnisse hurritischer Sprache – das sind in erster Linie Personennamen (PN) und möglicherweise auch geographische Namen des transtigridischen Raumes[3] – stammen, wie erwähnt, aus der Akkade-Zeit.

In weit auseinander liegenden Orten der nördlichen Eroberungen der Akkade-Könige wurden relevante Inschriften gefunden:

b_a) In Gasur – dem späteren Nuzi, gelegen im nördlichen Osttigrisland – können einige der zahlreichen PN als hurritisch identifiziert werden (Gelb, Hurrians and Subarians 52 f.).

b_b) Azuḫinnu, gelegen am Unteren Zāb, wird in einem Jahresdatum Narām-Suens (ca. 2150) erwähnt, dessen Herrscher von Narām-Suen gefangen genommen wurde. Der Name dieses Herrschers **Taḫiš-atili** ist hurritisch (Lambert, RA 77, 1983, 95). Ein aus altbabylonischer Zeit überlieferter historischer Text, der über allgemeine Aufstände gegen Narām-Suen berichtet, nennt einen König von Simurrum mit dem hurritischen Namen *Puttim-atal* (vielleicht stammt dieser Text jedoch aus späteren Quellen; Wilhelm, Grundzüge 11). Auch der in einem weiteren

---

1 G. Wilhelm, Gedanken zur Frühgeschichte der Hurriter und zum hurritisch-urartäischen Sprachvergleich, Xenia 21, 1988, 50 f., siehe auch Lektion 12.

2 Allgemein zu den frühesten Zeugnissen hurritischer Sprache, siehe M. Salvini, The Earliest Evidences of the Hurrians before the Formation of the Reigns of Mittanni, in: Bibl.Mes. 26, 1998, 99 ff.

3 P. Michalowski, „The Earliest Hurrian Toponymy: A New Sargonic Inscription", ZA 76, 1986, 4-11.

Jahresdatum Narām-Suens genannte Ortsname *Kirašeniwe* ist mit Sicherheit hurritisch.[4]

b_c) Tell Brāk, im oberen Ḫābūr-Gebiet, ist durch den Fund eines aAkk. Siegels mit Nagar zu identifizieren. Dieses Siegel nennt auch den Namen des Stadtfürsten, er trägt den hurritischen Namen **Talpuš-atili**[5]; das Namenselement *atili,* später dann wohl *-atal,* bedeutet in etwa „der Starke" (Wilhelm, SCCNH 8, 1996, 336). Das Element *-atal* ist weit verbreitet und über Jahrhunderte in Gebrauch geblieben (siehe z.B. noch den Namen Na-x-še-a-tal in dem Ugarit-Brief RS 23.031, zitiert von Fl. Malbran-Labat, L' épigraphie akkadienne. Rétrospective et perspectives, in: Ras Shamra-Ougarit XI, 1995, 37).

b_d) Tell Mōzān, ebenfalls im oberen Ḫābūr-Gebiet gelegen, konnte durch die seit 1987 andauernden Ausgrabungen nun mit der aus späteren Texten bekannten Stadt Urkeš, dem alten Kultort des hurritischen Göttervaters Kumarbi, identifiziert werden. Auf den über 600 Siegelabdrücken werden unter anderem eine Königin von Urkeš mit dem akkadischen Namen *Uqnītum* „das Lapislazuli-Mädchen", ein König (*endan*/LUGAL[6]) der Stadt namens **Tupkiš** (Abkürzung für *Tupki=š(enni)*), ein weiterer König namens **Ann-atal** sowie eine Amme namens *Zamena* und eine Köchin mit Namen *Tuli,* genannt; die Königsnamen sind zweifelsfrei hurritisch. Auch der dort in anderem Zusammenhang begegnende PN *Unab= še(nni)* ist hurritisch.[7] Das Namenselement *tupki* begegnet – noch fast ein Jahrtausend später – in Nuzi, Alalaḫ und Boğazköy. Die Bedeutung des Wortes ist unbekannt.

b_e) Tall as-Sulaima im Ḥamrīn-Gebiet lieferte einen aAkk. Brief, der den Namen *Tulpib=še,* mit dem Element *-še* für die Verkürzung von *šenni* „Bruder", enthält (Wilhelm, SCCNH 8, 1996, 337).

Waren die bisher erwähnten Zeugnisse hurritischer Sprache dieser Epoche lediglich Personen- oder Ortsnamen, so ist der folgende Text umso interessanter, da er erstmals hurritische grammatische Elemente bietet:

b_f) Es handelt sich um die sog. Kleiderliste aus Nippur, dem religiösen Zentrum Sumers (Gelb, Hurrians at Nippur, in: FsFriedrich, 1959, 183 ff.).

Neben hurritischen PN wie *Šeḫrin-ewri* und *Tubi* begegnen hier nun grammatische Elemente, *wie -ḫi/e* und *-na:* z.B. 12 TÚG *'à-ku-ḫi-na* (Wurzel *ag-*) 8 TÚG *ḫi-šè-lu-ḫi-na* (Wurzel *ḫešl-*), 5 TÚG *zi-im-zé-ḫi-na* (Wurzel *zimz-*). Diese Tafel aus weißem Marmor wird als „Prunk-Begleitschreiben einer Geschenksendung" auf-

4 Siehe dazu zuletzt Salvini, PdP 2000, 32 f. mit Anm. 33.

5 D. Matthews/J. Eidem „Tell Brak and Nagar", Iraq 55, 1993, 201 ff.

6 G. Buccellati und M. Kelly-Buccellati, SMEA 47, 2005, S. 39 (mit einer Tabelle bisher bekannter Könige von Urkeš).

7 M. Liverani/L. Milano: Mozan 2, The Epigraphic Finds of the Sixth Season, Philological presentation, SMS 5/1, Malibu 1991, 19, 25, 32; M. Kelly-Buccellati, SCCNH 8, 1996, 247 ff.; G. Buccellati und M. Kelly-Buccellati, The Seals of the King of Urkesh: Evidence from the Western Wing of the Royal Storehouse AK, in: FsHans Hirsch, WZKM 86, 1996, 66 ff., mit einem Exkurs von M. Salvini zum Namen Tupkiš, 84 ff.; dies., zu den Namen Ann-atal und Tuli, MDOG 133, 2001, 59 ff. und MDOG 134, 2002, 114; G. Wilhelm, Zu den hurritischen Namen der Kültepe-Tafel kt k/k 4, SCCNH 8, 1996, 335 ff. mit Anm. 17: *Un=a=b=še(nni)* „der Bruder kam".

grund des wertvollen Schriftträgers gedeutet. Die Herkunft der Tafel ist nicht bekannt.

Gutäer-Zeit (2090-2048), evtl. schon Ur-III-Zeit

b_g) Auf den Trümmern des durch die Gutäer zerstörten Akkade-Reiches (das Akkade-Reich endete kurz nach Šar-kali-šarrī [ca. 2114-2090]) entstand wohl der erste, durch eine Inschrift bezeugte und für uns greifbare hurritische Staat. Aus dieser Zeit ist eine nach ihrem Fundort Samarra benannte Bronzetafel erhalten. Die Inschrift ist in akkadischer Sprache abgefaßt und in aAkk. Duktus geschrieben. Inhaltlich handelt es sich um eine „Gründungsinschrift“ für einen Tempel des Gottes Nerigal, der erstmals in Inschriften Narām-Suens auftaucht. Der Gott Nerigal wird als „König von Ḫawalum“, einem Ort im Diyāla-Gebiet, bezeichnet.
(Nach G. Buccellati, WO 34, 2004, 212, verbirgt sich hinter der ideographischen Lesung des Götternamens ^{D}KIŠ.UNU.GAL bzw. ^{D}KIŠ.GAL nicht der Gott Nergal sondern der Hauptgott von Urkeš Kumarbi.)
Als Gründer dieses Tempels gibt sich ein König mit dem althurritischen[8] Namen **Atal-šen** (*šen* verkürzt für *šenni* „Bruder“) zu erkennen, der sich als König von Urkeš und Nawar bezeichnet. Als Vater gibt er einen König *Šatar-mat* an, dessen Name ebenfalls auf einem Siegel aus Urkeš erscheint. Die Namensform wird ebenfalls als hurritisch interpretiert.[9]
Die Inschrift lautet (zitiert nach Wilhelm, Xenia 21, 1988, 47):

> „Dem Nerigal, dem König von Ḫawalum, Atal-šen, der fähige Hirte?, der König von Urkeš und Nawar, der Sohn des Königs Šatar-mat, der Erbauer des Tempels des Nerigal, der Vernichter (seiner) Rivalen. Wer diese Tafel zerstört, dessen Samen mögen Šamaš und Ištar 'aufpicken'. Šaum-šen (hat) ... geschaffen/ist der Erschaffer des ...“

Atal-šen bezeichnet sich in dieser Inschrift als König (LUGAL) von Urkeš und Nawar. Urkeš wurde zunächst im Osttigrisland vermutet (Thureau-Dangin, RA 9, 1912, 1 ff.), später im Ḫābūr-Dreieck (Goetze, JCS 7, 1953, 62 f.), dann mit dem Tell Amuda, an der syrisch-türkischen Grenze, gleichgesetzt und schließlich mit dem Tell Mōzān identifiziert.[10] Nawar wurde früher mit einem Land namens Namri oder Namar gleichgesetzt, das im Zagros Gebiet zwischen der Diyāla und dem Unteren Zāb vermutet wurde. Das führte zu der Annahme eines sehr ausgedehnten frühen hurritischen Staates. Jüngste Funde belegen nun aber ein Nawar auch im Ḫābūr-Gebiet, so daß die Annahme eines solch ausgedehnten frühen hurritischen Staatengebildes aufzugeben ist (D. Oates, Iraq 49, 1987, 188). Der Name Nawar ist als hurritisch (*nav=ar* „Ort der Weide“) interpretiert worden (Wilhelm, Amurru 1, 1996, 178 f.).

---

8 Zu der Bezeichnung „althurritisch“ siehe S. 125 mit Fn. 90.

9 Erstbearbeitung der Tafel durch F. Thureau-Dangin, Tablette de Samarra, RA 9, 1912, 1 ff. Zum Siegel aus Urkeš mit dem Namen des *Šatar-mat* siehe G. Buccellati und M. Kelly-Buccellati, MDOG 134, 2002, 114 mit Anm. 3 und 4. Der Name *Šatar-mat* wird von Djakonoff HuU 54, als *šad=ar(=i) madi* analysiert, d.h. mit dem Namenselement *madi* „Weisheit“.

10 G. Buccellati und M. Kelly-Buccellati, „The Identification of Urkesh with Tell Mozan (Syria)“, Orient Express 1995/3, 67-70.

Ur-III-Zeit (2047-1940)

b_h) In der folgenden Ur-III-Zeit werden die Gebirgszonen östlich und nördlich des Zweistromlandes von hurritisch-sprachiger Bevölkerung besiedelt, ebenso wohl auch das Gebiet nördlich der Diyāla. In den zahllosen sum. Wirtschaftstexten dieser Zeit tauchen hurr. PN nun immer häufiger auf (z.B. in Drēhem, einer Vorstadt von Nippur, Šāğir-Bāzār und andere mehr). Wahrscheinlich gelangten die Träger hurritischer Personennamen als Kriegsgefangene unter Šulgi (2029-1982), dem zweiten König der Ur-III-Dynastie, auch in das südliche Mesopotamien. Aus der Ur-III-Zeit stammen die bislang ältesten Belege für die große hurritische Göttin Ša(v)uška von Ninive, in der Schreibung ^{D}ša-u_{18}(ÙLU)-ša, ^{D}ša-ù-ša, ^{D}ša-u-ša (also noch ohne das Element *-k-* [Wilcke, Drevnij Vostok 5, 1988, 21 ff.]). Der Name der Göttin bedeutet in etwa „die überaus große (Gottheit)" (Wegner, SCCNH 7, 1995, 117 ff.).

Die Regierungszeit Šu-Suens (1972-1964) markiert eine Wende in der Geschichte des Ur-III-Reiches. Unter dem Druck amoritischer Stämme aus dem Nordwesten sah sich das Reich in die Defensive gedrängt, wie u.a. der Bau einer Mauer gegen diese Nomadeneinfälle zeigt. (Die Mauer verlief nördl. von Bagdad vom Euphrat zum Tigris und an der Diyāla entlang.)

Tiš-atal

Zwei Urkunden aus Ešnunna (= Tell Asmar)[11], abgefaßt im 3. Jahr der Regierung Šu-Suens (d.h. 1970), erwähnen einen hurritischen Fürsten namens **Tiš-atal**, der sich „Mann von Ninive" nennt, und der demzufolge über den nördlichen Teil Assyriens, einschließlich der Tempelstadt Ninive, geherrscht haben müßte. Ein Herrscher gleichen Namens, und höchstwahrscheinlich identisch mit Tiš-atal, dem „Mann von Ninive", knüpft an die Tradition des Atal-šen oder sogar des Tupkiš an. Wie Atal-šen hinterließ dieser (zweite) Tiš-atal (alte Lesung: Tiš-ari) eine Gründungsinschrift über den Bau eines Nerigal-Tempels, nur verfaßte er seine Urkunde in hurritischer Sprache! Diese Urkunde – Tiš-atal- oder Urkeš-Inschrift genannt – ist somit die älteste auf uns gekommene Inschrift in hurritischer Sprache.[12]

Tiš-atal bezeichnet sich in seiner Inschrift – ebenso wie der oben erwähnte Tupkiš und ein weiterer König mit dem akkadischen Namen Išar-kīnum – als *„endan"* von Urkeš, ein bislang nicht restlos gedeuteter Titel. Wurde früher dieser Titel mit sum. *entu*-(Priesterin) in Verbindung gebracht (in frühen Bearbeitungen des Textes findet sich deshalb die Bezeichnung „Tiš-atal Priesterin$^{?}$" von Urkeš), so neigt man heute zu einer hurritischen Ableitung. Wahrscheinlich liegt in dem Element *-tan* das aus späteren Texten überlieferter Suffix *-tann/-tenn* vor, das zur Bildung von Berufsbezeichnungen dient. Das verbleibende *en* ist entweder von sum. EN „Herr, Herrscher" oder von hurritisch *en(i)* „Gott" abzuleiten (Wilhelm, The Hurrians, 1989, 11).

---

11 Whiting, JCS 28, 1976, 173 ff.; Wilhelm, The Hurrians, 1989, 11.

12 Diese Tafel wurde früher an das Ende der Akkade-Zeit datiert. Die Sprachstufe der Tiš-atal-Inschrift ist in der Literatur mit „althurritisch" bezeichnet. Die Erstbearbeitung der Tafel erfolgte durch A. Parrot und J. Nougayrol, Un document de fondation hourrite, RA 42, 1948, 1-20. Eine zeitliche Einordnung des Tiš-atal vor Tupkiš wird neuerdings von M. Kelly-Buccellati, MDOG 133, 2001, 91, vertreten.

Ein König von Kar(a)ḫar nennt sich in seiner Siegellegende ebenfalls Tiš-atal (^{D}Tiš-atal LUGAL Kar(a)ḫar). (Früher wurde der Name Ankiš-atal gelesen, so auch im RlA.) Kar(a)ḫar = Ḫarḫar ist östlich des Tigris im Diyāla-Gebiet gelegen. Ob dieser Tiš-atal, König von Kar(a)ḫar, identisch mit dem Tiš-atal von Urkeš ist, ist aufgrund der großen Distanz beider Orte eher unwahrscheinlich.

Altbabl. Zeit
(ca.1800-1530)

b_i) In altbabylonischer Zeit findet sich eine zunehmende Verbreitung hurritischer PN, aber auch von Texten in hurritischer Sprache selbst. Aus dem Süden Mesopotamiens, möglicherweise aus der Stadt Larsa oder aus Enegi, das im Einflußbereich von Larsa lag, stammen einige Beschwörungen in „hurritischer" bzw. „subaräischer" Sprache (die sog. nicht-kanonischen Beschwörungen VAS 17, 5, 6 und YOS 11, 64); zehn Texte werden von van Dijk als hurritisch erkannt, einer als subaräisch[13]. Eine dieser Beschwörungen richtet sich gegen Schlangenbiß, eine andere nennt „Teššub von Kumme". Insgesamt aber sind diese Beschwörungen weitgehend unverständlich (siehe Prechel/Richter, FsHaas, 2001, 333-372).

Sprachbezeichnung: Mit su-bir$_4^{ki}$ (= akk. Landesname *s/šubartu*) bezeichneten die Sumerer und Babylonier das Gebiet im nordwestlichen Mesopotamien. eme-su-bir$_4^{ki}$ (= subaräische Sprache(n)) dürfte ursprünglich eine Sammelbezeichnung der dort bekannten Völker bzw. deren Sprachen gewesen sein, bezog sich also ursprünglich nicht auf eine linguistische Einheit.

A. Ungnad[14] wollte den Namen Subaräer bzw. Subaräisch lediglich für die Sprache des Mittani-Briefes und für das Boğazköy-Hurritische gelten lassen.

I. J. Gelb (Hurrians and Subarians 108) zog hingegen eine scharfe Trennung zwischen „subaräisch" und „hurritisch", indem er subaräisch für das sprachliche und ethnische Substrat Nord-Mesopotamiens seit ältesten Zeiten hielt, das Hurritische hingegen für später angekommen. Diese Position mußte dann später aufgegeben werden, da eindeutig hurritisches Sprachgut von Sumerern und Babyloniern als „subaräisch" bezeichnet wird[15], gleichwohl verbirgt sich wohl in alter Zeit unter der Bezeichnung „subaräisch" auch nicht-semitisches und nicht-hurritisches Sprachgut (möglicherweise Lullubäisch oder auch Gutäisch?). In späterer Zeit ist jedoch mit eme-su-bir$_4^{ki}$ zweifelsfrei auch das Hurritische gemeint.

Die Bezeichnung „Hurritisch, Hurriter" entstammt den Texten aus Boğazköy, da dort in akkadischer Sprache verfaßte Verträge zu Tage kamen, die das „Land Ḫurri" bzw. „die Leute von Ḫurri" belegen. Allerdings wurde das Wort zuerst *ḫar-ri* gelesen (das Keilschriftzeichen ḪUR hat auch die Werte ḪAR und MUR) und da einige Götter in dem Staatsvertrag zwischen Šuppiluliuma I. und Šattiwaza von Mittani indo-arische Parallelen haben, interpretierte man die „Harrier" als älteste Indo-Arier[16]. Diese Hypothese erwies sich alsbald als unhaltbar, da Texte entdeckt

13 J. van Dijk, Fremdsprachige Beschwörungstexte in der Südmesopotamischen literarischen Überlieferung, in: Mesopotamien und seine Nachbarn. Berliner Beiträge zum Vorderen Orient, Bd. I/1. Hrsg. von H.-J. Nissen /J. Renger. Berlin 1982, 97 ff.

14 Vgl. A. Ungnad, Kulturfragen 1, Breslau 1923; ders., Subartu, Beiträge zur Kulturgeschichte und Völkerkunde Vorderasiens, Berlin und Leipzig 1936, 24 ff.

15 Chiera/Speiser, AASOR 6, 1926, 75 ff.; E. Speiser, AASOR 13, 1933, 13 ff.; ders., IH 2 ff.

16 H. Winckler, MDOG 35, 1907, 1 ff.; ders., OLZ 13, 1910, 289 ff.

wurden, in denen sich das hethitische Sprachadverb *ḫurlili* auf eine Sprache bezog, die der des Mittani-Briefes entsprach. Da heth. *ḫurlili* „hurritisch" bzw. *ḫurla-* „Hurriter" eine Entsprechung im Mittani-Brief selbst hat (nämlich das Zugehörigkeitsadjektiv *ḫurr=o=ḫe*/*ḫurv=o=ḫe* in der Selbstbezeichnung des Königs Tušratta von Mittani), gelangte man schließlich zu der Überzeugung, daß „*ḫurri*" anstatt „subaräisch" die eigene Gesamtbezeichnung sei. Dank Speisers großem Engagement in dieser Frage setzte sich die Benennung „Hurriter" und „Hurritisch" schließlich allgemein durch.[17]

aB. Mari

b_j) Ein weiterer Fundort hurritischer Texte in aB-Zeit ist Mari, eine bedeutende Metropole am mittleren Euphrat. Die Archive von Mari lieferten bislang sechs hurritische Texte, von denen fünf als Beschwörungen bezeichnet werden, ein Text ist wahrscheinlich ein Brief, in dem der Herrscher von Mari – Zimri-Lim – genannt ist.[18] Der Mari-Brief, der Brief aus Tell Brak (s. u.) und der Mittani-Brief (s. u.) teilen eine äußere Gemeinsamkeit: ihre Paragraphen sind durch doppelte Linien getrennt.

Eine der Beschwörungen (Nr. 1) richtet sich – soweit überhaupt verständlich – gegen den „Zahnwurm" und bildet damit eine Parallele zu der bekannten akkadischen Beschwörung.[19] Eine andere Beschwörung (Nr. 4) wurde im Falle der *gergiššum*- (Haut)krankheit rezitiert. Die hurr. Götter Teššub, Kumarbi und Ša(v)uška (hier noch in der alten Graphie ša-ú-úš-a-an) werden genannt, ansonsten sind diese Texte noch weitgehend unverständlich. Zahlreiche hurritische Personennamen in Rationenlisten belegen, daß die Träger dieser Namen den unteren sozialen Schichten angehörten.

b_k) Die moderne Ortschaft Tell Bī'a, bei Raqqa am oberen Euphrat gelegen, ist mit der keilinschriftlich überlieferten Stadt Tuttul identifiziert worden. Aus dieser Grabung stammt ein noch unv. hurritischer Text, der ein Duplikat zu der Mari-Beschwörung Nr. 4 (*gergiššum*-(Haut)krankheit) ist. Anders als bei der Mari-Tafel, auf deren Vorderseite ein akkadischer Text enthalten ist, nimmt die Beschwörung auf dem Täfelchen aus Tell Bī'a die Vorder- und Rückseite ein. Auch dieser Text ist nahezu unverständlich; nach der erhaltenen akkadischen Tafelunterschrift richtet sich die Beschwörung ebenfalls gegen die Krankheit „roter Hautausschlag" (*gergiššum*).[20]

Hurritische Personennamen treten nun gehäuft an verschiedenen Orten auf, so außer in Mari, in Šāğir-Bāzār (hier sind ca. zwanzig Prozent hurritisch), Tall ar-Rimāḫ (= Karanā, zwischen Ninive und dem Sinğār-Gebirge gelegen), Dilbat, Tikunani (im nördlichen Ḫabur-Gebiet) u.a.m. Die Namen tauchen zumeist in

17 Speiser IH 1 ff.; Wilhelm, Grundzüge, 1982, 2 ff., ders., The Hurrians, 1989, 2 ff. Im Alt. Testament ist die Form *hōrī(m)* erhalten, ohne allerdings Hurriter im historischen und sprachlichen Sinne zu bezeichnen.

18 F. Thureau-Dangin, RA 36, 1939, 1-28; M. Salvini, RA 82, 1988, 61 ff.; I. Wegner, AoF 31, 2004, 101-104.

19 Siehe dazu zuletzt M. Giorgieri, SMEA 44/1, 2002, 67 ff.

20 Siehe M Krebernik/Strommenger, 1980-1995: Tuttul (Tal Bī'a). Ausgrabungen in der Stadt des Gottes Dagan, in: Zwischen Tigris und Nil, 100 Jahre Ausgrabungen der Deutschen Orient-Gesellschaft in Vorderasien und Ägypten. Hrsg. G. Wilhelm, Sonderhefte der Antiken Welt, Mainz 1998.

Namenslisten über Naturalzuweisungen an Arbeitskräfte auf. Das Prisma des Königs *Tunib-Teššub* von Tikunani enthält eine Aufzählung von Ḫabiru-Leuten, von denen ein großer Teil hurritische Namen trägt. Aus Tikunani stammt darüber hinaus ein Textfragment in hurritischer Sprache.[21]

b_l) In Šušarrā, am Oberlauf des Unteren Zāb, bestand ein lokales Königtum, dessen Herrscher den hurr. PN *Kuwari* trägt. Zahlreiche PN (z.B. *Ḫašib-Teššub, Talpu-šarri, Unab-šenni* u.a.m.) und hurr. Wörter lassen vermuten, daß hier eine hurritisch-sprachige Bevölkerung dominierte.[22]

In der zweiten Hälfte des 18. Jh.s, nach dem Tode Šamšī-Adads von Assyrien, bildeten sich in Obermesopotamien zahlreiche lokale Fürstentümer, deren Herrscher hurritische Namen trugen.[23]

Alalaḫ VII

b_m) Der westlichste Fundort der aB-Zeit mit Texten, die hurr. PN, aber auch Wörter mit hurr. grammatischen Elementen enthalten, ist das Alalaḫ der Schicht VII (1. Hälfte des 17. Jh.s – bis ca. 1560). Die Stadt Alalaḫ liegt am Unterlauf des Orontes. Rund die Hälfte der überlieferten PN sind nunmehr hurritisch.[24] Der hurritische Einfluß reichte bis in den Staatskult, denn man schwor in einem Vertrag einen Eid bei Teššub und Ištar.

mB. Zeit
(15./14. Jh.)

Die folgenden Schichten, das sind Alalaḫ VI-V, waren schriftlos. In der folgenden Schicht **Alalaḫ IV** findet sich eine deutliche Zunahme der hurr. PN; rund dreiviertel aller Namen sind nun hurritisch. Hurritische oder hurritisierte akkadische Wörter begegnen als Fachtermini der politischen und wirtschaftlichen Verwaltung, der sozialen Klassifizierung, der Kultausübung, aber auch als Bezeichnungen alltäglicher Gegenstände. Es werden hurritische Zahlwörter verwendet. Rein hurritische Texte sind indes nicht gefunden worden.

Qaṭna

Aus dem östlich des Orontes gelegenen Ort **Qaṭna** (modern Tall Mišrife) stammen einige Inventar-Texte für die Göttin *bēlet ekalli* mit hurritischen Fachtermini. Hurr. PN sind zahlreich bezeugt. Im Jahre 2002 konnten 67 Tontafeln als geschlossener Fund geborgen werden, darunter fünf Briefe mit einem bedeutenden Anteil hurritischen Sprachgutes aus der Zeit des hethitischen Großkönigs Šuppiluliuma I. (ca. 1343-1321/17), abgefaßt in einer Art akkadisch-hurritischer „Mischsprache".[25]

---

21 M. Salvini, The Ḫabiru Prism of King Tunip-Teššup of Tikunani, Rom, 1996.

22 J. Eidem, The Shemshāra Archives 2, The Administrative Texts, Copenhagen 1992; Wilhelm, The Hurrians, 1989, 13.

23 Z.B. *Atal-šenni* von Burundum oder *Šukrum-Teššub* von Elaḫut. Siehe Wilhelm, Grundzüge, 1982, 20 ff.

24 A. Draffkorn(-Kilmer), Hurrians and Hurrian at Alalaḫ: An Ethno-Linguistic Analysis, Diss. University of Pennsylvania, 1959, 17.

25 Siehe Th. Richter, Kleine Beiträge zum hurritischen Wörterbuch, AoF 32, 2005, 23 ff. Die Bezeichnung „Mischsprache" ist ein Provisorium für diese eigenartige sprachliche Vermengung. Die eigentlichen Briefteile (d.h. nicht die Einleitungsformeln) sind in ihren nominalen und pronominalen Teilen Akkadisch und in ihren verbalen Teilen oft Hurritisch verfaßt. Für die „Mischung" bestehen zwei Verfahren: Das akkadische Verbum ist entweder glossiert und mit einer hurritischen Übersetzung versehen oder das Verbum ist Hurritisch und – ebenfalls mit Glossierung – in einen

Aus Nuzi, der Nachfolgestadt des alten aAkk. Gasur, aber auch aus anderen zum Königreich Arrapḫa gehörigen Orten, stammen tausende von Urkunden, deren Sprache zwar akkadisch ist, das jedoch in Lexikon und Syntax stärkstens vom Hurritischen geprägt ist (sog. „Hurro-Akkadisch“[26]).

Mittani-Brief

b_n) Das bislang bedeutendste Zeugnis hurritischer Sprache ist der schon seit 1888/9 bekannte Brief, den der mittanische König Tušratta an den Pharao Amenophis III. um 1365 geschrieben hat (Mittani-Brief). Der Brief gehört zu einem Dossier von insgesamt 14 Schreiben (12 Briefen und 2 Geschenklisten), die Tušratta an den ägyptischen Hof (Amenophis III. u. Amenophis IV.) gesandt hatte. Anders als die übrigen Schreiben Tušrattas, die alle in akkadischer Sprache abgefaßt waren, bediente sich Tušratta in diesem fast 500 Zeilen langen Brief des Hurritischen. Wahrscheinlich begleitete das Dokument den Brautzug der Prinzessin auf ihrer Reise an den ägyptischen Hof. Gefunden wurde die Tafel im ägyptischen Archiv von El-Amarna.

Inhaltlich gehört der Mittani-Brief zu der Heiratskorrespondenz zwischen Tušratta und Amenophis III. und behandelt das Projekt der Eheschließung zwischen dem Pharao und einer Tochter Tušrattas mit dem Namen Tadu-Ḫeba. Die Verhandlungen über das Vorhaben zogen sich über mehrere Jahre hin und es endete glücklich mit der Ankunft der Prinzessin in Ägypten. Amenophis III. starb allerdings kurz nach der Eheschließung. Heiraten zwischen Ägypten und Mittani hatten eine gewisse Tradition. So heiratete eine Tochter (Name nicht bekannt) des Artatama (I.), (dem Großvater Tušrattas), den Pharao Thutmosis IV.; eine Tochter des Šuttarna II., Vater des Tušratta und somit Schwester Tušrattas, namens Kelu-Ḫeba, war mit Amenophis III. in Nebenehe vermählt worden.

Da der Mittani-Brief in Thematik und Stilistik den übrigen akkadisch abgefaßten Briefen Tušrattas nahesteht, konnte man das Dokument nach Art einer Quasi-Bilingue behandeln und so in guten Teilen grammatisch und semantisch erschließen. Dieser Brief ist in sprachlicher Hinsicht die verläßlichste Quelle. Er bildet die Basis zur Erschließung der hurritischen Grammatik und ist die Grundlage der bislang erschienenen Grammatiken; er wird auch in dieser Arbeit als Hauptquelle verwendet. Der Mittani-Brief zeichnet sich insbesondere durch eine strenge Orthographie aus, die in den übrigen hurritischen Texten in dieser Weise nicht gegeben ist.

Historisches zum Mittani-Staat: Die Anfänge des Mittani-Staates liegen noch ganz im dunklen. Kurz vor oder nach 1500 entstand in Nordmesopotamien das Königreich Mittani. Der älteste Beleg für den Namen Mittani entstammt keinem der Archive Mesopotamiens, sondern der Grabinschrift eines ägyptischen Beamten aus der Zeit Thutmosis I. (ca. 1494-1482) „ ... ein Land, man nennt es Mittani. Die Feinde ... “ (Brunner, MIO 4, 1956, 323-327; Klinger, Xenia 21, 1988, 28 ff.). Als Mait(t)ani erscheint das Land in älteren mesopotamischem Quellen (Sauštattar Siegel auf Urkunden aus Nuzi: Ma-i-ta-ni; Tikunani: ^{URU}Ma-i-t[a-). In Quellen vor allem aus Nuzi/Arrapḫa des 15. und 14. Jh.s. erscheint für Mittani der noch völlig undurch-

akkadischen Kontext gefügt (siehe Richter ebd. 26). (Zu Textproben siehe Lektion 15). Ders., Qaṭna in the Late Bronze Age. Preliminary Remarks. SCCNH 15, 2005, 109-126.

26 Siehe dazu G. Wilhelm, Untersuchungen zum Hurro-Akkadischen von Nuzi, AOAT 9, 1970.

sichtige Name Ḫanigalbat oder Ḫaligalbat, in der ältesten Form auch Habingalbat. Mit dem mittanischen König Parrattarna ergibt sich durch die Nennung in der Idrimi-Inschrift ein erstes ungefähres Datum: ca. 1470 (Rouault, SMEA 30, 1992, 254).

Über die Zerschlagung des unabhängigen Mittani-Staates durch Šuppiluliuma I. von Ḫatti berichtet jetzt auch einer der Texte aus Qaṭna: „..., daß das Land Mittani zerstört ist" (Richter, UF 34, 2002, 612; ders., SCCNH 15, 2005, 125).

Im 13. Jh. bestand Mittani als kleiner unbedeutender Pufferstaat noch eine Zeitlang weiter, um dann von Assyrien endgültig einverleibt zu werden.

An der Spitze des Mittani-Staates stand eine Dynastie, deren Könige nicht-hurritische Thronnamen trugen und von denen einige sicher oder doch mit großer Wahrscheinlichkeit indo-arisch zu etymologisieren sind (Artatama = ved. rtá-dhāman- „dessen Wohnstätte das Rta ist", Tušratta[27] = ved. tvešá-ratha- „dessen Streitwagen ungestüm vordringt", Šattiwaza = alt indo-arisch *sāti-vāja „Kampfgüter erlangend", ved. vāja-sāti „das Erlangen von Gütern" [Mayrhofer, Arier, 1974, 23-25]). Zu den Göttern, die noch im späten 14. Jh. von den Mittani-Königen verehrt wurden, gehören Mitrá, Váruna, Índra und die Nāsatya-Gottheiten, Götter aus den Veden, den ältesten indischen Dichtungen. Diese Götter werden in zwei zusammengehörigen Vertragswerken, nämlich in den Verträgen zwischen Šuppiluliuma I. und Šattiwaza als Schwurgötter angerufen. Reste indo-arischen Sprachguts begegnen in der Bezeichnung der militärischen Adelsschicht als *marianni=na* „Streitwagenfahrer", in dem Ausdruck für den Brautpreis *úaduranni* (= indo-arisch vadhū-rā „Braut-Gabe"[28]), und in einigen Ausdrücken über das Training von Wagenpferden (nach dem Verfasser Kikulli-Text genannt).

Der Name Mittani ist eine Landesbezeichnung und keine Sprach- oder Bevölkerungsbezeichnung.

Tell Brāk

b_o) Tell Brāk (= Nawar/Nagar im oberen Ḫābūrgebiet) lieferte ein mittani-zeitliches Brieffragment in hurritischer Sprache (veröffentlicht von Wilhelm, Iraq 53, 1991, 159 ff.). In juristischen Dokumenten sind die Namen der mittanischen Könige Artašumara und Tušratta erwähnt.[29]

Ugarit

b_p) Der nächst zu nennende Ort, der hurritisches Sprachmaterial geliefert hat, ist die an der nordsyrischen Küste gelegene Handelsstadt Ugarit (modern Ras Schamra). Aus dieser Grabung stammen einige für die Erschließung des Hurritischen wichtige Texte verschiedenen Inhalts, darunter:

---

27 Auch Tuišeratta in Dokumenten aus Tell Brāk; vgl. N.J.J. Illingworth, Inscriptions from Tell Brak 1985, Iraq 50, 1988, 83 ff.

28 Siehe M. Mayrhofer, Ein indo-arischer Rechtsterminus im Mittanni-Brief?, in: Hist. Sprachforschung 109, 1996, 161-162. Zu dem viel diskutierten „Arier"-Problem siehe A. Kammenhuber, Die Arier im Vorderen Orient, 1968, und die Rezension dazu von M. Mayrhofer, Die Arier im Vorderen Orient – ein Mythos?, Wien 1974.

29 I. Finkel, Inscriptions from Tell Braq 1984, Iraq 47, 1985, 191 ff.; N.J.J. Illingworth, Inscriptions from Tell Braq 1985, Iraq 50, 1988, 99 ff.

1. eine kurze akkadisch-hurritische Bilingue: 8 akk., 11 hurr. Zeilen;
2. eine sumerisch-hurritische Liste der Serie HAR-ra = ḫubullu 9. Tafel;
3. sumerisch-akkadisch-hurritisches und ein sumerisch-akkadisch-hurri-tisch-ugaritisches Vokabular;
4. weitere hurritische Fragmente in babylonischer Keilschrift, darunter ein Brief, der die Stadt Karkemis erwähnt;
5. einige religiöse hurritische Texte in ugaritischer Konsonantenschrift, die wichtig für den Konsonantenstand sind[30].

Emar

b_q) Zeitlich mit zu den spätesten hurritischen Sprachdenkmälern zählen die Texte aus Emar (zerstört 1187; modern Meskene, am mittleren Euphrat gelegen). Es handelt sich um eine lexikalische Liste der Serie AN = *anum* und um Omina. Alle Texte sind derzeit noch unpubliziert; einzelne Wörter und Formen haben aber Eingang in das von Laroche 1976-77 bzw. 1980 publizierte „Glossaire de la langue hourrite“ (GLH) gefunden.

Das Fragment einer akk.-hurr. Bilingue ist als Duplikat zu dem ursprünglich präsargonischen Weisheitstext „Rat des Šuruppak“ der sumerisch-akkadischen Literatur identifiziert worden; graphischen Kriterien zufolge könnte es aus Emar stammen (Krebernik, ZA 86, 1996, 170 ff.; Alster, N.A.B.U 1999 Nr. 4, No. 88 B; Wilhelm, The Instructions of Šuruppak, 1.7: The Hurrian Version, in: Bendt Alster, Wisdom of ancient Sumer, 2005, 204 ff.).

Kleinasien

Assyr. Handels-kolonien

b_r) In Kleinasien ergibt sich in bezug auf hurritisches Sprachmaterial folgendes Bild: Aus altassyrischer Zeit sind zwar tausende von Urkunden überliefert, hurritische Wörter oder hurritische Namen tauchen in diesen Texten jedoch nur gelegentlich auf. Diese Situation könnte sich aber durch den Fortgang bei der Veröffentlichung der Kültepe-Tafeln ändern.[31] Ein an den Herrscher von Kaniš (modern Kültepe) gerichteter Brief stammt von einem Fürsten der Stadt Mama (im Umkreis von Maraš gelegen), der den Namen *Anum-ḫirbe* trägt.[32] Dieser Name ist – wie allgemein angenommen wird – hurritisch. Eine sprachliche Analyse des Namens erfolgte durch Wilhelm, in: Amurru 1, 1996, 176 Anm. 15: *an=o=m ḫirve* (also nicht den Gott *Anum* enthaltend, sondern die Verbalwurzel *an-* „sich freuen“).

Ein anderer Brief nordsyrischer Herkunft aus Kaniš nennt als Absender einen gewissen *Eḫli-Addu* und als Briefempfänger einen gewissen *Unapše.* Unter den genannten Zeugen trägt einer den wahrscheinlich ebenfalls hurritischen Namen *Tuḫuš=madi;* dieser Zeuge stammt aus Ḫaššu in Nordsyrien; ein weiterer Zeuge kommt aus einer Ortschaft der gleichen Gegend mit dem Namen *Zibuḫuliwe.*[33]

---

30 Bearb. von Laroche, in: Ugaritica V (1968).

31 Siehe jetzt den hurr. PN *Titin-atal* in Kt 90/k, 223 9 Tí-tí-na-tal, C. Michel/P. Garelli, Tablettes Paleo-Assyriennes de Kültepe Volume I, 1997, 33.

32 K. Balkan, Letter of King Anum-ḫirbe of Mama to King Warshama of Kanish, Ankara 1957, TTKY VII/31a.

33 Der Ortsname enthält eine Wurzel *zib-*, das Berufsbezeichnungen bildende Suffix *-uḫ(u)li* und das Genitiv-Suffix *-ve: zib=uḫ(u)li=ve.*

Ein weiterer an *Unapše* adressierter Brief erwähnt einen „Schreiber, der hurritisch versteht und liest“.[34]

Boğazköy

Das umfangreichste hurritische Sprachmaterial haben die Archive der hethitischen Metropole Ḫattuša (heute Boğazkale) geliefert. Folgende Textgruppen lassen sich bislang konstituieren:

1. Omina: Astrologische- und Geburtsomina, nach akkadischen Vorlagen.

2. Historische Texte: Bislang nur einige wenige bruchstückhafte Fragmente als solche erkannt.

3. Mythologische Texte: Größere Fragmente des Gilgameš-Epos; die Erzählung um den Jäger Keššі; Texte zum Kumarbi-Zyklus; ein als Gesang bezeichnetes Literaturwerk über das Königtum im Himmel.

4. Beschwörungs- bzw. Reinigungsrituale (z.B. die Serien *itkalzi* und *itkaḫḫe*; das Ritual der Frau *Allaituraḫ(ḫ)e*); Festrituale, Opferlisten).

5. Bei neuen Ausgrabungen in der Oberstadt von Boğazköy im Jahre 1983 kam eine mehrere Tafeln umfassende hurritisch-hethitische Bilingue zutage. Diese Bilingue bietet neben anderem ein bislang im Alten Orient unbekanntes literarisches Genre, nämlich sog. „Gleichnisse“ oder „Parabeln“[35]. Das Serienwerk trägt laut den Kolophonen den Titel *kirenzi* „Freilassung“, heth. mit *parā tarnumar* wiedergeben. Das Wort *kirenzi* korrespondiert mit dem akkadischen Ausdruck *andurāru* und bibl. hebr. *d*^{e}*ror* „Freilassung vom Dienst“, „manumission of slaves“. (Neu, StBoT 32, 1996, 8 ff.). Niedergeschrieben wurde der Text in mittelhethitischer Zeit (um etwa 1400 v. Chr. [Neu, StBoT 32, 1996, 2 f.]), rekurriert inhaltlich aber auf wesentlich ältere Ereignisse (z.B. auf die Vernichtung von Ebla in altbabylonischer Zeit).

Historisches: Die hurritischen Boğazköy-Texte sind in das 14./13. Jh. zu datieren. Dennoch ist die Anwesenheit der Hurriter zumindest in Südostanatolien schon aus der Gründungsphase des altheth. Reiches bekannt. *Ḫattušili* I. (um 1560) berichtet in seinen Annalen, daß der Feind von Ḫanigalbat (so zuerst aB., später in akk. Quellen oft anstelle von Mittani/Ḫurri in sein Land eingedrungen sei und die Länder insgesamt abgefallen seien, nur die Stadt Ḫattuša sei als einzige übrig geblieben. Dies belegt, daß die Hurriter schon in althethitischer Zeit einen starken Machtfaktor und einen mächtigen Gegner des althethitischen Reiches darstellten. Unter *Muršili* I., dem Nachfolger *Ḫattušilis* I., drangen die Hurriter abermals in Anatolien ein. Wahrscheinlich waren es diese erneuten Vorstöße, die *Muršili* I. zwangen, die nach seiner erfolgreichen Babylon-Unternehmung (ca. 1531) geraubten Götterbilder in Ḫana am mittleren Euphrat zurückzulassen und den Hurritern entgegenzutreten. Aus Terqa, ebenfalls am mittleren Euphrat gelegen, stammt ein Text, der sich auf diese Ereignisse beziehen könnte (Rouault, SMEA 30, 1992, 252

34 Vgl. K. Hecker, Zur Herkunft der hethitischen Keilschrift, SCCNH 8, 1996, 291 ff. (Überarbeitete Fassung des Vortrages von 1990, gehalten in Çorum.) Vgl. auch G. Wilhelm, The Hurrians in the Western Parts of the Ancient Near East, Michmanim 9, 1996, 17 f.; K.R. Veenhof, SCCNH (demnächst zum zweiten Brief des Unapše). Für den Namen *Tuḫušmadi* erwägt Wilhelm, SCCNH 8, 1996, 342 evtl. aber auch anatolische Herkunft.

35 Veröffentlicht in KBo 32, bearb. von E. Neu, StBoT 32; siehe hier die Lektionen 11-13.

mit Anm. 24). In der nachfolgenden Schwächeperiode des althethitischen Reiches bildete sich in Südostanatolien das lokale Königreich Kizzuwatna, das in den nachfolgenden Perioden als Vermittler hurritischer Kulte nach Ḫattuša gilt. So scheint der hurritische Einfluß, der seit dem Mittleren Reich in Ḫatti stärkstens spürbar ist, auf eben diese Vermittlerrolle Kizzuwatnas zurückzuführen zu sein. Beispielsweise tragen die hethitischen Könige hurritische Privatnamen (*Tašmešarri* = Tutḫalia III., *Šarri-Teššub* = Muwattalli II., *Urḫi-Teššub* = Muršili III., *Ḫišmi-Šarruma* = Tutḫalia IV.) und auch die Königinnen der Dynastien des Mittleren Reiches und der Großreichszeit haben hurritische Namen: *Nikkal-madi* (Gemahlin Tutḫalias I./II), *Ašmu-nikkal* (Gemahlin Arnuwandas I.), *Tadu-Ḫeba* (Gemahlin Tutḫalias III.), *Pudu-Ḫeba* (Gemahlin Ḫattušilis III.).

Ortaköy Nahe des türkischen Städtchens Ortaköy (= heth. *Šapinuwa*) bei Çorum, ca. 50 km nordöstlich von Boğazköy, sind seit 1990 zahlreiche neue Textfunde gemacht worden. Unter anderem sollen etliche hurritisch-hethitische Bilinguen, mehrere hurritische Texte der Serie *itkalzi* und andere hurritische Texte gefunden worden sein. Insgesamt soll das hurritische Material mehrere hundert Tafeln und Tafelfragmente umfassen (Süel, FsAlp, 1992, 551 f.; dies., StBoT 45, 2001, 670 f.). Die Texte sind bislang unveröffentlicht (2006).

b_S) Aus dem 1. Jahrtausend sind rein hurritische Texte nicht mehr bezeugt, einzelne Wörter und akkadisierte hurritische Wörter sowie Orts- und Personennamen in assyrischen und urartäischen Texten leben aber noch weiter (Nennung der Göttin *Ša(v)uška* noch bei Sargon).

2. *Dialektgliederung nach M. L. Chačikjan* (Churritskij i urartskij jazyki, Jerevan 1985)

Wie jede Sprache muß auch das Hurritische zahlreiche örtliche und zeitliche Varietäten unterschieden haben, die aber aufgrund entsprechenden Textmaterials kaum faßbar sind.

Die in Raum und Zeit so weit verstreuten und auseinanderliegenden hurritischen Sprachdenkmäler seien nach M. L. Chačikjan, einer Schülerin des russischen Gelehrten I. M. Diakonoff[36], in sechs Dialekte einzuteilen, die unterschiedliche Grade einer strukturellen Wandlung des Hurritischen von einer vorwiegend „aktiven"[37] Struktur zur Ergativität entwickeln. (Diese Dialektgliederung wird allerdings nicht von allen Forschern übernommen, siehe dazu Girbal/Wegner, ZA 77, 1987, 147 ff.). Danach ergibt sich folgendes Bild:

1. der Dialekt der Tiš-atal Inschrift (auch Urkeš-Dialekt), gilt als „althurritisch";
2. der „babylonische"-Dialekt (in den aB. Beschwörungen aus Larsa und Mari);
3. der Dialekt der sum.-hurr. ḪAR-ra-Liste aus Ugarit;
4. der Dialekt der übrigen Ugarit-Texte;
5. der Boğazköy-Dialekt;
6. der Mittani-Dialekt. Dazu kommen wohl:
7. ein oder mehrere „mittelsyrische" Dialekte (?) (Qaṭna, Nija)

Der „babylonische" Dialekt (2) soll Chačikjan zufolge der archaischste sein. Er besitze die Opposition Handlung/Zustand und die sich langsam durchsetzende Opposition Transitiv/Intransitiv. Der Urkeš-Dialekt (1) gilt ebenfalls als relativ archaisch. Diese beiden Dialekte sollen Chačikjan zufolge das Verb in der 3. Pers. Sg. nach den Prinzipien der „aktiven" Struktur konjugieren, wobei das Suffix *-b* Anzeiger des Subjekts beim Verb der Handlung sei, gleichgültig ob dieses transitiv oder intransitiv ist. (Zum Suffix *-b* siehe S. 126 ff.) Der Dialekt der sum.-hurr.-Liste (3) sei wohl nicht auf die beiden früher belegten Dialekte zurückzuführen, sondern stelle eine eigenständige Entwicklung dar.

Die Dialekte 4-6 resp. 7 haben die meisten Gemeinsamkeiten: Die ergativische Struktur (siehe S. 39 ff.) ist ausgeprägter, transitive und intransitive Verben werden unterschiedlich konjugiert. Eine gemeinsame Neuerung sei das Perfekt- (bzw.

---

36 Auch Diakonoff selbst hat sich, basierend auf den Arbeiten von Chačikjan, zur dialektalen Gliederung des hurritischen Sprachgebietes eingehend geäußert, siehe I. M. Diakonoff, Evidence on the Ethnic Division of the Ḫurrians, SCCNH 1, 1981, 77-89.

37 Der Begriff der „aktiven" Struktur ist von Klimov (G. A. Klimov, On the Character of languages of active typology, in: Linguistics 131, 1974, 11-25) geprägt worden. Es sind damit Sprachen gemeint, in denen bei den Verben die Opposition Zustand/Handlung besteht, bei der ergativischen Struktur besteht hingegen die Opposition transitiv/intransitiv. Während alle transitiven Verben auch Verben des Handelns sind, gilt der umgekehrte Satz nicht. Verben wie „lachen", „weinen", „gehen" sind im Prinzip nicht transitiv, sie sind aber im Sinne der „aktiven" Struktur Verben der Handlung (siehe auch Girbal/ Wegner, ZA 77, 1987, 145 ff.).

Präteritum)suffix *-oš-*. Diese drei resp. vier Dialekte sollen einen gemeinsamen Ursprung haben, und zwar vielleicht den „babylonischen" Dialekt (2).
Der Ugarit-, Mittani-, „mittelsyrische"- und Boğazköy-Dialekt sind demnach als eine Sprachform zu betrachten, wobei die Boğazköy-Texte offenbar, im Gegensatz zum Mittani-Brief, gelegentlich Älteres bewahrt haben. Die hurritisch-hethitische Bilingue ist gewissermaßen ein Sonderfall, da hier das Formeninventar insbesondere bei den Verben überwiegend dem sog. „Althurritischen" zuzurechnen ist.
Es handelt sich hierbei in erster Linie um die Verbalendungen auf *-i=b, -a=b* und *-o=m*. Der „mittelsyrische" Dialekt zeigt – soweit das begrenzte Material solche Aussagen zuläßt – lokale Ausprägungen, folgt prinzipiell aber dem Mittani-Hurritischen (siehe dazu Richter, Qaṭna in the Late Bronze Age. Preliminary remarks, SCCNH 15, 2005, 109-126).

II. Einführung in die Grammatik

A Sprachverwandtschaft und typologische Charakterisierung

1. *Die genetische Verwandtschaft*

Das Hurritische und das mit dem Hurritischen eng verwandte Urartäische, einer aus dem 1. Jt. überlieferten Sprache,[38] gehören zu den sog. „isolierten" Sprachen des Alten Orients. Ebenso wie für das Sumerische und das Hattische konnte auch für das Hurritisch-Urartäische bislang keine überzeugende genetische Verwandtschaft zu anderen Sprachen mit ausreichender Sicherheit festgestellt werden.

Unter genetisch verwandten Sprachen versteht man Sprachfamilien oder Gruppen, die sich auf eine gemeinsame Grundsprache zurückführen lassen (Sternemann/Gutschmidt, Einführung, 1989, 140). (Große genetisch verwandte Sprachfamilien sind z.B. das Indoeuropäische, das Semitische, die Turksprachen, die finno-ugrischen Sprachen, die Altaisprachen, das Bantu. Auch heute noch gibt es einige genetisch nicht angeschlossene Sprachen wie z.B. das Baskische oder das Japanische; auch über Herkunft und Einordnung des Etruskischen ist noch längst keine Sicherheit gewonnen.)

Doch hat es in letzter Zeit nicht an Versuchen gefehlt, das Hurritische (und Urartäische) einer Sprachfamilie zuzuordnen. Als Kandidaten kamen für eine Zuordnung Kaukasussprachen infrage, mit denen das Hurritische einige Ähnlichkeiten habe.

In seiner 1971 erschienenen Grammatik hatte der russische Sprachwissenschaftler I. M. Diakonoff die Vermutung geäußert, daß es eine Verwandtschaft mit den Kaukasussprachen Nachisch und Lezgisch geben könnte (HuU 161 f.).
Diakonoff und der Kaukasologe Starostin legten 1986 eine Arbeit vor, in der sie die Verwandtschaft des Hurritischen mit dem Nordost- bzw. Ostkaukasischen zu beweisen suchten und aus den zahlreichen kaukasischen Einzelsprachen das „Proto-Ost-Kaukasische" (PEC) rekonstruierten.[39] An dieses Rekonstrukt schließen die beiden Autoren das Hurritisch-Urartäische an. Die Nähe der hierbei sichtbar werdenden Verwandtschaft setzen sie auf eine Stufe mit derjenigen zwischen den alten Schriftsprachen der indoeuropäischen Sprachfamilien, eine wohl allzu optimistische Einschätzung. Einige der dokumentierten Parallelen sind sicherlich nicht rein

---

38 Die urartäische Überlieferung beginnt am Ende des 9. Jh.s und endet in der Mitte des 7. Jh.s. Die Siedlungsgebiete der Urartäer erstreckten sich im Wesentlichen auf ein Gebiet, das dem Territorium Groß-Armeniens der klassischen Zeit entspricht. Das Zentrum des urartäischen Reiches mit der Hauptstadt Tušpa lag in Ostanatolien an den Ufern des Van-Sees. Die urartäischen Texte sind in einer aus Assyrien eingeführten Keilschrift-Variante geschrieben; es handelt sich hauptsächlich um Fels- und Steininschriften. In sprachlicher Hinsicht gilt, neueren Untersuchungen zufolge, daß es sich bei den beiden Sprachen Hurritisch und Urartäisch um zwei Dialekte, oder besser Sprachstufen handelt, wobei das Urartäische dem sog. „Althurritischen" näher steht (siehe M. Salvini, Geschichte und Kultur der Urartäer, Darmstadt, Wiss. Buchges. 1995, 2 ff., 193 ff.).

39 I. M. Diakonoff und S. A. Starostin, Hurro-Urartian as an Eastern Caucasian Language, MSS Beiheft 12 N.F., München 1986.

zufällig, andere sind zu unsicher oder zu wenig zahlreich, um eine solch enge Verwandtschaft beweisen zu können. Besonders wichtig sind natürlich Parallelen im Bereich der grammatischen Elemente innerhalb der agglutinierenden Struktur der Nominal- und Verbalkomplexe; hier konnten in der Tat eine Anzahl von lautlichen Entsprechungen aufgezeigt werden, andererseits sind nicht alle Parallelen überzeugend. Die Hypothese insgesamt hat zwar einiges für sich, ist aber vor allem wegen der Zuverlässigkeit bzw. Unzuverlässigkeit der innerkaukasischen etymologischen Verknüpfungen kaum nachprüfbar. Trotz der großen Schwierigkeiten der untersuchten Einzelsprachen und trotz der großen zeitlichen Distanz ist die Zugehörigkeit des Hurritisch-Urartäischen zu der nordostkaukasischen Sprachfamilie aber nicht gänzlich von der Hand zu weisen. Eine an und für sich überzeugende Ableitung hat sich nun als falsch erwiesen: Diakonoff und Starostin S. 58: *ḫavurni* bedeutet nach der hurr.-heth. Bilingue und des Ugarit Vokabulars „Himmel" und nicht, wie von den beiden Autoren angegeben, „Erde" und ist so für die Rekonstruktion der PEC -Wurzel **qwy'rV* „Feld" hinfällig. Das gleiche gilt dann auch für hurr. *eše,* PEC-Wurzel**ʔams.V:,* das nach Ausweis der Bilingue „Erde" und nicht „Himmel" bedeutet.

Die Hypothese einer genetischen Verwandtschaft zwischen dem Proto-Hurritisch-Urartäischen und dem Nordostkaukasischen, wie sie Diakonoff und Starostin befürworten, bedarf sicherlich noch weiterer Bestätigung.[40]

2. *Die typologische Charakterisierung*

Typologisch gehört das Hurritische zu den „agglutinierenden" Sprachen, eine Erkenntnis, die schon der Erstbearbeiter des Mittani-Briefes kurz nach seinem Bekanntwerden machte (siehe Messerschmidt, Mitanni-Studien, MVAG 4/4, Berlin 1899, 2 ff.; Plank, Xenia 21,1988, 69 ff.; Sternemann/Gutschmidt, Einführung, 1989, 75).

Die Untersuchung von Sprachen nach ihren genetischen Zusammenhängen ist jedoch nicht der einzige Gesichtspunkt, nach dem Sprachen verglichen bzw. klassifiziert werden können. In zahlreichen Sprachen, ganz unabhängig von ihrer genetischen Zugehörigkeit, lassen sich nämlich gleichartige Merkmale und Eigenzüge ihrer Struktur erkennen, ohne daß sie genetisch verwandt wären. (Zwar kann sich genetische Verwandtschaft und typologische Gleichartigkeit decken, sie müssen es aber nicht. Sternemann/Gutschmidt, Einführung, 1989, 75.)

Solche strukturellen Merkmale zu untersuchen ist das Gebiet der Typologie. Als typologisch relevante Merkmale gelten morphologische, phonologische und semantisch-syntaktische Merkmale. Gelten solche Merkmale für sämtliche Sprachen, dann kommt es zur Feststellung sog. „Universalien", gelten sie nur für einige Sprachen, so spricht man von „partiellen Universalien" (Sternemann/Gutschmidt, Einführung, 1989, 76 ff.).

40 Siehe dazu die Rezensionen von W. Farber, ZA 78, 1988, 314 ff. und R. Smeets, On Hurro-Urartian as an Eastern Caucasian language, BiOr 46, 1989, 259-279.

Der eigentliche Begründer der klassifizierenden Typologie war Fr. v. Schlegel zu Beginn des 19. Jh.s. Im Laufe der Entwicklung erlebte diese Klassifizierung zwar mancherlei Veränderungen, dennoch haben sich bei vielen Sprachforschern bis heute 4 Grundtypen (nebst einigen Untertypen) in der Diskussion erhalten, die letztlich auf einen Klassifizierungsvorschlag W. v. Humboldts zurückgehen. Etwas grob um der Einfachheit und Übersichtlichkeit halber gesagt, lassen sich die Sprachen der Welt typologisch in vier Grundtypen einteilen (nach Sternemann/Gutschmidt, Einführung, 1989, 179 ff.):

a) Der „isolierende Sprachtyp" (auch monosyllabischer Typ):
Dieser Sprachtyp ist durch die Unveränderlichkeit der Wörter gekennzeichnet. Besonders bedeutsam sind für diesen Typ die sog. „wurzelisolierenden" Sprachen, wie z.B. das Altchinesische mit seinen – bis auf ganz wenige Ausnahmen – durchgehend monosyllabischen Wörtern. Die monosyllabischen Wörter sind praktisch mit einsilbigen Morphemen identisch, einem Formativ, das in der linguistischen Literatur als Wurzel bezeichnet wird. Eine Morphologie der Wortveränderung oder eine Morphologie der Wortbildung gibt es nicht. Morphologisch ausgeprägte Wortarten gibt es ebenfalls nicht. Ein und dasselbe Wurzelwort kann je nach seiner Position im Satz verschiedene Wortarten repräsentieren und unterschiedliche Funktionen ausfüllen. Die Kennzeichnung der syntaktischen Funktionen der Wörter wird durch ihre Stellung im Satz vollzogen; dieser Sprachtyp besitzt also strenge Wortstellungsregularien (im Fall von Altchinesisch ist dies S(ubjekt)P(rädikat)O(bjekt) (nach Sternemann/Gutschmidt, Einführung, 1989, 80; diesem Buch ist auch der folgende Satz entnommen worden):

Ein Beispiel:	***wO***	*bù*	*hē*	*chá*
	„ich"	nicht	trink(en)	Tee

Subjekt *wo*, Prädikat *bù hē*, Objekt *chá*
Bei Stellung nach dem „Verb" fungiert ***wo*** indes als „Objekt"

tā	*ài*	***wO***	
er/sie	lieb(en)	„ich"	= „er/sie liebt mich"

Sprachen des isolierenden Typs verändern sich im Laufe ihrer Entwicklung zum agglutinierenden Typ; beim Chinesischen setzt diese Entwicklung etwa mittelchinesisch (etwa 6. Jh. n. Chr.) ein. Weitere Sprachen dieses Typs sind z.B. das Vietnamesische, das Khmer und das Malaische.

b) Der „polysynthetische" (oder *inkorporierende*) *Sprachtyp:*
Zu diesem Sprachtyp gehört eine ganze Anzahl besonders exotischer Sprachen, wie z.B. das Ainu, das Tschuktschische und eine Reihe von Indianersprachen. Das Hauptmerkmal dieser insgesamt noch wenig erforschten Sprachen ist, daß sie eine Anzahl von unselbständigen bzw. selbständigen Morphemen (Wörtern) zu sog. „Komplexwörtern" (auch: Satzwörtern) fusionieren, einer Struktur, die nur in dieser ihrer polysynthetischen Form verwendbar und verstehbar ist, nicht aber in ihren Einzelmorphemen (Sternemann/Gutschmidt, Einführung, 1989, 85).

c) Der flektierende Sprachtyp:
Hierher gehören typologisch die indoeuropäischen und semitischen Sprachen. Hauptmerkmal dieser Gruppe ist die Formenveränderung sowohl durch die Flexion als auch bei der Wortbildung: das heißt, diese Sprachen verändern den Wortkörper.

Das wesentliche Moment der Flexion besteht darin, daß ein Flexionsmorphem mehrere Bedeutungen kumulieren (Beispiel Latein: *amic-a̲* Nom., Sg., fem. „Freundin") und daß eine grammatische Bedeutung durch mehrere Morpheme signalisiert werden kann: z.B. Deutsch *die Gäste* (dreifache Signalisierung des Plurals) oder *die Messer* (einfache Signalisierung des Plurals durch den Artikel).

d) Der agglutinierende Sprachtyp:
Zu diesem Typ gehört wohl die Mehrzahl aller Sprachen. In dieser Gruppe sind – ganz unabhängig von ihrer genetischen Zugehörigkeit – die Sprachen zusammengefaßt, deren „kleinster gemeinsamer Nenner" die Unveränderlichkeit der Wurzel ist, und daß die grammatischen Elemente (Morpheme) durch Affigierung an diese Wurzel „angeleimt" (agglutiniert) werden. Dadurch können auffällig lange morphematische Ketten entstehen, mit häufig zu beobachtender Vokalharmonie (d.h. die Angleichung der Affixvokale an den Stamm- bzw. Wurzelvokal).

Als wesentliches Kriterium gilt ferner, daß ein Affix bzw. Morphem jeweils nur eine grammatische Bedeutung trägt (anders als bei den flektierenden Sprachen also); man spricht dann auch von den separatistischen Exponenten der Flexionsmorphologie (gegenüber den kumulativen Exponenten der flektierenden Sprachen).

Ein Beispiel: Die flektierende Sprache Latein bildet: *amic-i̲* Gen., Sg., mask. „des Freundes". Übertragen auf die agglutinierende Sprache Hurritisch sind hierfür zwei Merkmale nötig (Genera werden nicht unterschieden): Wurzel „Freund" + Singularmarkierung (= Ø oder *ni*) + Kasusmarkierung Genitiv (= *ve*).[41]

Die Affigierung kann durch reine Suffigierung geschehen, doch gibt es auch Sprachen, die sowohl Präfixe als auch Suffixe, oder auch nur Präfixe verwenden.

Im altvorderasiatischen Raum gehören zu den agglutinierenden Sprachen das Sumerische (Verwendung von Präfixen und Suffixen), das Hattische (Prä- und Suffixe), das Hurritische und Urartäische (beide Sprachen verwenden nur Suffixe). Moderne Sprachen dieses Typs sind beispielsweise das Türkische, die finno-ugrischen Sprachen oder die Bantu-Sprachen.

Ein Beispiel aus dem Türkischen:

ev	=	Haus
ev=in	=	des Hauses (Gen.)
ev=ler=in	=	der Häuser (Pl., Gen.)

Eine ganze Anzahl von agglutinierenden Sprachen hat als weiteres gemeinsames Merkmal die sog. „ergativische Satzstruktur", wobei es sehr unterschiedliche Grade der ergativischen Ausrichtung gibt, d.h. manche Sprachen konstruieren nur bestimmte Tempora ergativisch, so z.B. das Georgische, oder nur bestimmte Personen. Dieses Phänomen wird mit dem Ausdruck „gespaltene Ergativität", englisch „split ergativity", bezeichnet. Im altvorderasiatischen Raum gehört beispielsweise das Sumerische zu diesem Typ. Die „split ergativity" gilt in der Linguistik gewissermaßen

41 Die deutschen und lateinischen Beispiele nach Sternemann/Gutschmidt, Einführung, 1989, 85 f.

als Normalfall (Plank, Xenia 21, 1988, 88). Lediglich das Hurritische und einige Australsprachen (wie z.B. das Dyirbal) zählen in der Linguistik als Extremfälle ergativischer Ausrichtung, da hier die Ergativität durch alle Tempora, Personen, Pronomen etc. zu gehen scheint (Plank, Xenia 21, 1988, 76 ff.). Was das Hurritische anbelangt, so wird man die Position von der Einmaligkeit der ergativischen Ausrichtung dieser Sprache aufzugeben haben, da – wie unten gezeigt werden kann – auch das Hurritische das Phänomen der „gespaltenen“ Ergativität kennt.[42]

Zusammenfassend kann gesagt werden, daß eine agglutinierende Sprache folgende Merkmale besitzen kann:[43]

1. Den monofunktionalen Status der Morpheme, d.h. jedes Suffix behält seine Individualität und Bedeutung.
2. Keine semantische Fusion der grammatischen Elemente.
3. Keine Mehrdeutigkeit (Polysemie) einzelner Morpheme.
4. Die relativ lockere Verbindung von Wurzel + Affixen, d.h. gut kenntliche Morphemgrenzen.
5. Die silbische Selbständigkeit von Affixen.
6. Die Verkettung der Morpheme des Wortes am ehesten durch Vokalharmonie.
7. Suffix-Reichtum.
8. Den Null-Ausdruck für die Grundkategorien der Paradigmen (Indikativ bei den Modi, Präsens bei den Tempora, Absolutiv bei den Kasus, Singular bei Numerus).
9. Keine Genera.

Die ergativische Satzkonstruktion: Die typologische Einordnung des Hurritischen und des Urartäischen unter die Sprachen mit ergativischer Struktur ist ein wichtiger Beitrag der russischen Linguistik.

1967 legte Diakonoff einen Artikel in russischer Sprache vor, in dem er die Satzstruktur des Hurritisch-Urartäischen – aber auch die des Elamischen und Sumerischen – untersuchte und als ergativisch erkannte.[44]

Damit war der veraltete Begriff von der „passivischen Verbalauffassung“[45] des Hurritischen[46] überholt.

1964 hatte F. W. Bush sein Buch „A Grammar of the Hurrian Language“ veröffentlicht, ohne aber die ergativische Struktur auch für das Urartäische erkannt zu haben.

---

42 Siehe S. 87 f. und die Rezension von Haas/Wegner zu StBoT 32 in OLZ 92, 1997, 440 f., 454.

43 Nach V. Skalička, Typologische Studien, Braunschweig 1979; F. Plank, Xenia 21, 1988, 80 ff.

44 I.M. Diakonoff, Jazyki drevnej Perednej Azii, Moskau 1967, 29 ff., 113 ff.

45 Das Wesen der „passivischen Verbalauffassung“, kennzeichnend für die Kaukasussprachen, besteht darin, daß eine verbale Handlung, an der ein Täter (Urheber, Agens) und ein Ziel (Patiens) beteiligt sind, in einer Weise sprachlich dargestellt wird, die als die Umkehrung der in den indogermanischen Sprachen üblichen erscheint: Subjekt ist nicht der Täter sondern das Ziel, und mit ihm stimmt das verbale Prädikat überein; der Täter steht in einem obliquen Kasus.

46 So J. Friedrich, Kleine Beiträge zur hurritischen Grammatik, MVA(e)G 42/2, 1939, 19; Speiser IH 10.

1971 erschien dann von I. M. Diakonoff eine Grammatik „Hurrisch und Urartäisch" in der er sich dem hurritisch-urartäischen Sprachvergleich widmete. Diese Studie enthält auch die Ergebnisse des russischen Artikels von 1967.

1985 veröffentlichte M. L. Chačikjan eine überarbeitete Fassung von „Hurrisch und Urartäisch" (in russischer Sprache).

Bush, Diakonoff und Chačikjan gehen in ihren Arbeiten zwar von der ergativischen Satzkonstruktion für das Hurritische aus, ohne aber die „antipassivische" Satzkonstruktion erkannt zu haben. Chačikjan und ähnlich schon Speiser nennen diesen Satztyp „äquative" Konstruktion und subsumieren darunter Nominalsätze und „antipassivische" Sätze (z.B. hurr. *šen=iffə šuda=man fašš=oš=i,* wobei *fašš=oš=i* als nominalisiertes Partizip verstanden wird: „Mein Bruder (ist) der mir Geschickthabende"). Dieser Satz ist indes eine Antipassiv-Konstruktion: „Mein Bruder hat mir geschickt" (das Objekt, das was geschickt wird, ist nicht ausgedrückt).

(H.-J. Thiel, Phonematik, 1975, 193 ff. führte den Ausdruck „Antipassiv" für das Hurritische ein. Geprägt wurde der Begriff „Antipassiv" von M. Silverstein für das Chinook, einer Indianersprache Nord-West Amerikas [Thiel verwendete den Begriff nach einem Manuskript Silversteins aus dem Jahre 1971]. Siehe M. Silverstein, „Hierarchy of features and ergativity", in ed. R. M. Dixon: Linguistic Series 22, Canberra 1976, 140-143).

Definition der Ergativität (abgeleitet von dem griechischen Wort *érgon* „Tat, Handlung")[47]: Die grundlegende Unterscheidung in Sprachen mit ergativischer Struktur ist die zwischen transitiven und intransitiven Verben, wobei die ergativische Satzkonstruktion nur mit transitiven Verben verwendet werden kann. Dies gilt auch für das Hurritische; die transitiven und intransitiven Verben besitzen jeweils eigene Reihen von Konjugationssuffixen.

Bei Sprachen, die Kasusendungen am Nomen verwenden – wie es beim Hurritischen der Fall ist -, steht das Subjekt des intransitiven Verbs in einem endungslosen Kasus, der Absolutiv genannt wird.

(Manche Autoren benutzten bei der Beschreibung ergativischer Sprachen den Ausdruck „Nominativ" für diesen endungslosen Kasus. Von diesem Sprachgebrauch ist aber abzuraten, denn dieser angebliche Nominativ ergativischer Sprachen deckt sich nicht mit dem Nominativ nominativisch-akkusativischer Sprachen).

Das Subjekt des transitiven Verbs hingegen steht in einem anderen Kasus, den man *Ergativ* (nach dem altgriechischen Wort *ergátés* „Täter" oder auch – vor allem in älterer Literatur – *Agentiv* = „handelnde Person") nennt. Dieser Kasus ist durch eine besondere Endung gekennzeichnet. (Die ergativische Funktion kann von einem eigenen Kasus versehen werden, sie kann aber auch durch einen Kasus mit abgedeckt werden, der noch andere Funktionen hat; dies ist z.B. im Awarischen der Fall, wo die ergativische Funktion vom Instrumental mit ausgedrückt wird).

Ebenfalls charakteristisch für die Ergativstruktur ist der Umstand, daß das Ziel (direkte Objekt) des transitiven Verbs nicht im Akkusativ (= Objektkasus) – ihn

47 Girbal, Hattisch, 1986, 137; Plank, Ergativity, 1979, 4 ff.

gibt es in solchen Sprachen nicht – steht, sondern im endungslosen Kasus Absolutiv.

Der Absolutiv ist somit der Kasus, mit dem sowohl das Subjekt des intransitiven Verbs („Der Mann kommt"), **als auch das direkte Objekt des transitiven Verbs** („Der Mann schlägt den Hund") **signalisiert wird.**

Ein Beispiel eines intransitiven Satzes (gemäß dem Mittani-Dialekt):

„Der Mann kommt" **taḫe=Ø un=a =Ø*

(Subjekt *taḫe* im Absolutiv Sg. mit Null-Anzeiger (Ø); Verbalwurzel *un-* „kommen", *-a* Intransitivanzeiger; Null-Anzeiger (Ø) für die 3. Pers. Sg. intrans).

und eines transitiven Satzes:

„Der Mann schlägt den Hund" **taḫe=š erbi=Ø id=i=a*

der Mann (*taḫe=š*: Subjekt des trans. Verbs im Ergativ auf *-š*)
den Hund (*erbi=Ø* Absolutiv mit Null-Anzeiger ist das direkte Objekt des trans. Verbs)
schlägt (*id-* „schlagen" trans. Verb + *i* Transitivanzeiger + *a* Personenanzeiger 3. Pers. Sg. trans).

Eine Reihe ergativischer Sprachen besitzt darüber hinaus eine weitere Satzkonstruktion, das sog. „Antipassiv". Die antipassivische Konstruktion tritt dann ein, wenn ein semantisch transitives Verb ohne Nennung des Zieles (des direkten Objektes) verwendet wird. In unserem Falle wäre ein solcher Satz:

„Der Mann schlägt" **taḫe=Ø id=i=Ø*

Das semantisch trans. Verb *id-* „schlagen" wird ohne direktes Objekt konstruiert. Dem Subjekt *taḫe* „Mann" geht die Ergativ-Markierung *-š* verloren, es steht somit im endungslosen Kasus Absolutiv Sg.; das Verb nimmt eine besondere Endung *-i* an, die Markierung trans. Verben; als Personenanzeiger fungieren die der intransitiven Konjugation, wobei für die 3. Pers. Sg. ein Null-Anzeiger auftritt.

Beschreibung des Antipassivs: In antipassivischen Satzkonstruktionen werden, wie das obige Beispiel zeigt, semantisch transitive Verben wie intransitive Verben konjugiert, d.h. ein direktes Objekt im Absolutiv ist nicht mehr ausgedrückt. Dem Handlungssubjekt geht die Ergativmarkierung verloren, d.h. es steht nunmehr im endungslosen Kasus Absolutiv. Dem Partizipialstamm des transitiven Verbs werden die für die intransitive Konjugation charakteristischen Personenanzeiger angefügt, wobei für die 3. Pers. Sg. ein Null-Anzeiger auftritt.

Der Unterschied zwischen intransitiven und antipassivisch verwendeten transitiven Verben ist dann ausschließlich der Anzeiger der Intransitivität **-a-** bei intransitiven und der Anzeiger **-i-** der transitiven Verben, auch wenn sie antipassivisch konjugiert werden.

Es gibt jedoch auch Sprachen, in denen bei der antipassivischen Konstruktion ein Ziel (= direktes Objekt) ausgedrückt werden kann, welches dann aber keinesfalls (wie das Agens) im Absolutiv stehen kann, sondern die Markierung eines obliquen

Kasus tragen muß. Dies gilt etwa für die bereits erwähnte Dyirbal-Sprache, in der der Dativ zu diesem Zweck verwendet wird.[48]

Vergleichbare Konstruktionen einer solchen „erweiterten" antipassivischen Verwendungsweise hat es offenbar im sog. „Althurritischen" ebenfalls gegeben, wo ein transitives (nicht-ergativisches) Verb als Objekt eine Form im Kasus Essiv aufweist: *kirenz(i)=a*(Essiv)*=mma šar=i=b* „und (*=mma*) er forderte (*šar=i=b*) Freilassung (*kirenz(i)=a* Essiv)" (vgl. Haas/Wegner, Rezension zu StBoT 32 in OLZ 92, 1997, 445; Wilhelm nennt diesen Satztyp „Absolutiv-Essiv-Konstruktion", vgl. FsSchmitt-Brandt, 2000, 199-208 [siehe insgesamt dazu mit weiteren Beispielen auch unter E „Althurritisch" [S. 127 ff.]; für das Vorkommen dieses Satztyps auch im Mittani-Brief siehe S. 121-122 [Satztyp c] und S. 200]).

Zusammenfassung: Das Hurritische ist eine agglutinierende, rein suffigierende Sprache mit extremer ergativischer Ausrichtung (zumindest im Mittani- und teilweise auch im Boğazköy-Dialekt) und antipassivischer Konstruktion. In den Boğazköy-Texten, insbesondere in der Bilingue, tritt als weiterer Satztyp das „erweiterte" Antipassiv auf (zu Beispielen des „erweiterten" Antipassivs auch im Mittani-Brief siehe S. 121-122 [Satztyp c], S. 200). „Gespaltene Ergativität" kommt in Modalformen (Jussiv) vor.

Als besondere Eigentümlichkeit des Hurritischen (und des Urartäischen) gilt die sog. „Suffixaufnahme", eine Form der Kongruenzmarkierung in attributiven Konstruktionen (zur „Suffixaufnahme" siehe S. 69 ff. und Tabelle 2 und 3).

Als typologisch eng verwandt gilt das Dyirbal, eine inzwischen ausgestorbene australische Sprache, mit der das Hurritische eine ganze Anzahl typologischer Gleichartigkeiten besitzt (Plank, Double Case, 1995, 30 ff.).

48 Siehe Girbal, SMEA 29, 1992, 172 mit Hinweis auf R. M. W. Dixon, The Syntactic Development of Australian Languages, in: Mechanisms of Syntactic Change, ed. by Charles N. Li, Austin 1977, 365-415. Vgl. auch Girbal/Wegner, ZA 77, 1987, 150 mit Anm. 8. Zu einer extensiveren Auffassung des Begriffs „Antipassiv" überhaupt siehe: I. Kalmár, „The Antipassive and Grammatical Relations in Eskimo", in: F. Plank, Ergativitiy, London 1979, 117-143.

B Schrift- und Lautlehre

1. *Graphie, Orthographie und Phonetik*

a) Das Hurritische wurde in syllabischer babylonischer Keilschrift geschrieben und in kleinerem Ausmaß auch in ugaritischer Alphabetschrift.

Heterogramme sind relativ selten gebraucht worden, die Schrift ist somit praktisch eine reine Silbenschrift, was die Deutung der hurritischen Texte sehr erschwert, da Sumero- oder Akkadogramme als Stützen zum Verständnis hätten dienen können.

b) An den verschiedenen Orten und zu den verschiedenen Zeiten wurden für das Hurritische verschiedene „Keilschrift-Rechtschreibungen“ angewandt, insbesondere zur Wiedergabe der dem Hurritischen eigentümlichen, dem Akkadischen aber fehlenden Phoneme. Die wesentlichen Züge der verschiedenen hurritischen Orthographien sind folgende:

c) In Mari, Nordmesopotamien und in den frühen Texten aus Arrapḫa und Nuzi wurde die für das Hurritische phonematische Verdoppelung der intervokalischen Konsonanten graphisch häufig nicht oder gar nicht wiedergegeben. Ebenso wurden die Laute [u] und [o] sowie [ḫ] und [ğ] graphisch nicht unterschieden. Unterschiedlich ist auch die Wiedergabe des Lautes [s]: In Mari, älterem Arrapḫa, Meskene und auch sonst wird [s] mit Š-Zeichen, das stimmhafte Allophon (d.h. die stellungsbedingte Variante eines Phonems) von nicht gelängtem [s] in bestimmten Positionen gelegentlich mit Z-Zeichen aufgezeichnet, während in Mittani und Boğazköy [s] und das positionsbedingte stimmhafte Allophon von [s], [z] stets mit Š-Zeichen geschrieben wird.

d) In Mittani, Syrien, Nuzi und Boğazköy werden die Syllabogramme, die im Alt- und Jungbabylonischen für akkadisch stimmlose und für akkadisch stimmhafte Konsonanten verwendet wurden, grundsätzlich ohne Unterschied gebraucht; dabei wurden „verdoppelte“ Schreibungen von Konsonanten (also die Zeichenfolge VK – KV) für die Wiedergabe der hurritischen langen Konsonanten benutzt, Einfachschreibungen von Konsonanten wurden benutzt, um die stimmhaften Allophone der kurzen Konsonanten in bestimmten Positionen zu bezeichnen. Diese Positionen, in denen der an sich stimmlose kurze Konsonant ein stimmhaftes Gegenstück entwickelt, sind intervokalisch, in Kontaktstellung mit *l, m, n, r* und am Wortauslaut. So wurden beispielsweise die Zeichen DI und TI am Wortanfang stimmlos [ti] gelesen, während dieselben Zeichen nach Vokal oder den genuin stimmhaften Konsonanten *l, r, m, n* [di] gelesen wurden:

z.B. gibt die Graphie	ad-da- oder	at-ta-	/*atta*/
	ak-ku-	ag-gu	/*akko*/*u*/ wieder,
während die Graphie	a-ta- oder	a-da-	/*ada*/
	a-ku-	a-gu	/*ago*/*u*/ wiedergibt.

Im Mittani-Syllabar und weithin auch in Nuzi und Boğazköy hat das Keilschriftzeichen

GI die Lesung /ke/ oder /ge/ also mit e-Vokal
KI die Lesung /ki/ oder /gi/ also mit i-Vokal

KU die Lesung /ko/ oder /go/ also mit o-Vokal
GU die Lesung /ku/ oder /gu/ also mit u-Vokal.

Die Keilschriftzeichen U und Ú werden konsequent nur in Mittani unterschieden. Sie stellen im Mittani-Brief eine Phonemopposition dar:

U-Zeichen = [o]
Ú-Zeichen = [u]

Der Ansatz eines Vokalsystems mit fünf Vokalqualitäten (also a, e, i, o, u) wird durch eine Schülertafel aus (Emar)-Meskene (Msk. 7462; D. Arnaud, Emar VI. 4, 1987, Nr. 601) bestätigt, die notiert:

WA-u : BU-u	Vokal	o
WA-a : PA-a	Vokal	a
WA-e : BE-e	Vokal	e
WA-i : BI-i	Vokal	i
WA-ú : BU-ú[49]	Vokal	u

Die Regeln der hurritischen Orthographie werden folgerichtig nur in der mittanischen königlichen Kanzlei angewendet. Diese Orthographie gilt als „Normalorthographie“, die im Prinzip zwar auch für Boğazköy, Nuzi und andere Orte gilt, dort jedoch wesentlich nachlässiger gehandhabt worden ist. So ist *i* resp. *e* oft graphisch nicht zu unterscheiden und auch [u] und [o] werden nicht immer scharf ge-trennt. Das Keilschriftzeichen GU /ku/ kommt in den hurritischen Boğazköy-Texten praktisch nicht vor, und auch die Opposition der Zeichen KI /ki/ : GI /ke/ ist nicht vorhanden.

e) Gleich der altbabylonischen und hethitischen Keilschrift verwendet auch die hurritische das Zeichen PI für die Silbe wa, der Mittani-Brief aber auch für we, wi, wu. Die hurritischen Boğazköy-Texte vermeiden diese Unklarheit mit Hilfe der besonderen Zeichen WA + A für wa$_{a}$, WA + E für we$_{e}$ usw.

Die Zeichen AB, IB, UB bezeichnen vor WA die Silben aw, ew, iw, uw (also AB+WA = aw-wa, in Mittani auch aw-we usw.), in Transliteration als áw, éw, íw, úw umschrieben. Steht das Zeichen IB in der Lesung EB am Wortanfang, wird in Boğazköy häufig e-IB- geschrieben.

In Mittani ist der zu lesende Vokal nach WA durch die nächste Silbe zu bestimmen, wenn diese mit einem Vokal beginnt: WA+UT- = wu-ut-. Beginnt die nächste Silbe mit einem Konsonanten, ohne den Vokal von WA orthographisch anzuzeigen, oder mit der Silbe AḪ, kann es zu Mehrdeutigkeiten in der Lesung kommen: WA-ri-e-ta = wu-ri-e-ta = *fur=ed=a* „er wird sehen“, WA+AḪ könnte wa-aḫ, weeḫ oder wu-uḫ usw. gelesen werden.

Für die Zeichenfolge WA+subskribierten ap/b, ip/b, p/bu, in Transliteration als wa+ap/b [wa$_{ap/b}$], wa+ip/b bzw. wi+ip/b, wa+p/bu bzw. wu+p/bu wiedergegeben steht eine Interpretation noch aus.[50]

f) Für die Lautfolge labialer Spirant+Vokal gebrauchten die verschiedenen Rechtschreibungen die unterschiedlichsten Zeichen:

49 So nach der Autographie.
50 Zu wa+ap als af(f) bzw. av, siehe Thiel/Wegner, SMEA 24, 1984, 208 f. Anm. 31 und HZL 318.

Labialer Spirant + a: Keilschriftzeichen BA, PA, WA, WA+A [wa_a] (nur Boğazköy), ú+a (so nur nach u, dann wohl [wa]).

Labialer Spirant + e/i: Keilschriftzeichen BI (= bé), pí, WA (Mittani), WA+E [we_e], WA+I [wi_i] (nur Boğazköy), ú+e bzw. ú+i (nur nach u wohl [we]).

Labialer Spirant + u: Keilschriftzeichen B/PU, WA, WA+U [wu_u], WA+ú [$wu_ú$] , ú+ú [wu] oder [ū].

So wird z.B. das Genitiv-Kennzeichen /fe/ [ve][51] im Mittani-Brief mit dem Keilschriftzeichen WA (ohne Vokalzeichen) oder durch die Zeichenfolge ú+e (so nur nach Vokal u, dann wohl [we])[52] wiedergegeben, in Boğazköy durch die Keilschriftzeichen -pí , WA+I> wi_i, WA+E > we_e und auch ú+e (nach u), in Meskene durch das Zeichen -be, in ugaritischer Alphabetschrift durch -w (der Genitiv des Götternamens Teššub wird jedoch in Mittani und Boğazköy mit den Zeichen -ub-bi = -up-pí, in Ugarit aber als -p [Tšb+we > Tšp], also stimmlos, wiedergegeben, wahrscheinliche Lautung *-obwe > [*-owwe] > [-offe], nach Diakonoff HuU 27 [Tessoffe]; vgl. auch Laroche, Ugaritica V, 1969, 529 ff.).

Für das Dativ-Kennzeichen /fa/ [va] wird im Mittani-Brief ebenfalls das Syllabogramm WA (ohne Vokalzeichen) benutzt oder nach Vokal [u] die Zeichenfolge -ú-a (wohl [wa]) geschrieben.[53] In Boğazköy wird -pa, WA, WA+A > wa_a geschrieben, in Meskene auch -ba.

Das enklitische Possessiv-Suffix der 1. Pers. Sg. erscheint graphisch als -IP-WA = íw-wə /iffe/, -IP-WA-Ú- = -íw-wu-ú- /iffu/.

In einigen Orthographien kann das Zeichen WA auch für ew bzw. iw benutzt werden, z.B.: WA-ri = <ew-ri> /evri/ „Herr".

Im Mittani-Brief werden bei den Verschlußlauten nur die Zeichen PA, TA, KA, TE, TI und DU verwendet, nicht aber die Zeichen BA, DA, GA, DI und TU; es liegt demnach ein reduziertes Zeicheninventar vor. In den Boğazköy-Texten ist ein solches Phänomen nicht feststellbar.

Für das Hurritische ist das Vorhandensein von Konsonantenpaaren charakteristisch:

1. ein Konsonant ist stimmlos am Wortanfang (z.B. **d**a-ḫe i.e.*taḫe* „Mann")
ein kurzer (einfacher) Konsonant in Kontaktstellung mit anderen Konsonanten ist ebenfalls stimmlos (z.B. aš-**d**u-u-u-uḫ-ḫe i.e. *ašt=o=ḫḫe* „weiblich").

In bestimmten Positionen entwickelt er ein stimmhaftes Allophon:

1a) in Kontaktstellung mit genuin stimmhaften Konsonanten wie *l m n r* entwickelt der kurze Konsonant ein stimmhaftes Allophon (z.B. a**r-t**e i.e. *arde* „Stadt", a**n-t**i i.e. *andi* „jener", ge-e**l-t**i i.e. *keldi* „Heil"),

1b) intervokalisch (z.B. a-ta-ni i.e. *adani* „Schemel"; i-ti-ia i.e. *id=i=a* „er schlägt"),

1c) im Wortauslaut.

51 Das Genitiv- und auch das Dativzeichen sind um des leichteren Verständnisses willen hier jeweils in der Weise normalisiert worden, daß sie stets als *-ve* bzw. *-va* wiedergegeben sind, auch wenn sie als -WI, -WE, -BI oder nach -u- als -ú-e bzw. -WA, - WA_a, -PA, -BA oder nach -u- als ú-a erscheinen.

52 Siehe Speiser IH 26, 43, 109; Bush GLH 91 f. und 126 f.

53 Siehe Speiser IH 26; Bush GLH 133 f.

2. Ein doppelter Konsonant ist gelängt, stimmlos und wahrscheinlich noch mit weiteren Merkmalen versehen (z.B. a**d**-**d**a-ni i.e. *attani* „Vater").

Die Allophonie-Regeln, nach denen sich die Stimmhaftigkeit von Konsonanten bestimmt, sind einerseits aus den alphabetischen Texten aus Ugarit abgeleitet, aber auch, unabhängig davon, aus den Niederschriften hurr. PN durch babylonische Schreiber in Nippur, Nuzi usw.

Die Unterscheidung von Einfach- und Doppelkonsonanz in intervokalischer Position, wie sie im Mittani-Brief durchgeführt wird, bezeichnet also eine phonematische Opposition, deren genaue Definition aber noch offen ist. (Neben stimmlos : stimmhaft, nach anderen Autoren[54] gespannt : ungespannt, können noch weitere Merkmale wie etwa 'glottalisiert : nicht-glottalisiert' hinzutreten).[55]

Zusammenfassend ist folgendes festzustellen: Der einfache Konsonant ist stimmlos und kurz; in Kontaktstellung mit anderen Konsonanten ist er ebenfalls stimmlos; in bestimmten Positionen entwickelt er ein stimmhaftes Allophon. Die Positionen sind intervokalisch, Kontaktstellung mit *l, m, n, r* und im Wortauslaut.

Nach Diakonoff (HuU 52-53) und Chačikjan (Churr. i urart. 43) besitzt das Hurritische die folgenden Phoneme:

das Phonempaar			
stimmlos lang	stimmlos kurz	Allophon stimmhaft (nur Allophone der kurzen Konsonanten in bestimmten Positionen)	Graphie
/ff/	/f/	mit Allophon [v]	<ww>-<w>
/pp/	/p/	mit Allophon [b]	<pp>-<p/b>
/tt/	/t/	mit Allophon [d]	<tt/dd>-<t/d>
/ss/	/s/	mit Allophon [z]	<šš>-<š> / <z> in Mari
/cc/	/c/ = [ts]	mit Allophon [dz]	<zz>-<z>
	/c'/	?	<s>
/kk/	/k/	mit Allophon [g]	<kk/gg>-<k/g>
/ḫḫ/	/ḫ/	mit Allophon [ġ]	<ḫḫ>-<ḫ>
/ll/	/l/		
/mm/	/m/		

54 H.-J. Thiel, Phonematik, 1975, 116 ff.: „Folgende Darstellung des hurrischen Konsonanten-Systems weicht insofern von den üblichen Darstellungen ab, als die konsonantischen Segmente primär als nach 'gespannt' gegen 'ungespannt' kontrastierend angesetzt werden (gegenüber der bisherigen Ansetzung eines Kontrastes 'stimmlos' gegen 'stimmhaft' oder 'geminiert' gegen 'ungeminiert') ..." Als phonetische Charakteristiken der gespannten Segmente dürften - nach Thiel - „Länge" ([']), bei den Obstruenten (Oberbegriff für Verschluß- und Reibelaute) ferner Stimmlosigkeit, bei den Okklusiven vielleicht im Anlaut auch Glottalisierung anzunehmen sein. Die ungespannten Segmente kontrastieren demgegenüber durch Kürze, Stimmhaftigkeit in Nachbarschaft stimmhafter Segmente ..." Vgl. Chačikjan, Churr. i urart. 23 ff.

55 Siehe Wilhelm, Orientalia 54, 1985, 489.

/nn/ /n/
/r/

Bei den Liquiden (Zungenlauten) gibt es wohl nur die einfachen Konsonanten *l* und *r*. *ll* als stimmlose Variante von *l* hat es wohl nicht gegeben; *mm*, *nn* und *rr* als besondere Phoneme hat es wohl ebenfalls nicht gegeben. Verdoppeltes *ll* und *rr* sind zumeist Assimilierungsprodukte *l+n* > *ll*, *r+n* > *rr*.

Die Verdoppelung des *ll* in der Wurzel *ḫill-* „mitteilen" könnte auf ein petrifiziertes (iteratives) Morphem *l* weisen. Dieses *l* kommt auch in der Wurzel *ḫub-* „zerbrechen" und *ḫub+l-* „völlig zerbrechen" sowie vielleicht in *pugl-* „sich versammeln" vor. Dieses *l* wird auch von Neu in FsBoretzky, 2001, 90 f. zu den Wurzelerweiterungen gezählt. Anlautendes *l* oder *r* kommen nur in Lehnwörtern vor. Ein *r/l*-Wechsel ist dialektal in Boğazköy zu beobachten: z.B. *avari* „Feld" neben *avalli-* ebenfalls „Feld".

g) *Die Vokale*

Das Hurritische besitzt die Vokale *a*, *e* , *i*, *u* und *o*, wie dies jetzt die oben genannte Schülertafel aus Emar/Meskene bestätigt. Wahrscheinlich besaß das Hurritische auch -ə, das graphisch aber mit *e* oder auch mit *i* oder *a* zusammengefallen ist.

Der Vokal [u] wird in der Keilschrift mit dem Zeichen Ú,
der Vokal [o] mit dem Keilschriftzeichen U wiedergegeben.

Die Unterscheidung von U (= o) und Ú (= u) geht auf Bork und Speiser (Speiser IH 22 f.; vgl. auch Bush GHL 42) zurück. Sie wurde deshalb getroffen, weil das Zeichen Ú in Verbindung mit e, also -ú-e, oder mit a, also ú-a, = we bzw. = wa in einigen Dialekten wiedergibt, während U = o niemals in dieser Verbindung für we oder wa verwendet wird.

Konsequent wird die graphische Wiedergabe von *o* und *u* jedoch nur im Mittani-Brief durchgeführt:

z.B.	u-u-mi-i-ni	/ômini/	„Land"
	šu-u-we	/šove/	„meiner" (Genitiv des selbständigen Personalpronomens 1. Pers. Sg.)
aber	šu-ú-ta	/šuda/	„zu mir" (Direktiv des selbständigen Personalpronomens 1. Pers. Sg.)
	šu-ú-ú-ra	/šura/	„mit mir zusammen" (Komitativ des selbständigen Personalpronomens 1. Pers. Sg.)
	ú-ru-um-	/ur=om-/	„beschäftigt sein" o.ä.

In den anderen Dialekten ist eine Unterscheidung von *u* und *o*, aber auch von *i* und *e* graphisch nicht oder nicht hinlänglich konsequent durchgeführt. So findet man in Boğazköy und auch sonst einerseits für ein und dasselbe Wort unterschiedliche Graphien:

z.B. šu-u-ni und šu-ú-ni „Hand",
e-di aber auch i-di „Person, selbst" (in Mittani hingegen stets e-di)
i-ra-de aber auch e-ra-de „Vogel"
e-ki-da aber auch i-gi-da „in" (Ugarit-Vokabular)
eš-ši (Boğ.) in Mittani iš-ši „Pferd?"

andererseits muß jedoch berücksichtigt werden, daß vor allem die Boğazköy-Texte keiner einheitlichen Orthographie unterliegen, so daß einige Texte sorgfältiger geschrieben sind als andere (siehe auch Giorgieri/Wilhelm, SCCNH 7, 1995, 37 ff.).

Diphthong: Die Existenz von Diphthongen ist unsicher. Schreibungen wie a-i a-e, i-a, i-e oder u-i- (z.B. a-i „wenn", oder u-i-a-(man) = *oja(=man)* „(aber) nein") könnten auch als zweisilbig gedeutet werden (*ai̯, šii̯e*).

Plene-Schreibung: Für die hurritische Orthographie sind des weiteren Plene-Schreibungen (d.h. Schreibungen von einem oder sogar zwei Vokalzeichen nach einem Syllabogramm vom Typus **K**(onsonant)**V**(okal) oder vor einem Syllabogramm vom Typus **VK**) charakteristisch. Sie werden angewandt:

a) zur Unterscheidung der Vokale *e* und *i* sowie *u* und *o*

ú-ni-**e**-IT-ta = un=**e**t=t=a „sie werden bringen" bzw. „sie wird kommen" (Mit. III 12, 21)

-ni-**e** = -n**e** sog. „Artikel" Sg.

aber

ti-**i**-ḫa-ni-tén = tîḫan=i=(i)d=en „sie mögen zeigen" (Mit. III 24)

pa-li-**i** = pal=i „er weiß" (Mit. II 56)

šu-**ú**-ta = šu=da „zu mir" (Mit. I 50)

ú-ú-ri-a-a-aš-še-na = ûr=i=a=šše=na „die er wünscht" (Mit. I 108)

aber

šu-**u**-we = šo=ve „meiner" (Mit. III 40)

u-u-mi-i-ni = ômini „Land" (Mit. I 90)

b) zur Wiedergabe von Diphthongen(?):

u-i-a-ma-a-an = oja=mân „aber nein" (Mit. IV 46)

ši-i-e = šije „Wasser"

c) Einige Fälle der Anwendung der Plene-Schreibung sind schwer zur erklären, sie drücken aber offenbar keine Vokallänge aus (Diakonoff HuU 32). Siehe aber Wilhelm, Orientalia 61, 1992, 125, der vermutet, daß „im Regelfall ein starker Druckakzent auf der Pänultima zur Längung dieser Silbe (d.h. der *plene* geschriebenen [Wegner]) und zu gleichzeitiger Kürzung der vorangehenden Silbe(n) führt oder führen kann."

d) In Mittani signalisiert die Plene-Schreibung in bestimmter Position häufig den Schwund des Ergativmorphems -š (siehe S. 76 [a]).

(Die Kennzeichnung der *plene* geschriebenen Silben durch die Symbole *â î ê* usw. in den zusammenhängenden Umschriften wird in dieser Arbeit hauptsächlich bei bestimmten Partikeln verwendet, da hier eine beträchtliche Alternanz sichtbar ist; mitunter geschieht sie auch bei Wörtern, deren Plene-Schreibung in der Wurzelsilbe bedeutungsunterscheidend ist: z.B. *ur-* [*ú-rV-] „vorhanden sein" und *ûr-* [*ú-ú-rV-] „wünschen", *ḫâš-* [*ḫa-a-aš-] „salben" und *ḫaš-* [*ḫa-aš-/*ḫa-šV] „hören", *tar-* [*ta-rV-] Verb unbekannter Bedeutung und *târ-* [*ta-a-rV-] „Feuer", *pal-* „wissen" [*pa-lV-] und *pâl-* „falsch?"[56] [*pa-a-lV-] und wahrscheinlich auch *paḫi* „Kopf"

56 Der Bedeutungsansatz für diese Wurzel bei Friedrich, BChG 40. Siehe dazu auch V. Haas/I. Wegner, GsForrer, 2004, 339-344.

[*pa-a-ḫV-] und *paḫe* Bed. unbk. [*pa-ḫV-], vielleicht zum Verb *paḫ-* „vernichten" gehörig).

h) Gebrochene Schreibungen stehen in Alalaḫ IV, Nuzi, Boğazköy und sonst gelegentlich für Doppelkonsonanz: z.B ^{URU}Igingal-iš > ^{URU}Igingalliš „die Stadt Igingallis"; kulaḫ-e-na > kulaḫḫena „die genannten" (Wilhelm, SCCNH 8, 1996, 339 Anm. 26; ders., FsKlengel, 1997, 283 Anm. 34. Zum Bedeutungsansatz von *kulaḫḫe-* siehe Wegner, SMEA 36, 1995, 97 ff.), zu-uk-a-e- für *šukkae* zu *šukko* „eins" (Qaṭna; Richter, SCCNH 15, 2005 116 f.).

Noch unklar sind Schreibungen wie ta-a-e (Ugarit Vokabular RS 94-2939 Kol. V 5')[57] für normal ta-(a)-ḫi/e auch ta-aḫ-e „Mann" oder i-ti-iḫ-⌜in⌝ für i-ti-i-e-in beides „er möge schlagen (den Feind)" (ChS I/5 Nr. 47 Rs. IV 14 und Nr. 46 Rs. IV 39'; zu weiteren Beispielen siehe Wegner, ZA 85, 1995, 122 und 125 mit Anm. 23).

i) Assimilationen bei den seltenen konsonantischen Stämmen kommen bei Genitiv und Dativ vor: z.B. ^{URU}*Igingal(l)išša* < ^{URU}Igingal(l)iš + va (Dativ) „für die Stadt Igingalliš" (KBo 32: 19 I 5), ^{D}*Ḫebatte* < ^{D}Ḫebat + ve (Genitiv) „der Göttin Ḫebat" (GLH 101), ^{D}*Ḫebatta=n* < ^{D}Ḫebat + va + n(na) (Dativ) „für die Ḫebat es" (KBo 19: 139 [= ChS I/5 Nr. 23] Vs. II 12').

Metathese ist bei dem GN Kušuḫ (*Kušupḫi* < Kušuḫ + ve) belegt (GLH 158), sowie bei dem Verb *tašp-* später *tapš-* „vernichten" (siehe S. 234 f.) und dem Zahlwort kig + še > *kiški* „dritter"(siehe S. 81)

Prinzip der Anordnung hurritischer Lemmata in den Wörterbüchern und Wörterverzeichnissen (siehe dazu Wilhelm, Orientalia 54, 1985, 489)

Das Prinzip der Anordnung hurritischer Wörter folgt der Anordnung des Standardwerkes hurritischer Personennamen aus Nuzi (I. J. Gelb e.a., Nuzi Personal Names (NPN), [OIP 57], Chicago 1943); es stimmt mit der der hethitischen Wörter- und Namenbücher überein.

Dieses Prinzip erhebt keinen Anspruch auf phonologische oder phonetische Korrektheit, ist aber leicht handhabbar. Es besteht darin, daß stimmhafte Konsonanten (also b, d, g) unter ihren stimmlosen Entsprechungen (also p, t, k) eingeordnet werden, mit der konventionellen Ausnahme w für f oder v.

Weiterhin wird die graphische Doppelkonsonanz bei der Einordnung vernachlässigt, obwohl die Unterscheidung von Einfach- und Doppelkonsonanz in intervokalischer Position eine phonematische Opposition bezeichnet, deren genaue Definition aber noch offen ist. Konsequent wird Einfach- und Doppelschreibung sowieso nur in Mittani durchgeführt. Für ein Wörterbuch oder Wörterverzeichnis ist aber beim bisherigen Forschungsstand eine solche Unterscheidung kaum durchzuführen, da es zu zahllosen Verweisen führen würde. (Völlig ungeklärt sind schließlich die Verhältnisse von einfachen und doppelten Konsonanten an anderen Positionen, z.B. am Wortanfang).

---

57 B. André-Salvini/M. Salvini, Un nouveau vocabulaire trilingue sumérien-akkadien-hourrite des Ras Shamra, SCCNH 9, 1998, 7, 17.

Einige Forscher trennen in ihren Glossaren i und e (Laroche GLH; Neu, StBoT 32, 1996; Giorgieri PdP, 2000).

Da also als Ordnungsprinzip ein phonetisches nicht sinnvoll, ein phonemisches nicht aufstellbar ist, folgt man einer Konvention. Diesem Ordnungsprinzip wird auch in dieser Arbeit gefolgt, mit der weiteren Ausnahme von c [ts] unter z. Die wenigen s-haltigen Wörter (z.B. su-bi-) sind unter š verbucht.

(E. Laroche richtet sich in seinem „Glossaire de la language hourrite" nur teilweise nach diesem Prinzip; er folgt einem um die stimmhaften Konsonanten [dies wegen der in den hurritischen Texten in ugaritischer Alphabetschrift wiedergegebenen stimmhaften Konsonanten] erweiterten Alphabet, also zusätzlich mit b, d, g, z).

Zur Transkription: Bei der Transkription (eigentlich Transliteration) wird folgendermaßen verfahren: Wenn ein Keilschriftzeichen sowohl Media als auch Tenuis repräsentiert und in beiden Fällen dieselbe Indexziffer trägt, wird die stimmlose Variante gewählt, also *ap*, *at* nicht *ab*, *ad*. Ansonsten wird in der Regel[58] der Lautwert mit der niedrigsten Indexziffer eingesetzt, also *be*, *bi* nicht *pè*, *pí*. Bei Doppelkonsonanz wird zugunsten dieses Prinzips angeglichen, also *ab-bi* oder *ib-be* nicht *ap-pí* oder *ip-pè*. Die inlautenden Silbenzeichen AB, IB, UB sind mit *áw*, *íw*, *úw* umschrieben, wenn das folgende Silbenzeichen mit W anlautet, als IB+WA = *íw-wa*.

Zu den gebundenen Umschriften: Die gebundenen Umschriften sind graphienahe; Hačck wird durchweg beibehalten, auch wird konsequent ḫ geschrieben. Phonetisch [u] und [o] werden unterschieden. Phonetisch ist auch die Wiedergabe der kurzen Konsonanten. Das Possessivpronomen der 3. Pers. Sg. wird mit *-i-* angesetzt. Das Genitiv- und Dativkennzeichen wird einheitlich mit *-ve* bzw. *-va* wiedergegeben. Ein Zirkumflex (â, ê usw.) zeigt lediglich Plene-Schreibung des entsprechenden Vokals an.

58 Eine Ausnahme ist das Zeichen TIN, welches hier als TÉN wiedergegeben ist.

C Die hurritischen Wurzeln

1. *Silbenstruktur und Wortbildungselemente*

A Die hurritischen Wurzeln sind in ihrer großen Mehrheit einsilbig; sie sind grundsätzlich unveränderlich. Man unterscheidet folgende häufiger vorkommende Typen:

a)	Wurzeln vom Typ K(onsonant)V(okal)	*pa-*	„bauen“
		ḫa-	„nehmen“
	oder V(okal)K(onsonant)	*un-*	„kommen“
		ar-	„geben“
		id-	„schlagen“
	Nominalwurzeln	**el*	„Schwester“
		**en*	„Gott“
	Wurzeln VKK	*itt-*	„gehen“
		ašš-	„waschen, abwaschen“
	Nominalwurzeln	**att*	„Vater“
		**all*	„Herrin“
	VK_1K_2	*ašḫ-*	„opfern“
		ašk-	„fragen?“
	Nominalwurzeln	**ard*	„Stadt“
		**ašt*	„Frau“
b)	Der häufigste Wurzeltyp ist KVK	*tad-*	„lieben“
		tan-	„machen“
		ḫaš-	„hören“
		ḫil-	„mitteilen“
		kad-	„sprechen“
		pal-	„wissen, kennen“
		zaz-	„zu essen geben, verköstigen“
	Nominalwurzeln	**šen*	„Bruder“
		**šal*	„Tochter“
		**ner*	„Mutter“
c)	Wurzeln vom Typ KVKK	*pašš-*	„schicken“
		naḫḫ-	„sitzen“
		nakk-	„entlassen“
	KVK_1K_2	*kunz-*	„sich niederwerfen“
		ḫemz-	„binden“

(Der Wurzeltyp KVK_1K_2 könnte aber auch dem Typ KVK + einer WE z/š/l angehören).

d)	Reduplizierte Wurzeln	*keligel-*	„hoch stellen“
		wirwir- [*firvir-*]	„lösen?“
	und mit Reduzierung des druckärmsten Vokals		
		kelgel-	„hoch stellen“

e) Zweisilbige Wurzeln vom Typ KVKVK wie z.B. **šeḫel* „rein sein“ oder *zulud-* „lösen“ gibt es wohl nicht. Im Fall von **šeḫel* liegt die Wurzel *šeḫl-* mit anaptyktischem[59] Vokal vor, bei *zulud-* eher eine Wurzel **zul* mit einem Formans -*ut-* [*ud*].

f) Primäre Nominalwurzeln wie *šen-a* „Bruder“, *ner-a* „Mutter“, *att-ai* „Vater“ sind selten.

g) Das Hurritische kennt folgende Wortklassen: Pronomen (selbständige und suffigierte), Nomen, Verbum, Partikel (selbständige und suffigierte).

An diese Wurzeln können bis zu drei optionale Wurzelerweiterungen treten; Wurzel und Wurzelerweiterungen (im folgenden abgekürzt WE) bilden dann den Stamm.

2. *Die Nominalmorphologie*

An die Wurzel zuzüglich gegebenenfalls der WE(n) tritt an die Nominalstämme ein Auslautvokal bzw. Themavokal, der häufig *i* oder *e*, seltener *a* ist; genuin hurritische *u*-Stämme sind nicht sicher nachzuweisen.[60]

Die Entscheidung darüber, ob ein -*i*- oder -*e*-Stamm vorliegt, ist allein durch die Mittani-Orthographie zu treffen. Da naturgemäß nicht alle Wörter im Mittani-Brief belegt sind und Untersuchungen zur Qualität der Auslautvokale kaum vorliegen, sind hier -*i*- und -*e*-Stämme zusammen aufgeführt (vgl. dazu auch Diakonoff HuU 60 f.).

Stämme, die auf einen Konsonanten enden, kommen – außer in einigen wenigen Götternamen wie *Ḫebat, Kušuḫ, Nubadig* und bei einigen Partikeln wie *tiššan* oder *pegan* – nicht vor.

i/e-Stämme: *ašti* „Frau“, *eni* „Gott“, *eli* „Fest“, *pâḫi* „Kopf“, *edi* „Körper“, *ḫani* „Kind“ (zu *ḫan-* „gebären“), *furi* „Blick“ (zu *fur-* „sehen“).

(Dem letzteren Themavokal /*i*/ wird von Wilhelm, Orientalia 61, 1992, 140, nominalisierende Wirkung zugeschrieben).

taḫe „Mann“, *arde* „Stadt“, *tive* „Wort“, *eše* „Erde“, *kiaše* „Meer“, *taše* „Geschenk“

a-Stämme: Die *a*-Stämme beschränken sich im Wesentlichen auf Verwandtschaftsbezeichnungen und Götternamen:

šala „Tochter“, *šena* „Bruder“, *ela* „Schwester“, *nera* „Mutter“, *mena* „Zwilling?; Geschwister?“
GN *Ša(v)uška*, selten *Šimiga* (meist *Šimige*).

Eines der seltenen Wörter, das nicht zu dieser Kategorie gehört, ist

tiša „Herz“

Als Diphthonge erscheinende Stämme:

allai „Herrin“, *attai* „Vater“, *šije* „Wasser“, *uštai* „Held“

---

59 Anaptyxe, d.h. der Einschub eines Sekundärvokals, kommt mehrheitlich zwischen Liquida und Nasalen vor, wenn diese an andere Konsonanten treffen. Vgl. beispielsweise noch die Substantive *torbi* und *torubi* „Feind“, *purli* und *puruli* „Tempel“ (GLH 274 und 206).

60 *u* als Auslautvokal kommt bei Adverbien (z.B *ašḫu-* „oben“), hauptsächlich aber bei Partikeln (*inu-* „wie“, *panu-* „obgleich“) vor.

Einige Forscher (Wilhelm, Cambridge Encyclopedia, Chapter 4, 2004, 105; Giorgieri PdP 199) interpretieren die Stämme auf *-ai* als *a*-Stämme zuzüglich eines „Honorificums" *-i*: *alla=i* usw.

2.1 *Die Wortbildungs- bzw. Stammbildungselemente*

An die unveränderliche Wurzel können nun folgende Wortbildungs- bzw. Stammbildungselemente angefügt werden, die aber in ihrer Bedeutung häufig unklar sind. Diese sog. „ableitenden" Nominalsuffixe geben der Wurzel eine Bedeutungsänderung, deren Nuance uns oft verborgen bleibt. Grundsätzlich ist zu bemerken, daß die nominalen Suffixe (ebenso wie die verbalen) einer festen, unvariablen Ordnungsposition unterliegen, und daß die derivationellen Kategorien wurzelnäher und die flexivischen Kategorien randnäher angeordnet sind. Man unterscheidet zwei Gruppen:

Die erste Gruppe (Speiser IH 129 ff.; Bush GHL 109 ff.) ist wenig erforscht und in der Bedeutung meistens unklar:

-ar- in: *av=ar=i* „Feld", *ped=ar=i* „Rind", *niḫ=ar=i* „Geschenk"
(Bei dieser Gruppe ist, im Gegensatz zu der folgenden, eine verbale Herkunft nicht zu erkennen).
ḫaš=ar=i „Feinöl" zu *ḫaš-* „salben", *šid=ar=ni* „Fluch" zu *šid-* „verfluchen".

-ade bildet in einigen Fällen Kollektiva: *amm=ade* „Großvater", *fir=ade* „auswärtiger Gast" (Bedeutung nach Wilhelm, SCCNH 15, 2005, 175 ff.), *ḫur=ade* „Krieger", *er=ade* „Vogel".
Das Suffix erscheint oft an Zahlwörtern *tumn(i)=ade* „je vier" und an Maßbezeichnungen *parizz=ade* „*parīsu*-Maß" (Ableitung von akkadisch *parīsu*).

-ni individualisierend o.ä., nicht zu verwechseln mit dem sog. „Artikel" Sg. *-ni* / *ne*/; bezeugt ist das Suffix in:
šid=ar=ni „Fluch", *ḫavur=ni* „Himmel", *evri* „Herr" aber *ever=ni* „Herr, König".

Die zweite Gruppe der Wortbildungssuffixe bildet Adjektive, Nomina actoris usw. Nach Diakonoff HuU 65 f. folgen sie entweder der Wurzel (+ gegebenenfalls dem Themavokal) oder den Suffixen der ersten Gruppe.

Primäre Adjektive besitzt das Hurritische nur wenige; es sind dies:

z.B.	*turi*	„unten, tief"
	timeri / *timari*	„dunkel"
	ove-	„dumm"
	niri	„gut"
	faḫri	„gut, schön"

Weitaus in der Mehrzahl sind die durch Derivationssuffixe gebildeten Adjektive (vgl. Speiser IH 114 ff.; Bush GHL 163 ff.; Giorgieri PdP 206 ff.):

-(ḫ)ḫe: Das Suffix, dessen Auslautvokal aufgrund von Mittani-Formen als *e* angesetzt wird, kommt in zwei Varianten vor, nämlich mit einfachem und doppeltem Konsonanten. Über die Verteilung von *-ḫe* und *-ḫḫe* läßt sich noch nichts Sicheres sagen. Das Suffix bildet Adjektive der Zugehörigkeit:

a) ethnische und geographische Adjektive, mehrheitlich mit dem Suffix *-ḫe*
b) Adjektive, die Stoffe oder innewohnende Eigenschaften ausdrücken, mehrheitlich mit dem Suffix *-ḫḫe,*
c) Zahlen

-ḫe

a)	ḫurri + ḫe	> *ḫurr=o=ḫe*	[mit dem Übergang von *i* > *o*, bzw. mit Derivationsvokal o][61]	„hurritisch"
	ḫatti + ḫe	> *ḫatt=o=ḫe*		„hethitisch"
	Ḫalba + ḫe	> *Ḫalba=ḫe*	[bei *a*-Stämmen bleibt der Vokal *a* erhalten]	„zu Ḫalab gehörend"
	Ebla + ḫe	> *Ebla=ḫe*		„zu Ebla gehörend"
	Tukriš + ḫe	> *Tukrišḫe*	[bei kons. Stämmen direkt an den Stamm]	„zu Tukriš gehörend"
	Igingalliš + ḫe	> *Igingallišḫe*		„zu Igingalliš gehörend"

-ḫḫe

b)	ḫiari + ḫḫe	> *ḫiar=o=ḫḫe*	[mit dem Übergang von *i* > *o* bzw. mit Derivationsvokal *o*]	„Goldenes"
	šinniberi + ḫḫe	> šinniber=o=ḫḫe		„elfenbeinern"
	ašti + ḫḫe	> *ašt=o=ḫḫe*		„weiblich"
	turi + ḫḫe	> *tur=o=ḫḫe*		„männlich"
	*ḫuši + ḫḫe	> *ḫuš=o=ḫḫe*		„Gürtel"
c)	*eman=am=ḫ(e)=a* zu *eman-* „zehn"			„zehnfach"

Tritt *-ḫe* an Verbalstämme, bleibt der Themavokal *-i-* erhalten:

d)	*pašš=i=ḫe*	„Sendung"	> *pašš-*	„senden"
	na=i=ḫe	„Weide"	> *nav-*	„weiden"
	pa=i=ḫe	„Baugrundstück"	> *pa-*	„bauen"
	ḫemz=i=ḫe	„Gürtel"	> *ḫemz-*	„gürten"
	kul=i=ḫe	„das Sprechen"	> *kul-*	„sprechen"
	šiš=i=ḫe	„Schaufel, Spaten"	> *šiš-*	„?" (Ugarit)

Wie das Paar *-ḫe* und *-ḫḫe* zwei in Form und Funktion sehr ähnliche Suffixe sind, unterschieden lediglich durch die Länge des konsonantischen Elements, ebenso sind auch die beiden folgenden Adjektivmorpheme **-še/-šše** und **-ni/-nni** zu bewerten (vgl. Wilhelm, Double Case, 1995, 123 ff.; zu *-ni* and *-nni* siehe noch

61 Zu der Bezeichnung „Derivationsvokal" für dieses Phänomen siehe Wilhelm, SMEA 29, 1992, 241 Anm. 6.

ders., Parrattarna, Sauštatar und die absolute Datierung der Nuzi-Tafeln. Acta Antiqua Academiae Scientiarum Hungaricae 24, 1976, 149 Anm. 1):

-o=š(š)e *talav(i) =o=še* [mit Übergang von *i* > *o* bzw. Derivationsvokal *o*]
„groß" (zur Wurzel *tal(mi)*- „groß" gehörend)
šav=o=še „groß, erhaben"
faḫr(i) =o=še „gut" zu *faḫri* „gut"
ker=a=šše „lang" zu *keri-* „lang"

-(a)=šše Das Suffix *-(a)+šše* bildet aber auch abstrakte Begriffe wie:
ašt=a=šše „Weiblichkeit" zu *ašti* „Frau"
all=a=šše „Herrinnentum" zu *allai-* „Herrin"
šarr=a=šše „Königtum" zu *šarri* „König"

Hierher ist auch die Suffixkombination -**ambašḫe* zu stellen, die aus den Einzelmorphemen *=a=mb=aš(še)=ḫ(ḫ)e* gebildet ist. Diese Suffixkombination dient zur Bildung von Zugehörigkeitsadjektiven von Abstrakta:

alambašḫe < *al=a*(intr.)=*mb*(unbk.)=*aš(še)=ḫ(ḫ)e* „Zahlung zur Gestellung von Erntearbeitern" (Nuzi)
teḫambašḫu < *teḫ=a*(intr)=*mb=aš(še)=ḫ(ḫ)u* (akk. Form) „Lohn zur Aufzucht von Säuglingen"

(Zur Segmentierung siehe Wilhelm, AdŠ 3, 1985, 85; zum Bedeutungsansatz siehe Fincke, WO 24, 1993, 48 ff.)

-(i)=šše bildet ebenfalls Abstrakta
šar=i=šše „Wunsch" zu *šar-* „wünschen" (Ugarit-Vokabular)[62]
nir=i=šše „Güte" zu *niri* „gut"
kib=i=šše „das Sitzen (auf dem Thron)"
zu *keb-* „setzen, stellen, legen"

-ni KUR *mašriâ=ni-* „das ägyptische (Land)" (Mit. II 69)

-nni KUR *mašria=nni-* (Mit. II 71)

oder KUR *mašria=n(i)=ne*, d.h. eine Form mit dem sog. „Artikel" *-ne* (Wilhelm, Double Case, 1995, 124, Beispiele [48] und [49])
maria=nni- „Streitwagenkämpfer"

-i=**nni** Das Suffix bildet relative Adjektive, substantiviert für Berufsbezeichnungen:
urb=ar=i=nni „Schlachter" zu *u(r)b-* „schlachten"
išḫ=ar=i=nni „Bäcker" (Ugarit)
far=i=nni „Brotbäcker"
fand=ar=i=nni „Koch"
tab=(i)=r(i)=i=nni „Schmied" zu *tab/v-* „gießen"
Das Suffix *=e/i=nni* findet sich darüber hinaus auch bei Gegenstandsbezeichnungen:
ḫaš=e=nni ein wertvoller Stein
kig=i=nni „Dreifuß" o.ä. (Qaṭna; siehe Richter, AoF 32, 2005, 41 f.)

-o=**nni** *mad=o=nni-* „weise" zu *madi* „Weisheit" (Boğazköy)
pic=o=nni „freudig" zu *pico* „Freude" (Mit. I 79 bi-su-un-ni-)

---

62 Ugarit-Vokabular RS 94-2939 Kol. II 5, siehe André-Salvini/Salvini, SCCNH 9, 1998, 5, 18 f.

-u/o=nni *ašḫ=uš=i=kk=o=nni* „Opfermandant" zu *ašḫ-* „opfern" (Boğazköy)
amumm=i=kk=o=nni „Verwalter" zu *am=om-* „(hin)sehen, beobachten" (Boğazköy)

-kk- Nominales Element unklarer Bedeutung; in Verbindung mit *-u/o=nni* oft bei Personenbezeichnungen: in *amumm=i=kk=o=nni* usw. Zu Formen mit den Formanten + t + u + kki siehe unter -t-. (Der Formant -kk- ist nicht zu verwechseln mit dem verbalen Negationssuffix kkV($_{okal}$)-, siehe dazu S. 97 [5.4.1]).

Anders hatten Laroche, RA 54, 1960, 194, Bush GLH 204 und ihnen folgend Giorgieri PdP 211, Formen wie *fur=i=kk=o=nni, ḫaš=i=kk=o=nni, kad=i=kk=o=nni* und *ḫill=uš=i=kk=o=nni* gedeutet, nämlich als Verbaladjektive von negierten Verbalwurzeln. Als Bedeutungen werden angegeben für: *fur=i=kk=o=nni* „einer, der nicht sieht, Blinder", für *ḫaš=i=kk=o=nni* „einer, der nicht hört, Tauber", für *kad=i=kk=o=nni* „einer, der nicht spricht, Stummer" und für *ḫill=uš=i=kk=o=nni* „einer, der nicht mitteilt". Diese von Laroche auch in das GLH aufgenommenen Deutungen hängen von der Interpretation einiger nicht restlos geklärter Mittani-Stellen, besonders des § 27 [Mit. Kol. IV 1-11], ab. (Siehe zu diesem Paragraphen zuletzt die Übersetzung von M. Giorgieri, Le Lettere di el-Amarna, in: Testi del Vicino Oriente antico, vol. 2: Le Lettere dei „Grandi Re", hrsg. von M. Liverani, Brescia 1999, S. 388.) In der Boğazköy-Bilingue KBo 32: 15 Rs. IV 9 ist eine Form *iš=i=kk=o=nn(i)=a* (Essiv) belegt, die mit einer Form von heth. *wešk-* „klagen, jammern" korreliert. Eine Negation ist in der hethitischen Übersetzung nicht erkennbar. Im Hinblick auch auf urartäisch ^{LÚ}*urb=i=ka-* „Schlachtopfer, Priester?" (zu urart. *urb-* „schlachten") sollten die beiden Formanten -kk- – nominales Element (Nomina actoris?) – und -kkV($_{okal}$)- – Negationsmorphem der intransitiven und antipassiven Verben – getrennt werden (vgl. schon Diakonoff HuU 117 mit Anm. 129; jetzt auch Wilhelm, SCCNH 15, 2005, 179 Anm. 22: Personenbezeichnung auf *–kk(i)=o=nni*).

-ga/-(k)ka Es ist unklar, ob dieses Element zu dem vorherigen gehört; es ist als eine Art „Honorificum" oder „Diminutiv" gedeutet worden (Laroche GLH sub *aštagga* und *taḫe;* Chačikjan, Churr. i urart. 64 und 69/70; Wegner, Xenia 21, 1988, 149 ff.; dies., SCCNH 7, 1995, 118). Das Suffix tritt häufig in mantischen Texten bei Sumerogrammen wie LÚ-ka(-) oder LUGAL-ka(-) auf (Boğazköy; Meskene); die Ug.-Bil. [15, 18] bietet die syllabisch geschriebenen Formen ta-aḫ-a-ka und ta-aḫ-a-ak-ka-an.

-li Berufsbezeichnungen bildendes Element, tritt athematisch an den Stamm:

keb + li	„Jäger"	zu *keb-*	„setzen, stellen, legen"
tab/v + li	„Schmied"	zu *tab/v-*	„gießen"

-(u)zzi Die Endung bildet Adjektive, die eine äußerliche Eigenschaft bzw. die Angemessenheit ausdrücken. Bei Antritt dieses Formanten geht der Themavokal verloren, bzw. geht von *i* > *u* /*o*/ über:

ašt(i)=uzzi „einer Frau eigen" (Bezeichnung für ein Gewand)
paḫ(i)=uzzi „dem Kopf passend"
šen(a)=iff(u)=uzzi „meinem Bruder angemessen"

(Das Suffix *-o/u+zzi* hat die ungewöhnliche Eigenschaft, daß es nicht direkt auf den Nominalstamm folgen muß [Beleg 3], mithin streng genommen nicht als wortbildendes Morphem aufgefaßt werden dürfte. Eine Segmentierung *=o/u=zzi* ist von Wilhelm, SMEA 29, 1992, 241 Anm. 6, vorgeschlagen worden, wobei *=o/u=* als Derivationsvokal bei *i*-Stämmen interpretiert wird).

-pḫe/i Die Endung wird überwiegend zur Bildung von Ethnika verwendet. In /*p*/ liegt nach Wilhelm, AdŠ 2, 1980, 99, 131, ein Allomorph des Genitivsuffixes *-ve* vor, *-ḫe/i* ist adjektivierend: *-pḫe < *-ve + (ḫ)ḫe.*
ninua=p=ḫe < ninua=v(e)=ḫe „der (Mann) von Ninua"
pišaiša=p=ḫe „der vom Berge Pišaiša" (GN)

-(a)=pti in *tad=a=pti* zu *tad-* „lieben" (Wilhelm, FsHaas, 2001, 453)

-(i)=pti in *na=i=pti* „Weide" zu *nav-* „weiden" (Wilhelm, FsHaas, 2001, 452)

-(a)=šḫe/i Das Suffix bildet Nomina loci et instrumenti
ašt=a=šḫe „weibliches Attribut" zu *ašti* „Frau"

-(i)=šḫe/i in *an=an=i=šḫe* „Freude" zu *an-* „sich freuen"
tur=i=šḫe „Okzident" zu *turi* „unten, tief"

-(u)=šḫe/i *aḫr=u=šḫe* „Weihrauchgefäß" zu *aḫri* „Weihrauch"
tiv=u=šḫe „Wort, Rede" zu *tive* „Wort"

(Das Suffix *-ušḫe* zur Bildung von Gerätebezeichnungen ist besonders aus den Texten von Nuzi und Alalaḫ bekannt, Bush GHL 112).

-šari Möglicherweise ein weiteres Abstrakt- oder Kollektivsuffix. Bei Antritt des Suffixes an Stämme auf *n, l, (m, r?)* + Vokal schwindet der Themavokal und das *š* wird graphisch > *z;* belegt ist es in:
enzari (< en(i) + šari) „Gottheit", Ableitung zu *eni-* „Gott"
tipšari (< tiv(e) + šari) „Wort, Sache, Erzählung" zu *tive* „Wort"
furulzari (< fur + (u)l(i) + šari) „Opferschauer" zu *fur-* „sehen"

-ki Das Suffix bildet Nomina instrumenti und auch Substantive mit resultativer Bedeutung, u.a.:

id + ki	„Mörser"	zu *id-* „zerschlagen"
id + ar + ki	„Abfallort"	
tudi + ki	„Abfallhaufen, Lehmgrube"	
nan + ki	„eine Schlagwaffe" zu *nan-* „(Feind nieder)schlagen"	
fud + ki	„Sohn" zu *fud-* „zeugen, erschaffen"	
kad + ki	„Spruch, Äußerung"	zu *kad-* „sagen"
tub + ki	„?"	

Nomina actoris (Tätigkeitsnomina) werden mit der sehr produktiven Suffixkombination *=o/u=ḫ(e)=li* (graphisch *-uḫli* oder *-uḫuli*, letztere ist die in Alalaḫ und dem westhurritischen Raum übliche Form) gebildet, wobei *-li* (s. o). das eigentliche berufsbezeichnende Suffix ist. Die Berufsbezeichnungen auf *-uḫlu/-uḫuli* basieren auf

Nomina, zu denen mit Hilfe des Suffixes *-ḫe* ein Zugehörigkeitsadjektiv gebildet wird. An diese Zugehörigkeitsadjektive tritt das Berufsbezeichnungssuffix *-li,* und zwar in Alalaḫ nach dem Derivationsvokal *-o/u-*, sonst ohne diesen und mit Synkope des auslautenden Vokals von *-ḫe.* Substantivische Berufsbezeichnungen bei hurritischen und nicht-hurritischen Stämmen sind z.B.:

emand=o/uḫlu (akkadisierte Form) „Zehnerschaftsführer“ < eman „zehn“ + ti > *emandi* „Zehnerschaft“ + ḫe > *eman=d(i)=o=ḫe* „zur Zehnerschaft gehörig“ + li > *eman=d(i)=o=ḫ(e)=li*

ḫalz=uḫli (Nuzi, Alalaḫ, Boğazköy) „Bürgermeister“ (wörtl. wäre es „derjenige, der berufsmäßig mit dem zum (Militär)-Bezirk Gehörigen befaßt ist“ (Wilhelm, SMEA 29, 1992, 239 ff.)

zil=ikk=uḫli „Zeuge“

ambann=uḫli zu *ambane* „Feuerholz“ (Wurzel *am-* „verbrennen“)

mašk=uḫuli (Alalaḫ) „Lederarbeiter“ (akk. *mašku* „Haut“)

mardad=uḫuli „Teppichknüpfer“ (Sprachzugehörigkeit unsicher; Richter, AoF 32, 2005, 39 ff. zieht hurritische Etymologie in Erwägung; Analyse: *mardad(i)=o=ḫ(e)=o/u=li*)

-ḫḫuri berufsbezeichnend in *amummi=ḫḫuri* „Verwalter“; nach Wilhelm, SMEA 29, 1992, 240 Anm. 4, liegt „eine Suffixkombination aus -*(ḫ)ḫ(e)* + *o* + *ri*“ vor.

-tann-/ -tenn- ebenfalls berufsbezeichnend in Nuzi (siehe Wilhelm, UF 2, 1970, 277 ff.)

-apš-/ epš- genaue Bedeutung unklar, gelegentlich an Zahlwörtern; siehe auch - unter den verbalen WEn: *šin=apš-* „wechseln“ zu *šin(i)* „zwei“, *pur=apš=i* ein Priester, *taḫ=apš=i* „Pferdedecke“ (Wilhelm, Cambridge Encyclopedia, Chapter 4, 2004, 102).

-arde bildet Kollektiva. Bei Antritt dieses Suffixes geht der Themavokal verloren (Girbal, ZA 78, 1988, 125 f.).

šal(a)=arde „Tochterschaft“

atta(i)=arde „Vorväter, Vorfahren“

maria=nn(i)=arde „Streitwagenkämpfer“

-arbu erscheint mit Zahlwörtern (Nuzi, akkadisierte Form). Der Themavokal geht ebenfalls verloren.

šin=arbu „zweijährig“
kig=arbu „dreijährig“
tumn=arbu „vierjährig“

-ae dient als Kasus instrumentalis und auch zur Bildung von Adjektiven und Adverbien.

ker=ae „lang“
niroš=ae „in guter Weise“
teon=ae „viel“

-pae Die Endung *-pae* wird von Wilhelm, SCCNH 9, 1998, 178 ff. als <*ve + ae interpretiert. In /p/ läge dann wieder ein Allomorph des Genitivsuffixes *-ve* vor (siehe auch oben unter *-pḫe*) und in *-ae* die Instrumentalendung, die im Rahmen der Suffixaufnahme ohne suffixanreihendes -NE- (Sg.)/-NA- (Pl.) angefügt ist. Die Endung gehört somit nicht zu den WEn.

Es gibt darüber hinaus noch eine ganze Anzahl von Wortbildungssuffixen, die aber sowohl in ihrer Segmentierung als auch in ihrer Bedeutung meist unklar sind. Die folgende Liste erschöpft deren Anzahl wohl sicher nicht; einige seien noch aufgeführt:

-a-(k)ka (siehe auch unter -ga-/-kka-) *taḫ=a=ka* bzw. *taḫ=a=kka* (Ug.-Bil. [15, 18]), beides zu *taḫe* bzw. LÚ „Mann" (Chačikjan, Churr. i urart., 64, deutet das Augment als Diminutiv oder Ausdruck der Freundlichkeit), *Šav=o=š=ka* „die Große (Göttinnenname)" (siehe Wegner, SCCNH 7, 1995, 118).

-me *ul=me* „Waffe", *taš=me* „Geschenk" zu *taš-* „schenken" *ḫud=me* „Gebet" zu *ḫud-* „beten, preisen"

-nzi und **-lzi** Die beiden Suffixe bilden wohl Abstrakta. In graphischem *-zi* könnte das Suffix *-še* vorliegen, welches nach *n, l* zu > *z* wird; möglicherweise sind die Suffixe dann Suffixkombinationen: *punuḫ=u=nzi* „?" zu *pun=uḫ-* „?", *kire=nzi* „Freilassung" zu *kir-* „freilassen", *talaḫḫ=u=lzi* „Herbeiziehung?" zu *tal=aḫḫ-* „herausziehen", *itk=a=lzi* „Reinheit" zu *itk-* „rein sein", *un=a=lzi* „das Kommen" zu *un-* „kommen", *maga=lzi* „Geschenk?" vielleicht gleichbedeutend mit *maga=nni* „Geschenk"

-t- unklar, belegt in Ausdrücken wie *puttukki-* zu *fud-* „erzeugen" (fud + t + u + kki) oder *mandukki-* wohl zu *mann-* „sein" gehörend; vielleicht identisch mit der Wurzelerweiterung *-t-* der Verbalmorphologie (siehe auch S. 89) oder zu dem folgenden Suffix *-ti* gehörig: (fud + ti(i>u/o vor kki) + kki, man + ti(i>u/o vor kki) + kki.

-ti *kel=di* „Heil" zu *kel-* „wohl sein" o.ä., *kum=di* „Turm" zu *kum-* „?", *ḫap=ti* „Ring" zu *ḫab/v-* „?" (Ugarit-Vokabular)[63], *eman=di* „Zehnerschaft"

-idi Nominales Element, belegt in *tar=idi* „Topf" zu *tari-* „Feuer", *naḫḫ=idi* „Sitz" zu *naḫḫ-* „sitzen, sich setzen".

-(a)=tḫi/e *ḫašul=a=tḫi* Bed. unbk., zur Wurzel *ḫaš-* „hören" oder *ḫâš-* „salben" gehörend. *zalm=a=tḫi* Epitheton des Gottes Nubadig.

-(i)=tḫi/e *pašš=i=tḫe* „Gesandter" zu *pašš-* „senden"

-(u)=tḫi/e *naḫḫ=u=tḫe* ein Sitzmöbel zu *naḫḫ-* „sitzen, sich setzen"

-ubad- Dieser Formant soll nach Laroche, SMEA 22, 1980, 84 ff., Abstrakta von Adjektiven bilden. Enthalten sei er in Formen wie ni-i-ru-pa-a-ta-e (Mit. IV 5, 6), ma-a-an-nu-pa-a-ta-e (Mit. IV 59) und pal-du-pa-a-te (Mit. III 48). Der erste Vokal des Suffixes ist nicht sicher zu bestimmen, er könnte *u* oder *o* sein. Wie der Ausdruck pal + t + ubad + e zeigt, kann der Formant *-ubad-* mit einem weiteren Formanten, nämlich dem oben genannten *-t-* zusammen vorkommen.

---

63 Ugarit-Vokabular RS 94-2939 Kol. I 7, André-Salvini/Salvini, SCCNH 9, 1998, 5, 11.

Zu der homographen Wiedergabe einer Suffixkombination uw(a) + bade, welche negierte Formen bildet, siehe S. 137 (Wegner, SMEA 36, 1995, 101 f.).

Nach den unmittelbar an die Wurzel antretenden „ableitenden" oder „erweiternden" Nominalsuffixen (Abk. WE) folgen die „beziehenden" Nominalsuffixe. Die Nominalsuffixe sind also grundsätzlich entweder „ableitend" (derivational), und als solche stehen sie nächstens zur Wurzel, oder sie sind „beziehend" (relational), als solche stehen sie wurzelferner.

Die Nomina besitzen – wie in anderen agglutinierenden Sprachen auch – einen charakteristischen Satz von „beziehenden" Nominalsuffixen, die eine feste Position innerhalb der „Suffixkette" einnehmen. Die Suffixmorpheme, die bei Nomina auftreten, können folgende Beziehungen ausdrücken:
a) attributionale, besser relationale (= sog. „Artikel") b) possessivische c) kasusbildende d) adjektivbildende e) verbalnomenbildende und f) syntaktische Beziehungen.

Das hurritische Nomen hat keine Genera; Singular und Plural werden unterschieden. Wenigstens zwölf Kasus konnten bislang ermittelt werden.

2.2 *Die Suffixkette beim Nomen*

Für die Suffixkette am Nomen werden, in Anlehnung an Diakonoff, 9 Ordnungspositionen angesetzt, wobei die Wurzelerweiterungen, Wortbildungssuffixe und Themavokale nicht mitgezählt und die Partikeln einer Position (9) zugerechnet werden (Diakonoff HuU 87 ff.).

2.2.1 *Die 1. Position: Der sog. „Artikel"*

Nach der Wurzel, den Wurzelerweiterungen und dem Themavokal (diese werden bei der folgenden Zählung der Suffixpositionen nicht mitgerechnet) steht in der Suffixkette an 1. Position der sog. „Artikel" in der Gestalt

-ni /*ne*/	für den Singular
-na	für den Plural.

Bei Stämmen (= d.h. Wurzel + WE) auf **r, l, n + Vokal** schwindet bei Antritt dieser Suffixe der Themavokal und das *n* der Suffixe *-ni* /*ne*/ oder *-na* assimiliert sich an den nunmehr schließenden Konsonanten des Stammes, z.B.

niḫari	„Mitgift"	niḫar(i)+ni >	*niḫarri*	„Mitgift"
tari	„Feuer"	tar(i)+ni >	*tarri*	„Feuer"
ela	„Schwester"	el(a)+ni >	*elli*	„Schwester"
šav(a)li	„Jahr"	šaval(i)+ni >	*šavalli*	„Jahr"
eni	„Gott"	en(i)+ni >	*enni*	„Gott"
šena	„Bruder"	šen(a)+ni >	*šenni*	„Bruder"
šav(a)li	„Jahr"	šaval(i)+na >	*šavalla*	„Jahre"
eni	„Gott"	en(i)+na >	*enna*	„Götter"

Tritt der sog. „Artikel" an einen konsonantischen Stamm, der schon die WE *-ni* („individualisierend" o.ä.) trägt (also Typ: -Kni), ergibt sich folgendes: Der Themavokal schwindet (Synkope), zwischen den nunmehr auf Konsonant auslautenden

Stamm und das Suffix *-ne* tritt eine sekundäre Vokaleinfügung (Anaptyxe) ein; der eingefügte Vokal entspricht dem Vokal des Wurzelvokals, z.B.:

evri „Herr" + ni („individ.") > everni + „Artikel" ne > *evrenne* „Herr, König"
*ḫavur + ni > ḫavurni + „Artikel" ne > *ḫavurunne* „Himmel"
*šuḫ + ni > šuḫni + „Artikel" ne > *šuḫunne* „Mauer"

Sekundäre Vokaleinfügung findet auch bei dem berufsbildenden Suffix *-li* statt, wenn *-li* auf einen Konsonanten trifft:

keb- „setzen, stellen" + li „Jäger" + na „Artikel" Pl. > *kebella* „die Jäger"
tab/v- „gießen" + li „Gießer" + ne „Artikel" Sg. > *taballe* „der Schmied".

In den Boğazköy-Texten finden sich gelegentlich auch nicht assimilierte Formen, wie z.B. bei *tali* „Baum, Holz", wo tali+ne+š > *tali=ne=š* Ergativ Sg. ergibt und nicht zu erwartendes **talleš* (KBo 32: 14 Rs. 60).

Die genaue Funktion des sogenannten „Artikels" Sg. *-ni*/*ne*/ ist schwer zu bestimmen. In der Tat deckt sich die Wortart Artikel zur Bezeichnung von *-ni* /*ne*/ innerhalb der hurritischen Texte nicht mit der für einen 'Artikel' üblichen Funktion und Definition. Eine relationale gegenüber der determinierenden Funktion eines Artikels gewinnt in letzter Zeit an Wahrscheinlichkeit. Im Mittani-Brief und auch sonst erscheint der sog. „Artikel" nie an einem Nomen, welches syntaktisch im Absolutiv steht; es deutet vielmehr einiges daraufhin, daß dieses *-ne* auch eine Art Kasusfunktion besitzt oder besaß, wie dies in der hurritisch-hethitischen Bilingue deutlich wird. Hier besitzt das *-ne* m.E. auch eine lokale Notion. E. Neu, FsAlp, 1992, 391 ff.; ders., StBoT 32, 1996, 23 ff. interpretiert diese Formen als „Absolutive in lokativischer Funktion", zählt dazu aber auch Absolutivformen ohne *-ne* („ ... ist die lokale Notion wohl nicht dem 'Artikel' eigen"), während Wilhelm (ZA 83, 1993, 105 ff. bemerkt: „(...), daß dem „Artikel" oder besser relationalen Suffix *-ne* in den vom Verf. und Neu gesammelten Fällen eine allgemeine relationale Kasusfunktion zukommt, die teilweise durch die Entwicklung spezieller Kasus zurückgedrängt wird"), und Haas/Wegner (OLZ 86, 1991, 390) diesem *-ne* eine ursprüngliche Kasusfunktion zuschreiben. Da eine abschließende Klärung dieses Problems mangels detaillierter Einzeluntersuchungen (siehe aber den Versuch dazu von Giorgieri, SCCNH 10, 1999, 243 ff.) z. Zt. noch nicht möglich ist, bleiben wir vorerst bei der Bezeichnung Artikel, setzen das Wort aber in Anführungsstriche: „Artikel" bzw. sog. „Artikel". Andere Autoren (Wilhelm, ZA 83, 1993, 109 und ihm folgend Giorgieri/Röseler, SCCNH 8, 1996, 283 Anm. 4 und 9) bezeichnen dieses *-ni* /*ne*/ als „Relator" und stellen damit den Zusammenhang zu der relationalen Funktion von *-ni* /*ne*/ bei der Suffixaufnahme her. (Siehe dazu noch Hazenbos Hurr. u. Urar. 146 mit Anm. 34, der darauf aufmerksam macht, daß „in der linguistischen Terminologie [der Begriff „Relator"] schon anderweitig belegt und deshalb vom Gebrauch dieses Terminus abzuraten sei.")

Zusammenfassend kann gesagt werden, daß der sog. „Artikel" Sg. zwischen dem Wortstamm und dem Kasussuffix steht und daß ein Wort, welches syntaktisch ein Absolutiv Sg. ist (also ohne Kasusmarkierung), **nicht** den „Artikel" Sg. tragen kann. (Eine andere Deutung bietet jetzt Chačikjan, SCCNH 15, 2005, 187 ff.).

Bei dem sog. „Artikel" Pl. *-na* liegen die Dinge wohl etwas einfacher, da eine wie auch immer geartete Kasusfunktion nicht festgestellt ist. Der sog. „Artikel" Pl. *-na* ist in erster Linie ein allgemeiner Pluralanzeiger. [Graphisches –na am Ende eines Nomens kann mehrdeutig sein: -n(i)=a (Essiv; z.B. ši-da-ar-na < *šidarn(i)=a* oder Artikel Pl. –na. Der Satzzusammenhang ergibt die richtige Bestimmung.]

Die Suffixe *-ni/ne/* (Singular) und *-na* (Plural) sind äußerst selten, wenn überhaupt, mit den folgenden Possessiv-Suffixen kombiniert. Ein Beispiel scheint der Beleg Mit. II 77 *en(i)=n(a)=iff=aš=(v)e=n* „unserer Götter" zu sein (Giorgieri, SCCNH 8, 1996, 283).

2.2.2 *Die 2. Position: Die enklitischen Possessiv-Pronomina*

Die zweite Position nehmen die enklitischen Possessiv-Pronomina ein. (Selbständige Possessiv-Pronomina besitzt das Hurritische – anders als das Urartäische – nicht). Sie lauten für die

1. Person

-iffə[64]	(Graphie -ip(íw)-WA)	(so im Absolutiv und im absoluten Auslaut; der Themavokal des Substantives schwindet, z.B. in: *šen(a)=iffə* „mein Bruder", *el(a)=iffə* „meine Schwester", *en(i)=iffə* „mein Gott").
-iffe	(Graphie -ip(íw)-WA-)	(im Absolutiv vor weiteren Suffixen, wie *-nna* [enkl. Pron.] z.B. in: *šen(a)=iffe=n(na)*).
-iff=u-	(Graphie -ip(íw)-WA- oder -ip-pu-)	(mit Bindevokal *-u-* vor Genitiv und Dativ und wohl allen konsonantisch anlautenden Kasus wie *-š* Ergativ, *-ta* Direktiv, *-tan* Ablativ, *-nna* Äquativ, z.B. in: *šen(a)=iff=u=š* Ergativ *šen(a)=iff=u=ve*[65] Genitiv *šen(a)=iff=u=da* Direktiv *šen(a)=iff=u=nna* Äquativ).

2. Person

-v (-b/p)[66]	(Graphie -(i)p/-(a)p je nach Themavokal, oder auch -WA-)	(mit Erhalt des Themavokals, z.B. in: *šen**a**=v* „dein Bruder", aber *en**i**=v* „dein Gott"; mit Bindevokal *-u-* im Ergativ, z.B. *šena=v=u=š* „dein Bruder", *attai=v=u=š* „dein Vater"[67]; im Genitiv

64 Das Symbol -ə deutet die Unsicherheit der Lautung im Auslaut des Suffixes an.

65 Zur Wiedergabe des Genitiv-Suffixes siehe Anm. 46 Das Genitiv-Zeichen wird in dieser Arbeit stets als -ve wiedergegeben, auch wenn es, wie in diesem Falle, nach /u/ als -ú-e [we] erscheint.

66 Das Possessiv-Suffix der 2. Pers. ist in dieser Arbeit stets als -v angegeben, während der verbale Personenanzeiger der 3. Pers. des „Althurritischen", um Verwechslungen zu vermeiden, mit -b angegeben ist.

67 Graphisch še-e-na-wu(WA)-ša-an Mit. I 84; at-ta-i-wu(WA)-uš Mit. III 67.

	und Dativ ohne Bindevokal, z.B. in: *šena=p=pe* [<**v+ve*] „deines Bruders", *attai=p=pe* [<**v+ve*] „deines Vaters", *attai=p=pa* [<**v+va*] „deinem Vater").[68]
3. Person	
-i-	(mit Verlust des Themavokals, z.B. in: *ard(e)=i=da* „in seine Stadt", *tiš(a)=i=da* „in sein Herz").
-i̯a-/-i̯e-	(Nebenformen in Boğazköy) *ed(i)=i̯a=n* „von/mit seinem Körper"

2.2.3 *Die 3. Position: Der Pluralisator -aš-*

Der Plural wird gebildet mit den aus dem Singular bekannten Suffixen und dem Pluralisator *-aš-* , der somit die dritte Position einnimmt:

1. Pers. Plural			
-iff + **aš**	> iffaš		(z.B. *atta(i)=ard(e)=iff=aš* „unsere Vorväter").
2. Pers. Plural	-šu?		(nur in der Boğazköy-Bilingue belegt: z.B. e-te-šu-ú-ta[69] „zu eurem Körper, zu euch selbst").
	*-v + **aš(?)**		(nicht sicher belegt; Analogiebildung zur 1. Pers. Pl.)
	Variante -šši		(nur einmal in der Boğazköy-Bilingue belegt: ulme=šši „eure Waffen"; die Variante *-šši* bleibt aber fraglich).
3. Pers. Plural	-i + **aš**	> iaš	(z.B. *tiš(a)=i=aš* „ihre Herzen").

Bei der 1. Pers. Singular und Plural kommen defektive Schreibungen der labialen Spiranten vor, so ist z.B. die Form e-ni-wu-ús des Mari-Briefes 7+6 bei unklarem Kontext durchaus mehrdeutig: *en(i)=if(f)=u=š* „mein Gott" (Ergativ) oder *eni=v=u=š* „dein Gott" (Ergativ) oder auch *en(i)=iff=uš* „wie mein Gott" bzw. *eni=v=uš* „wie dein Gott" (Äquativ).

Das Suffix der 3. Position (-**aš**-) drückt somit den Plural des Possessiv-Suffixes aus und den Plural vor Kasusmorphemen (außer im Absolutiv); dem Morphem - **aš**- folgt vor der Kasusendung (außer bei Genitiv, Dativ, Direktiv und Ablativ) ein Bindevokal -**u**- oder -**o**-:

Plural:	=**aš**=**u**+Kasusendung	z.B. *en=na=**aš**=**u**=š*	„Die Götter" (Ergativ).
	=(**a**)**š**=**o**+Kasusendung	z.B. *man=**š**=**o**=š*	„sie" (selbständiges Per sonalpronomen der 3. Pers. Pl. Ergativ).

68 Graphisch še-e-na-a-ap-pè- Mit. I 89; at-ta-i-ip-pè- Mit. III 69; at-ta-i-ip-pa Mit. III 52, 58.

69 Zu erwarten wäre nach dem Muster der 1. Pers. Pl. entweder *edi=v=aš=u=ta* oder *edi=v=aš=ta* gewesen.

Folgende Regel ist zu beachten: Bei Antritt des Possessiv-Suffixes der 1. Pers. Sg./ Pl. (*-iffə* bzw. *-iff=aš*) sowie der 3. Pers. Sg./ Pl. (*-i-* bzw. *-i=aš*) fällt der End- bzw. Themavokal des Substantives weg:

1. Pers. Sg.	*šen(**a**)=iffə* „mein Bruder" (Absolutiv)
	*el(**a**)=iffə* „meine Schwester" (Absolutiv)
	*atta(**i**)=iffə* „mein Vater" (Absolutiv)
	*el(a)=ard(**e**)=iff=u=ve* „meiner Schwesternschaft" (Genitiv)
1. Pers. Pl.	*tiš(**a**)=iff=aš=a* „in unseren Herzen" (Essiv)
	*ed(**i**)=iff=aš=a* „für uns"
3. Pers. Sg.	*niḫar(**i**)=i=ve* „ihrer Mitgift" (Genitiv Sg.)
3. Pers. Pl.	*niḫar(**i**)=i=aš=(v)e* „ihrer Mitgift(en)" (Genitiv Pl.)

Bei Antritt des Suffixes der 2. Pers. Sg. bleibt der End- bzw. Themavokal jedoch erhalten:

*šen**a**=v*	„dein Bruder",	*tiš**a**=v*	„dein Herz",
*ed**i**=v*	„dein Körper",	*atta**i**=v*	„dein Vater",
*ômin**i**=v* „dein Land"			

Bei der 2. Pers. Pl., die bislang nur in der hurritisch-hethitischen Bilingue belegt ist, ist die Segmentierung nicht gesichert. Graphisch erscheint das Suffix im Direktiv als -šu-ú-ta in dem Ausdruck e-te-šu-ú-ta „zu eurem Körper, zu euch selbst" (mögliche Segmentierung *edi=š=u=da*). In Analogie zu der 1. Pers. Pl. (**ed(i)=iff=aš=ta*) wäre allerdings **edi=v=aš=u=da* oder auch **edi=v=aš=ta* (Graphie e-te-wa-šu-ú-ta oder e-te-wa-aš-ta o.ä.), d.h. Substantiv + Possessiv-Suffix + Pluralisator + (Bindevokal) + Kasus, zu erwarten gewesen (Wilhelm, Orientalia 54, 1985, 488 [Rezension auf GLH]; Girbal, AoF 21, 1994, 378 Anm. 8). Das Possessiv-Suffix der 2. Pers. Pl. (**-v=aš*) mag sich hinter manch defektiver Schreibung der 1. Pers. Pl. (*-iff=aš*) verbergen. (siehe Wegner, AoF 31, 2004, 103 mit Anm. 14; Giorgieri, FsPopko, 2002, 112 f.).

Ob die von Wilhelm, FsSchmitt-Brandt, 2000, 206 mit Anm. 23, isolierte Variante des Possessiv-Suffixes der 2. Pers. Pl. *-šši/e* in der Form *ulme=šši* (KBo 32: 19 Vs. I 16) „eure Waffen" tatsächlich existiert, bleibt fraglich. Abhängig ist dies von der Genauigkeit der hethitischen Übersetzung des hurritischen Satzes insgesamt (siehe dazu Neu, StBoT 32, 1996, 412). Graphisch wäre das Suffix mit dem Abstraktmorphem *-šše* und dem Nominalisierungssuffix bei Verben identisch.

Die Kombination von sog. „Artikel" *-ni/ne/* und dem Possessivum *-iffe* usw. ist, wie schon oben erwähnt, bemerkenswert selten, möglicherweise sogar inkompatibel. Als wahrscheinliche Formen sind Mit. II 54 ma-ka-a-an-ni-iw-wu-ú-un-na i.e. *magan=n(i)=iff=u=nna* (als Adverbialis) „als mein Geschenk" und Mit. II 77 *en(i)=n(a)=iff=aš=(v)e=n* „unserer Götter" interpretiert worden. Die erste Form – *maganniffunna* – ist inzwischen als *maga=nn(i)=iff=u=nn(i)=a* gedeutet worden, d.h. eine Form mit dem Morphem *-nni,* welches nicht den sog. „Artikel" Sg. enthält (Giorgieri, SCCNH 8, 1996, 283).

Wie das Beispiel *niḫar(i)=i=aš=(v)e* zeigt, kann die Pluralität des Substantivs bei Antritt der Possessiv-Suffixe nicht klar ausgedrückt werden.

2.2.4 *Die 4. Position: Die Kasussuffixe*

Die vierte Position nehmen die „beziehenden“, d. h. die „Kasussuffixe“ ein. Das Suffix dieser Position drückt die Kasusbeziehungen aus und zwar sowohl die Subjekt-Objektbeziehungen als auch die Beziehung des Nomens zu seinem Regens (nämlich als Genitiv) sowie seine Beziehungen im Raum. Folgt dem Pluralsuffix *-aš-* (3. Pos.) das Kasuszeichen des Genitivs oder Dativs, erleiden beide gewisse phonetische Veränderungen (siehe die folgende Tabelle).

Tabelle 1. Das Paradigma der hurritischen Kasusendungen (vgl. auch Giorgieri, SCCNH 10, 1999, 252 und PdP 217)

	Sg.	Pl.	Funktion und Bedeutung
Absolutiv	-Ø	-(na), -l(la), -aš	Subjekt eines intr. Satzes Subjekt eines antipassivischen Satzes Objekt eines trans. Satzes Vokativ
Ergativ	-š	-aš=u/o=š	Subjekt des trans. objekthaltigen Satzes
Genitiv	-ve[70]	-aš=ve (so nur in Nuzi) sonst > -aše	attributive Funktion drückt Besitz oder Zugehörigkeit aus
Dativ	-va[71]	-*aš=va > -aša	drückt die Beziehung „wem?“ und „wohin?“ aus
Direktiv	-t/da /-u=da	-aš=ta	Richtungsangabe „wohin?“
Ablativ	-t/dan /-u=dan	-aš=tan	drückt die Beziehung „woher?“ aus
Komitativ	-ra /-u=ra	-aš=u=ra	drückt die Beziehung „zusammen, mit“ aus
Äquativ-Adverbialis (auch Assoziativ)	-nna	-aš=u=nna (< oder aus: -nn(i) + a Essiv)	„wie“ „als“
Äquativ (im Mittani-Brief nicht bezeugt)	-uš oder -o=š	—	„wie“
Instrumental auch adverbial	-ae/-ai	—	bei Nomina: instrumental bei Adjektiven: adverbial Zahladverbien

70 Siehe Anm. 51. Eigentlich wohl /fe/, nach Vokal [ve] und nach u auch [we].

71 Siehe Anm. 51. Eigentlich wohl /fa/, nach Vokal [va] und nach u auch [wa].

Ablativ-Instrumental (auch Lokativ-Instrumental oder: Instrumental-Dimensional)	-ni/e Kurzform: -n(?)	-aš=ani/e?	- Instrumental - Ablativ - Direktiv - Lokativ „wo?“
Essiv	-a	-aš=a nur Lokativ	- Lokativ - Essiv - Destinativ - Objekt eines antipassivischen Verbs - Adverb bei Zahladjektiven - Ausdruck des Zustandes als nominales Prädikat - im Plural nur Lokativ
Adverbialis	-nni -nnae < -nn(i)=ae	—	„wie“, „in der Eigenschaft als“
e-Kasus (?) (auch: Lokativ-Dimensional)* oder Allomorph des Genitivs -ve?	-e	—	lokativische Funktion „betreffs, in bezug auf“

*Bedeutung nach Giorgieri, SCCNH 10, 1999, 252

Zu den einzelnen Kasus:

Absolutiv: Der Absolutiv mit Null-Kennzeichen ist derjenige Kasus, in dem das Subjekt eines intransitiven Satzes und das Objekt eines transitiven Satzes stehen.
Der Absolutiv steht ebenfalls in transitiven objektlosen Sätzen (sog. „Antipassiv-Konstruktion“).
Der Absolutiv kann als Vokativ verwendet werden.
Als Orts- und Richtungsangabe kommt er in der hurritisch-hethitischen Bilingue aus Boğazköy vor (so Neu, FsAlp, 1992, 391 ff.; anders Wilhelm, ZA 83, 1993, 105 f. und Haas/Wegner, OLZ 86, 1991, 390 [Rezension auf KBo 32]. Die letzteren Autoren schreiben nicht dem endungslosen Absolutiv, sondern Formen mit dem Formanten -*ni*/*e* die Richtungsangabe zu).

Ergativ: Der Kasus Ergativ ist der Subjektkasus in transitiven objekthaltigen Sätzen. Nach Konsonaten, das betrifft hauptsächlich den Pluralanzeiger -aš-, wird ein Bindevokal -u/o- eingefügt.

Genitiv: In attributiven Nominalphrasen drückt der Genitiv Besitz oder Zugehörigkeit aus.

Dativ: Drückt die Beziehung „wem?“ und wohl auch „wohin?“ aus.

Der Dativ und Direktiv können gleichwertig verwendet werden (Wegner, Double Case, 1995, 145).

Das -W- des Genitiv- und Dativsuffixes -*ve* und -*va* assimiliert sich an das vorhergehende Pluralelement -*aš*- (-a-še < + aš + (v)e), das gleiche -W- verbindet sich mit vorhergehendem Labial zu -pp-: ^{D}Te-e-eš-šu-u-up-pè <*^{D}Teššub + ve. (Zu den Assimilationen bei den seltenen konsonantischen Stämmen siehe S. 49 [i]).

Direktiv: Drückt die Bewegung zu etwas hin aus. Frage „wohin?"

Ablativ: Der Ablativ bezeichnet den Ausgangspunkt einer Bewegung auf die Frage „woher?"

Nach Diakonoff (HuU 97) ist der Ablativ ein zusammengesetztes Kasuskennzeichen aus Direktiv- *ta* und Ablativ-Instrumentalis -*ni*. Einziger Beleg bislang *ard(e)=i=dani* „aus seiner Stadt" (KBo 32: 14 Vs. I 18).

Komitativ: Drückt die Beziehung „(zusammen) mit, gemeinsam" aus.

Äquativ: Drückt den Vergleich oder die Gleichheit aus: „wie".

Der Äquativ auf -*nna* kann auch die Funktion eines Adverbialis in der Bedeutung „als", „in der Eigenschaft als" haben (Girbal, ZA 78, 1988, 131 f.). Kontrovers wird diskutiert, ob -*nna* ein „echter" oder zusammengesetzter Kasus aus -nni + a ist (zusammenfassend dazu Giorgieri, SCCNH 9, 1998, 76 mit Anm. 13; ders., SCCNH 10, 1999, 252 und PdP 217: Associativo/Equativo).

Hazenbos (Hurr. u. Urart., 2005, 145), unterscheidet Äquativ I = -*oš* „Vergleichbarkeit, Eigenschaft", Äquativ II =*nna* „Vergleichbarkeit, Eigenschaft" und Assoziativ =*nni* „Eigenschaft".

Instrumentalis: Der Instrumentalis bezeichnet das Mittel oder Werkzeug. Er antwortet auf die Frage „womit, woraus?"

Essiv: Der Essiv umfaßt die Funktionen: „als ...", Richtung, Ziel einer Forderung, Zustand, Überführung von einem Zustand in einen anderen; Adverb zum Zahladjektiv, nominales Prädikat (Haas/Wilhelm, AOAT 3, 1974, 13 f.; Neu, Hethitica 9, 1988, 163 f.; Giorgieri, SCCNH 10, 1999, 252; ders., StBoT 45, 2001, 145).

In der „erweiterten Antipassiv-Konstruktion" steht das Objekt im Essiv (und nicht wie das Agens im Absolutiv).

Ablativ-Instrumental bzw. Lokativ-Instrumental auf -*ni/e* ist von Wilhelm, ZA 73, 1983, 96-113, etabliert worden. Ders., Double Case, 1995, 114: -*ne/i* „ablative-instrumental-directional"; Giorgieri, SCCNH 10, 1999, 252 und PdP 217: „Instrumental-Dimensional".

Adverbialis: „wie", „in der Eigenschaft als".

Die Bezeichnung des *a*-Kasus als Essiv (zu lat. *esse* = sein) ist von Haas/Wilhelm, AOATS 3, 1974, 13 f., eingeführt worden, um dem Phänomen Rechnung zu tragen, daß dieser Kasus nicht nur den Bedeutungsbereich des Zustandes, sondern auch den der Überführung in einen Zustand und den des Destinativs, in Nuzi gelegentlich auch den des Dativs, abdeckt. Zu diesem Kasus siehe noch Neu, Hethitica 9,

1988, 157-170. Der Terminus Essiv wird in der kaukasischen Grammatik für einen Kasus verwendet, der auf die Frage „wo?" antwortet (vgl. HdO I., VII 69 ff.).

Die Kasus auf *-a, -ae* und *-uš* verhalten sich anders als die übrigen, da sie an den Stamm unter Elision des Themavokals treten (z.B. *ḫalzuḫl(i)=a* „als Bürgermeister", *išuḫn(i)=ae* „mit Silber", *kaz(i)=uš* „wie ein Becher", *tap=š=a=ḫḫ(e)=a* „sie sind Mundschenken"); darüber hinaus zeigen *-a, -ae* und *-uš* eine weitere Besonderheit: Diese Kasusmorpheme werden im Rahmen der sog. „Suffixaufnahme" (siehe dazu 2.2.5) in der Regel entweder nicht wieder aufgenommen oder aber ohne suffixanreihendes -NE-/-NA- angefügt (zu diesen Sonderfällen unregelmäßiger „Suffixaufnahme" siehe S. 72 f.).

Der Kasus auf *-e* ist aus postpositionalen Ausdrücken wie *šen(a)=iff=u=ve=n(e)=**e** a(vi)=i=**e*** „vor meinem Bruder" (Mit. IV 49 f.) oder *ômin(i)=iff=u=ve=n(e)=**e** ed(i)=i=**e*** „mein Land betreffend" (Mit. IV 19) erschlossen worden (nach Wilhelm: „Ansatz einer eigenen Kasus- oder Adverbialendung *-e-*, da das Ergebnis aus dem Nebeneinander von Possessiv-Suffix der 3. Pers. Sg. *-i-* und der Genitivendung *-ve* nicht **-i-ie* sei", [Iraq 53, 1991, 163 f. Anm. 20]; ders., Orientalia 61, 1992, 136; ders., Double Case, 1995, 119 und Anm. 4; Neu, StBoT 32, 1996, 104-105). Die älteren Grammatiker sahen in der Endung *-e* ein Allomorph des Genitiv-Suffixes *-ve* nach der 3. Pers. Sg. des Possessiv-Suffixes *-i-* (*=i/y(a)=ve > = ye*, Speiser IH 56 [§ 69]; Bush GHL 91, 127 ff.; Diakonoff HuU 153 mit Anm. 162; Chačikjan, Churr. i urart. 115 f.; Plank, Xenia 21, 1988, 75).

Welche Funktion dieser *e*-Kasus aber, außer der eines Genitivs, abdeckt, ist bislang nicht recht geklärt. Nach Giorgieri, SCCNH 10, 1999, 252, deckt er die Funktion Lokativ („wo?"), „in bezug auf, betreffs, über" ab.

Die Parallelstellen im Mittani-Brief, aus denen der *e*-Kasus abgeleitet wird, sind jedoch so gebaut, daß zumindest dort doch ein Genitiv vorliegt, so Bush GHL 91, 127 ff.; Neu, StBoT 32, 1996, 104 f., macht in diesem Zusammenhang auf ein Beispiel aus der hurritisch-hethitischen Bilingue aufmerksam: *nav=n(i)=i=(v)e* oder *nav=n(i)=i=**e** papanne* (KBo 32: 14 Vs. 5) „den Berg (*papanne*) seiner Weide". (Eine andere Deutung der fraglichen Form bietet Wilhelm, FsHaas, 2001, 449 Anm. 1, indem er ein ursprüngliches na-ú-ni-*pu-ú*-i „(den Berg) meiner Weide" sehen möchte). Die akkadisch-hurritische Bilingue aus Ugarit liefert jedoch ein weiteres Beispiel: KÙ.BABBAR^{MEŠ} ša ma-mi-ti // KÙ.BABBAR *elamini=**e*** (RS 15.010) „das Silber des Eides" (letzte Bearbeitung Dijkstra, UF 25, 1993, 163-171; siehe dazu auch Wilhelm, FsWilcke, 2003, 341-345). In letzterem Beispiel ist der akkadische Genitiv-Ausdruck *ša mamiti* mit *elamini=**e*** – also ohne das zu erwartende Genitivmorphem –ve – wiedergegeben.

(Es sollte die Möglichkeit in Betracht gezogen werden, daß das Genitivzeichen ursprünglich -e und der Labial ein Gleitlaut war, der dann in das System übernommen wurde. Das würde auch die mehrheitliche Wiedergabe des Genitiv-Plurals als -aše erklären. Vgl. noch das urartäische Genitivzeichen Sg. -i).

2.2.5 *Die 5., 6. und 7. Position: Die Suffixe der „Suffixaufnahme“*

Die Suffixe der 5., 6. und 7. Position drücken den syntaktischen Zusammenhang in einer attributiven Konstruktion aus, und zwar durch Wiederholung der Kasussuffixe des übergeordneten Wortes. Es ist dies die dem Hurritischen eigentümliche Erscheinung der „Suffixaufnahme“ oder auch „Suffixanreihung“.

Unter „Suffixaufnahme“ versteht man also das Phänomen, daß in Genitiv- oder anderen attributiven Konstruktionen (*-(ḫ)ḫe, -(š)še, -(n)ni*) die Kasussuffixe (d.h. die Suffixe der Pos. 3 und 4) des übergeordneten Wortes (Regens = herrschendes Nomen) auf die Attribute (Rectum = abhängiges Nomen) übertragen werden.

[Der Begriff „Suffixaufnahme“ wurde von F. N. Finck, Die Haupttypen des Sprachbaus, Leipzig 1910, 141, geprägt und ist von J. Friedrich, Zum Subaräischen und Urartäischen, AnOr 12, 1935, 124, für das Hurritische übernommen worden. In einer späteren Arbeit zog Friedrich den neutraleren Begriff „Suffixübertragung“ vor, (J. Friedrich, BChG,1939, 3 Anm. 3), kehrte aber 1969 im HdO II 1,2, 21 zu dem sich mehr und mehr durchsetzenden und heute allgemein verwendeten Ausdruck „Suffixaufnahme“ zurück. Neben dem Ausdruck „Suffixaufnahme“ finden sich in der Literatur noch die Bezeichnungen „Suffixanreihung“, „Suffixübertragung“, engl. „suffix-duplication“ und „suffix-copying“ (siehe dazu I. Wegner, „Suffixaufnahme“ in Hurrian: Normal Cases and Special Cases, in: Double Case, Agreement by Suffixaufnahme, ed. by F. Plank, 1995, 137-138)].

Die Suffixaufnahme dient zur Kongruenzmarkierung (d.h. einer formalen Übereinstimmung zusammengehöriger Satzglieder) der syntaktischen Zusammenhänge in attributiven Konstruktionen. Außer in Genitiv-Konstruktionen findet sie bei dem „Zugehörigkeitsadjektive“ bildenden Suffix *-(ḫ)ḫe*, bei den adjektivierenden Suffixen *-(š)še* und *-(n)ni* und bei *-šše*, dem Nominalisierungssuffix von Verbalformen, statt; desweiteren bei einigen selteneren Suffixen wie dem Suffixkonglomerat *-nnoḫḫa*.

Bei der Suffixaufnahme, zumindest wie sie sich im Mittani-Brief darstellt, werden hauptsächlich Kasus und Numerus des Bezugswortes (Regens) aufgenommen und durch ein anaphorisches Suffix -NE- (Singular) und -NA- (Plural) von den Attributivsuffixen *-ve* Gen., *-ḫḫe* „Zugehörigkeitsadjektiv“, *-šše/-nni* „adjektivierend“ und *-šše* (Nominalisierungsmorphem von Verbalformen) getrennt. Die Wahl zwischen -NE- oder -NA- hängt von der Numerusmarkierung des Bezugswortes ab. Dieses anaphorische Suffix *-ne* bzw. *-na* wird in der Literatur als Trägersuffix, suffixanreihendes *-ne/-na* oder Suffixrelator bezeichnet. Es ist nicht zu verwechseln mit dem sog. „Artikel“ Sg. *-ni /ne/* bzw. Pl. *-na*. Trägersuffix und „Artikel“ haben nicht nur unterschiedliche Funktionen, sondern nehmen in der Suffixkette auch unterschiedliche Positionen ein: Während der sog. „Artikel“ Sg. *-ni /ne/* unmittelbar nach dem Stamm (d.h. nach Wurzel und Wurzelerweiterungen) erscheint, bildet das Trägersuffix *-ne /-na* nach den Attributiv-Suffixen *-ve*, *-(ḫ)ḫe* und *-šše* die Basis der Suffixaufnahme. Im folgenden wird das „Trägersuffix“ stets mit Kapitälchen (**-NE-** resp. **-NA-**) wiedergegeben. Verwendet werden in dieser Arbeit die Ausdrücke „Trägersuffix“ oder „suffixanreihend“.

(Die richtige Unterscheidung von sog. „Artikel" und „Trägersuffix" hat Bush GHL 153 f. erarbeitet und auch auf den anaphorischen Bezug des „Trägersuffixes" hingewiesen).

Dazu im Einzelnen:

a) Suffixaufnahme findet nicht bei einem Bezugswort im Absolutiv Singular statt, da dieser endungslos ist, und somit kein kongruenzfähiges Morphem vorhanden ist:

šen(a)=iff=u=ve ašti „Die Frau (*ašti* Abs. Sg.) meines Bruders" (Mit. III 21)

a_a) Suffixaufnahme des sog. „Artikels" Sg. *-ni/ne/* ist nicht sicher bezeugt. Es gibt Beispiele aus dem Boğazköy-Material, wo offenbar eine Partikel *-ni* an einem Genitiv-Attribut erscheint: z.B *šeḫurni=ve=**ni** tuppi=**ni*** „auf der Tafel des Lebens" (KUB 29: 8 [=ChS I/1 Nr. 9] Rs. III 42). Dieses *-ni/ne/* der sog. „Artikel", hat in diesem Beispiel doch ganz offensichtlich eine lokale Kasusfunktion, da das Suffix am Genitiv-Attribut (*šeḫurni=ve=ni*) wiederaufgenommen ist. (Siehe dazu unter Nominalmorphologie S. 53 f.)

b) Hat das Bezugswort im Absolutiv die Pluralendung *-na*, so wird das *-na* auch auf das Attribut übertragen, und zwar ohne den Einschub des Trägersuffixes:

šen(a)=iff=u=ve=na** ašti=**na*** *„Die Frauen (Abs. Pl.) meines Bruders",

^{D}*erbi=**na*** ^{D}NIN.GAL=*ve=**na*** „Die Hunde der (Göttin) Ningal" (KUB 45: 47+ Bo 4186 III 19').

c) Steht das Bezugswort nicht im Absolutiv, so wird sein Kasuskennzeichen auf das Attribut übertragen und mittels des Trägersuffixes **-NE-** bzw. **-NA-** von den Kasuskennzeichen des übergeordneten Wortes getrennt:

Singular: Das Bezugsnomen *ašti-* „Frau" steht im Ergativ auf **-š**.

*šen(a)=iff=u=ve=***NE***=**š** ašti=**š*** (Mit. III 7)

„Die Frau (Erg. Sg.) meines Bruders (*šen(a)=iff=u=ve* +NE+ š)"

Dieses Beispiel macht deutlich, daß -NE- nicht der sog. „Artikel" Sg. ist, da das übergeordnete Wort *ašti=š* keinen solchen trägt. Darüber hinaus steht der sog. „Artikel" Sg./Pl. in der Suffixkette immer links des Possessiv-Pronomens, während der Formant -NE-, wie dieses Beispiel zeigt, rechts des Possessiv-Pronomens steht.

d) Das Bezugsnomen *ašti-* „Frau" steht im Genitiv Sg. auf *-ve:*

*šen(a)=iff=u=ve=**NE=ve** ašt(i)=i=**ve*** (Mit. IV 48)

wörtl. „seiner Frau (Gen.Sg.) meines Bruders"

e) Das Bezugsnomen *torubi-* „Feind" steht im Dativ Sg. auf *-va:*

*šen(a)=iff=u=ve=**NE=va** torub(i)=i=**va*** (Mit. III 114)

wörtl. „seinem Feind meines Bruders"

f) Plural: Das Bezugsnomen *ašti-* „Frau" steht im Ergativ Pl. auf *-aš=u=š:*

šen(a)=iff=u=ve=NA=aš=u=š** ašti=na=**aš=u=š***

„*Die Frauen (Erg. Pl.) meines Bruders"

Das Bezugsnomen *tive-* „Wort" steht im Ergativ Pl., das Attribut ist ebenfalls pluralisch:

*en(i)=na=aš=(v)e=**NA=aš=u=š** tive=na=**aš=u=š*** (ChS I/1 Nr. 20 Vs. II 10)

„Die Worte (*tive=na-*) der Götter"

g) Das Bezugswort *eni-* „Gott" steht im Direktiv Pl. auf *=aš=ta*, das Attribut ist singularisch:

*en(i)=na=**aš=ta** attan(i)=ne=ve=**NA=aš=ta*** (ChS I/2 Nr. 43 Rs. 19)
„Zu den Göttern des Vaters"

h) Beispiel mit dem Kasus Äquativ auf *-nna*: Das Bezugswort steht im Äquativ Pl. (*=aš=o=nna*), das Attribut ist das selbständige Pronomen der 1. Pers. Sg. Genitiv *šove-*:

*puttukki=**aš=u/o/=nna**=(lla=ân) šove=**NA=aš=u/o/=nna*** (Mit. III 60)

Einzelanalyse (nach Girbal, ZA 78, 1988, 130):

puttukki- „die Leistung" o.ä. + *aš* Pluralisator + *u /o/* Bindevokal vor Kasusendungen (also nicht bei Absolutiv) + *nna* Kasus Äquativ.

šove- Gen. des selbständigen Pron. 1. Pers. Sg. + *NA* Trägersuffix vor Pluralsuffix + *aš* + *u /o/* wiederaufgenommenes Pluralsuffix von *puttukki-*, + *nna* wiederaufgenommenes Kasussuffix von *puttukki-*, + (*-lla* enklitisches Pron. 3. Pers. Pl. als Subjektanzeiger der intr. Verbform *irn=o=kk=o* „sie sind nicht gleich", + *an* „und").

„(... sie sind nicht gleich) wie die Leistungen von mir = wie meine Leistungen."

i) Suffixaufnahme findet auch bei dem durch *-šše* nominalisierten Verb statt; funktional entspricht diese Konstruktion einem Relativsatz; auch hier werden die Kasuskennzeichen des übergeordneten Satzteils auf das Verb des attributiven Nebensatzes übertragen:

*tive=**na** tan=oš=av=šše=**na*** (Mit. I 73)
„die Dinge, die ich getan habe (*tan=oš=av-*)"
*šove=mân tuppi niḫar(i)=ne=**ve** ar=oš=av=šše=**NE=ve*** (Mit. III 40 f.)
„meine Tafel der Mitgift, die ich gegeben habe, ..."

Kommentar: tuppi niḫar(i)=ne=ve fungiert in diesem Satz als quasi feste Verbindung, als Einheit; der Genitiv des selbständigen Pronomens der 1. Pers. Sg. *šove-* fungiert als Possessiv-Pronomen.

j) Sonderfälle der Suffixaufnahme:

a) Suffixaufnahme findet nicht statt bei sog. „festen Genitivverbindungen", wie in dem Satz:
^{URU}*ninua=ve* ^{D}*ša(v)uška=va* „für die Ša(v)uška von Ninive" (Mit. III 98)
Mit Suffixaufnahme müßte es heißen:
*^{URU}*ninua=ve=NE=va* ^{D}*ša(v)uška=va*

b) Hat das übergeordnete Wort mehrere Attribute, so nimmt das hierarchisch niedrigst stehende Attribut den Kasus (Genitiv) seines unmittelbaren Bezugsworts auf, nicht aber den Kasus des übergeordneten Wortes:
z.B. *šen(a)=iff=u=ve=NE=v(e >)a=t(ta)=an ašt(i)=i=ve ... niḫar(i)=i=da* (Mit. IV 46)
„Für die Mitgift der Frau meines Bruders"

Kommentar zu b: Das übergeordnete Wort *niḫar(i)=i=da* steht im Direktiv. Das erste Attribut *ašt(i)=i=ve* „der Frau" (wörtl. „seiner Frau") steht im Genitiv, nimmt aber den Kasus *-ta [da]* von *niḫar(i)=i=da* nicht auf, das niedrigst stehende Attribut „meines Bruders" nimmt den Kasus *=ve* des ersten Attributes (i.e. *ašt(i)=i=ve*) auf, nicht aber den Kasus des übergeordneten Wortes (*niḫar(i)=i=da*); der Kasus des übergeordneten Wortes erscheint demnach bei der Suffixaufnahme mit mehreren Attributen nicht mehr.

In den Boğazköy-Texten hingegen wird bei mehreren Attributen das Kasuskennzeichen des Bezugswortes auf alle Attribute übertragen:

*en(i)=**na** attan(i)=ne=ve=**na*** D*ša(v)uška=ve=**na*** (ChS I /3-1 Nr. 1 I 71)
„Die Götter des Vaters der (Göttin) Ša(v)uška".

c) Eine weitere Abweichung von der Norm ist die „Suffixaufnahme" trotz offenbarer Abwesenheit eines Bezugswortes; dies führt zur elliptischen (zu lat. *ellipsis* „Auslassung, Mangel") Verwendung der Suffixaufnahme:
*fe=š=nna=ân atta(i)=iff=u=va úadurann(i)=a keban=oš=o=**šše** tea attai=p=pe=**NE=dan*** (Mit. III 68-69)
„und das, was du meinem Vater als Brautpreis geschickt hast, war mehr als das deines Vaters".

Kommentar zu c: Das Verb ist *keban-* „schicken" + *oš* Präteritum + *o* Personenanzeiger 2. Pers. Sg. trans. + *šše* Morphem zur Nominalisierung der Verbalform. Das Bezugswort ist bei dieser Form durch das Enklitikon *-nna* (3. Pers. Sg. Absolutiv von *fe=š=nna-*) ausgedrückt (siehe unter Relativsatz 4: Relativsatz ohne die Relativpartikel *ije-*): „ ... das, was du geschickt hast, ..."

Dem folgenden Genitiv-Attribut *attai=p=pe=NE=**dan*** fehlt in diesem Satz jedoch ein offenbares Bezugswort im Ablativ (*=dan*), es liegt somit ein elliptischer Ausdruck vor: (wörtl.) „von dem deines Vaters".

Einen weiteren elliptischen Ausdruck bietet der folgende Satz:
adi=nîn D*Šimige=ne=ve=**NE**=mmaman amm=oš=a* (Mit. I 94 f.)
„so erreichte er/sie/es die (sc. die Stadt) des Sonnengottes".

Dem Trägersuffix -NE- folgt nach dem attributiven Genitiv *-ve* weder eine Numerus- noch eine Kasusmarkierung, da das nicht ausgedrückte Bezugswort (in der Funktion des direkten Objekts) im unmarkierten Absolutiv Singular steht. Dem Trägersuffix -NE- folgt in diesem Beispiel lediglich die Satzpartikel *-mmaman.*

d) Hypostasen-Bildung: Die Möglichkeit der Verwendung solcher absoluten bezugswortlosen Genitiv-Attribute mit Trägersuffix und Suffixaufnahme, führt in seltenen Fällen (nur für Boğazköy belegt) zu Hypostasen-Bildungen, wie das folgende Beispiel zeigt: (ChS 1/2 Nr. 43 II 17'-21')
ḫuešša D*Teššub=va eḫli=ve=NE=da šubri=ve=NE=da*
en(i)=na=aš=(v)e=NE=da šarri=ne=da
„Rufe? zu Teššub, zum Retter (wörtl.: zu dem der Rettung), zum *šubri*, zum König der Götter".

Unter der Prämisse der Gleichwertigkeit von Dativ und Direktiv ist es klar, daß die beiden Genitive *eḫli=ve* und *šubri=ve* syntaktisch parallel zum Dativ *Teššub=va* sind und es sich somit nur um Hypostasen handeln kann. An den elliptischen Ausdruck *eḫli=ve* „(dem) der Rettung" ist dann nach dem Muster der „Suffixaufnahme" mittels des Trägersuffixes -NE- der „eigene" Kasus *-ta* Direktiv angefügt. Solche Hypostasen haben das gleiche syntaktische Potential wie gewöhnliche Genitive und dies schließt ihre Funktion wiederum als Attribute ein, die einen zweiten Genitiv plus den Suffixen des Bezugswortes erfordern. Dies führt formal zu einer doppelten Suffixaufnahme wie der folgende Ausdruck zeigt:

*en(i)=na=aš=(v)a=l(la) eḫli=ve=***NE***=ve=***NA***=aš=(v)a=l(la)* (ChS I/1 Nr. 43 Vs. II 18' f.) „für die Götter der Rettung". (Vgl. Wegner, Double Case, 1995, 143 ff. [21]; nach Wilhelm, SCCNH 8, 1996, 340, soll *eḫli=ve* „der Rettung" und nicht „des Retters" bedeuten).

e) Ebenfalls um Sonderfälle unregelmäßiger Suffixaufnahme handelt es sich wohl bei Fügungen wie ^{D}é-a-bi-ia ti-bi-ia, das nach ChS I/9 S. 340 Anm. 250, als ^{D}*Éa=ve=<NE>=a* (Essiv) *tiv(e)=i=a* (Essiv) (d.h. ohne suffixanreihendes -NE-, aber mit der Aufnahme des Essivs *-a*) zu analysieren ist. Hierher ist des weiteren die oben genannte Endung *-pae* (< *v(e) + ae*, Genitiv + Instrumental) zu stellen, weil auch der Instrumenal auf *-ae* ohne suffixanreihendes -NE-/-NA- bei der Suffixaufnahme an den Genitiv gefügt wird und die Kasusendung *-ae* unter Verlust des vorhergehenden Auslautvokals (siehe dazu oben) angefügt wird: *Teššub=v(e)=ai* [nicht **Teššub=ve=N(E)=ai*] *tiv(e)=ai* „durch das Wort des Teššub" (siehe Wilhelm, SCCNH 9, 1998, 177 ff. und Giorgieri, FsPopko, 2002, 112 f.; ders., StBoT 45, 2001, 146 mit Anm. 54, jeweils mit weiteren Beispielen).

Der Satz ^{URU}Kum-mi-ni-wu$_{u}$-uš ^{D}IM-aš e-eb-ri-i[š (KBo 32: 20 Vs. I 10') ist demnach als Sonderfall einer Genitivverbindung zu interpretieren: ^{URU}*Kumme=ni=v(e)=u=š* ^{D}*Teššuba=š* *evri=š* (nicht ^{URU}*Kumme=ni=ve=NE=š* ^{D}*Teššuba=*š *evri=š*) „Teššub, Herr von Kumme"; nach diesem Muster dürfte auch der Ausdruck e-ra-ti-pu-uš in dem Meskene-Omen-Text MSK 74.192a Vs. 10, zu deuten sein: erade=v(e)=u=š „des Vogels" (Haas/Wegner, GsForrer, 2004, 341).

[^{URU}Kum-mi-ni-wu$_{u}$-uš und e-ra-ti-pu-uš sehen auf den ersten Blick wie Formen mit dem Possessiv-Suffix der 2. Pers. Sg. -v- im Ergativ -u=š aus; aus kontextuellen Gründen verbietet sich eine solche Analyse.]

k) Bei Adjektiven auf *-ḫe*/*-ḫḫe* und *-še*/*-šše* in attributiver Funktion, werden die Kasussuffixe des zugehörigen Substantives ebenfalls mittels -NE-/-NA- angefügt:

a) *ḫurv(i)=o=ḫe=NE=ve ômin(i)=ne=ve* (Mit. II 72)
„des hurritischen Landes"
en(i)=na=aš=(v)a ... tur(i)=o=ḫḫe=NA=aš=(v)a (ChS I/1 Nr. 2 Rs. 25')
„für die männlichen Götter"

b) *ḫašar(i)=ne=š fahr(i)=o=še=NE=š* (ChS I/1 Nr. 3 Rs. 37),
„das gute Feinöl"
^{D}*Teššub=va šarri=ne=va talav(i)=o=še=NE=va* (ChS I/1 Nr. 41 Rs. III 20 f.) „für Teššub, den großen König, ... "

(Zu diesem Komplex hat sich Wilhelm, Double Case, 1995, 120 ff. ausführlich geäußert; er kommt zu dem Ergebnis [S. 128], daß die Konstruktion von Attributen im Hurritischen zumeist gleichförmig nach dem Muster der Suffixaufnahme geschieht, und zwar unabhängig davon, ob es genuine Adjektive, adjektivierte Nomina, nominalisierte Verben oder Nomina im Genitiv sind).

l) Zur Wortstellung: Die einzelnen Glieder in Genitiv-Konstruktionen stehen wohl mehrheitlich beieinander, wobei eine Stellung Rectum – Regens überwiegt; sie können mitunter aber auch weit von einander getrennt auftreten.

a) *šen(a)=iff=u=ve=NE=š ašti=š* (Mit. III 7) „die Frau (Regens) meines Bruders (Rectum)"
arde=ve=NE=š=šša(<-š+nna) eni=š (KBo 32: 14 Vs. I 22) „der Gott (seiner) Stadt ihn ..."

b) In Aufzählungen begegnet häufig die Stellung Regens – Rectum
en(i)=na arde=NE=ve=na „die Götter der Stadt"

c) Die Sperrung oder Spreizstellung tritt wohl vor allem als Stilmittel auf:
itkalzi=ni=ve=NA=aš=u=š itk=i=(i)d=anni=m(ma) edi=v šije=na=aš=u=š (KUB 29: 8 [=ChS I/1 Nr. 9] Vs. II 29-30)
„Die Wasser (Regens: *šije=na=aš=u=š*) der Reinheitt (Rectum: *itkalzi=ni=ve=NA=aš=u=š*) mögen reinigen dich (*itk=i=(i)d=anni=m(ma)*, deinen Körper (*edi=v*)."

Tabelle 2. Schematische Darstellung der „Suffixaufnahme“

Position: Wurzel WEn	1. „Artikel“	2. Poss.-Pron.	3. Pluralisator	(3a) (unbesetzt)	4. Kasus	5. Suffixaufnahme	6. Pluralität des Bezugswortes	(6a) (Bindevokal)	7. Kasus des Bezugswortes	8. Enkl. Pron.	9. Synt. Partikeln
-ḫḫe	Sg. -ni /ne/	(1.Sg. -iff-u)	-aš-		Gen. -ve-	Sg. -NE-			Erg. - š	1.Sg. -tta/t	-an
-šše	Pl. -na					Pl. -NA-	-aš-	-u-	Abs. -Ø	2.Sg.-mma/m	-man
-arde									Gen. -ve	3.Sg. -nna/n	usw.
usw.									Dat. -va	1.Pl. -tilla/til	
									Dir. -ta	2.Pl. -ffa/f	
									usw.	3.Pl. -lla/l	

z.B šen(a)-		-iff-u-			-ve	-NE-			-ve	„... meines Bruders“	
en(i)-	-na-		-aš-		-(v)e	-NA-	-aš-	-u-	-š	„... der Götter (Erg.)“	

2.2.6 *Die 8. Position: Die enklitischen Personalpronomina*

Die achte Position innerhalb der Suffixkette nehmen die enklitischen („angelehnten") Personalpronomina ein. An ein Nomen können enklitische Wörter suffigiert werden, die zu ihm nicht in direkter Beziehung stehen: Es sind dies die Personalpronomina des Absolutivs (andere Bezeichnungen sind pronominale Assoziative, Bush GHL 253 ff.; enklitische Pronomina, enklitische Personalpronomina). Sie fungieren entweder als Subjektanzeiger des intransitiven (und antipassivischen) Satzes oder als Objektanzeiger des transitiven Satzes. Die 3. Pers. Pl. *-lla* kann darüber hinaus auch als ein allgemeiner Pluralanzeiger verwendet werden (z.B. *andi* „jener", *andi=lla* „jene". Das Pronomen *-lla* ist hier praktisch zu einer Art Pluralendung abgeschwächt). Die enklitischen Personalpronomina kommen jeweils in einer Lang- und in einer Kurzform vor; Unterschiede im Gebrauch sind nicht festzustellen.

Die enklitischen Personalpronomina lauten:

	Langform	Kurzform		
1. Pers. Sg.	-tta	-t [-d]	„ich" bzw.	„mich"
2. Pers.	-mma	-m	„du"	„dich"
3. Pers.	-nna	-n	„er"	„ihn"
1. Pers. Pl.	-tilla [-dilla]	-til [-dil]	„wir"	„uns"
2. Pers.	-ppa [-ffa]*	-p [b/v]	„ihr"	„euch"
3. Pers.	-lla, -lle**	-l	„sie"	„sie"

*Im Mittani-Brief nicht bezeugt.

**Variante nach einigen Konjunktionen und dem Relativpronomen.

Bei Antritt der enklitischen Personalpronomina sind folgende Regeln zu beachten:

a) Tritt das enkl. Pronomen der 1., 2. Pers. Sg. und das der 1., 2., 3. Pers. Pl. an die Ergativendung *-š*, so schwindet *š* unter Längung des vorausgehenden Vokals (siehe Bush GHL 89 f. [§ 4.4]; Kammenhuber, MSS 23, 1968, 64; Haas/Wilhelm, Orientalia 38, 1969, 553 ff.; Farber, Orientalia 40, 1971, 33):

z.B. še-e-ni-íw-wu-ú-ut-ta-a-an (Mit. II 50)
šen(a)=iff=û=(š)=tta=ân „Und mein Bruder (Ergativ) mich"
DŠi-mi-i-ge-ni-e-ti-la-an (Mit. I 77)
Šimige=ne=(š)=dil=an „Und der Sonnengott (Ergativ) uns"
i-šal-la-a-an (Mit. III 54, IV 63)
iša=(š)=lla=ân „Und ich (Ergativ) sie (Pl.) ..."

(Dieser Befund für die Längung des Vokals gilt vorläufig nur für den Mittani-Brief; hier ist der Ausfall häufig durch Plene-Schreibung gekennzeichnet).

b) Tritt hingegen das enklitische Pronomen der 3. Pers. Sg. *-nna* an die Ergativendung *-š*, so assimiliert sich *-nn* an *š* > *šša* (Farber, Orientalia 40, 1971, 32 f.):

z.B. še-e-ni-íw-wu-uš-ša-a-an (Mit. III 1)
šen(a)=iff=u=šša=ân < *šen(a)=iff=u=š=nna=an* „Und mein Bruder ihn ..."

^{I}Ge-li-i-aš-ša-a-an (Mit. I 83)
Kelia=ššâ=ân < *Kelia=š=nna=an* „Und Kelia ihn ..."
a-ar-ti-bi-ni-eš-ša (Boğ.-Bil. KBo 32: 14 I 22):
arde=ve=NE=šša < *arde=ve=NE=š=nna* „(die Gottheit) der Stadt ihn .."

c) Treffen diese *a*-haltigen Pronominalenklitika an Stämme auf *-i* oder *-e*, so tritt ein morphophonematischer Wandel des Themavokals *i* oder *e* > *a* ein, d.h. phonetisch erfolgt eine Vokalassimilation (Bush GHL 87 [§ 4.24]). Dieser Wandel tritt auch dann ein, wenn nur die Kurzform des Enklitikons angefügt ist:

z.B. bei dem Verb *mann-* „sein": *mann=i* „er ist" aber
*manni+tta > *manna=tta* „ich bin"
bei Nomina *oli+ffa > *ola=ffa* „anderes euch"
*šue+lla > *šua=lla* „alle"
bei Kasus *-ve* *-ve+tta > *-va=tta*
(in Mit. IV 46: *šen(a)=iff=u=ve=NE=***va**(**<ve**)**=tta-** *ašt(i)=i=ve* „der Frau meines Bruders ich ...")

d) Dieser Wandel des Themavokals *i* oder *e* > *a* tritt n i c h t ein, wenn das enklitische Pronomen

1) an den sog. „Artikel" *-ni* / *ne*/ tritt: ^{D}*šimige=ne=(š)=lla* „Šimige (Erg.) sie (Pl.) ..."
2) bei Demonstrativpron. z.B. *andi=lla* „jener sie bzw. jene (Pl.)" und den selbständigen Personalpron. z.B. *šatti=lla* „wir sie", *mane=lla* „er sie (Pl.)" bzw. nur „sie (Pl.)"
3) bei Zahlwörtern z.B. *tumni=lla* „vier sie"
4) bei Adverbien z.B *anammi=lla* „so sie ..." (Mit. II 56)
5) vor *-nna* z.B. ^{I}*Asali=nna-* „Asali er ..." (Mit. IV 36)
ašti=n(na) „die Frau sie .." (Mit. IV 33)
6) beim Imperativ auf *-i* (optional?) *šari=šše šar=i=mma=an* „und wünsche einen Wunsch" (ChS I Erg. Bd. 1 IV 15)
anammi=tta ḫaš=i=mma „so höre mich" (ChS I/1 Nr. 41 Rs. III 63)
7) Wenn *-lla* als allgemeiner Pluralisator verwendet wird, tritt der Wechsel oftmals nicht ein:
mariannarde=l(la)=an „und die Wagenkämpfer" (Mit. III 32)
elgi=lla „glänzende Applikationen" (Boğ.-Bil. KBo 32: 14 I 58)
Möglicherweise ist *elgi=lla* aber als *elg(i)=i=lla* zu bestimmen, so daß die Anwesenheit des Possessiv-Suffixes *-i-* den Wandel *i* > *a* verhindert.
8) Bei Partikeln, die auf *u* enden, tritt ebenfalls k e i n Wechsel ein:
inu=tta- (Mit. I 74)
inu=lle- (Mit. II 32, III 101)
panu=lle- (Mit. IV 16)

Die Position der enklitischen Pronominalsuffixe ist relativ frei, sie können irgendwo im Satz stehen, nehmen aber bevorzugt eine Anfangsposition ein:
z.B *inu=***tta***=nîn ḫenni šen(a)=iff=u=š tad=i=a* (Mit. I 74)
„Wie mein Bruder mich (= *tta*) jetzt liebt"

*ai=l(**la**)=an tive=na anni talame=na* ... (Mit. II 75)
„Und wenn diese (*-l(la)* + *anni*) großen Worte ...“

e) Nach den satzeinleitenden Konjunktionen wie *inu-* „wie“, *inna-* „wenn“, *unu-* Variante zu *inu-*, *panu-* „obgleich“ und der Relativpartikel *ije-/ija-* werden die enklitischen Pronominalelemente *-me-* /*-ma-* für die 3. Pers. Sg und *-lle-* für die 3. Pers. Pl. verwendet. (Bei der Relativpartikel *ije-/ija-* kommen beide Formen der 3. Pers. Pl. [also *-lla-* und *-lle-*] vor. Sie entsprechen damit der Funktion nach den Pronomina *-nna* und *-lla.* Sie kommen ausschließlich bei diesen satzeinleitenden Partikeln vor (vgl. auch Diakonoff HuU 108; Chačikjan, Churr. i urart., 1985, 82; Girbal, SMEA 34, 1994, 85 f.).

f) In transitiven Sätzen kann die Vertretung des direkten Objekts mehrfach geschehen, und zwar durch das Substantiv und durch das enklitische Pronomen. In intransitiven Sätzen kann es ebenfalls zur doppelten Vertretung des Subjekts (als Substantiv und als Pronomen) kommen (Girbal/Wegner, ZA 77, 1987, 151 f.; Wegner, AoF 21, 1994, 162, 168 ff.).

g) Das Enklitikon der 3. Pers. Sg. *-nna* /*-n* kann über seine eigentliche Funktion hinaus jegliches Personalpronomen im Absolutiv vertreten, wenn die auszudrückende grammatische Person an anderer Stelle klar zum Ausdruck gekommen ist. Es fungiert somit faktisch als neutraler Pronomenanzeiger: z.B. vertritt *-n(na)* in Mit. I 78 die 1. Pers. Pl. (eigentlich *-tilla*) *tiš(a)=i=aš=a=n(na)* „uns in ihren Herzen (mögen die Götter lieben)“ (Girbal, ZA 80, 1990, 93 ff.; ders., SMEA 29, 1992, 163; Giorgieri PdP 255 übersetzt: „nei loro cuori“ und läßt das verbleibende -n offen).

2.2.7 *Die 9. Position: Die syntaktischen Partikeln*

In der neunten und den folgenden Positionen können weitere syntaktische Partikeln, sog. Assoziative, stehen. Diese enklitischen Assoziative sind für das Hurritische des Mittani-Briefes charakteristisch, da sie hier außergewöhnlich häufig vorkommen, im Gegensatz zum Boğazköy-Hurritischen, wo sie wesentlich seltener, einige auch gar nicht, auftreten (z.B. -mma-man). In ihrer genauen Bedeutung sind die Partikeln oft unklar oder nur schwer zu bestimmen. Die häufigsten sind:

-an „und“: *-an* verbindet einzelne Wörter, aber auch zwei Verben oder zwei Sätze. Der Vokal des Morphems */an/* ist an sich nicht lang. Eine phonetische Länge ergibt sich nur, wenn */an/* an ein auf *-a* auslautendes Morphem tritt. */an/* „und“ unterliegt folgenden phonotaktischen Regeln:

/an/ kann an einen Konsonanten antreten,
/an/ kann an ein auf *-a* auslautendes Morphem antreten,
/an/ kann n i c h t nach einem Morphem, das auf einen anderen Vokal als *-a* lautet, antreten. Nach einem anderen Vokal als *-a* treten die Assoziative

/man/ oder /mân/ „aber, eben“ o.ä., „und“, hinzu (zu diesem gesamten Komplex siehe Girbal, ZA 78, 1988, 135). Das m der Partikel assimiliert sich an ein vorausgehendes -p: *Teššup=pan* < Teššup + man „Teššub aber“ (KUB

45: 61 Vs.II? 18); *edi=v=man* < i-ti-ib-ba-an „und deinen Körper" (Ug.-Bil. [7]; entspricht akk. *-ma pagar-ka* [2]).

-ma konnektive Partikel „und, aber". In Boğazköy (aber auch sonst?) kann die Partikel an ein vorangehendes -p assimiliert werden: *ašti=p=pa* (< *-ma*) „deine Frau aber" (vgl. Neu, StBoT 32, 1996, 348; siehe auch Giorgieri, FsHaas, 2001, 127).

-nin „fürwahr" o.ä., steht immer am Wortende, häufig bei satzeinleitenden Wörtern wie
adi=nin, inu=me=nin, ija=lla=nin
und bei dem Verb *mann-* „sein": *mann(i>)a=tta=nin* „so bin ich".

-mma-man „und nämlich, und zwar" o.ä.

Tabelle 3. Schematische Gesamttabelle der Suffixkette des Nomens

Position: Wurzel WEn	1. „Artikel“	2. Poss.-Pronomen*	3. Pluralisator	(3a) Bindevokal	4. Kasus	5. Suffixaufnahme	6. Pluralität des Bezugswortes	(6a) Bindevokal	7. Kasus des Bezugswortes	8. Enkl. Pron.	9. Syn. Partikeln
-ḫḫe -šše -arde usw.	Sg. -ni/ne/ Pl. -na	1.Sg. -iffə -iffe -iff- 2.Sg. -v- 3.Sg. -i-	-aš-	-u-/-o- -u-	Erg. -š Abs. Ø Gen. -ve Dat. -va Dir. -ta usw.	Sg. -NE- Pl. -NA-	-aš-	(-u-)	Erg. -š Abs. Ø Gen. -ve Dat. -va usw.	1.Sg. -tta 2.Sg. -mma 3.Sg. -nna usw.	-an -man usw.

*Das Possessiv-Pronomen und der „Artikel“ kommen – wenn überhaupt – äußerst selten gemeinsam vor.

2.3 *Die Zahlwörter*

Von den Zahlwörtern sind im Hurritischen folgende bekannt:

Kardinalzahlen	Ordinalzahlen		
1 *šukko, šug*V-?	--		
2 *šin(i)*	*šinzi*	< šin+še	„der zweite"
3 *kig(e)*	*kiški*	< kig+še	„der dritte"
4 *tumn(i)*	*tumušše*	< tumun+še	„der vierte"
5 *nari(ja)*	*narišše*		„der fünfte"[72]
6 *šeše*	--		
7 *šind(i)*	*šindišše*		„der siebte"
8 *kir(i/a)?*			
9 *tamr(i)*	--		
10 *eman*	*emanze*	< eman+še	„der zehnte"
18 bzw. 80 *kirmani*	*kirmanze*	< kirman+še	„der achtzehnte/ der achtzigste"[73]
10.000 *nubi*			
30.000 *kige nubi*			

Die Kardinalzahlen zeigen – soweit die wenigen Belege eine Aussage zulassen – mit dem Bezugswort Kasuskongruenz. Nicht völlig geklärt ist, ob bei den Kardinalzahlen das Gezählte im Singular oder im Plural steht (siehe dazu unten S. 132).
Von den Kardinalzahlen sind desweiteren verschiedene Wörter und Formen abgeleitet:

- arbu	*šin=arbu*	„zweijährig"
	kig=arbu	„dreijährig"
	tumn=arbu	„vierjährig"
	nari(j)=arbu	„fünfjährig"
	šind=arbu	„siebenjährig"
	kir=arbu	„achtjährig"
- ade	*kig=ade-*	„je drei"
	tumn=ade-	„je vier" auch: „vierrädrig"
	nari(j)=ade	„je fünf?" (Alalaḫ)[74]
	šind=ade-	„je sieben"
- ti	*eman=di*	„Zehnerschaft"
- o=ḫ(e)=li		*eman=d(i>)=o=ḫ(e)=li* „Vorsteher über zehn, Zehnerschaftsführer"

72 Die Bedeutung „fünf" ist von Rowe, ZA 87, 1997, 247-257, angezweifelt worden.

73 Siehe dazu Giorgieri/Röseler, SCCNH 9, 1998, 87 ff., mit den Ableitungen *kir=(e)man(i)-* <kir+eman „achtzehn/achtzig" und *kir=(e)man=zi* < kir+eman+ši „achtzehnter/achtzigster".

74 Siehe Anm. 72.

Zahladverbien:

x-mal	*šukki*	„einmal“
x-fach	*šug=am=ḫ=a*	zu *šukko* „eins“ (Meskene)
	2-*ḫa* = *šin=am=ḫ=a*	zu *šin(i)* „zwei“ (Meskene)
	3-*ḫa* = *kig=am=ḫ=a*	zu *kig(e)* „drei“
	tamr=am=ḫ=a	zu *tamr(i)* „neun“
	eman=am=ḫ=a	zu *eman* „zehn“

Bei den Zahlwörtern tritt der morphophonematische Wandel des Themavokals *i/e* > *a* vor den enklitischen Pronomina nicht ein (siehe oben):

z.B. *šini=dilla* „zwei wir ...“, *tumni=lla* „vier sie ...“

(Im Urartäischen steht nach Zahlen das Gezählte im Singular – eine Eigenart, die das Urartäische nicht mit dem Hurritischen gemein hat [Wilhelm, SMEA 22, 1980, 134 f.]. Im Mittani-Brief finden sich zwei syllabisch geschriebene Zahlen, bei denen das Gezählte in den Plural gesetzt ist: *tumni išiḫḫe=na* (Mit. II 59) „vier *išiḫḫe*, *šin šinniberuḫḫe=na* (Mit. II 59) „zwei elfenbeinerne“; ein drittes Zahlwort steht in unklarem Zusammenhang: nu-pè-e-ni-na-an ḫa-a-ar-ri-en na-a-zu-u-ša (Mit. I 93-94). In einigen Boğazköy-Texten, vor allem in der Bilingue, bietet sich ein anderes Bild: Bei syllabisch geschriebenen Zahlwörtern steht das Gezählte, zumindest bei hohen Zahlen, im Singular, siehe S. 211)

3. *Die selbständigen Pronomina*

Neben den enklitischen Personalpronomina des Absolutivs (siehe oben die Ordnungsposition 8) besitzt das Hurritische selbständige Personalpronomina (siehe zu diesen Wegner, SMEA 29, 1992, 227 ff.; zu der 1. und 2. Person Plural Dativ/Essiv siehe auch den Vortrag von J. Hazenbos, Der Essiv des hurritischen Personalpronomens, gehalten während des 6. Internationalen Kongresses für Hethitologie, Rom 5.-9. September 2005 [noch unpubl.]).

Das Paradigma der selbständigen Pronomina ist jedoch noch mit größeren Lücken behaftet, dies zeigt sich vor allem bei den Pluralformen.

Für das Pronomen der 1. Person Singular stehen zwei Stämme zur Verfügung: Der Absolutiv lautet *iš=te*, der Ergativ *iša=š*; die obliquen Kasus lauten *šo-* bzw. *šu-;* für die 2. und 3. Person Singular steht jeweils nur ein Pronominalstamm zur Verfügung:

Singular

	1. Pers. „ich“	2. Pers. „du“	3. Pers. „er/sie/es“
Abs.	*ište*	*fe* (Graphie: ú-i/e-/we-/ bi-e-)	*man=e* (Nebenform *mann=i*)
Erg.	*iša=š*	*fe=š*	*man=u=š*
Gen.	*šo=ve*	*fe=ve*	--
Dat.	*šo=va*	*fe=va*	--
Essiv	--	--	--

Dir.	*šu=da*	**fe=(u)=da*	--
Abl.	--	--	*man=u=dan*
Kom.	*šu=ra*	--	*man=u=ra*
Äquat.	*šo=nna* „wie ich“	--	*man=u=nna*

Bei den Pluralformen tritt an die aus dem Singular bekannten Formen ein Formans **-š-**, bei den Absolutivformen das enklitische Pronomen *-lla*:

Plural

	„wir“	„ihr“	„sie“
Abs.	*šatti(=)lla*	*fe=lla*	*mane=lla*
Erg.	*šie=š*	*fe=š=u=š*	*man=š/z=o=š*
Gen.	*ša=š=(v)e*	*fe=š=(v)e*	--
Dat.	*ša=š=(v)a*	*fe=š=(v)a*	*man=š/z=(v)a*
Essiv	*ša=š=a*	*fe=š=a*	--
Dir.	--	--	--
Kom.	--	--	*man=š=u/o=ra*
Äquat.	--	--	--

Regel: Bei den selbständigen Pronomina tritt der Wechsel *i/e* > *a* vor den enklitischen Pronomina nicht ein: z.B. *šatti=dilla* „wir“ bzw. „uns“.
Treten an die Ergativformen *iša=š* oder *man=š=o=š* die enklitischen Pronomina (*-tta, -mma* usw.), erscheint auch hier die Ergativmarkierung nicht:

z.B. i-šal-la-a-an ... e-e-ma-na-a-mu-ša-a-ú (Mit. III 54)
i.e. *iša=(š)=lla=ân* ... *eman=am=oš=av*
„und (*-an*) ich habe sie (Pl., gemeint sind Geschenke) verzehnfacht“.

Aus diesem Beispiel geht auch die Verwendungsweise des ergativischen Pronomens hervor: Es fungiert als betonter Subjektanzeiger. Die Stellung des Pronomens ist nicht festgelegt, es steht mehrheitlich zwar unmittellbar vor der Verbalform, kann aber auch nach dieser erscheinen.

Die Absolutive können Subjektanzeiger bei intransitiven (und antipassivisch konstruierten) Verben und Objekt bzw. Objektanzeiger der transitiven Verben sein.

Die Genitive der selbständigen Personalpronomina können desweiteren auch als Possessiv-Pronomina verwendet werden: ^{I}*Megi* ***feve*** *tiša=v an=ašt=i=kki* „Megi, dein Herz, freut sich nicht“ (Boğ.-Bil. KBo 32: 15 I 20').

Der Essiv fungiert in der „erweiterten Antipassiv-Konstruktion"(siehe dazu S. 121-122) als Objekt-Kasus: *feš=**a**=lla tad=i=b tiš(a)=i=a<š>=a* „sie liebten (*=lla tad=i=b*) euch (*feš=a*) in ihren Herzen“ (RS 15.30+49, Laroche, Ugaritica V 463; J. Hazenbos, Der Essiv des hurritischen Personalpronomens, Vortrag gehalten während des 6. Internationalen Kongresses für Hethitologie, Rom 5.-9. September 2005 [noch unpubl.]).

3.1 *Das Relativpronomen*

Das Relativpronomen lautet *ija-*/*ije-* und kommt nur in Verbindung mit weiteren Partikeln vor. Es ist stets ein Absolutiv. (Zu den Relativsätzen siehe S. 122 f.)

4. *Die Demonstrativpronomina und andere Pronominalstämme*

Die „Demonstrativpronomina" *anni, ani* „dieser", *andi* „jener", *akki* : **agi* „der eine ... der andere" bilden folgendes Paradigma: Im Absolutiv zeigen sie den Themavokal /*i*/, bei den obliquen Formen /*u*/, der Wechsel des Themavokals *i* > *a* vor den enklitischen Pronomina tritt nicht ein:

		Singular	
Abs.	*anni*	*andi*	*ani*
Erg.	--	--	*anu=eš*
Gen.	--	*andu=ve*	--
Dat.	--	*andu=va*	*anu=va*
Abl.	*annu=dan*	*andu=dan*	*anu=dan*
		Plural	
	anni=lla	*andi=lla*	*ane=na*

Ebenso verhält sich das Alternativpronomen „der eine ... der andere"

Abs. *akki* *agi*

akku *agu*

beispielsweise in ChS I/1 Nr. 52 Rs. 15' ak-ki a-ku-ta „der eine zum anderen".

(Wilhelm, SMEA 24, 1984, 215 ff. Nach Wilhelm haben diese Pronomina keine raumzeitliche Deixis „Demonstrativpronomen", sondern eine kontextuelle „anaphorisch-kataphorische". Der Einfachheit halber wird hier dieses deiktische Pronomen dennoch als „Demonstrativpronomen" bezeichnet. Siehe auch Giorgieri, PdP 221).

Das Indefinitpronomen

Der Pronominalstamm *oli-* bedeutet „der andere; nicht dieser".

Die verallgemeinernden Pronomina werden im Mittani-Brief von dem Stamm **šue-* gebildet:

šu(e >)a?=nna „ganz, all" (Der Wechsel von *e> a* vor dem enkl. Pron. *-nna* ist allerdings ungewöhnlich.)

šu(e>)a=lla „alle"

In den Boğazköy-Texten findet sich stattdessen

šummi(=nna) „ganz, all"

šummi=l(la) „alle"

und *ḫejarunna* „alle"

Die beiden pronominalen Ausdrücke „diesseits“ und „jenseits“ werden durch *aga=ve* und *eša=ve* wiedergegeben. Beide können als Genitive von zugrundeliegenden Wurzeln **aga-* und **eša-* interpretiert werden.

Das Interrogativpronomen

Ein Fragepronomen liegt in *abe-/ave-* in der Form *ave=(š)=dilla* (KBo 32: 15 I 26' a-bé-e-di-il-la) „wer uns“ und *avešša* < *ave=š=nna* (KBo 32: 11 IV 19' a-bi-iš-ša-a) „wer es/ihn“ vor. Beides sind Ergativformen des Pronomens. (Anders E. Neu in StBoT 32, 1996, 50-51, der in dem letzteren Ausdruck ein Substantiv **abišši* im Essiv auf *-a* sieht). Der Absolutiv des Fragepronomens scheint a-ú-u(n)-ni (*au=nni*) zu sein, jedenfalls legt dies der Satz einer hurr.-heth. Quasibilingue nahe, in dem *au=nni* mit heth. *kuit* geglichen sein könnte (ChS I/5 Nr. 23 Vs. II 10' [hurr.] // ChS 1/5 Nr. 19 Rs. III 42 [heth.]). Dazu wohl auch Mit. III 121. Fernzuhalten ist die Interjektion a-u /ao/.

Der Ausdruck „sowohl ... als auch ...“ wird gebildet durch:
ija + enkl. Pron. (Ø-Anzeiger bei der 3. Pers. Sg.) + *an ûrikki* // *ija + enkl. Pron.* (3. Pers. Sg. Ø-Anzeiger) + *an ûrikki*, wobei *ûrikki* eine negative Antipassivform des Verbs *ûr-* „wollen, wünschen“ zu sein scheint. Der Ausdruck begegnet z.B. in Mit. III 5 f.:

... **ja-a-an ú-ú-rík-ki** ma-a-na šu-e-ni 6) Ḫur-ru-u-ḫé ^{KUR} u-u-mi-i-ni **ja-a-an ú-ú-rík-ki** ma-a-na šu-e-ni 7) ^{KUR}Ma-a-áš-ri-a-a-an-ni KUR u-u-mi-i-ni ...

„... Sowohl das gesamte 6) hurritische Land als auch das gesamte 7) ägyptische Land ...“ (Girbal, AoF 21, 1994, 376-379).

5. *Die Verbalmorphologie*

a) Das Hauptunterscheidungsmerkmal bei hurritischen Verben ist die unterschiedliche Konjugation von transitiven und intransitiven Verben. Beide haben jeweils eigene Reihen von Konjugationssuffixen, wobei das Intransitivum im strengen Sinne nicht konjugiert wird. Es wird als eine partizipiale (nominale) Form behandelt, bei der die pronominalen Personenanzeiger nicht in die eigentliche Verbalform hineingetragen werden, sondern lexikalisch selbständigen Charakter haben. Der Täter bzw. das Subjekt kann deshalb höchstens durch die enklitischen Pronomina (Nominalmorphologie) ausgedrückt werden. Der Personenanzeiger des Intransitivums als lexikalisch selbständig kann somit irgendwo im Satz auftreten.

aa) Einige Verbalwurzeln sind sowohl in transitiven als auch in intransitiven Gebrauch bezeugt: *un-* intr. „kommen“, trans. „bringen"; *naḫḫ-* intr. „sitzen, sich setzen“, trans. „sitzen lassen“; *ag-* intr. „sich erheben“, trans. „aufnehmen; tragen, bringen“. Ob dies grundsätzlich für alle Verbalwurzeln gilt – wie einige Forscher annehmen – sei dahingestellt. Meist jedenfalls ist eine Verbalwurzel entweder in transitiver oder intransitiver Bedeutung belegt.

b) Das Hurritische des Mittani-Briefes besitzt drei Formen, die die sog. „Tempora“, nach Diakonoff die Aspekte[75], ausdrücken:

ba) das Präsens bzw. die aspektlose Form mit **Null-Kennzeichen** (Ø-Zeichen)

bb) das Präteritum – der perfektive Aspekt – oder auch Erzählform mit dem Kennzeichen **-oš-**

bc) das Futur – oder der imperfekte Aspekt – mit dem Kennzeichen **-et-**

Die Entscheidung darüber, ob die Verbalmorphologie mit Hilfe der Kategorien Tempus oder Aspekt gedeutet werden sollte, ist dahingehend zu treffen, daß die Verben im Mittani-Brief ein klares Tempussystem mit den drei Zeitstufen Präs. (unmarkiert), Prät. (*-oš-*) und Futur (*-et-*) unterscheiden, während die Sprachform einiger Boğazköy-Tafeln und einige ältere Texte Aspekte und Aktionsarten[76] zu haben scheinen (Wilhelm, Double Case, 1995, 114).

c) Das Hurritische besitzt besondere verneinende Konjugationsformen der Verben.

d) Die nicht-indikativen Verbalformen bilden ein komplexes noch nicht restlos verständliches System. Viele dieser nicht-indikativen Formen besitzen keine eigentlichen Personalsuffixe. Vollständige Paradigmen lassen sich mangels Belegen nicht aufstellen.

e) Ein Passiv gibt es nicht.

5.1 *Die Verbalwurzeln*

Die hurritischen Verbalwurzeln sind – wie die Nominalwurzeln – in ihrer großen Mehrheit einsilbig:

Wurzeltyp:	KVK	*ḫan-* „gebären“, *tad-* „lieben“, *tan-* „machen“, *zaz-* „zu essen geben, verköstigen“
	KVKK	*naḫḫ-* „sitzen“, *nakk-* „ent-/freilassen“, *pašš-* „schicken“, *mann-* „sein“
	KV	*ḫa-* „nehmen“, *ḫu-* „rufen?“, *pa-* „bauen“
	VK	*ar-* „geben“, *un-* „kommen“, *id-* „schlagen“
	VK_1K_1	*ašš-* „waschen, abwaschen“, *itt-* „gehen“, *tupp-* „vorhanden sein“
	VK_1K_2	*ašḫ-* „opfern“, *šeḫl-* „rein sein“, *ḫubl-* „zerbrechen“
	KVK_1K_2	*ḫemz-* „gürten“, *kunz-* „sich niederwerfen“, *zimz-* „?“
	(Der Wurzeltyp KVK_1K_2 könnte aber auch dem Typ KVK + einer WE z/š/l angehören).	
Redupl. Wurzel		*keligel-* „hoch legen“, *wirwir-* [*firvir-*] „lösen?“ mit Verlust des druckärmsten Vokals *kelgel-*

75 Der Aspekt ist eine Geschehensform des Verbs, der die Vollendung oder die Nichtvollendung des Geschehens ausdrückt.

76 Die Aktionsart drückt die Art und Weise des Handlungsablaufes aus (z.B. drückt die durative Aktionsart das Andauerne einer Handlung aus, die ingressive oder inchoative Aktionsart stellt den Eintritt einer Handlung dar, die effektive oder resultative den Abschluß einer Handlung).

5.2 *Die Suffixkette beim Verbum*

An diese einsilbigen Wurzeln treten die Stammesmodifikationssuffixe, die in erster Linie zur Präzisierung der Semantik der Verbalwurzel dienen. Sie können der Wurzel eine kausative, faktitive, iterative oder reflexive Bedeutung verleihen. Eine ganze Anzahl dieser Elemente bietet jedoch noch Interpretationsprobleme.

Der Einfachheit halber werden die Modifikationssuffixe in der Suffixkette des Verbs einer Position zugeschrieben (**1. Pos.**), obwohl sie in Wirklichkeit mehrere Positionen einnehmen können und vermutlich hierarchisch gegliedert sind.

Mehrsilbige Stammesmodifikationssuffixe sind hinsichtlich ihrer Segmentierung gelegentlich unklar, so beispielsweise das Gegenseitigkeit ausdrückende /*-ukar-*/ < *uk+ar* oder *-ukar-* [*-ugar-*].

Einige Autoren sehen in dem Suffix *-ukar-* ein nominales Element, welches Abstrakta oder Kollektiva bilden soll. Zumindest für die Sprache des Mittani-Briefes trifft jedoch beides zu (siehe zuletzt Girbal, SMEA 29, 1992, 164). So ist der vermeintliche Absolutiv (Laroche GLH 249) *tad=ugar=i* als eine Antipassivform und der vermeintliche Ergativ (Laroche GLH 249) *tad=ugar=i=š* als eine Jussivform der 1. Pers. Pl. zu deuten, nominal gedeutet wurde hingegen aš-du-ka-a-ri-íw-wa-ša (Mit. II 76) „in unserer Verschwägerung“ (Wilhelm, Orientalia 54, 1985, 490). Der Ausdruck scheint aber eher eine postpositionale Fügung *š[a]š=va ašt=ugar=iff=aš=(v)a* „uns zugunsten“ zu sein (Wegner, SMEA 29, 1992, 232 Anm. 10).[77]

Die Stammesmodifikationssuffixe werden im folgenden als Wurzelerweiterung(en) (WE[n]) bezeichnet.

Wie bei der nominalen Suffixkette unterliegen auch die Suffixe der verbalen Suffixkette einer festen unvariablen Ordnungsposition und wie bei der nominalen sind auch bei der verbalen Suffixkette die derivationellen Kategorien wurzelnäher und die flexivischen Kategorien randnäher angeordnet. Das ergibt folgendes Schema:

Verbalwurzel – Wurzelerweiterungen – Valenz[78]/Diathese[79] – Aspekt/Tempus – Modus[80] – Numerus/Person. bzw. Person/Numerus (siehe auch Bush GHL 99 f., 178 ff. [§ 7.4]; Plank, Xenia 21, 1988, 71 ff.).

5.2.1 *Die 1. Position: Die Wurzelerweiterungen*

Die erste Position nehmen die Wurzelerweiterungen ein; (die mit * gekennzeichneten Formanten kommen nur im sog. „Althurritischen“ vor):

-al- Unklar, *ḫeš=al-* „nackt sein“, *zamm=al=ašt-* „abreißen“, *kab=al-* „(Feld) plündern“.
Es ist nicht ganz klar, ob *-al-* immer eine WE ist, oder ob das *-a-* gelegentlich ein anaptyktischer Vokal ist (vgl. *šeḫel- > šeḫl-*, *eḫel- > eḫl-*).

77 Zu *ašt=ugar=i* = akk. *miḫru* = sum. GAB „Entsprechung“ siehe das Ugarit-Vokabular RS 94-2939 V 20', bei André-Salvini/Salvini, SCCNH 9, 1998, 8, 10.

78 D.h. die Wertigkeit des Verbs.

79 Genus verbi (aktiv/medium/passiv).

80 Indikativ/nicht-indikativ

-am- drückt den Faktitiv aus: *eman-* „zehn“, *eman=am-* „zehnfach machen, verzehnfachen“ (Wilhelm, Iraq 53, 1991, 12 Anm. 35).

-an(n)- drückt den Kausativ aus: *ar-* „geben“, *ar=ann-* „sich geben lassen“; das Suffix hat aber sicherlich noch darüber hinausgehende unklare Bedeutungen.

-apš-/-epš- genaue Bedeutung unklar, gelegentlich an Zahlwörtern: *šin=apš-* „wechseln“, *kig=apš-* „schnell wechseln“; *eḫ=epš-* „abschnüren“ (Wilhelm, Cambridge Encyclopedia , Chapter 4, 2004, 102).

-ar- drückt den Faktitiv und auch den Iterativ aus: *tad=ar-* „lieben“, *šid=ar-* „verfluchen“.

-aš- intensivierend o.ä., *ḫaš-* „hören“, *ḫaš=aš-* ebenfalls „hören“.

-ad- Unklar, *šir=ad-* „(be)singen“(Neu StBoT 32, 1996, 8, sieht hierin eine Ableitung eines erschlossenen Wortes für „Zahl“ **širi*), *am=ad-* Bed. unbk.

***-aḫḫ-** Unklar, *tal-* „herausziehen, stehlen“, *tal=aḫḫ-* ebenfalls „herausziehen, stehlen“, *mel=aḫḫ-* „verstoßen“.
(Dieser Formant kommt anscheinend nur bei Verbalformen des sog. „Althurritischen“ vor, d.h. bei Verbalformen auf *=o=m* und *=i=b;* vielleicht drückt er eine räumliche Dimension [„weg-“] aus; siehe auch unten).

***-e/iḫ-** Möglicherweise besitzt diese WE die Funktion „ein-, hinein-?“: *puz=iḫ=o=m* „er tauchte (etwas) ein“, *piš=eḫ=o=m* „er spie (etwas) hin“

-uk+ar oder -ugar-, das Suffix drückt die Gegenseitigkeit aus: *ag=ugar-* „hersenden“, *kad=ugar-* „gegeneinander reden“, *tad=ugar-* „einander lieben“. Möglicherweise verkürzt in *ugul=gar-* „sich niederknien“.

-u/ol- Reflexiv, aber auch intransitivierend.

-ol- Unklar, *ar-* „geben“, *ar=ol-* ebenfalls „geben“ aber auch „hinbringen“; *šalḫ-* „hören“, *šalḫ=ol-* ebenfalls „hören“.
(Vielleicht drückt der Formant unter anderem eine räumliche Beziehung aus, vgl. Neu, StBoT 32, 1996, 361: *-ol-* „hin-“. Zu urartäischen Verbalformen mit dem Formanten *-ul-* siehe Salvini, ZA 81, 1991, 122 ff.)

-om- Unklar, in *ur=om=* vielleicht „beschäftigen?“; *tiḫan=ol=om=* zu *tiḫan-* „zeigen“.

-on- Unklar, in *tad=on=i=(i)d=en* „sie mögen lieben“ zu *tad-* „lieben“.

-Všt- Der Vokal dieser WE richtet sich nach dem in der Wurzel enthaltenen Vokal, z.B. *tan=ašt-* „machen“, *an-/an=ašt-* „sich freuen“, *mad=ašt-* „weise sein“, *teḫ-/teḫ=ešt-* „erhöhen, groß werden“, *šurv=ušt-* „Böses tun“.
(Diese WE hat in einigen Fällen denominalisierenden Charakter. Sie ist nicht zu verwechseln mit dem intransitiven Tempusanzeiger des Präteritums *-oš- + -t-*. Es gibt allerdings auch Hinweise, die für die Formanten -*ol-* und vor allem *-Vst-* bei den Verbalformen auf *=o=m* andere grammatikalische Differenzierungen [Aspekt oder Aktionsart] vermuten lassen, Wilhelm, FsHeger, 1992, 670. Im sog. „Althurritischen“ scheint der For-

mant -Všt- vielleicht das Ende eines Geschehens auszudrücken, z.B. *pa=ašt=o=m* „er hat gebaut").

***-ill-** Der Inchoativ oder Ingressiv ist eine Aktionsart des Verbs, die den Eintritt oder Beginn eines Geschehens ausdrückt, z.B. *šid=ar=ill=o=m* „er begann zu verfluchen", oder *am=ar=ill=o=m* „er begann Böses zuzufügen" (Boğ.-Bil.; Neu, Orientalia 59, 1990, 223-233; ders., StBoT 32, 1996, 104: „ ... werten wir *-ill-* als Einheit, der inchoative Funktion zukommt". In dieser Funktion kommt der Formant *-ill-* nur in der Boğ.-Bil. vor).

***-il+an-** In der Boğ.-Bil. KBo 32: 15 Rs. III 9 ist die Verbalform *al=il=an=o=m* (zu *al(u)-* „sprechen") mit dem heth. Supinum in der Periphrase *u̯e=šg=a=u̯an dāis* „er begann zu schreien/zu jammern" wiedergegeben.

-upp- Unklar (Bush GHL 187), in *kad=upp-* zu *kad-* „sagen", *tad=upp-* zu *tad-* „lieben", *pid=upp-* zu *pid-* „sich drehen, tanzen", *elam=u/ol=upp-* „schwören" zu *el(a)mi* „Eid" (Ug.-Bil. [6]).

-uš(š)- Dieses Morphem unklarer Bedeutung darf nicht mit dem Tempusanzeiger *-uš- /oš/* verwechselt werden. Es liegt vor in Formen wie *urḫupt=uš=il=eva* (Mit. III 64) „(ich) möchte aufrichtig verfahren" (zu *urḫi-* „wahr"), *šilaḫ=uš=ušt=i=wa=en* (Mit. IV 41) „(mein Bruder) soll (mich) nicht täuschen" (Girbal, SMEA 29, 1992, 178 und 181), *ar=o/uš(š)=ol=a-* (Ug.-Bil. [14, 19]) „er begibt sich (zu seinem Gott)".

-ut- Unklar, enthalten ist der Formant vielleicht in *zul(l)=ud-* „lösen"[81] und *keb=ud-* „hinstellen" (*keb=ud=o/u* „sie stellte hin" KBo 32: 13 I 2). Wohl nicht dasselbe wie die Negationspartikel *-ut-*.

-t- Unklar, in *tan=d-* „(ein Fest) feiern" zu *tan-* „machen", *kul=d-* zu *kul-* „sagen", *pal=d-* zu *pal-* „wissen". Dieser Formant ist vielleicht identisch mit der WE *-t-* der Nominalmorphologie (siehe S. 59). Diese Formanten sind nicht zu verwechseln mit dem Pluralmorphem *-t-* und dem Kennzeichen der Objektlosigkeit *-t-* (Suffixposition beachten).
(Vgl. auch urart. Formen mit *-d-: ar=d(u)=ilani* zu *ar-* „geben", Salvini, SMEA 29, 1992, 217 f. mit Hinweis auf G. Steiner, RHA 36, 1978, 184 Anm. 49, mit dem Deutungsansatz „zentrifugal", „hin-").

-uḫ-/-oḫ- Unklar, in *ḫic=uḫ-* trans. „kränken", *ḫic=uḫ=o/ul-* intrans. „betrüben", *anz=ann=oḫ-* „auszeichnen" o.ä., *šed=oḫ-* „satt-, fett machen", *ôl=ôḫ-* „nahe sein?"

-ir- Unklar, in *maz=ir=i* zu *maz-* „helfen?" (Zu dieser und der folgenden WE siehe Giorgieri, SMEA XLI/1, 1999, 74 mit Fn. 51 [ohne Bedeutungsansatz]). Die sehr seltene WE ist schwer von dem Partizipialformant =i=ri zu unterscheiden.

***-o/ur-** Unklar, in *kul=o/ur=o=m* „er sprach" zu *kul-* „sprechen", *ar=ur=o=m* zu *ar-* „geben".

---

81 Siehe aber Giorgieri, SCCNH 9, 1998, 80, der in dem Formanten *-ud-* das Negativmorphem *-ud-* sehen möchte, mit der Bedeutung „ent-, los-, ab-". *zul=ud-* hieße danach „entbinden, entfesseln".

5.2.2 *Die 2. Positon: Die Tempussuffixe*

Nach der Wurzel und den Wurzelerweiterungen (1. Pos.) stehen in der 2. Position die Tempus- (bzw. nach Diakonoff Aspekt)-Suffixe:

Null-Anzeiger	für das Präsens	=	Neutraler Aspekt
-oš-	für das Präteritum	=	Perfektiver Aspekt (beendete Handlung /Zustand)
-et-	für das Futur	=	Imperfektiver Aspekt (nicht beendete Handlung/ Zustand)

5.2.3 *Die 3. Position: Das Kennzeichen der Objektlosigkeit*

Diese Position ist bei den positiven transitiven Verben unbesetzt; bei den intransitiven Verben steht in dieser Position das Kennzeichen der Objektlosigkeit *-t-*.

5.2.4 *Die 4. Position: Das Suffix -imbu-*

Die 4. Position kann ein Suffix *-imbu-* mit unklarer Bedeutung und Funktion einnehmen. Dieses Element kommt sowohl bei intransitiven als auch bei transitiven Verbalwurzeln vor und nur mit Ableitungen auf *-š(še)* und *-ḫ(ḫ)e* (Bush GHL 147, 193 ff. [§ 7.425]).

5.2.5 *Die 5. Position: Der Transitiv- und Intransitivanzeiger*

Die 5. Position nimmt bei den intransitiven Verben der Intransitivanzeiger *-a-* ein.

un=a=Ø „er kommt"

In den aspektlosen positiven transitiven (ergativischen) Verbalformen – d.h. bei Formen, die nur aus der Wurzel bestehen, das ist im Präsens und vielleicht nach den WEn *-ol-* und *-ar-* – folgt auf den Null-Anzeiger des Präsens das Kennzeichen der Transitivität *-i-*, jedoch nur in **der 2. und 3. Person Singular.** Die Transitivmarkierung erscheint desweiteren vor den Negationssuffixen (und wie einige Autoren annehmen, in nicht-indikativen Formen. Siehe S. 101 ff.):

z.B. *tad=i* (Transitivmarkierung)= *a* (Personenanzeiger trans. erg. 3. Pers. Sg.) „er liebt"
pal=i (Transitivmarkierung)=*o* (Personenanzeiger trans. erg. 2. Pers. Sg.) „du weißt".

In der **1. Person Singular und in allen Pluralformen** taucht der Transitivitätsanzeiger *-i-* nicht auf:

z.B. *tad=av* (Personenanzeiger trans. erg. 1. Pers. Sg.) „ich liebe"
tad=av=š (Personenanzeiger trans. erg. 1. Pers. Pl.) „wir lieben"

Bei den Formen des Präteritums auf *-oš-* und des Futurs auf *-et-* kommt der Transitivvokal *-i-* in **allen Personen nicht** vor:

z.B.	*tad=oš=a*	„er liebte"	(3. Pers. Sg. Prät.)
	tad=oš=o	„du liebtest"	(2. Pers. Sg. Prät.)
	tad=ed=o	„du wirst lieben"	(2. Pers. Sg. Futur).

5.2.6 *Die 6. Position: Das Kennzeichen der Negation*
Die 6. Position bleibt bei den transitiv-ergativischen, positiven Verben unbesetzt; bei den negierten Verbalformen steht in dieser Position das Kennzeichen der Negation (-*u*(*w*)/*wa*- bzw. -*kkV*).

5.2.7 *Die 7. Position: Die Personenanzeiger der transitiv-ergativischen Verben*
Nach der Tempusmarkierung und gegebenenfalls dem Transitivitätsanzeiger -*i*- (als 5. Pos.) folgen als 7. Position (die 6. Position mit dem Kennzeichen der Negation ist ja dann unbesetzt) im Indikativ der transitiv-ergativischen, positiven Verben die Personenanzeiger (= Subjektanzeiger). Sie lauten:

	Singular		
1. Pers.	- av	(Graphie: (K)a-(a)-ú/-ap)	Langform -affu- (so vor den enkl. Pron. und nach dem Negationssuffix)
2. Pers.	- o	(Graphie: -u)	
3. Pers.	- a		

5.2.8 *Die 8. Position: Der verbale Pluralanzeiger -š(a)-*
Bei den Pluralformen (als 8. Position) folgt auf den Personenanzeiger des Singulars ein Pluralisator -*š* mit dem Allomorph -*ša* vor weiteren Formanten. Dieser Pluralisator -*š*(*a*) begegnet sowohl in indikativen als auch in nicht-indikativen Formen (siehe Tabelle 9).

	Plural	
1. Pers.	-av + š(a)	(Graphie: (K)a-(a)-ú-uš bzw. (K)a-(a)-ú-ša-, wenn weitere Elemente wie z. B. -*šše* folgen)
2. Pers.	-aššu	(in der Boğ.-Bil. KBo 32 und in Qaṭna [Richter, MDOG 135, 2003, 172, 176], belegt)
3. Pers.	-a + š(a)	
oder	-t + a[82]	

5.2.9 *Die Positionen 9-10: Enklitische Pronomina und syntaktische Partikeln*
In der 9. und 10. Position können die enklitischen Pronomina (-*tta*, -*mma*, -*nna* usw.) und die syntaktischen Partikeln (-*an*, -*man* usw.) stehen.

Beispiele zu den indikativen, transitiv-ergativischen, positiven Verben (Tabelle 4)

ar=av „ich gebe“ aber *ar=i=a* „er gibt“; **ar=av=š(a)* „wir geben“
ar=oš=av „ich gab“; *ar=oš=a* „er gab“
ar=ed=av „ich werde geben“; **ar=ed=av=š(a)* „wir werden geben“

82 Der Pluralisator -*t*- wird nicht allgemein akzeptiert (siehe Giorgieri/Röseler, SCCNH 8, 1996, 281 Anm. 2); in dieser Arbeit wird er jedoch als Allophon von -*id*- anerkannt. Chačikjan, SCCNH 10, 1999, 257, erkennt in der trans. Verbalform *ad=o=d=a* der Mari-Beschwörung 5: 8 eine 3. Pers. Pl.

ar=ol=av=š (graphisch: a-ru-la-a-uš Boğ.-Bil.) „wir geben"
na-ak-ki-da-a-u-uš i.e. *nakk=ed=av=š* „wir werden (jmd.en) freilassen"
na-ak-ki-da-aš-šu i.e. *nakk=ed=aššu* „ihr werdet (jmd.en) freilassen"
wu-ri-ta-áš-šu (Qaṭna) i.e. *fur=ed=aššu* „ihr werdet sehen"
Mit der Langform *-affu-* des Personalsuffixes:
a-ru-la-ú-un-na i.e. *ar=ol=af(f)u=nna* „ich gebe ihn".

Neben dem unter der Position 8 angeführten Pluralisator *-š(a)-* ist ein weiteres Pluralmorphem *-t-* (Girbal, AoF 16, 1989, 78 ff.) oder *-it-* angesetzt worden. Dieses Pluralmorphem erscheint nach dem Tempusanzeiger aber vor dem Personenkennzeichen:

z.B. *un=et=t=a*. Diese Form kann entweder heißen „er wird kommen" (intrans.) oder, bei Anerkennung des Pluralmorphems *-t-*, „sie werden (etwas) bringen" (trans.).
Weitere Beispiele sind:

gu-li-e-ta Mit. IV 27 gegen	gu-li-e-et-ta Mit. IV 60
kul=ed=a	*kul=et=(i)t=a*
„er wird sagen"	„sie werden sagen"
a-ki-tu KBo 32: 20 I 16' („althurritisch")	
ag=id=o	„sie geleiteten (jmd.en)"
ḫu-u-i-tu KUB 47: 2 IV 8'	
ḫu=id=o	„sie riefen (jmd.en) herbei"
Mari 5: 8-11	
papan(i)=na=aš=u=š ad=o=d=a ... Šimige=ne=ve=na šindi šal(a)=arde	„die Berge x-en ... die sieben Töchter des Šimige".

Tabelle 4. Die Suffixfolge beim indikativen, transitiv-ergativischen, positiven Verb

Position 1. Wurzel WEn	2. Tempus	3. Kennz. Objekt- losigkeit (unbesetzt)	4. (unbe- setzt)	5. Kennz. Transi- tivität	6. Kennz. Negation transitiv (unbesetzt)	7. Kennz. Subjekt der Handlung	8. Kennz. Pluralität des Subjektes**	9. Enkl. Pron.	10. Synt. Partikeln
-an- -ar- -ol- -Všt- usw.	-Ø- -oš- -et-			 -i-* -i-*		1.Sg. -av/-affu- 2.Sg. -o 3.Sg. -a	-š(a-)	1.Sg. -tta/t 2.Sg.-mma/m 3.Sg. -nna/n usw.	-an -man usw.

* Das Kennzeichen der Transitivität erscheint nur im Präsens der 2. und 3. Person Sg.
** Oder t+a für die 3. Person Pl.

5.3 *Die indikativen, transitiv-ergativischen, negierten Personenkennzeichen*

Bei den indikativen, transitiv-ergativischen, negierten Verben erscheint vor dem Negationssuffix *-u(w)-/-wa-* (6. Pos.) der Transitivitätsanzeiger *-i-* (5. Pos.). Das Negationssuffix *-u(w)- /-wa-* (die volle Gestalt, nämlich *-wa-*, hat das Suffix in den Modalformen) erscheint als *-u-*, das Personenkennzeichen (7. Pos.) der 1. Pers. *-av* erscheint in der Langform *-(a)ffu*. Beide Formanten *-u-* + *-(a)ffu* ergeben für die 1. Pers. Sg. > **-uffu**

Die 1. Pers. Pl. wird mittels der Suffixe der 1. Pers. Sg., also *u+(a)ffu*, und dem Pluralanzeiger *-š* (8. Pos.) gebildet (nur in der Boğ.-Bil. belegt) > **-uffu=š**

Die 2. Pers. Sg. ist nicht belegt; die 2. Pers. Pl. (nur in der Boğ.-Bil. belegt) wird mittels *-u-* und dem Personenkennzeichen der 2. Pers. Pl. *-(a)ššu* gebildet > **-uššu**

Das Paradigma lautet demnach:

1. Sg. trans.-erg. negativ	-uffu
2. Sg. (nicht belegt)	—
3. Sg. trans.-erg. negativ (siehe S. 96)	
1. Pl. trans.-erg. negativ	-uffu=š
2. Pl. trans.-erg. negativ	-uššu
3. Pl. (nicht belegt)	—

(Zur 3. Person Singular siehe gleich unter Punkt c] Seite 96)

Tabelle 5. Die Suffixfolge beim indikativen, transitiv-ergativischen, negierten Verb der 1. und 2. Person

(Für die 3. Person siehe S. 96)

Position: 1. Wurzel WEn	2. Tempus	3. Kennz. Objekt- losigkeit (unbesetzt)	4. (unbe- setzt)	5. Kennz. Transiti- vität	6. Kennz. Negation transitiv	7. Kennz. Subjekt der Handlung	8. Kennz. Pluralität des Subjektes	9. Enkl. Pron.	10. Synt. Partikeln
-an- -ar- -ol- -Všt- usw.	-Ø- -oš- -et-			-i-	-u(w)/wa-	1.Sg. +(a)ffu > **-uffu** 1.Pl. +(a)ffu > **-uffu-** 2.Pl. +(a)ššu > **-uššu**	-š(a-)	1.Sg. -tta/t 2.Sg. -mma/m 3.Sg. -nna/n usw.	-an -man usw.

a) **Die Verneinung der 1. Pers. Sg. und Pl.**

z.B. ku-zu-u-ši-úw-wu-la- (Mit. IV 46)
koz + oš + i u + (a)ffu> uffu + l(la)
„ich habe sie (*-lla*) nicht zurückgehalten"

na-ak-ki-u-úw-wu$_{ú}$-uš (Boğ.-Bil. KBo 32: 15 I 24')
nakk + Ø + i u + (a)ffu> uffu + š
„wir lassen (jmd.en) nicht frei"

b) **Die Verneinung der 2. Pers. Pl.** (Boğazköy und Qaṭna), die 2. Pers. Sg. ist nicht ermittelt.
z.B. na-ak-ki-u-uš-šu (Boğ.-Bil. KBo 32: 19 I 20)
nakk + Ø + i + u + (a)ššu > uššu
„ihr laßt (jmd.en) nicht frei"

c) **Die Verneinung der 3. Pers. Sg.**: Das Negationsmorphem *–ma* (auch *-mma*), das genetisch wohl zu Recht mit *-wa-* verbunden worden ist (Chačikjan, Churr. i urart., 1985, 95), wird aus der Suffixkette herausgenommen und an das Ende der Verbalform gefügt; der Transitivitätsanzeiger *-i-* erscheint vor dem Personenanzeiger:
z.B pašš + i + a + **ma**
„er schickt nicht"
irnoḫ + oš + i + a + **ma**
„er hat nicht vergolten"
ar + i + a + **mma** (Boğ.)
„er gibt nicht"
Das Morphem *-ma* scheint in den Fällen aufzutreten, in denen der Gebrauch des Suffixes *-wa-* zu einer Abfolge **i + wa + a* 3. Pers. Sg. trans. führen würde. Es wäre dann als positionsbedingtes Allomorph von *-wa-* anzusehen, obgleich *-ma* in der Suffixkette nicht dieselbe Position wie *-wa-* einnimmt: Während *-wa-* die Position zwischen der Transitivitätsmarkierung *-i-* und dem Personenanzeiger des Agens einnimmt, steht *-ma* hinter dem agentischen Personenanzeiger *-a.*

Um Verwechslungen mit der Partikel *-mân* (-ma-a-an, siehe S. 117) zu vermeiden, wird an das Negationsmorphem *-ma* nicht das Assoziativ *-an* „und" angefügt (Girbal, SMEA 34, 1994, 83 f.).
Eine verneinte transitive Form der 3. Pers. Pl. ist nicht belegt.
d) Ein weiteres Negationsmorphem ist *-ut-* (nach Neu, StBoT 32, 1996, 164 ist nur *-u-* anzusetzen, während *-t-* als ein Präterital-Formans interpretiert wird).

Mit ausreichender Sicherheit ist dieses Negationssuffix bislang nur in der Boğazköy-Bilingue belegt.[83] Es erscheint hier mit Verbalformen, die dem sog. „Althurritischen" (siehe dazu unten) zugerechnet werden. Es sind dies die Formen, die die 3. Pers. Sg. Ergativ mit den Formanten *=o=m* bilden; z.B.:

83 Im Mittani-Brief könnten Formen wie ḫu-up-pu-ta-aš-ša-a-al-la-a-an (II 22) das Negationsmorphem *-ut-* enthalten (siehe Haas/Wegner, FsKlengel, AoF 24/2, 1997, 344 ff.).

fur=ud=o=m „er sah nicht (einen zweiten Bezirk)“ (Boğ.-Bil. KBo 32: 14 I 38)
am=ud=o=m „er erreichte nicht (das jenseitige Ufer)“ (Boğ.-Bil. KBo 32: 14 I 29)
(Zu einer gleichlautenden Wurzelerweiterung *-ut-* siehe oben.)

5.4 *Die Suffixfolge beim indikativen, intransitiven, positiven Verb* (Tabelle 6 und 7)

Bei den intransitiven nicht negierten Verben steht nach dem Tempusanzeiger (2. Pos.) (also nur im Präteritum und Futur) die Intransitivmarkierung *-t-* (als 3. Pos., [die 4. Pos. bleibt unbesetzt]) und ein weiteres Intransitivkennzeichen *-a-* (als 5. Pos.); als Subjektanzeiger werden die enklitischen Pronomina (d.h. *-tta, -mma* usw.) verwendet, außer in der 3. Pers. Sg., die einen Null-Anzeiger hat (also nicht *-nna*). Die Subjektanzeiger stehen häufig nicht bei der zugehörigen Verbalform.
Beispiele:

un + a
„er kommt“
un + a + tta
„ich komme“
un + a + lla
„sie kommen“
itt + oš + t + a
„er ist gegangen“
un - et + t + a
„er wird kommen“ (zur Mehrdeutigkeit dieser Form siehe aber S. 92)

5.4.1 *Die Suffixfolge beim indikativen, intransitiven, negierten und beim antipassivischen Verb* (Tabelle 6 und 7)

Der Negationsformant der intransitiven Verben lautet *-kk-* (als 6. Pos.). Vor diesem Morphem steht der Intransitivanzeiger *o* (*o* ist ein Allophon von *a* [5. Pos.]), – oder in Antipassivkonstruktionen – der Transitivanzeiger *-i-*; nach dem Negationsmorphem *-kk-* findet sich der Vokal *-a-*, der in bestimmten Formen (wahrscheinlich im absoluten Auslaut) als *o* erscheint, im Antipassiv steht wiederum *-i-*. Als Subjektanzeiger werden die enklitischen Pronomina des Absolutivs verwendet, außer für die 3. Pers. Sg., die einen Null-Anzeiger hat (und nicht *-nna*).

Beispiele:
mann „sein“ + o + kk + o
„er ist nicht“ **aber**
mann „sein“ + o + kk + a (o>a) +lla
„sie sind nicht“
un „kommen“ + o + kk + a (o>a) +lla
„sie kommen nicht“

Im Unterschied zum Intransitiv lautet die negierte Form im Antipassiv:

tan „machen“ oš + i + kk + (i >) a +tta

(also nicht -oš-t-, d.h. ohne den Intransitivanzeiger -t-)

„ich habe nicht getan“

an + ašt + i + kk + i „er freut sich nicht“

Tabelle 6 und 7. Die Suffixfolge beim indikativen, intransitiv-positiven und intransitiv-negativen Verbum und beim antipassivischen Verbum

Position: 1. Wurzel WEn	2. Tempus	3. Kennz. Objekt-losigkeit	4. (unbe-setzt)	5. Kennz. Intransi-tivität	6. Kennz. Negation intransitiv	7. Kennz. Subjekt der Handlung (unbesetzt)	8. Kennz. Pluralität des Subjektes (unbesetzt)	9. Enklitische Pron. als Subjektanzeiger	10. Synt. Partikeln
-ol- -Všt- usw.	-Ø- -oš- -et-	-t-		-a- ----------- -o- (o ist ein Allophon von a)	--------- -kko (eigentlich a, unterliegt der Vokalharmonie) (o > a vor -tta,-mma usw.)			1.Sg. -tta/t 2.Sg. -mma/m 3.Sg. Ø (also nicht -nna) 1.Pl. -tilla/til 2.Pl. -ffa/f 3.Pl. -lla/l	-an -man usw.
Antipassiv		unbesetzt		Transitivität -i-	-kki (i > a vor -tta,-mma usw.)				

Tabelle 8. Gesamttabelle der Suffixfolge des indikativen Verbs (in Anlehnung an Diakonoff HuU 115). Die Kennzeichen der Modi sind in dieser Tabelle – anders als bei Diakonoff – nicht mit einbezogen.

Position: 1. Wurzel WEn	2. Tempus	3. Kennz. Objekt-losigkeit	4. unklar	5. Kennz. Transitivität / Intransitivität	6. Kennz. Negation	7. Kennz. Subjekt der Handlung	8. Kennz. Pluralität des Subjektes	9. Enkl. Pron.	10. Synt. Partikeln
-an- -ar- -ol- -Všt- usw.	Ø -oš- -et-	-t-	-imbu-	-i- -a-	-u(w)/wa- -kkV-	1.Sg.-av/-(a)ffu- 2.Sg. -o 3.Sg. -a	-š(a-)	-tta/t -mma/m usw.	-an -man usw.

5.5 *Unregelmäßige Verben*

Eine kleine Gruppe von Verben sind Zustandsverben mit unregelmäßiger Flexion; sie haben den Themavokal *i/e.*

Dazu zählen *mann-* „sein", *mann=i* „er ist"; *tupp-* „vorhanden sein, existieren", *tupp=e* „ist/war vorhanden". Das Subjekt dieser Verben steht im Absolutiv. In Bezug auf das Tempus sind sie schwer zu bestimmen, da sie nicht mit den Suffixen des Präteritums oder des Futurs kombiniert werden. Andererseits ist der Ausdruck *=lla tupp=a=šše=na* „die vorhanden sind" eine regelmäßige Präsensform. (Siehe Lektion 3, Kommentar zu Zeile 36.)

5.6 *Die nicht-indikativen Verbalformen*

Das Hurritische verfügt über eine Fülle verschiedenartiger Modalbildungen, deren genaue Definition aber häufig noch offen ist. Die hier benutzte Terminologie muß deshalb solange als vorläufig betrachtet werden, wie keine ausreichenden Untersuchungen über das Inventar hurritischer Modalformen vorliegen. Auch in der Segmentierung und Bestimmung einzelner Morpheme herrscht längst kein Konsens. So wird in dieser Darstellung des hurritischen Modalsystems die These vertreten, daß bei den Jussivformen offensichtlich die transitiven und intransitiven Verben dem gleichen Bildungsschema unterliegen (d.h. eine morphologische Unterscheidung von transitiven und intransitiven Formen findet nicht statt, z.B.: *tad=ašt=i= (ı)d=en* „sie mögen [jmd.en] lieben" und *itt=i=(ı)d=en* „sie mögen gehen"; *ḫaš=i=en* „er möge hören" und *šir=i?=en* [84]„sie (die Mitgift) möge genügen/erfreulich sein"), und da weiterhin, wie die wenigen sicher deutbaren Sätze zeigen, als Personenkennzeichen die enklitischen Pronomina, die ja stets Absolutive sind, verwendet werden, auch wenn das Verb transitiv ist, von „gespaltener Ergativität" (split-ergativity) gesprochen werden kann. (Zu den entsprechenden Sätzen siehe unten). Das gilt anscheinend auch für den Imperativ; hier sind jedoch noch weitere Untersuchungen notwendig (vgl. Girbal, SMEA 29, 1992, 172 f. mit Anm. 2; Girbal hat in diesem Artikel als erster die Vermutung der „gespaltenen Ergativität" geäußert; Haas/Wegner, Rezension auf StBoT 32, in OLZ 92, 1997, 454; Hazenbos, FsHaas, 2001, 173 ff.). Zu anderen Modellen zum Imperativ siehe S. 107.
Die hurritischen Modalformen besitzen keine eigentlichen Personenzeichen.

5.6.1 *Die nicht-indikative positive Form* (der positive Jussiv, zu lat. *iussum* „Befehl, Gebot")

Unter der Bezeichnung „Jussiv" (in Anlehnung an Speiser IH 163 ff.; Bush GHL 216; Chačikjan, Churr. i urart. 105 und 109) – d.h. der befehlenden Möglichkeitsform – werden hier Formen zusammengefaßt, die sich wegen des gemeinsamen Modalelements *-i-* (in den Qaṭna-Briefen -e-) zu einem Paradigma zusammenfügen lassen (Voluntativ, Imperativ, Optativ)[85]: Danach wird der Jussiv folgendermaßen gebildet (siehe Girbal, AoF 16, 1989, 81 ff.; Wegner, Orientalia 59, 1990, 298 ff.; Hazenbos, FsHaas, 2001, 175):

84 Mit. III 34 ši-ri-en-na-a-an. Bei diesem Beleg einer intransitiven Jussivform ist zwar der Anzeiger *-i-* des Jussivs graphisch nicht durch Plene-Schreibung hervorgehoben – das Zeichen RI könnte auch RE gelesen werden –, ein Intransitivkennzeichen ist aber auf keinen Fall vorhanden.

85 Gegen ein „zusammenwerfen des Imperativs mit dem Jussiv" hat sich zuletzt G. Wilhelm, FsWilcke, 2003, 343 mit Anm. 10, mit der Begründung ausgesprochen, daß „zwischen *ar=i* „gib" (a-ri Mit I 51) und *ar=i=en* „er möge geben" (s. ḫa-ši-en Mit. I 113 und sonst mit Vokaldistinkton ^{0}i-e^0) ein morphologischer und semantischer Unterschied evident ist."

Tabelle 9. Die Suffixfolge beim positiven Jussiv

Wurzel+ WE	Kennz. Jussiv	Kennz. Negation (unbesetzt)	Pluralisator	Personenanzeiger des Jussivs	Bindevokal	Enkl. Pron.*	Synt. Part.
-an-	**-i-**		**-(i)t-**				
-ar-	----------	-----------	--------	------------------	-------	-------	-----
-aš-	1.Sg. -i-			-l+e (Voluntativ)		-tta	
-ugar-	2.Sg. -i/e			-Ø (Imperativ)**		-mma	-an
usw.	3.Sg. -i-			-en	(-i-)	-nna	
	1.Pl. -i-		-š(?)			-tilla	
	2.Pl. -e-		-š	-Ø		-ffa	
	3.Pl. -i-		-(i)t-	-en	-i-	-lla	

*Die enkl. Pron. werden meist vorverlegt.

** Der Imperativ besitzt keinen eigentlichen Personenanzeiger.

Beispiele:

1. Pers. Sg. (Voluntativ)

ḫaš + i + l+e

„ich will hören" (Graphie: ḫa-ši-i-i-li Mit. IV 43)

talm+ašt + i + l+e

„ich will erhöhen" (Graphie: ta-al-ma-aš-ti-i-li KBo 32: 11 I 2)

kul + (i) + l+e

„ich will sagen" (Graphie: kul-li Mit. IV 1)

Regel: Bei Stämmen auf */l/, /r/ und /t/* erscheint das *-i-* des Jussivs nicht mehr (also *ḫil+i+l+e > *ḫilli* „ich möchte sagen"; *tad+ukar+il+eva > *tadugarreva* „ich möchte lieben"; *kut+i+(i)t+en > *kutte(n)* „sie sollen fallen"; siehe aber auch *itt=i=(i)d=en* „sie sollen gehen".

Ob das Voluntativ-Morphem *-le* noch weiter in *l+e* segmentiert werden sollte, ist nicht ganz klar, da die Bestimmung des *-l-* nicht restlos sicher ist. Es wird hier deshalb als *l+e* angesetzt und als Personenkennzeichen des Voluntativs betrachtet. Einige Autoren, wie Speiser IH 153 ff., Bush GHL 215-217, Wilhelm, OrNS 61, 1992, 139, Giorgieri PdP 236, segmentieren *-l-e*, und weisen dem *-l-* die eigentliche Jussiv- bzw. Modalfunktion zu, und bringen es in Verbindung mit den Formanten -o+l- bzw. -i+l- des sog. konditionellen Optativs (siehe S. 109). Andere Autoren begnügen sich mit der Segmentierung *=i=l=e* oder *=i=li*, häufig ohne die einzelnen Elemente funktional zu bestimmen. Der Auslautvokal des Morphems ist indes sicher als *-e* anzusetzen, wie dies aus der Form Mit. II 85 ta-a-du-ka-a-ar-ri-**e** > *tad=ugar=i=l+e* „ich möchte lieben (meinen Bruder)" hervorgeht (vgl. auch Bush GHL 216 f.).

2. Pers. Sg. Der Imperativ als die einfachste morphologische Kategorie des Verbs wird gebildet aus dem Stamm + *i* (bzw. *-e*, lautlich wahrscheinlich [-ə], siehe Haas/Wegner, FsKlengel, AoF 24, 1997, 348 f.: *-e* bzw. *-ə*). Einen eigentlichen

Personenanzeiger besitzt der Imperativ nicht.

ar + i/e
„gib!“ (Mit. I 51)

nakk + + i/e
„entlasse!“ (KBo 32: 19 I 1, 3)

šar + i/e + mma + an
„und wünsche (einen Wunsch)“ (ChS I Erg. Bd. 1 IV 15)

Wie die Qaṭna-Briefe jetzt zeigen, wird dort der Imp. 2. Pers. Sg. stets mit e-haltigen Zeichen geschrieben (Richter, MDOG 136, 2004, 220 f.): ú-ru-uš-te i.e. ur=ušt=e „zeige!“; pu-uk-lu-uš-te i.e. pugl=ušt=e „versammle!“; ud-ra-aš-te i.e. udr=ašt=e „schütze!"

3. Pers. Sg.

ḫaš + i + en
„er möge hören“ (trans.) (Mit. II 13)

šir + i[86] + en + (n)na + an
„und sie möge genügen/erfreulich sein“ (intrans.) (Mit. III 34)

ḫaš + i + en + (n)na + an
„und er möge es hören“ (Mit. III 42)

ḫaš + i + en + i + lla + ân
„und er möge sie hören“ (Mit. III 40)

In einigen Boğazköy-Texten findet sich als Nebenform zu *-en* der Formant *-an: ar=i=an* (IBoT 2: 51+ Rs. IV 1 u.ö.) „er möge geben“.

1. Pers. Pl.

tad + ugar + i + š(?)
„wir wollen einander lieben?“ (Mit. IV 121)

2. Pers. Pl.

kol + e + š
„laßt ab!“ (KBo 32: 14 I 23)

tapp + e + š
„befestigt!“ (Qaṭna; Richter, AoF 32, 2005, 28)

udr + ašt + e + š
„schützt!“ (Qaṭna; Richter, AoF 32, 2005, 27 f.)

Daneben können offenbar auch Imperative der 2. Pers. Pl. nach folgendem Muster gebildet werden: *=ffa ḫa=i* „nehmt!“, *faš=(i>)=a=ffa* „geht hinein!“; d.h. die singularischen Formen *ḫa=i* und *faš=i* werden durch das enklitische Absolutivpronomen der 2. Pers. Pl. *=ffa* gewissermaßen pluralisiert (Wegner, FsHaas, 2001, 445-447). Zu vergleichbaren Ausdrücken aus Qaṭna, siehe Lektion 15, S. 241)

3. Pers. Pl.

itt + i + (i)t + en
„sie sollen gehen“ (Mit. III 23)

ḫa + i + (i)t + e(n)
„sie sollen nehmen“ (ḫa-a-i-te, ḫa-a-i-te-in KBo 32: 14 I 12, 13)

Mit der Boğazköy-Nebenform auf *-(i)t=an*:

---

86 Die Graphie Mit. III 34 ist ši-ri-en-na-a-an, i.e. *šir=i?=en=n(n)a=ân*

ḫu + i + (i)t + an
„sie sollen rufen" (KUB 47: 2 IV 7')

Nach Wilhelm (ZA 73, 1983, 108 f.) wird der transitive Imperativ mit dem Transitivvokal *-i-* (Mit. I 51 *ar=i* „gib", Mit. II 56 *pal=i* „wisse") gebildet, wobei im letzteren Beleg die Plene-Schreibung pa-li-i als Beweis für den Ansatz des Imperativs auf *-i* gewertet wird. *pal=i* ist indes als eine Form des Antipassivs zu bestimmen, vgl. Haas/Wegner, AoF 24/2, 1997, 348), der intransitive wird hingegen aus der Wurzel und der Intransitivitätsmarkierung *-a* gebildet: *un=a* „komm"; Indikativ *un=a* „er kommt" und Imperativ *un=a* „komm" sind dann allerdings formal gleich (Wilhelm, ZA 73, 1983, 108 f.; Neu, StBoT 32, 156 zu i-te-i-e).

Über die einzelnen beim Jussiv erscheinenden Elemente besteht demnach keine Einigkeit. So wird das *-i-* des hier als Jussivmorphem angesetzten Formanten von einigen Forschern als Transitivitätsanzeiger (Speiser IH 164 [§ 196]; Bush GHL 89 [§ 4.33]; Diakonoff HuU 128 f.; Wilhelm, OrNS 61, 1992, 138) angesehen und nur das *-e-* bzw. *-en* als Jussivmorphem betrachtet (Speiser IH 163 ff.; Bush GHL 216, 218, 224: *-e-* Jussivsuffix, 223 f.: *-n* Kopula; Diakonoff HuU 128 f). Andere Autoren segmentieren *=i=e=n* (Sg.) bzw. *=id=e=n* (Pl.) (Giorgieri/Röseler, SCCNH 8, 1996, 281 mit Anm. 2), ohne den einzelnen Segmenten, vor allem dem *-i-* im Singular und dem auslautenden *-n*, eine Funktion zuzuweisen. Wenn *-en* weiter in *e + n* segmentiert werden sollte, kann der Formant *-n* nicht mit dem Anzeiger *-n* (*-nna*) der 3. Pers. Sg. in der grammatischen Funktion des Absolutivs identisch sein. Dies geht aus den Belegen hervor, in denen eine Jussivform auf *-ien* ein direktes Objekt der 1. Pers. Sg. oder Pl. hat (Girbal, AoF 16, 1989, 81 mit Anm. 8). Für die pluralischen Jussivformen (3. Pers.) setzen einige Autoren nicht den Pluralisator */t/*, sondern ein Pluralmorphem *-it-* [*-id-*] (so zuerst wohl Jensen, ZA 14, 176; Friedrich BChG 36; Speiser IH 146 ff. [mit Bedenken wegen der Ordnungsposition]; Bush GHL 218 ff.; Wilhelm, Bibl.Mes. 26, 1999, 142) an. Wir halten *t* für ein Allomorph von *-it-* (vgl. ähnlich schon Steiner, RHA 36, 1978, 173-187, allerdings mit einer anderen Bedeutungszuweisung des Formanten).

Gegen den Ansatz des *i* als Transitivitätsanzeiger spricht besonders der im Mittani-Brief belegte Ausdruck *it-ti-tén* „sie sollen gehen" zur Wurzel *itt-* „gehen" gehörig, in dem schwerlich Transitivität vorliegen kann. Eine Analyse *itt=id=e=n* oder auch *itt=id=en* hätte darüber hinaus für den Anzeiger des Numerus der Person (*-id-*) die nicht zu erwartende Ordnungsposition, da dieser dann nämlich wurzelnäher als das vermeintliche Modalelement (*-e-*) oder (*-en*) angeordnet wäre. Diesbezüglich sind Speisers Bedenken (IH 146 ff.) immer noch gültig. Die agensbezüglichen Person-Numerus-Morpheme sind nämlich randnäher anzuordnen (siehe Speiser IH 147; Plank, Xenia 21, 1988, 71 und Wegner, Orientalia 59, 1990, 298 ff.: Schema: + Tempus/Modus + Numerus/Person). Desweiteren ergäbe sich aus der Analyse *itt=id=en* ein weiteres Problem, weil *-en* dann als ein kumulatives Morphem betrachtet werden müßte, das sowohl den Optativ als auch eine 3. Person anzeigt (siehe dazu S. 38-39). Weitere zur Klärung beitragende sichere intransitive

Jussivformen sind aus dem Mittani-Brief[87] nicht bekannt. Die Boğazköy-Bilingue KBo 32: 12 Vs. I 7-8 bietet neben der transitiven Voluntativform *ḫaš=ašt=i=l+e* „ich will hören“ eine intransitive Voluntativform mit gleicher Bildung *itt=i=l+e* „ich will gehen“. Von der intransitiven Wurzel *naḫḫ-* „sitzen, sich setzen“ ist in dem mythologischen Text KUB 8: 60(+?) KUB 47: 9 I 16' eine Voluntativform belegt: na-aḫ-ḫi-li *naḫḫ=i=l+e* „ich will sitzen“.

In dem oben zitierten Beleg Mit. IV 42-43 f. *ḫaš=i=l+e* (vgl. Girbal, SMEA 29, 1992, 172, Anm.2) ist das enklitische Pronomen der 1. Pers. Sg. Absolutiv *-tta* in Kombination mit dem transitiven Verb *ḫaš-* „hören“ bezeugt: *tiv(e>)a=**tta**=ân kuru=ve šeniffuvemân keldi nîriše ḫaš=i=l+e* „ich will hören das Wort *der Antwort* und das Wohl (und) den guten Zustand meines Bruders“.

In diesem Satz ist *-tta* Agens in einem transitiven Satz, denn das Verb *ḫašile* „ich will hören“ hat direkte Objekte; diese sind: „das Wort“ (*tive-*) und „das Wohl (und) den guten Zustand meines Bruders“ (*šeniffuve- keldi nîriše*). Als Pronomen würde man unter diesen Bedingungen nicht den Absolutiv *-tta*, sondern den Ergativ *iša=š* erwarten. Allerdings läßt der Satz Mit. IV 42-43 auch eine andere Deutung zu, wenn man das Wort nach *tiv(e>)a=**tta**=ân* als Verbalform versteht und in *tiv(e)=a=tta=ân* einen Essiv sieht: *tiv(e)=a=**tta**=ân kur=uva šeniffuvemân keldi nîriše ḫaš=i=l+e* „Ich erwidere? das Wort und das Wohl (und) den guten Zustand meines Bruders möchte ich hören.“ (Vgl. Wilhelm, FsSchmitt-Brandt, 2000, 201. Siehe auch hier den Kommentar zu § 29 S. 186 f.).

Ein weiteres Beispiel bietet der Beleg Mit. II 84-85 *še[n(a)=iffe=t]ta=man tad=ugar=i=l+e* „ich (*-tta*) will meinen Bruder lieben“, wo ebenfall das Absolutiv-Pronomen *-tta* mit dem transitiven Verb *tad=ugar-* verbunden ist. (Dieser Beleg ist jedoch von Giorgieri anders ergänzt und gedeutet worden: [š]e-⌜e⌝-[ni-í]w-wu-ú-[r]a-[m]a-an *tad=ugar=i=l+e* „Ich will mit meinem Bruder Beziehungen gegenseitiger Freundschaft unterhalten“ [GsForrer, 2004, 323 f. mit Anm. 12.])

Einen vergleichbaren Sachverhalt bietet auch die hurritisch-hethitische Bilingue in dem mehrfach vorkommenden Satz: *amum(i >)a=f(fa) šalḫ=ol=a* (KBo 32: 14 I 24, I 40, IV 7 , Rs. 21, 33 und 53). Das enklitische Absolutiv-Pronomen der 2. Pers. Pl. *-ffa* ist ebenfalls Agens des transitiven Verbs *šalḫ-* „hören“ und hat als direktes Objekt *amumi-* „Botschaft“: „Ihr sollt die Botschaft hören!“ Das auslautende -a von *šalḫ=ol=a* scheint durch Sandhi-Schreibung entstanden zu sein, siehe S. 226.

(Es empfiehlt sich deshalb nicht, die von Neu in StBoT 32 für KBo 32: 11 I 4 ka-ti-il-li i-š[a-aš] vorgeschlagene Ergänzug von *iša=š* „ich“, dem selbständigen Pronomen der 1. Pers. Sg. Ergativ, zu übernehmen, da bisher bei allen Formen des Jussivs, in denen ein Personenkennzeichen ausgedrückt ist, dies im Absolutiv erscheint. Darüber hinaus stellt sich die Frage, ob die selbständigen Personalpronomina überhaupt als Personenkennzeichen bei Modalformen erscheinen können).

Sollte sich das hier dargestellte Modell bewähren, so würde das Hurritische in den nicht-indikativischen Modi, und hier speziell im Jussiv, das Phänomen der „gespaltenen Ergativität“ kennen, da transitive und intransitive Verben zum einen

87 Die Wunschformen des sog „Althurritischen“ der Tiš-atal-Inschrift, die alle auf *-in* enden, sind m.E. noch nicht völlig geklärt. Siehe aber Wilhelm, Bibl.Mes. 26, 1999, 117 ff.

dem gleichen Bildungsschema unterliegen, d.h. morphologisch nicht unterschieden werden, und zum anderen, wie die oben beschriebenen Beispiele zeigen, zumindest bei einem Agens in der ersten oder zweiten Person Jussiv (d.h. im Voluntativ und im Imperativ) die ergativische Konstruktion nicht verwendet wurde (s. dazu Girbal, SMEA 29, 1992, 172 mit Anm. 2; ders., AoF 16, 1989, 81 ff.; Haas/Wegner, Rezension zu StBoT 32 in OLZ 92, 1997, 440 f.; 444 mit Anm. 22, 454; Hazenbos, FsHaas, 2001, 171-177). Für den Imperativ steht dies im Einklang mit dem Urartäischen, da alle Forscher, die sich mit der Grammatik des Urartäischen beschäftigt haben, übereinstimmend feststellen, daß der urartäische reine Imperativ auf i/e lautet und zwar sowohl bei transitiven als auch bei intransitiven Verben.

(Andere Modelle zum Jussiv und Imperativ gehen von einer Zwei- bzw. Dreiteilung der Formen aus, unter Beibehaltung des Gegensatzes transitiv – intransitiv bzw. transitiv – intransitiv – resultativ. Der Vokal -i- bezeichne demnach Transitivität, der Vokal -a- Intransitivität und der Vokal -u/o- Resultativität.

1. Chačikjan, SCCNH 10, 1999, 257 ff.: trans. -i- , intr. -a-, state -u-; die enkl. Pronomina -tta, -mma usw. können als Subjektanzeiger von trans. und intr. Verben dienen, können aber nicht bei „verbs of state" verwendet werden.

2. Giorgieri, PdP 235; ders., StBoT 45, 2001, 150 mit Anm. 68-71: 2. Pers. Sg. trans. *-i-*, intr. *-a-*, resultativ *-o-*; 3. Pers. Sg. *-n**, resultativ *=o(=nna)*

3. Wilhelm, zuletzt in: Cambridge Encyclopedia, Chapter 4, 2004, 113, gibt folgende Beispiele: Imperativ 2. Pers. Sg. *un=a* „komm!", *ar=i* „gib!", *kel=o* „sei zufriedengestellt", 3. Pers. Sg. *kud=o* „er soll gefällt werden!", *nakk=o=n(na)* „er soll entlassen werden!"
Dem in diesen Arbeiten angegebenen intransitiven Imperativ auf *-a* liegt allein die zwar mehrfach vorkommende Form *un=a* in stereotypen Sätzen aus dem Boğazköy-Material zugrunde, weitere intransitive Imperative werden aber nicht zitiert. un=a ist an sich ein Indikativ Präs. 3. Pers. Sg. intransitiv; Hörfehler oder falscher Gebrauch der indikativischen Form könnten die Ursache für einen vermeintlichen Imperativ auf –a sein. Siehe S. 108).

Regeln: Bei Antritt der enklitischen Pronomina (außer der 3. Pers. Sg.) an die Jussivformen ist folgendes zu beachten:

Folgen auf den Personenanzeiger des Jussivs *-en* die enkl. Pronomina, so wird zwischen *-en* und dem Pronominalsuffix ein Bindevokal *-i-* eingefügt:

*ḫa=i=en=**i**=l(la)=an*	„er möge sie (*-lla* Pl.) nehmen" (ḫa-i-e-ni-la-an Mit. III 30)
*ar=ann=i=en=**i**=l(la)=an*	„er möge sie (Pl.) sich geben lassen" (a-ra-an-ni-e-ni-la-an Mit. III 39)

Folgt hingegen das enkl. Pron. der 3. Pers. Sg. *-nna,* erscheint dieser Bindevokal nicht, die drei nnn werden zu zwei verkürzt:

ar=ann=i=en=(n)na=man	„er möge sie (Sg.) sich geben lassen" (a-ra-an-ni-en-na-ma-an Mit. III 41).

Eine spezielle Entwicklung zeigen Formen der hurritischen Boğazköy-Texte, vor allem solche der Bilingue: Hier kann der Personenanzeiger *-en* des Jussivs vor konsonantisch anlautenden Wörtern zu *-e* verkürzt werden, wie das folgende Beispiel zeigt:

KBo 32: 14 I 12-13: ḫa-a-i-**te-in** a-a-še aber ḫa-a-i-**te** ka-ri-e-na-šu-uš
„sie sollen das Fett nehmen“ „die Vogelfänger sollen nehmen das ...“
Eine solche Verkürzung des Morphems *-en* zu *-e* schließt m.E. die weitere Segmentierung des Suffixes in *-e+n* aus, da bei Wegfall des *-n* ein ganzes Morphem geschwunden wäre. (Die noch bei Bush GHL 224, Chačikjan, Churr. i urart., 122-125, Diakonoff HuU 126 angeführte „Kopula-These“ entfällt, da das Hurritische keine Kopula *-n* besitzt, siehe Girbal/Wegner, ZA 77, 1987, 151).
(Zu weiteren Imperativformen auf *-o-* und *-o=š* siehe S. 138).

5.6.2 *Die nicht-indikative negative Form* (der negierte Jussiv)
Die negierte Jussivform wird mittels des aus den Indikativformen bekannten Formanten *-u(w)/wa-* gebildet, der hier in seiner vollen Gestalt (d.h. *-wa*) erscheint; vor dem Negationsmorphem *-wa-* erscheint das Kennzeichen des Jussivs *-i-*, welches – unseres Erachtens – nicht mit dem *-i-* der Transitivität verwechselt werden darf (Girbal, AoF 16, 1989, 83; ders., SMEA 29, 1992, 177 ff.; Wegner, Orientalia 59, 1990, 298 ff.; zu der Problematik um dieses *-i-* siehe aber oben); *-u(w)/wa-* ist in den nicht-indikativischen Modi die einzige bislang bekannte Negation. Ob dies auch für den Imperativ zutrifft, ist wegen Mangels an Belegen nicht bekannt. Richter, Hurritisch za-za-(a)l° in den Qaṭna-Briefe (im Druck), macht auf Formen auf =o=kk=o aufmerksam, die einen Imperativ der 2. Pers. Pl. wiedergeben könnten, hält aber auch einen falschen Gebrauch des Indikativs für möglich; als Subjektanzeiger scheinen akkadische Personalpronomina zu dienen.

Tabelle 10. Die Suffixfolge beim negierten Jussiv (Vetitiv)

Wurzel+ WE	Kennz. Jussiv	Kennz. Negation	Pluralisator*	Personenanzeiger des Jussivs	Bindevokal	Enkl. Pron.	Syntakt. Part.
-an -ar- -aš- -ugar- usw.	-i-	-wa-	 (-id-)	-l+e/-lli (Voluntativ) -en	 (-i-)	 -lla	-an -man usw.

*Ein negierter Jussiv in der 3. Pers. Pl. ist nicht belegt.

Beispiele:
pašš+ ar + i + wa + en
(pa-aš-ša-ri-i-wa-a-en Mit. IV 54)
„er möge nicht schicken“

ḫaš+ aš + i + wa + en
(ḫa-ša-a-ši-wa-a-en Mit. IV 20)
„er soll nicht hören“

ḫaš+ aš + i + wa + lli + lla + ân
(ḫa-ša-a-ši-wa-al-li-i-il-la-(a-an) Mit. IV 26)
„und ich möchte sie nicht hören" (für die 1. Pers. Sg. des Jussivs [Voluntativ] steht hier statt des l+e ein Allomorph -lli; Girbal, SMEA 29, 1992, 177)

Neben den Formen auf *-iwaen* existieren Formen mit dem Ausgang auf *-o/uw(a)en*, die von einigen Forschern (Bush GHL 212; Wilhelm, SMEA 24, 1984, 220 Anm. 14) ebenfalls als negierte Jussivformen betrachtet werden (z.B. ḫi-su-ú-ḫu-lu-ú-en „er möge sich nicht betrüben" Mit. I 110 und ú-ru-u-we-en [*ur=o=w(e)=en*] „möge er nicht existieren" Mit. III 111, siehe Wilhelm, Orientalia 54, 1985, 492: „negierte intransitive Jussivform"; ders., SMEA 24, 1984, 220 Anm. 14; ders., Cambridge Encyclopedia, 2004, 113: „Der negierte Jussiv (Vetitiv) ist -va- nach einem Vokal, -ov- nach einem Konsonanten" [*nakk=id=ov=en* „sie mögen nicht lassen/senden" Mit. II 52 na-ak-ki-du-u-we-en]). Die Formen könnten aber auch am Wortausgang als *-u/owen* gelesen werden, – die Folge -wa+en wird in der Regel -wa-a-en geschrieben, wenn die Negation *-wa-* gemeint ist – und zumindest für ú-ru-u-we-en ist eine positive Bedeutung wahrscheinlicher (Mit. III 110-112: „Wenn ein Feind meines Bruders vorhanden sein sollte (*ur=owen*) (und) wenn nun ein Feind (*šukko=mmaman torubi*) meinem Bruder in sein Land eintreten sollte (*faš=eva*), schickt mein Bruder zu mir"). Es könnte somit auch eigene positive Formen mit den Formanten *-owen* geben.

5.6.3 *Die nicht-indikativen Formen auf -ewa /eva/* (sog. konditioneller Optativ, nach Diakonoff HuU 130 f.)

Das Morphem *-ewa /eva/* wird als Formant des konditionellen Optativs interpretiert, der das Können oder Wollen ausdrückt. In der Literatur werden noch die Bezeichnungen Potentialis (*-eva*) und Konditional-Potential (*-il=eva*) verwendet. Die Gestalt des Suffixes mit auslautendem *-a* haben bereits Speiser IH 156 [§ 192] und Bush GHL 229 f. [7.46322] erkannt. (Die Graphie *-(K)i-e-WA* im Mittani-Brief ist in bezug auf den Auslautvokal ja mehrdeutig). Dieser Formant *-eva* erscheint häufig in Kombination mit *-il-*[88], vielleicht einem zweiten Formanten des konditionellen Optativs. Gelegentlich erscheint vor *-eva* ein Formant *-ol-*. Beide *-il-* und *-ol-* haben eine sehr ähnliche Funktion und kommen – wie bereits erwähnt – auch gemeinsam vor.

Das Subjekt der Handlung wird durch die enklitischen Pronominalsuffixe des Absolutivs zum Ausdruck gebracht, die häufig an den Satzanfang vorverlegt sind.

Als Pluralanzeiger des Subjekts der Handlung bei *-eva*-Formen in der Boğazköy-Bilingue und bei *-ai/ae* Formen wird der aus dem Indikativ bekannte Pluralisator *-š* mit Allomorph *-ša*, vor weiteren Formanten, verwendet.

---

88 Andere Autoren segmentieren diesen Formanten in *-i-l-* beispielsweise in der Form *kapp=i=l=eva=š*, siehe Wilhelm, FsKlengel, AoF 24/2, 1997, 280 f. mit Anm. 20; Speiser IH 157 setzt *-il-* an und sieht darin ein Kohortativsuffix; Bush GHL 232 ff. setzt das voluntative *-l-* an.

Tabelle 11. Die Suffixfolge beim sog. konditionellen Optativ

Wurzel+WEn	Formant	Formant	Formant Kondition. Optativ	Pluralisator	Enkl. Pron.	Synt. Part.
	(-ol-)	(-il-)	-eva	-š(a)	-tta usw.	-an usw.

Beispiele:
kad + il + eva
(ka-ti-li-e-wa Mit. IV 18)
„er könnte sagen"
ḫill + ol + eva
(ḫi-il-lu-li-e-wa Mit. III 102)
„er könnte mitteilen"
*kad + il + eva + tta
(*ka-ti-li-e-wa)
„ich könnte sagen"
un + eva + tta
(ú-ni-wa$_a$-at-ta KBo 32: 19 I 23)
„ich will kommen"
Pluralformen mit dem Pluralisator *-š(a)* sind nur in der Boğazköy-Bilingue belegt:
kapp + il + eva + š
(ga-ab-bi-li-wa$_a$-aš KBo 32: 15 I 9')
„wir wollen füllen"
pend + il + eva + š
(bi-in-ti-li-wa$_a$-aš KBo 32: 15 I 16')
„wir wollen zurückschicken"

Trifft der Formant *-il-* auf die Liquiden */l/* und */r/*, entwickelt er die Allomorphe */l/* und */r/* (also *-l+il >ll* und *-r+il > rr*):
z.B. ge-pa-a-nu-ul-li-e-wa-a-at-ta-a-an (Mit. III 63)
i.e. *keban=ol=(ı)l=eva=tta=ân* „und ich möchte schicken"
a-ar-ri-wa$_a$-aš (KBo 32: 15 I 6', 8')
i.e. *ar=r(<il)=eva=š* „wir wollen geben"

Im Mittani-Brief kommen *eva*-Formen nicht mit einem Agens im Ergativ vor, obgleich sie sowohl mit lexikalisch transitiven als auch intransitiven Verben gebraucht werden. Diese Verbalformen sind nicht orientiert. Die Handlungsrichtung, also die Entscheidung darüber, ob das Subjekt im Absolutiv Agens oder Patiens der Handlung ist, steht nicht von vornherein fest und ist morphologisch nicht festgelegt. Wahrscheinlichkeit und Kontext ermöglichen jedoch das richtige Verstehen des Satzes (Girbal, SMEA 29, 1992, 178).

Das Subjekt im Absolutiv einer Form wie *ḫill=ol=eva* kann sowohl derjenige sein, der reden könnte, als auch das sein, was gesagt werden könnte.

Die Bilingue aus Boğazköy bietet ein anderes Bild. Hier kommen *eva*-Formen mit einem Objekt im Absolutiv vor:

z. B. e-ḫi-il-li-wa$_{a}$-aš-ša ^{D}Te-eš-šu-up (KBo 32: 15 I 18')
i.e. *eḫl=il=eva=š=nna* (*š+nna > šša*) ^{D}Teššub „wir wollen retten, ihn (*-nna*), den Teššub".

5.6.4 *Die nicht-indikativen Formen auf -ae/ai* (sog. Debitiv-Finalis nach Diakonoff HuU 130)

Verbalformen mit dem Formanten *-ae/-ai* werden als Debitiv-Finalis interpretiert (Bush GHL 228 f., Diakonoff HuU 130 f.; Chačikjan, Churr. i urart., 109-110: Optativ-Finalis); sie drücken den Zweck oder das Sollen aus. Sie sind gelegentlich bedeutungsmäßig dem Jussiv sehr ähnlich, so daß eine Abgrenzung nicht immer möglich ist. Für die im Mittani-Brief strikt unterschiedenen Formen auf *-ae* und *-ai* steht eine endgültige Klärung noch aus (siehe auch Bush GHL 229 f.). In dem Morphem *-ai/-ae* wird eine (ursprüngliche) Kasusendung, und zwar der Instrumental, vermutet.

Ebenso wie die *eva*-Formen können die *-ae* bzw. *-ai*-Formen in Kombination mit dem zweiten Formanten des Optativs *-il-* verwendet werden, hingegen schließen *-ae/-ai* und *-eva* einander aus. Als Pluralanzeiger des Handlungssubjekts erscheint der Pluralisator *-š(a)*.

Für diese noch wenig durchschaubaren Formen sei lediglich die Suffixfolge angegeben.

Tabelle 12. Die Suffixfolge beim sog. Debitiv-Finalis

Wurzel+WEn	Formant	Formant	Pluralisator	Enkl. Pron.	Synt. Part.
	(-il-)	-ae/-ai	-š(a)	-tta -mma -nna usw.	-an usw.

Beispiele:

pal + (i)l + ae + n(na)
(pal-la-(a)-en Mit. IV 56, 59)
„damit er es weiß"
oder auch „damit (mein Bruder) es wisse"

pal + (i)l + ai + n(na)
(pal-la-in Mit. IV 64)
„damit er es wissen möge"
itt + ai + nna + ân
(it-ta-in-na-a-an Mit. IV 53)

„und damit er gehen möge/kann“

pal	+	(i)l	+	ai	+	ša	+	lla

pal-la-i-šal-la- (Mit. IV 65)
„damit sie wissen mögen“

itt	+	ai	+	ša	+	lla

(it-ta-i-šal-la-a-an Mit. IV 52)
„damit sie gehen mögen/können“

In Mit. IV 122 und den Boğazköy-Texten begegnet der Formant *-ai* mit weiteren Formanten wie *-i-m-* und *-i-l-*, wobei dem *-i-* nominalisierende Wirkung (und nicht Transitivitätskennzeichen *-i-*) zugeschrieben wird, wie es vor einer (ursprünglichen) Kasusendung (Instrumental) zu erwarten ist (Wilhelm, Orientalia 61, 1992, 140). Die Bildungen auf *-i-l-ai* und *-i-m-ai* wurden grammatikalisiert und als infinite Verbalformen dem Verbalsystem zugeordnet. Funktionell dienen sie als gerundiumähnliche Bildungen (siehe Neu, FsThoma, 1988, 503 ff.; ders., StBoT 32, 1996, 108, 133, 197; Salvini, Xenia 21, 1988, 168 f.; ders., Orientalia 59, 1990, 246 mit Anm. 18 zu urartäischen Parallelbildungen).

Beispiele mit dem sog. „Gerundium“: Mit. IV 121-122 *inu=mê=nîn* ^{D}*Šimige taršuvani=š fur=i=m=ai=n(na) tad=i=a* „und wie den Sonnengott der Mensch sehend (*fur=i=m=ai*) liebt“.

KBo 32: 14 I 8 *papani ḫaš=i=m=ai* „der Berg (dies) hörend (*ḫaš=i=m=ai*)“.

KBo 32: 15 IV 12-13 ^{I}*Megi=ne tive=na* ^{D}IM=*u=da kunz=i=m=ai kad=i=a* „Megi spricht sich verneigend (*kunz=i=m=ai*) die Worte zum Wettergott“. (Dem Handlungssubjekt ^{I}*Megi* fehlt das zu erwartende Ergativmorphem *-š;* zu diesem Satztyp siehe Wegner, AoF 21, 1994, 161 f.)

KBo 12: 80+KUB 45: 62 Vs. I$^{?}$ 6: ^{D}*IŠTAR-g[a=]l(la) tive=na* ^{D}U=*da alu=m=ai=n kad=i=a* „die Göttin Ištar sagt sprechend (*alu=m=ai=n(na)*) die Worte zum Wettergott“.

5.6.5 *Weitere Wunschformen aus dem Boğazköy-Material*

Hier sind Verbalformen zu nennen, deren gemeinsames Bildungsmittel ein Modalformant -l- ist; sie zeigen Ausgänge auf *=i+l=e=š, =i+l=anni, =o+l=e=š* oder *=o+l=ae=š*. Die Formen mit dem Ausgang auf *-ae-(š)* sind von den oben genannten auf *-ai* „Gerundium“ zu trennen.

Diese Verbalformen stellen sicherlich Wunschformen dar, die aber im Detail noch weiterer Klärung bedürfen. In manchen Kontexten werden Formen mit *-ol-e-š* und *-ol-ae-š* ohne greifbaren Unterschied verwendet (z.B. KUB 29: 8 IV 31 [=ChS I/1 Nr. 9]): *še-e-ḫa-lu-le-e-eš ka-aš-lu-le-e-eš ki-ra-aš-šu-la-eš* „sie (die Ritualherrin) soll rein, stark (und) dauerhaft sein“, (Wegner, Xenia 21, 1988, 152 f.). Ob in *=i+l=* bzw. *=o+l=* jeweils der Modalformant (*=il=* bzw. *=ol=*) vorliegt, oder ob hier zwei Formanten (*=i=l=* bzw. *=o=l=*) anzusetzen sind, bleibt vorläufig offen. Ich tendiere zu der ersten Möglichkeit und sehe sowohl in *i+l* als auch in *o+l* jeweils einen

Formanten; das Transitivkennzeichen *-i-* ist m.E. in diesen Formanten nicht enthalten.

Es seien hier einige weitere Beispiele solcher Wunschformen angeführt:
ChS I/1 Nr. 9 Rs. III 34-35 (vgl. Wegner, ZA 85, 1995, 117): *edi=v ana=o+l=e=š irde=v urḫ(i)=a tiv(e)=a kad=i+l=e=š* „dein Körper möge sich freuen (*ana=o+l=e=š*), deine Zunge möge in wahren Worten sprechen (*kad=i+l=e=š*)"
ChS I/1 Nr. 9 Rs. III 30 *ḫazziz(z)i=v=a=lla šalḫ=o+l=e=š nui=v=a=lla ḫaš=aš=i+l=e=š* „dein Verstand möge sie (d.h. die Worte) vernehmen (*šalḫ=o+l=e=š*), dein Ohr möge sie hören (*ḫaš=aš=i+l=e=š*)"
ChS I/1 Nr. 9 Rs. III 39 (vgl. Wilhelm, SMEA 29, 1992, 246 Anm. 5; Wegner, ZA 85, 1995, 120): *kuduni=v ... ḫašar(i)=ai ḫaš=o+l=e=š* „dein Nacken? ... möge mit Öl gesalbt sein (*ḫaš=o+l=e=š*)"; ChS I/1 Nr. 9 Rs. III 36 *ḫinzur=o+l=ae=š* neben ChS I/1 Nr. 11 Rs. 18' *ḫinzur=i+l=e=š* Bed. unbk.

Formen auf *=i+l=anni* sind als transitive intensiv-desiderative Modalformen beschrieben worden. In *=anni* soll danach das Suffix des Desiderativs vorliegen, verstärkt durch ein weiteres Modalelement *-l-*. In *-i-* wird das Transitivkennzeichen vermutet (Wilhelm, Orientalia 61, 1992, 139; ders., Iraq 53, 1991, 164 Anm. 20; Neu, StBoT 32, 1996, 105 ff.): *am=i+l=anni* „möchte es (das Feuer) (ihn) doch verbrennen" KBo 32: 14 I 6; *id=i+l=anni* „möchte er (ihn, d.h. den Becher) doch zerschlagen" KBo 32: 14 I 6.

5.7 *Der Infinitiv*

Der Formant *-umme* bildet Nomina der Handlung bzw. Infinitive:
z.B. *itt=umme* „Abfahrt", *taš=umme* „Schenkung", *faḫr=umme* „Güte".
Besonders produktiv sind diese Bildungen in den Nuzi-Texten, und zwar in Fügungen wie Wurzel + *-umma epēšu* (Wilhelm, SCCNH 2, 1987, 336; ders., ZA 83, 1993, 102 ff.).

5.8 *Die Partizipien*

Partizipia werden mittels der Suffixe *-i=ri* und *-a=uri* gebildet. Sie stehen unmittelbar nach dem Verbalstamm. Beide beschreiben vollendete Handlungen. Transitive Verben haben das Suffix *-i=ri* (*tab=i=ri* „der, der gießt, (Metall)gießer") und sind somit aktiv bzw. agensorientiert zu übersetzen, intransitive zeigen das Suffix *-a=uri* (*ḫuš=a=uri* „der, der gebunden wurde; Gefangener") und sind passiv bzw. patiensorientiert zu übersetzen. (Wilhelm, Xenia 21, 1988, 57 ff.; Richter, OLZ 96, 2001, 385; Hazenbos, Hurr. u. Urart., 2005, 149).

Morphologisch undurchsichtig sind Formen mit dem Suffix *-ili=(y)a-* (Segmentierung unsicher); sie sind Adjektive oder Passiv-Partizipien (*tab=ili=a=ne-* „gegossen" bzw. „das, was gegossen wurde [bezogen auf das Kupfer eines Bechers]"). Sie stehen in Kongruenz zu ihrem Bezugswort.

6. *Die Postpositionen und Partikeln*

In einer rein suffigierenden Ergativ-Sprache gibt es keine Präpositionen. Sprachen dieses Typs kennen nur Postpositionen (Plank, Xenia 21, 1988, 74 ff.). Dieses trifft auch auf das Hurritische zu, obwohl hier bei einigen (z.B. bei *abi* und *egi*) oder in einigen Dialektformen der Übergang von Postpositionen zu Präpositionen zu beobachten ist (Diakonoff HuU 148 spricht von Prä- und Postpositionen).

Das Hurritische besitzt eine kleine Anzahl von Postpositionen, die aus ursprünglich selbständigen Nomina, hauptsächlich aus Körperteilbezeichnungen, hervorgegangen sind.

Diese Postpositionen befinden sich auf verschiedenen Stufen der Wandlung vom Nomen zur Postposition und von der Postposition zum Kasuskennzeichen. So ist hurritisch *edi-* „Körper, Person“ noch ein autonomes Nomen (*edi=v* „dein Körper“, *edi=š* Ergativ „Körper“ > „selbst“), es beginnt aber schon als Adverb und Postposition zu fungieren. Diese Wandlung läßt sich gerade an dem Wort *edi-* „Körper“ gut demonstrieren:

edi=v „dein Körper“ fungiert als Nomen: *edi=v ana=o+l=e=š* „dein Körper möge sich freuen“; oder

eda=l=an ... koz=oš=o „du selbst (*edi=(š)=l(la)=an*) ... hast zurückgehalten“ Mit. IV 45; (*edi=š-* Ergativ „Körper“ > „selbst“).

ed(i)=i=da mit eigenem Kasuskennzeichen bedeutet gelegentlich noch „zu seinem Körper“; es fungiert aber auch als Postposition:

ed(i)=i=da als Postposition bedeutet „für, in bezug auf, wegen, betreffs“: ... *fe=va ed(i)=i=da* „ ... für dich“

Weitere Wörter dieses Typs sind:

abi /avi	„Gesicht“	ab(i) + i + ta „vor“
furi	„Blick“	fur(i) + i + ta „angesichts, vor“
egi	„Mitte“	eg(i) + i + ta „in, inmitten“
ištani	„Inneres, Mitte“	ištan(i) + i + ta „zu seinem Inneren, zu sich selbst“.

Werden die ursprünglich selbständigen Wörter mit dem Possessiv-Suffix der 3. Pers. Sg. *-i-* und dem Direktiv oder Dativ konstruiert, so werden sie als Postpositionen verwendet.

Die Postpositionen *avi* und *edi* können auch mit dem Genitiv (nach Wilhelm, Double Case, 1995, 119 und Anm. 4, mit dem *e*-Kasus) des herrschenden Nomens verwendet werden:

z.B. *šove=NE=(v)e ed(i)=iff=u=ve* „in bezug auf mich“ (Mit. IV 18)

Beispiele mit dem *e*-Kasus sind nach Wilhelm, Double Case, 1995, 119, die folgenden:

šen(a)=iff=u=ve=N(E)=e a(vi)=i=e „vor meinem Bruder“ (Mit. IV 49 f.)

ômin(i)=iff=u=ve=N(E)=e ed(i)=i=e „für mein Land“ (Mit. IV 22)

während dieselben Postpositionen in Kombinationen mit dem Direktiv oder dem Dativ den Dativ des herrschenden Nomens verlangen:

z.B. *en(i)=na=aš=va ... âb(i)=i=da* (Graphie: a-a-bi-ta) „vor den Göttern ...“
taše=ne=va ed(i)=i=da (Mit. I 99, 104 ta-še-e-ni-e-wa e-ti-[i]-ta) „für das Geschenk“

fe=va ed(i)=i=va (Mit. III 55 we-e-wa e-ti-i-wa) „für dich".
Der Übergang von der Postposition zur Präposition ist bei *avi* (und auch bei *egi*) zu beobachten. Das folgende Beispiel aus der Bilingue zeigt *abi* als Präposition mit dem Dativ des herrschenden Nomens:
z.B a-a-bi e-eb-ri-wa$_a$ (KBo 32: 14 Rs. IV 18) i.e. *âbi evr(i)=i=va* „vor seinem Herrn"
aber als Postposition mit „eigenem" Dativ in folgendem Beispiel:
[I]me-e-ki-ni!-wa$_a$ ... a-b[i-wa$_a$ (KBo 32: 20 IV 21')
^{I}*mêgi=ne=va ... ab[(i)=i=va* „vor Mêgi"
Die übrigen Boğazköy-Texte verwenden *abi-/avi* ohne Direktiv – als Präposition – (z.B ChS I/1 Nr. 5 Rs. IV 25 a-a-bi DINGIR^{MEŠ}-na-a-ša „vor den Göttern") und als Postposition – mit Direktiv – (z.B. ChS I/1 Nr. 9 IV 29-30 DINGIR^{MEŠ}-na-a-ša tar-šu-wa-an-na-a-ša a-a-bi-ta „vor den Göttern und Menschen").

Das gleiche Bild trifft auch für *egi* zu, (z.B. ChS I/1 Nr. 8 Rs. III 25' i-ki DINGIR^{MEŠ}-na-a-ša „inmitten der Götter" aber III 23' ḪUR.SAG^{MEŠ}-na-a-ša i-k[i-ta „inmitten der Berge").

Ein interessantes Beispiel solcher Übergänge bietet KBo 32: 13 Vs. I 15-16 der Bilingue: ^{D}IM-úw-wa$_a$ ša-wu$_u$-u-ši-ni a-wi$_i$ „vor dem großen Wettergott":

avi ist hier als Postposition ohne Direktiv oder Dativ gebraucht, wie es eigentlich für die Präpositionen charakteristisch ist;

šav=o=še=ne trägt ebenfalls kein Direktiv- oder Dativmorphem, sondern lediglich das Morphem -ne;

^{D}IM-*up=va* hingegen trägt das zu erwartende Dativ-Kennzeichen -*va*.
Die übrigen Postpositionen werden mit dem Direktiv oder Dativ konstruiert und verlangen den Dativ oder Direktiv des herrschenden Nomens:

z.B. *attai=p=pa* (< *v+va*) *ed(i)=i=da* (Mit. III 52-53) „für deinen Vater". Dieselbe Postposition kann auch mit dem Dativ konstruiert werden und regiert dann den Dativ des herrschenden Nomens bzw. Pronomens:

z.B. *atta(i)=iff=u=š fe=va ed(i)=i=va ... tan=oš=a-* (Mit. III 55 f.)
„mein Vater hat für dich (*fe-* selbst. Pron. 2. Sg. + *va* Dativ) getan ..."
ištani- „Inneres, Mitte" und *furi-* „Blick".
Von *ištani-* „Inneres, Mitte" und *furi-* „Blick" können offenbar postpositionale Ausdrücke wie „untereinander, füreinander" *ištan(i)=iff=aš=(v)a* (wörtl. „in unserer Mitte") und *ištan(i)=i=aš=(v)a* (wörtl. „in ihrer Mitte, miteinander") sowie *fur(i)=i=aš=(v)a* „vor" (wörtl. „in ihren Blicken") gebildet werden.

Zusammenfassung: Wenn diese Wörter nicht grammatikalisiert sind – also ohne eigenen Kasus vor dem Bezugswort erscheinen -, sind es Präpositionen, wenn sie hingegen mit dem Kasus Direktiv oder Dativ nach dem Bezugswort erscheinen, fungieren sie als Postpositionen. Die ursprünglich autonomen Nomina, meist Körperteilbezeichnungen, sind somit zu bloßen grammatischen Hilfsmitteln abgesunken.

Das herrschende Nomen aber steht in jedem Falle in einem Kasus, sei es im Direktiv, Dativ, selten im Genitiv oder – nach Ausweis der Bilingue aus Boğazköy – in dem noch nicht restlos geklärten *„ni"*-Kasus.

Die Entwicklung zum (uneigentlichen) Kasuskennzeichen, wie sie für das Urartäische greifbar wird, ist im Hurritischen allenfalls in Ansätzen vorhanden. Als Beispiele könnten die folgenden Sätze herangezogen werden, für die aber Wilhelm, Double Case, 1995, 119 mit Anm. 4, eine andere Deutung bietet (siehe S. 68-69 zum *e*-Kasus). Es handelt sich um:

šen(a)=iff=u=ve=N(E)=e a(vi)=i=e „vor meinem Bruder",
ômin(i)=iff=u=ve=n(e)=e ed(i)=i=e „für mein Land".

Die Partikeln

Der Terminus „Partikel" bezieht sich auf die Klasse hurritischer Wörter, die keine klare nominale oder verbale Herkunft erkennen lassen und an die keines der Nominal- oder Verbalsuffixe angefügt werden kann. An die selbständigen Partikeln können lediglich die enklitischen Partikeln (Assoziative) und die enklitischen Pronominalsuffixe sowie eine bestimmte Gruppe von deren Allomorphen gefügt werden. Ihre primären Funktionen sind die von Konjunktionen, Interjektionen und Adverbien, gleichwohl ist ihre exakte Bedeutungsbestimmung oft sehr schwierig (Bush GHL 97 ff.; 238 ff.).
In dieser Klasse hurritischer Wörter kommen gehäuft *u*-Stämme und konsonantische (*n*-)Stämme vor.

Zu den satzeinleitenden Partikeln gehören die Konjunktionen *inu-* „wie", *unu-* Variante zu *inu-*, oder in Verbindung mit *anammi-* „so, in dieser Weise", *inna-* „wenn", *panu-* „obgleich".

Nach diesen Konjunktionen und der Relativpartikel *ije-* erscheint das Allomorph */lle/* von */lla/* („sie" Plural Absolutiv) und */me/* von */nna/* („er" Singular Absolutiv). Diese Allomorphe wechseln nicht in freier Varianz zu */lla/* und */nna/* in allen Kontexten. Sie erscheinen als optionale Allomorphe ausschließlich nach diesen satzeinleitenden Konjunktionen und der Relativpartikel (Laroche GLH 122; Diakonoff HuU 147; Chačikjan, Churr. i urart., 1985, 119; Girbal, SMEA 34, 1994, 86).

Zu diesen selbständigen Hilfswörtern gehören desweiteren:

adi- „also, nun", verbindet sich nur mit der enklitischen Partikel *-nin*: *adi=nin*

anammi- „so, ebenso, auf diese Weise". Nach dieser Partikel findet kein Wechsel von *i* > *a* vor den enklitischen Pronomina statt: *anammi=tta* „auf diese Weise ich ..."

ai- „wenn" in temporaler als auch konditionaler Verwendung. In Verbindung mit gewissen Verben (z.B. *pal-* „wissen") leitet die Partikel Nebensätze mit der Bedeutung „daß" ein.

alaše- „ob"

ḫenni „jetzt"

kuru „wieder, wiederum"; die Form *kuru=ve* (Mit. IV 42 gu-ru-ú-we) allerdings scheint ein Nomen im Genitiv (vgl. Bush GHL 324) oder eine Verbalform auf *-uva* zu sein (Wilhelm, FsSchmitt-Brandt, 2000, 201: *kur=ūva* „erwidern?").

padi „sogar?", möglicherweise indefinit „irgendein" (Wilhelm, Orientalia 54, 1985, 493).

pegan Bed. unbk.
tiššan „sehr"
oja- selbständige Negationspartikel „nein"
undo- „also, nun"
zugan „dennoch?"

Interjektionen: Interjektionspartikeln sind *oja* „nein!" und *ao* (Graphie a-u) „siehe!, so!"(?). Die Partikel *ao* ist von *au=nni* (a-ú-un-ni) zu trennen, das zu den Interrogativpronomina gehört (siehe S. 85).

Die enklitischen Partikeln oder „Assoziative"
Die enklitischen Partikeln *-an, -nin, -ma, -man, -mmaman* können an Nomina, Verben oder an die oben genannten selbständigen Partikeln gefügt werden. Die Partikeln *-an* „und" und *-man* „aber, eben" sind die gebräuchlichsten Konnektive. Die Partikel *-an* verbindet zwei Nomina oder zwei Verben oder auch zwei Sätze (im letzten Fall in der Bedeutung „und dann, darauf, und somit"). Die Partikel *-ma* in etwa derselben Bedeutung wie *-an* wird häufiger in Boğazköy gebraucht. In den Qaṭna-Briefen findet sich für *-ma* die Variante *-mu* (Richter, SCCNH 15, 2005, 118 f.) Zu den Partikeln *-man* „aber, eben", *-nin* „fürwahr" und *-mmaman* „und nämlich, und zwar" siehe auch S. 78-79.
(Da die Bedeutung dieser Partikeln oft nur annähernd ist, werden sie häufig in den Übersetzungen fortgelassen.)

D Syntax

1. *Allgemeine Bemerkungen*

a) Zur Kongruenz (siehe auch unter „Suffixaufnahme“ S. 69 f.): Die Attribute, das sind in erster Linie die abgeleiteten sowie die wenig zahlreichen nicht abgeleiteten Adjektive und die Genitiv-Attribute, stimmen im allgemeinen mit ihrem zugehörigen Bezugswort überein. Ob wirkliche Inkongruenzen vorkommen, ist vorläufig kaum auszumachen (siehe aber die „feste Genitivverbindung“ S. 71). Gelegentliche Fälle von Inkongruenz zwischen Substantiv und Adjektiv kommen zwar vor (z.B. Mit. III 120-121 [Kontext unklar]: KUR *ômini talimde=na*), sind zur Zeit aber noch undurchsichtig und könnten, besonders in den Boğazköy-Texten, auch dem Bereich „Fehler“ zuzuordnen sein.

Im Mittani-Brief und weitgehend auch in den anderen Dialekten enthalten die Verbalformen in der Ergativkonstruktion ein pronominales Suffix, das sich auf das Nomen im Kasus Ergativ bezieht. Verben der nicht-ergativischen Konstruktion (transitiv und intransitiv) fehlt hingegen ein obligatorischer Bezug zur Person; ihre Subjekte werden ausgedrückt durch die enklitischen Personalpronomina des Absolutivs, die nicht an der Verbalform erscheinen müssen; sie können irgendwo im Satz stehen, bevorzugt jedoch am ersten Wort des Satzes.

b) Zur Wortstellung: Über die Grundwortstellung gibt es nur wenige Untersuchungen (Speiser IH 205 f.; Bush GHL 121, 253; Plank, Xenia 21, 1988, 75 ff.). Überwiegend ist die Wortfolge im Mittani-Brief „(Ergativ) – Absolutiv – Verb“, während in der Bilingue relativ häufig transitive Sätze mit der Stellung „Absolutiv – Ergativ – Verb“ vorkommen. In seltenen Fällen kann das Verb am Satzanfang stehen, wahrscheinlich zur Hervorhebung. Nomina im Dativ oder Direktiv können dem Verb folgen oder zwischen Ergativ und Absolutiv erscheinen. Die Genitiv-Attribute und die attributiven Adjektive gehen normalerweise ihrem Bezugsnomen voran (Speiser IH 200; Plank, Xenia 21, 1988, 77 ff.). Insgesamt scheint das Hurritische aber keinen strengen Wortfolge-Regeln zu folgen.

c) Das Hauptunterscheidungsmerkmal in Ergativ-Sprachen ist die unterschiedliche Konjugation von transitiven und intransitiven Verben. Beide Verbarten haben jeweils eigene Konjugationssuffixe; für das Hurritische sind dies:

1. Pers. Sg. trans./erg.	-av/-affu	usw.
1. Pers. Sg. intrans.	-tta/-t	usw.

Für das Hurritische des Mittani-Briefes werden 4 bzw. 5 Satzkonstruktionen unterschieden. Wie die meisten der sog. Ergativ-Sprachen hat auch das Hurritische des Mittani-Briefes wenigstens zwei transitive Satz-Typen: Den ergativischen und den antipassivischen Typ.

2. *Die ergativische Satzkonstruktion*

Diese Konstruktion ist nur bei transitiven Verben möglich; das Ziel (= Patiens, direktes Objekt) im Absolutiv muß in diesem Satztyp genannt sein.

Das Subjekt der Handlung (= Agens) steht im Kasus Ergativ auf	= š
Das direkte Objekt (= Patiens) steht im Kasus Absolutiv auf	= Ø
Das transitive Verb nimmt die für diese Konjugation charakteristischen Personenanzeiger an. Es sind dies	= av/affu
	= o
	= a
	usw.

3. *Die intransitive Satzkonstruktion*

Das Subjekt der Handlung steht im Kasus Absolutiv auf	= Ø
Als Personenanzeiger des intransitiven Verbs werden die enklitischen Pronomina des Absolutivs verwendet	= tta/t
	= mma/m
	= Ø[89]
	usw.

Der Absolutiv ist damit der Kasus, mit dem sowohl das Subjekt des intransitiven Verbs als auch das direkte Objekt des transitiv-ergativischen Verbs signalisiert wird.

4. *Die „antipassivische" Satzkonstruktion mit Unterarten*

a) Diese Satzkonstruktion tritt dann ein, wenn ein semantisch transitives Verb ohne direktes Objekt verwendet wird, d.h. wenn es syntaktisch intransitiv ist. Das Verb wird durch den Vokal *-i-* als lexikalisch transitiv markiert.

Verben wie *tad-* „lieben", *tan-* „machen", *ḫan-* „gebären", *pašš-* „schicken", *kad-* „sagen", *ḫil(l)-* „mitteilen", *ar-* „geben", *ḫa-* „nehmen" usw. können in das Antipassiv gesetzt werden.

Bildungsweise: Die Transformation von der transitiven zur antipassivischen Konstruktion besteht aus folgenden Schritten:

Dem Handlungssubjekt (Substantiv oder Pronomen) geht die Ergativmarkierung *-š* verloren, d.h. es geht bezüglich des Kasus vom Ergativ zum Absolutiv über.

Das direkte Objekt im Absolutiv wird nicht mehr ausgedrückt; in typologisch ähnlichen Sprachen wie dem Dyirbal kann ein Objekt zwar ausgedrückt sein, dieses steht dann in einem obliquen Kasus und nicht im Absolutiv. Im Hurritischen des Mittani-Briefes ist eine solche Ausdrucksmöglichkeit erst kürzlich beschrieben worden; es gibt jedoch nur wenige Beispiele (siehe unter Punkt c).

In der Sprachform des sog. „Althurritischen" ist hingegen eine vergleichbare Konstruktion häufiger anzutreffen, indem transitive Verbalformen auf *-i=b* entweder ohne Objekt („eingeschränktes" Antipassiv) oder mit Objekt im Kasus Essiv (oder

---

89 Null-Anzeiger für die 3. Pers. Sg. , nicht *-nna!*

auch dem -ni Kasus) („erweitertes Antipassiv") gebildet werden können. (Ausführlich siehe dazu das Kapitel „Althurritisch").

Das Verb nimmt in der antipassivischen Konstruktion die für die intransitive Konjugation charakteristischen Formanten an (also das Negationssuffix *-kkV-* und die Personenanzeiger *-tta, -mma* usw., wobei für die 3. Pers. Singular ein Null-Anzeiger auftritt; im „Althurritischen" erscheint der Personenanzeiger der intransitiven Verben *-b*).
Der Unterschied zwischen intransitiven und antipassivisch verwendeten transitiven Verben ist dann ausschließlich der Themavokal *-a-* bei den intransitiven und *-i-* bei antipassivischen (und transitiven) Verben. Ebenfalls tritt beim Antipassiv kein *-t-* der Intransitivität nach *-oš-* und *-et-* auf. Die folgenden Beispiele sind dem Mittani-Brief entnommen:

Der ergativische Satz
I[M]a-ni-en-na-a-an š[e-e]-ni-[íw-wu-u]š pa-aš-šu-u-u-ša (Mit. II 107-108)
i.e. *Mane=nna=ân šen(a)=iff=u=š pašš=oš=a*
„Und mein Bruder (Subjekt) hat den Mane (Objekt) geschickt".
Der antipassivische Satz
un-du-ma-a-an še-e-ni-í[w-w]e-e-en pa-aš-š[u-ši (Mit. II 107)
i.e. *undo=mân šen(a)=iffe=n(na) pašš=oš=i*
(Null-Anzeiger für die 3. Pers. Sg.)
„Nun hat mein Bruder (Absolutiv) geschickt" (Objekt nicht ausgedrückt).

b) Neben den transitiven Verben, für die eine antipassivische Verwendung bezeugt ist, scheint es darüber hinaus Verben zu geben, die ausschließlich antipassivisch verwendet werden, d.h. für die eine transitive Verwendung unwahrscheinlich ist; zu diesen Verben gehören z.B. *an-* „sich freuen", *šurv=ušt-* „Böses tun":
z. B. Mit. II 103 ... šur-wu-uš-ti-ik-ki-i-in ...
i.e. ... *šurv=ušt=i=kki=n(na)* ... „ ... er tut Böses nicht ..."
Bei dieser Interpretation gäbe es im Hurritischen neben den transitiven und intransitiven Verben eine dritte Kategorie von Verben, die im ganzen den intransitiven nahe stehen.

c) Eine weitergehende Verwendung des Antipassivs ist die, die für diesen Satztyp in gewissem Sinne eine akkusativische Übersetzung erlaubt: Ein Objekt kann ausgedrückt werden, dieses ist nun durch einen Kasus (a-Essiv) markiert, das Subjekt (-lla) steht im Absolutiv:
z. B. Mit. IV 16 f. ti-w[a]-a-al-la-a-an šur-wa še-e-ni-íw-wu-ta ka-ti-ik-ki
i.e. *tivalla=an (tiv(e)=a=lla=ân) šurv(e)=a šen(a)=iff=u=da kad=i=kki*
„Sie sagen nicht (ein) böses Wort zu meinem Bruder"

[Dieser Beispielsatz war bis zur Entdeckung des Satztyps des „erweiterten Antipassivs" in der hurr.-heth. Bilingue anders gedeutet worden: Das oben in Transliteration als šur-wa wiedergegebene Wort war als šur-we gelesen (das Zeichen WA ist im Mittani-Brief in bezug auf den Vokal ja nicht festgelegt) und als eine Absolutivform bestimmt worden, welche in Kongruenz zu *tiv(e>)a=lla=ân* stehen sollte (also *tiv(e>)a=lla=ân* mit dem Übergang des Auslautvokals *e > a* vor dem enklitischen Pronomen *-lla*, und nicht Essiv -a). Dadurch stand nicht das Agens im Absolutiv, sondern das Patiens („die bösen Worte"), während das Agens völlig weggelassen sein sollte, was nach damaliger Auffassung eine passivische Übersetzung ermöglichen sollte (Girbal, SMEA 29, 1992, 171 ff.; Plank, Xenia 21, 1988, 91)].

d) In der Sprachform des sog. „Althurritischen“ ist die Möglichkeit, transitive nicht ergativische Sätze zu bilden, in denen ein Ziel im Kasus Essiv (oder dem Kasus auf -ni) ausgedrückt ist („erweitertes“ Antipassiv), mehrfach bezeugt. (Siehe oben S. 120 und unten S. 128).

Z.B. KBo 32: 13 I 12 *el(i)=a faḫr=o=š(e)=a tan=d=i=b*

„sie (die Göttin Allani) feierte ein schönes Fest“.

In diesem Satz steht das Objekt *eli-* „Fest“ im Kasus Essiv auf *-a: el(i)=a* (Haas/Wegner, Rezension zu StBoT 32, in OLZ 92, 1997, 445).

5. *Der Nominalsatz*

Nominalsätze wurden hauptsächlich in Satz-Personennamen verwendet (siehe Speiser IH 209; Chačikjan, Churr. i urart. 125. Vgl. hier auch S. 167 und 193). Zu einem Beispielsatz aus dem Mittani-Brief siehe Lektion 4 § 24 Zeile 53; aus Nuzi siehe beispielsweise den PN *enna-madi* „die Götter sind Weisheit“, aus Boğazköy *Nikkal-madi* „(die Göttin) Nikkal ist Weisheit“.

6. *Der Relativsatz*

Zur Bildung von Relativsätzen besitzt das Hurritische zwei Strategien. Um Relativsätze im engeren Sinne handelt es sich bei dem unter Punkt a) genannten Muster.

a) Diese Relativsätze werden durch die Partikel *ije-/ija-* + eines enklitischen Pronomens im Absolutiv (also solche der Serie *-tta, -mma* usw.) + einer Partikel *-nin* eingeleitet, wobei für die 3. Pers. Sg. *-me/-ma*, für die 3. Pers. Pl. *-lle/-lla* auftreten kann. *ije-* bzw. *ija-* werden ohne erkennbaren Unterschied gebraucht. Relativsätze, die nur durch die Partikel *ije-/ija-* ohne Enklitika eingeleitet werden, sind nicht bekannt. Das Bezugsnomen ist generell in den Relativsatz inkorporiert. Bei den durch *ije-/ija-* eingeleiteten Relativsätzen braucht das Verb nicht durch *-šše* nominalisiert zu werden, es kann aber (siehe die Beispiele unter c).

Beispielsatz ohne *-šše*:

ije=mâ=nîn tive Mane=š šen(a)=iff=u=da kad=ill=ed=a=mmaman faḫr=[o- (Mit. II 101 f.)

Rel.+ enkl Pron.+ Part. *-nin tive* (Abs.) *Mane=š* (Erg.) *šen=iff=u=da* (Bruder-mein-Direktiv) *kad=ill=ed=a* (Futur 3. Pers. Sg.) *faḫr=[o-*

„Die Sache, die Mane meinem Bruder sagen wird, ist g[ut“

b) Die zweite Möglichkeit der Bildung eines Relativsatzes besteht darin, das Verb – dessen Finitheit unverändert bleibt – mittels des Morphems *-šše* zu nominalisieren. Der Relativsatz ist nunmehr ein Nominal und kongruiert mit seinem Bezugswort nach dem Muster des Genitivattributes, d.h. es findet „Suffixaufnahme“ statt. Bei durch *-šše* nominalisierten Verben werden somit entsprechend den Regeln der „Suffixaufnahme“ die Kasusendungen des Bezugswortes wieder aufgenommen und mittels des „Trägersuffixes“ -NE-/-NA- von den Endungen der nominalisierten Verbalform getrennt.

Beispielsätze mit *-šše*:

tive=na tan=oš=a=šše=na (Mit. III 53, 56)

„Die Dinge, die er getan hat, ...“

tuppe niḫar(i)=ne=ve ar=oš=av=šše=NE=ve (Mit. III 40 f.)

„Die Tafel der Mitgift, die ich gegeben habe, ...“

c) Diese beiden Strategien werden nun meist miteinander kombiniert, d.h. die häufigst vorkommende Form eines Relativsatzes enthält sowohl die Relativpartikel *ije-/ija-* als auch eine durch *-šše* nominalisierte Verbalform.

Beispielsatz mit der Relativpartikel *ije-/ija-* und der durch *-šše* nominalisierten Verbalform:

ija=lla=nîn ômin(i)=na šu(e>)a=lla=man eše=ne tupp=a=šše=na (Mit. IV 124 f.)

=lla enkl. Pron. 3. Pers. Pl. Abs. ist an den Satzanfang vorverlegt, es pluralisiert die Verbalform *tupp=a*, also: „sie sind vorhanden“; *tupp-* „vorhanden sein“ + *a* Intransitivmarkierung + *šše* Nominalisierung + *na, dieses -na* nimmt den Abs. Plural des Bezugsnomens *ômin(i)=na* wieder auf: „Die Länder alle, die auf der Erde vorhanden sind, ...“

d) Beide Strategien ergeben auch Relativsätze ohne Bezugsnomen; außer daß dieses nicht erscheint, gibt es bei solchen Konstruktionen keine Besonderheiten.

Beispielsatz ohne Bezugsnomen, aber mit der Relativpartikel *ije-*:

ije=mâ=nîn Kelia=š Mane=š=nna=ân kul=ed=a ... urḫ(i>)a=lla=ân (Mit. IV 27f.)

„Was Kelia und Mane sagen werden, ... ist wahr.“

(Auf die Pluralität der Verbalform – *kul=ed=a* ist 3. Pers. Sg. – kann verzichtet werden, wenn im Satz das pluralische Subjekt als solches erscheint [Bush GHL 209]).

Beispielsatz ohne Bezugsnomen, aber mit einer mittels *-šše* nominalisierten Verbalform:

šen(a)=iff=u=va=lla=ân keban=oš=av=šše=na keban=oš=av=lla=man (Mit. III 17 f.)

„Die (gemeint sind die Dinge), die ich meinem Bruder geschickt habe, habe ich geschickt ...“

Zusammenfassung:

Die Struktur eines Relativsatzes ist demnach dadurch charakterisiert, daß das Bezugswort eines Relativsatzes – ganz unabhängig von seiner durch die Syntax des Hauptsatzes bestimmten Kasusform – stets das direkte Objekt des Relativsatzes oder das Subjekt eines intransitiven Relativsatzes ist (zu letzterem siehe den vorhergehenden Beleg Mit. III 17 f.). Steht das Bezugswort nicht im Absolutiv Sg., wird das durch *-šše* nominalisierte Verb des Relativsatzes durch Suffixaufnahme als Attribut seines Bezugswortes gekennzeichnet.

Wie alle Beispiele zeigen, ist der Nukleus im Relativsatz demnach immer als im Absolutiv stehend zu denken, selbst wenn das Bezugswort eigene Kasusendungen besitzt. Fälle, in denen das Bezugswort im Ergativ steht, also das Agens derart nominalisierter transitiver Verben vertreten würde, sind nicht belegt. Im

Hurritischen kann demnach ein Satz wie beispielsweise „mein Bruder (Agens), der ein Geschenk gegeben hat, ...“ nicht gebildet werden, es ist lediglich der Ausdruck „das Geschenk, das mein Bruder gegeben hat, ...“ möglich.

(Zu den Relativsätzen siehe auch C. Lehmann, Der Relativsatz, Typologie seiner Strukturen, Theorie seiner Funktionen, Kompendium seiner Grammatik, Tübingen 1984, 75 ff.; F. Plank, Das Hurritische und die Sprachwissenschaft, Xenia 21, 1988, 85 ff.)

E „Althurritisch“

Unter dem Etikett „althurritisch“ werden in der Literatur Texte gebucht, die im Formeninventar, und nach Chačikjan auch in der Struktur, von der Sprache des Mittani-Briefes abweichen.[90] Zu diesen „althurritischen“ Texten zählen:

1. Die Gründungsurkunde des Tiš-atal von Urkeš (ca. 1970).
2. Die etwa zehn altbabylonischen Beschwörungen aus dem südlichen Mesopotamien („Nicht-kanonische Beschwörungen“).
3. Die sechs Texte aus Mari (Beschwörungen und ein Brief).
   3a. Eine hurritische Beschwörung aus Tell Bī'a, die ein Duplikat zum Mari-Text Nr. 4 darstellt.
4. Die aus Ugarit stammende sumerisch-hurritische Bilingue.
5. Darüber hinaus wird man einige Phänomene der Texte aus Boğazköy, insbesondere aber die hurritisch-hethitische Bilingue, dieser Sprachform zuzuordnen haben.
6. Personennamen.

Was unterscheidet nun das sog. „Althurritische“ von dem übrigen Hurritischen?

Um dies feststellen zu können, sei nochmal auf die von Chačikjan (in Nachfolge von Diakonoff HuU 111) gegebene typologische Veränderung des Hurritischen hingewiesen (siehe S. 33 f.). Frau Chačikjan zufolge sei eine Veränderung des Hurritischen dahingehend festzustellen, daß sich die Sprache im Laufe der Zeit von einer Sprache mit überwiegend „aktiver“[91] Struktur zu einer Sprache mit ergativischer Struktur entwickelt habe.

Unter „aktiver“ Struktur sind dabei Sprachen gemeint, in denen das Hauptunterscheidungsmerkmal in der Konjugation der Verben die Opposition zwischen Verben des Zustands und Verben der Handlung ist. Beide Gruppen werden jeweils unterschiedlich konjugiert.

Bei der ergativischen Struktur hingegen besteht die Opposition zwischen transitiven und intransitiven Verben.

Während nun alle transitiven Verben auch Verben des Handelns sind, sind alle intransitiven Verben nicht unbedingt Zustandsverben. Verben wie die der Bewegung – „gehen“, „kommen“, „eintreten“ usw. – oder der Gemütsäußerung wie – „lachen“, „weinen“ usw. – sind im Prinzip nicht transitiv, sie sind aber im Sinne der „aktiven“ Sprachstruktur Verben des Handelns.

Nach der Einteilung des Hurritischen Chačikjans konjugieren die oben genannten Dialekte des Hurritischen (also Tiš-atal, babylonischer Dialekt usw.) das Verbum in der 3. Pers. Sg. nach den Prinzipien der „aktiven“ Struktur.

Das Suffix *-b* sei der Anzeiger des Subjekts beim Verb der Handlung, egal ob dieses transitiv oder intransitiv ist.

---

90 Die Bezeichnung „althurritisch“ wurde deshalb gewählt, weil bestimmte Verbalformen in dem ältesten hurritischen Text, der Tiš-atal-Inschrift, vorkommen. Der Begriff ist insofern irreführend, als diese Verbalformen auch in späteren Texten erscheinen.

91 Zum Begriff der „aktiven“ Struktur siehe S. 33 Anm. 37.

Die Anzeiger der Transitivität /*i*/ und der Intransitivität /*a*/ sind jedoch gleichzeitig ebenfalls vorhanden; d.h. ein transitives Verb wie *pašš-* „schicken" würde danach

pašš=i=b „er schickt" lauten (in Mit. **pašš=i=a*),
ein intransitives Verb lautete nach Chačikjan
šiw=a=b (unbk. Bedeutung),
ein „Handlungsverb" wie *un-* „kommen" würde im Präsens
un=a=b „er kommt" lauten (Mit. *un=a=*(Ø))

Das Zustandsverb hingegen habe für den Subjektanzeiger entweder Ø oder *-n*.
Der Anzeiger des Zustandes sei das vokalische Morphem *-o-*.

Das heißt, daß Verben, die den Transitivitätsanzeiger *-i-* oder den Intransitivitätsanzeiger *-a-* bei Handlungsverben haben, mit demselben Subjektanzeiger *-b* konstruiert werden.

Der Anzeiger *-b* verschwände dann aber weitgehend und sei nur in Archaismen, darunter zahlreichen Personennamen, zu finden.

Gleichzeitig besäßen diese Dialekte noch einen weiteren Transitivitätsanzeiger, nämlich *-u-*.

In Dialekten, die sowohl *-u-* als auch *-i-* besitzen (Tiš-atal), soll *-u-* die Funktion eines Anzeigers des transitiven Perfekts haben: *pa=ašt=u=m* „er baute", während *-i-* in aspektlosen Formen (jedoch nicht in allen Personen) transitiver Verben erscheine.

Die Verteilung dieser beiden Transitivitätsanzeiger soll danach folgende sein:
-i- in den aspektlosen Formen,
-u- in den transitiven Perfektformen. Während
-a in den intransitiven Formen erscheine und
-o Anzeiger des Zustandes in PN (Typ *Tad=o=Ḫeba*) sei.

Wilhelm, FsHeger, 1992, 667 ff., konnte nun zeigen, daß der „Themavokal" der transitiven Vergangenheits- bzw. Perfektformen nicht als *-u-* sondern als *-o-* angesetzt werden kann, und daß es sich bei dem vermeintlichen Anzeiger des Zustandes *-o-* um ein und dasselbe Grammem handelt. Eine Differenzierung zwischen *-u-* und *-o-* ist somit hinfällig. Der Name *Tad=o=Ḫeba* bedeutet demnach nicht „Ḫeba ist geliebt", sondern „Ḫeba liebt (nämlich den Namensträger)".

Das Suffix *-m* des Urkeš-Dialektes gilt Chačikjan zufolge („On the Typology of the Hurro-Urartian Verb", in: Societies and Languages of the Ancient Near East, Studies in Honour of I.M. Diakonoff, 1982, 165; dies., Churr. i urart., 81 f.) als Variante des Subjektanzeigers *-b* des transitiven Verbs und des Handlungsverbs. Dies ist aber von Wilhelm, FsHeger, 1992, 667, zu Recht abgelehnt worden.

Den Vergangenheitsanzeiger (= Perfektanzeiger) *-oš-* und den Futuranzeiger (= imperfekter Aspekt) *-et-* besitzen diese Dialekte noch nicht.

Die Verteilung nach Diakonoff und Chačikjan sei folgende gewesen:

Trans.	*-i-* Handlungsverb ohne Objekt *-a-*	Subjektanzeiger *-b*
	-u-	*-m*
Zustandsverben:		
	-o-	Ø / *n*

Bei einem späteren Entwicklungsschritt sei dann das Handlungsverb mit dem Zustandsverb zusammengefallen, daraus ergäbe sich folgendes Schema:

Trans.		Handlungsverb und Zustandsverb
-i-		*-a-*
-u-	*-o-*	
Subj.-Anz. *-b*		Ø

Die von Diakonoff (HuU 111, 118, 139) und ihm folgend von Chačikjan (Churr. i urart., 20-21) begründete Unterscheidung zwischen a) *-u-* trans. und b) *-o-* „Partizip des Zustands ... des Objekts der Handlung" ist – wie oben gezeigt – nicht mehr zutreffend. Es handelt sich vielmehr um ein und dasselbe Morphem /*o*/.

Für die These eines Wandels des Hurritischen von einer Sprache mit überwiegend „aktiver" Sprachstruktur zu einer Sprache mit ergativischer Struktur war das Material, das Chačikjan seinerzeit zur Verfügung stand, wenig umfangreich und die angeführten Formen in ihrer Bedeutung nicht gesichert. Hier könnte die Bilingue weitere Einblicke ermöglichen.

Die Sprachform der Bilingue unterscheidet sich von der des Mittani-Briefes und zeigt eine größere Nähe zu der Sprachform der Tiš-atal-Inschrift (wegen der Verbalformen auf *=o=m*) und zu einigen anderen hurritischen Texten aus Boğazköy und Mari.

Für die „Altertümlichkeit" der Sprachform des Hurritischen der hurritisch-hethitischen Bilingue dürfte nun das gehäufte Auftreten der sog. „prädikativen Partizipien" (Diakonoff HuU 141) auf *=i=b* und *=a=b* sowie die ergativischen Verbalformen auf *=o=m* sprechen. Die Frage nach der Funktion des auslautenden *-b* in den zahlreich auftretenden Verbalformen auf *=i=b* und *=a=b* ist zwar noch nicht abschließend zu beantworten, wir sehen in dem *-b* eine Verbalendung der 3. Person als Subjektanzeiger von transitiven nicht-ergativischen und intransitiven Verben, während *-m* eine transitive ergativische Verbalendung der 3. Person Sg. ist. (Ob *-m* tatsächlich ein „bipolarer" Indikator der 3. Pers. Sg. sowohl des Agens als auch des Patients ist, muß vorläufig offen bleiben [dafür haben sich ausgesprochen, Wilhelm, Cambridge Encyclopedia, Chapter 4, 2004, 111; Giorgieri, PdP 229 f.; D. Campbell, The Old Hurrian Verb, Vortrag gehalten während des 6. Internationalen Kongresses für Hethitologie, Rom 5.–9. September 2005]. Siehe hier den Exkurs S. 131 f.). Das Personalsuffix *-b* erscheint sowohl bei singularischen als auch bei pluralischen Subjekten der 3. Person, ohne daß die Verbalform im letzteren Fall einen eigenen Pluralanzeiger besitzt. Die Pluralität wird in diesen Fällen durch das nominale oder pronominale Subjekt angezeigt (siehe Wilhelm, FsHeger, 1992, 662; zuletzt auch Neu, StBoT 32, 1996, 25).

Neben der Intransitivitätsmarkierung *-a-* und der Transitivitätsmarkierung *-i-* besitzt diese Sprachform (wie auch die oben genannten älteren Texte) einen zweiten Transitivanzeiger *-o-*. Dieser Anzeiger *-o-* kommt jedoch nur bei transitiven Verben in ergativischer Satzkonstruktion vor, während der Anzeiger *-i-* auf transitive Verben in nicht-ergativischer Konstruktion (vergleichbar dem „Antipassiv" des Mittani-Briefes) beschränkt ist (Wilhelm, FsHeger, 1992, 659 ff.). Der „antipassivische"

Satztyp zeigt in der Bilingue jedoch zwei Muster (Haas, AoF 20, 1993, 263 Anm. 15; Haas/Wegner, Rezension zu StBoT 32 in OLZ 92, 1997, 444-446):

a) Die transitive Verbalform auf *=i=b* wird ohne Objekt konstruiert, das Subjekt steht im Absolutiv. Wir bezeichnen dies als *„eingeschränktes Antipassiv“*.

b) Die transitive Verbalform auf *=i=b* besitzt ein Objekt in einem obliquen Kasus (Essiv oder auch *-ne*), das Subjekt steht im Absolutiv. Diese Konstruktion bezeichnen wir als *„erweitertes Antipassiv“*.
(Wilhelm, FsSchmitt-Brandt, 2000, 199-208, bezeichnet diese Konstruktion als „Absolutiv-Essiv-Konstruktion“, läßt aber Sätze mit einem Objekt im Lokativ-Instrumental auf *–ni/e* außer acht. Vgl. Giorgieri PdP 252 Anm. 222, 223 und Addendum).

Die intransitiven wie auch die transitiven nicht-ergativischen Verben der 3. Person werden mit dem gleichen Subjektanzeiger *-b* konstruiert, die transitiven-ergativischen Formen der 3. Person Singular mit dem Subjektanzeiger *-m,* bei den entsprechenden, allerdings wenig zahlreichen Pluralformen fehlt der Formant *-m.* Gegen die Gleichsetzung von *-m* mit *-b,* wie dies Frau Chačikjan („On the Typology of the Hurro-Urartian Verb“ in: Societies and Languages of the Ancient Near East, Studies in Honour of I.M. Diakonoff, 1982, 165; dies., Churr. i urart. 81 f.) erwogen hatte, spricht, daß letzteres auch die 3. Pers. Pl. vertritt. Andererseits sind in der Bilingue sowohl Formen auf *-o=m* als auch *-o=b* bezeugt, wie das Nebeneinander von z.B. pu-ú-zi-ḫ̮u-um (*puz=iḫ̮=o=m*) und pu-ú-zi-ḫ̮u-ub (*puz=iḫ̮=o=b*) in KBo 32: 14 Rs. 23-24 zeigt (siehe Neu, StBoT 32, 1996, 169. Hierbei dürfte es sich tatsächlich um graphische Varianten handeln, wie es auch das Nebeneinander von na-aḫ̮-ḫ̮a-am und na-aḫ̮-ḫ̮a-ab, beides „er sitzt“, zeigt).
(Einen anderen Weg scheinen Wilhelm, FsHeger, 1992, 666; ders., Bibl.Mes. 26, 1998, 130 ff. und Giorgieri, PdP 229-230 in bezug auf die Subjektanzeiger -b und -m zu gehen: Ihnen zufolge ist -b der Anzeiger des Subjekts bei intransitiven und transitiven nicht-ergativischen Verben und zwar sowohl des Singulars als auch des Plurals. [Die Pluralität des Subjekts wird aber stets durch ein Nomen oder Pronomen angezeigt, siehe hier S. 127 f.]. Der Anzeiger -m hingegen sei ein „bipolarer“ Indikator für das Subjekt und das Objekt der 3. Person Singular; ist das Subjekt eine 3. Person Plural und das Objekt ein Singular heiße die Endung =id=o, ist hingegen das Subjekt ein Singular und das Objekt ein Plural träte die Endung =o=šo auf. Siehe dazu aber den Exkurs S. 131 f. und 215.

Daraus ergibt sich die folgende Einteilung der Satztypen (vgl. auch Wilhelm, FsHeger, 1992, 659 ff.; Neu, StBoT 32, 1996, 304; Haas, AoF 20, 1993, 263 Anm. 15; Haas/Wegner, Rezension zu StBoT 32 in OLZ 92, 1997, 444-446):

1) **Der Ergativ-Satz** mit Subjekt im Ergativ, Objekt im Absolutiv und der Verbalform auf
=o=m (transitiv 3. Pers. Singular, in ergativischer Konstruktion)
z.B. *kazi taballi=š ... tab=ašt=***o=m** (KBo 32: 14 I 42)
„einen Becher goß ein Schmied ...“
ur(i)=i=l(la) ... keligel=ešt=o=m (KBo 32: 13 Vs. I 5-6)

„seine Füße legte er hoch ..."

=id=o (transitiv 3. Pers. Plural, in ergativischer Konstrukion; bislang nur wenige sichere Belege)
z.B. *tun=**id=o** pud=ang=ai âbi evr(i)=i=va* (KBo 32: 14 IV 17 f.)
„sie konnten (ihn) vor seinem Herrn überführen"
*evern(i)=a kešḫi=ne ag=**id=o*** (KBo 32: 20 I 16')
„sie führten (den *Ešeb=abu*) als Herrn auf den Thron"
(Verbalformen mit dem graphischen Ausgang -i-tu-/-e-tu können bei völlig unsicherem Kontext, vor allem bei unklarem Subjekt, auch als trans. Futur 2. Pers. Sg. *=ed=o* gedeutet werden[92]).

=o (nicht gesichert ob hierher, oder zu Nr. 4 gehörig)

2) **Der Antipassiv-Satz** mit Subjekt im Absolutiv, ohne Objekt und der Verbalform auf

=i=b (transitiv, nicht-ergativisch: „*eingeschränktes Antipassiv*")
z.B. *far=i=n(n)i=na=ma muš=**i=b*** (KBo 32: 13 I 21)
„Die Brotbäcker aber legten zurecht"
*mallad(e)=ae=l(la) un=**i=b*** (KBo 32: 13 I 23)
„mit einer Schale brachten sie" (*=l(la)* ist die pronominale Vertretung des Subjekts im Absolutiv)

=i (transitiv nicht-ergativisch, vereinzelt auftretende Formen ohne *-b*)
z.B. *idenni alu=i=b ḫill=**i** ištan(i)=i=da* (KBo 32: 14 Rs. 38)
„Der Baumeister sprach, er sagte zu seinem Inneren"

2a) **Der Antipassiv-Satz** mit Subjekt im Absolutiv, Objekt in einem obliquen Kasus und der Verbalform auf

=i=b (transitiv, nicht-ergativisch mit Objekt in einem obliquen Kasus wie *-a* Essiv oder *–ne*: „*erweitertes Antipassiv*")
z.B. *fand=ar=i=n(n)i=na=ma ag=**i=b** neḫern(i)=**a***(Essiv) (KBo 32: 13 I 22)
„Die Köche aber brachten (wörtl. führten) das Brustfleisch"
*el(i)=**a** faḫr=o=š(e)=**a** tan=d=**i=b** ... Allani* (KBo 32: 13 I 12)
„(die Göttin) Allani feierte ein schönes Fest"
*kirenz(i)=**a**=mma [š]ar=**i=b*** (KBo 32: 15 I 4'-5')
„und (*-mma*) er forderte Freilassung"
*olvi=ne=ma amm=**i=b** ommin(i)=ne* (KBo 32: 14 I 19-20)
„Ein anderes Land aber erreichte es (das Reh)"

3) **Der intransitive Satz** mit Subjekt im Absolutiv und der Verbalform auf

=a=b (intransitiv, mehrheitlich bei Bewegungsverben)

---

92 Beispielsweise ist ein Satz wie ChS I/6 Nr. 2 Vs. I 5' ohne weitere Informationen mehrdeutig: še-e-ni-íw-we$_{e}$ pa-a-ḫi-du-u-ú, entweder *šen(a)=iffe paḫ=ed=o* „du wirst meinen Bruder vernichten" oder *šen(a)=iffe paḫ=id=o* „sie vernichteten meinen Bruder". Eindeutig ist hingegen der Satz ChS I/1 Nr. 52 Vs. 9 DINGIR^{MEŠ}-na-a-šu-uš ^{MUNUS}Aš-mu-ni-ga-lu-u-e du-ni-du al-la-nu-u-uḫ-ḫi. Das Subjekt DINGIR^{MEŠ}-na-a-šu-uš (=en(i)=na=aš=u=š) ist ein Ergativ Plural und korrespondiert mit der Verbalform tun=id=o „sie statteten aus", Objekt ist allanuḫḫi „Herrinnenwürde": „die Götter statteten die Herrinnenwürde der Ašmunigal aus".

z.B. *tapšaḫi=na zugm=ušt=***a=b** (KBo 32: 13 I 21)
„Die Mundschenken kamen herein"

=a (intransitiv, vereinzelt auftretende Formen ohne *-b*)
z.B. *Allani=ma .... meḫ=***a** (KBo 32: 13 I 28 f.)
„(Die Göttin) Allani aber trat hin (wie ein Mundschenk)"

4) Sätze mit der ungeklärten Verbalform auf *-u* (diese könnten teilweise auch zu [1] gehören)

=u (ungeklärtes Verbalmorphem. In Mittani ist es ebenfalls in Formen wie *ur=om=u* Mit. IV 47 belegt. Verben mit diesem Formanten bezeichnen Vorgänge, ohne daß ein Objekt im Absolutiv ausgedrückt wäre. Sie sind somit intransitiv):
z.B. *idenni ḫaš=i=m=ai far=***u** *ištan(i)=i=da* (KBo 32: 14 Rs. 28)
„Als der Baumeister (dies) hörte, zog Unmut (*far=u*) in sein Inneres"
(Chačikjan, SCCNH 10, 1999, 257 ff. nennt diese Verben „verbs of state").

Verbalformen vom Typ auf *=i=b, =a=b* und *=o=m* können nicht mit den Formanten -oš- Präteritum und -et- Futur kombiniert werden. Sie kommen mit Formanten wie -V*št-*, *-ill-*, -a*ḫḫ-*, *-uš-* und *-u/ol-* vor (siehe Wilhelm, FsHeger, 1992, 670), für die vielleicht das Etikett „Wurzelerweiterung" nicht zutreffend ist, da sie wahrscheinlich etwas anderes – Aktionsart- oder Aspektmarkierung – signalisieren. In die gleiche Richtung tendiert auch Neu, StBoT 32, 1996, 6: „ ... für die hurritische Sprachform der Bilingue (ist) eine aspektuelle Gliederung des Verbalsystems – in Verbindung mit temporalen Bezügen – unverkennbar. Das Aspektsystem dürfte im Hurritischen der Vorläufer des Tempussystems gewesen sein, wobei auch die Wurzelbedeutungen und Aktionsarten eine wesentliche Rolle spielten. Zu diesem Komplex sind jedoch noch weitere Untersuchungen im Gesamtzusammenhang des Verbalsystems erforderlich."

An diese Satztypen des sog. „Althurritischen" sind nun die seit ältester Zeit überlieferten hurritischen Satznamen anzuschließen. Die seit der Akkade-Zeit und später im gesamten Verbreitungsgebiet des Hurritischen überlieferten Satznamen zeigen in ihrem verbalen Bestandteil große Nähe zu dem oben aufgeführten Paradigma des sog. „Althurritischen" (d.h. Formen auf *-b* und *-m*). Der meist erste Bestandteil eines solchen Satznamens ist eine Verbalform der 3. Pers. auf *-a=b, -i=b* oder *-o=m*, gefolgt von einem Nominalelement, wobei bei den ältesten PN dieses Element noch ohne Themavokal erscheinen kann. Satznamen dieses Typs sind beispielsweise *Un=a=b Teššub* „Teššub kam", *Ar=i=b enni* „die Gottheit gab" oder *Ar=o=m Teššub* „Teššub hat gegeben (das Kind)".

In späterer Zeit sind bei den verbalen Teilen der Namen häufig Ausfalltendenzen zu beobachten, z.B. *Pud=o(=m) Ḫeba* „Ḫebat hat erschaffen (es)". (Zu der Namengebung im Hurritischen siehe Wilhelm, RlA Band 9 sub Name, Namengebung. D. geäußert).

Exkurs zum Paradigma der 3. Person des „althurritischen“ transitiv-ergativischen Verbs (nach G. Wilhelm, M. Giorgieri und D. Campbell).

In vier Arbeiten (Orientalia 61, 1992, 137; FsHeger, 1992, 666; Bibl.Mes. 26, 1998, 131; Cambridge Encyclopedia, Chapter 4, 2004, 105) hat G. Wilhelm in Erwägung gezogen, daß *-m* ein bipolares Suffix sein könnte, das gleichzeitig die 3. Pers. Sg. des Subjekts und die 3. Pers. Sg. des Objekts markiert. Er hatte aber in Orientalia 61, 137, daraufhin gewiesen: „Der nach diesem Befund naheliegende Schluß, das Suffix *-m* sei bipolar (Singularität von Subjekt und Objekt), bedarf allerdings weiterer Stützung.“

M. Giorgieri hat diesen Gedanken aufgenommen und bemerkt in seiner „Schizzo grammaticale della lingua Hurrica“ (PdP 229) mit Hinweis auf Wilhelm zum „Althurritischen“: „ ... la desinenza *-m* che serviva come indicatore bipolare del soggetto e dell'oggetto di 3 pers. sing. ...“

D. Campbell vertrat in einem Vortrag, gehalten während des 6. Internationalen Kongresses für Hethitologie, in Rom 2005, zum Thema „The Old Hurrian Verb“, die Auffassung, Formen wie *mel=aḫḫ=o=m* oder *tav=ašt=o=m* vertreten die 3. Pers. Sg. Agens und die 3. Pers. Sg. Patiens.

Als diesem System zugehörig wird von den genannten Autoren die Endung *=o=šo* (3. Pers. Sg. Subjekt/pluralisches Objekt) genannt.

J. Hazenbos bemerkt zu diesem Thema (Hurr. u. Urart., 148 Anm. 41): „Vielleicht markiert dieses Suffix (d.h. –m [Wegner]) gleichzeitig das direkte Objekt in der 3. Person Singular (...), allerdings nicht im ‚Lied der Freilassung‘“ (d.h. in der hurr.-heth. Bilingue [Wegner].

Folgt man diesem System, hieße das, daß ein Morphem mehrere Bedeutungen kumulieren kann, ein Phänomen, welches bei einer agglutinierenden Ergativ-Sprache eher ungewöhnlich wäre. Für die mit dem Hurritischen verwandte urartäische Sprache wird ein solches bipolares bzw. zweigliedriges System bei den transitiv-ergativischen Verbalendungen (Subjektvertretung + Objektvertretung, mit häufiger Vertretung des Subjekts oder des Objekts durch ein Null-Allomorph) zwar angesetzt, gleichwohl sind bei den meisten Verbalendungen aber noch die einzelnen Komponenten erkennbar, aus denen das Suffix zusammengesetzt bzw. zusammengezogent ist (-ni Subjekt 3. Pers. Sg., Objekt 3. Pers. Sg.: Ø + ni; -ali (Subjekt 3. Pers. Sg.; Objekt 3. Pers. Pl.: a + li). Eine echte Bipolarität im Sinne der flektierenden Sprachen, bei denen ein Flexionsmorphem mehrere Bedeutungen kumuliert, scheint auch im Urartäischen (noch?) nicht existiert zu haben.

Wenn das von den genannten Autoren vertretene System zum „althurritischen“ transitiven-ergativischen Verb tatsächlich zutreffend sein sollte, wäre dies ein bedeutender Unterschied zu der Flexion des transitiven-ergativischen Verbs der Sprache des Mittani-Briefes, in der sich keinerlei Spuren eines solchen „bipolaren“ bzw. „zweigliedrigen“ Systems finden lassen.

Das postulierte Schema wäre folgendes:

Subjekt 3. Pers. Sg.		Subjekt 3. Pers. Pl.	
Objekt 3. Pers. Sg.	*=o=m*	Objekt 3. Pers. Sg.	*=id=o*
Objekt 3. Pers. Pl.	*=o=šu*	Objekt 3. Pers. Pl.	*=id=o*

Ein solch in Erwägung gezogener Strukturwandel verlangt nach Überprüfung. Im folgenden sind gut verständliche Beispiele zusammengestellt, die aus der Tiš-atal Inschrift, der hurritisch-hethitischen Bilingue aus Boğazköy und anderen Boğazköy-Texten stammen.

Beispiel-Gruppe I:

Subjekt 3. Pers. Sg./Objekt 3. Pers. Sg., Verbalendung *=o=m*

(1) Tiš-atal-Inschrift

1 ti-iš-a-tal	„Tiš-atal,
2 en-da-an	endan von
3 ur-kèški	Urkeš
4 pu-ur-li	einen Tempel
5 ^{D}NERI.GAL	für Nergal
6 ba-'à-áš-tum	hat er gebaut“.

(2) Boğazköy-Bilingue (KBo 32: 10-104)
kazi taballi=š ... tab=ašt=o=m (KBo 32: 14 Vs. I 42-43)
„einen Becher goß ein Schmied ..."
(3) *kazi taballi=š šidarn(i)=a kul=ur=o=m* (KBo 32: 14 Vs. I 54-55)
„der Schmied sprach den Becher in den Fluch“
(4) *atta(i)=i am=ol=ud=o=m* (KBo 32: 14 Rs. IV 4)
„seinen Vater sah er nicht mehr an“
(5) *uv=o=m nubi pedari* (KBo 32: 13 Vs. I 15)
„sie schlachtete zehntausend Rinder“
(6) *kungalle kige nubi šur=o=m* (KBo 32: 13 Vs. I 16-17)
„sie stach dreißigtausend Fettschwanzschafe ab“

(Die Zahlen zehntausend bzw. dreißigtausend sind gewissermaßen „logische“ Plurale, grammatikalisch ist das Gezählte ein Singular; vgl. auch *nubi=n šarri* „zehntausend Könige“ [ChS I/5 Nr. 89 Rs. IV 29).
(ca. 25 Beispiele aus der Boğazköy-Bilingue)

(7) Andere Boğazköy-Texte
evre=š šar=o=m ḫ̮ude „der Herr wünschte ein Gebet(?)“ (ChS I/1 Nr. 62 Rs. 20)
ar=o=m, ḫ̮ud=ošt=ur=o=m (ChS I/1 Nr. 62 Rs. 20, 19) Kontext unklar

Beispiel-Gruppe II:

Subjekt 3. Pers. Sg./Objekt 3. Pers. Pl.; Verbalendung *=o=m*

(8) Boğazköy-Bilingue (KBo 32: 10-104)
Megi=ne=(š)=lla al=il=an=o=m (KBo 32: 15 IV 8 f.)
„Megi beklagte sie (*-lla* bezogen auf die Worte)“
(9) *šallae=na nešše=na evr(i)=i=da piš=eḫ̮=o=m* (KBo 32: 14 Rs. IV 18, 27)
„Die geschluckten Gaben spie er zu seinem Herrn hin.“
(10) *šešve ḫ̮avirni šaḫ̮ari šur=o=m* (KBo 32: 13 Vs. I 18-19)
„sie stach ab Zicklein, Lamm (und) Bock“
(11) *aviḫ̮ar(i)=ne=ve=ne=lla ur(i)=i=l(la) admin=ne keligel=ešt=o=m* (KBo 32: 13 Vs. I 5-6)
„seine Füße legte er hoch auf den Schemel eines *aviḫ̮arri*-Feld(maßes).“
(ca. 5 Beispiele aus der Bilingue)

(12) Andere Boğazköy-Texte

[...]-ap-še-ne-e-el-la pa-ru-u-um (KUB 24: 71++ = ChS I/5 Nr. 76: 28')

Der Satz ist unverständlich; Objekt der Verbalform *par=o=m* ist sicherlich *-lla*, das enklitische Pronomen der 3. Pers. Pl. Absolutiv.

(13) [...]-ni-el-la ḫi-im-za-at-ḫu-um (KBo 15: 75++ = ChS I/1 Nr. 43 Rs. IV 22'): „er/sie gürtete die . . . “

Auch in diesem Satz ist das Objekt zu der Verbalform *ḫemz=a=tḫ=o=m* ein Plural, gekennzeichnet durch *-lla*.

Beispiel-Gruppe III:

Subjekt 3. Pers. Sg./Objekt 3. Pers. Pl.; Verbalendung *=o=šo?*

(14) *amatte=na en(i)=na* ^{D}*Teššub=va=lla naḫḫ=o=šu fandi=n(i)* (KBo 32: 13 Vs. I 26): „sie (Allani) ließ die uralten Götter rechts von Teššub sitzen“

(Im gesamten überprüften Material ein Beispiel. Graphisch gleichlautend mit dem Präteritum 2. Pers. Sg. *=oš=o*. Vermutlich handelt es sich m.E. bei dieser nur einmal bezeugten Form um einen Schreibfehler).

Beispiel-Gruppe IV:

Subjekt 3. Pers. Pl./Ojekt 3. Pers. Sg.; Verbalendung *=id=o*

(15) DINGIR^{MEŠ}-na-a-šu-uš ^{MUNUS}Aš-mu-ni-ga-lu-u-e du-ni-du al-la-nu-u-uḫ-ḫi.

Das Subjekt DINGIR^{MEŠ}-na-a-šu-uš (*en(i)=na=aš=u=š*) ist ein Ergativ Plural und korrespondiert mit der Verbalform *tun=id=o* „sie statteten aus“, Objekt ist *allanuḫḫe* „Herrinnenwürde“: „Die Götter statteten die Herrinnenwürde der Ašmunigal aus“. (KBo 20: 134++ = ChS I/1 Nr. 52Vs. 9)

(16) LÚ^{MEŠ}ŠU.GI-ša-ri-iš ḫu-u-i-tu ^{MUNUS}Ši-en-ta-[mi-en-ni- [KUB 47: 2 = ChS I/6 Nr. 27 Rs. IV 8'): „Die Ältesten riefen die Šenda[menni“

Beispiel-Gruppe V:

Subjekt 3. Pers. Pl./Objekt 3. Pers. Pl.; Verbalendung *=id=o*

(17) *ḫaš=id=o=l(la) tive=na* [ChS I/6 Nr. 26 Vs. I 13]

„Sie hörten die Worte“ [Möglich ist aber auch eine Segmentierung *ḫaš=ed=o=l(la)* „du wird die Worte hören“, ein nicht unwahrscheinlicher Satz in einem mythologischen Text].

Wie die Beispielsätze 8-13 zeigen, läßt sich die Hypothese eines „bipolaren“ Verbalsuffixes *-m* nicht erhärten. Die einmal belegte Form eines Suffixes *=o=šo* (Satz 14) ist m.E. ein Fehler für *naḫḫ=oš=a*, d. h. der Schreiber hat anstatt des Zeichens ŠA das Zeichen ŠU geschrieben.

Neben den oben aufgeführten Satztypen bietet die Bilingue aber auch mit den Satzmustern des Mittani-Briefes identische Sätze. Vor allem ist hier das Vor- kommen des Präsens der 3. Pers. Sg. trans. auf *=i=a* zu beachten (z.B *tal=i=a* neben *tal=aḫḫ=o=m*).

Die Tempuszeichen *-oš-* Präteritum und *-et-* Futur kommen in der Bilingue recht selten vor; bezeugt sind sie jedoch ebenfalls, wie die folgenden Beispiele zeigen:

Präs. (unmark.) *tal=i=a, pal=i=a, kad=i=a*

Prät. (*-oš-*) *zaz=ol=oš=a, naḫḫ=oš=a*
Futur (*-et-*) *paḫ=ed=a*
Für die Futurformen auf *-et-* ergibt sich gelegentlich ein modaler Nebensinn.

Tabelle 13. Die Suffixfolge beim „althurritischen“ Verb

Wurzel	WE	WE? wahrscheinlich aber Aspekt/ Aktionsart	Kennz. Pluralität	Kennz. transitiv/ intransitiv	Kennz. Subjektanzeiger
	-ar	-ill-	-id-	-o (trans.erg.)	-m (3.Pers.Sg.Agens)
	-Všt-?	-aḫḫ-			Ø (Null-Anzeiger bei der 3.Pers.Pl.)
		-uš-			
		-Všt-?		-i (trans.-nicht erg.)	-b (3.Pers.)
				-a (intrans.)	-b (3.Pers.)
				-a (intrans. bei Verben der Bewegung)	Ø (bei der 3.Pers.Sg.)
				-u (unklar,viell. bei intrans. Handlungsverben)	Ø (bei der 3.Pers.Sg.)

Beispiele:
uv=o=m „sie schlachtete (Rinder)“ (KBo 32: 13 I 15) (trans.-erg. 3. Pers. Sg.)
am=ar=ill=o=m „er fügte Böses zu“ (KBo 32: 14 I 21) (trans.-erg. 3. Pers. Sg.)
pa=ašt=o=m „er baute“ (KBo 32: 14 Rs. 35) (trans.-erg. 3. Pers. Sg.)
tun=id=o „sie (Pl.) konnten“ (KBo 32: 14 IV 17) (trans.-erg. 3. Pers. Pl.)
muš=i=b „sie (Pl.) ordneten“ (KBo 32: 13 I 21) (trans. nicht-erg. 3. Pers. Pl.)
naḫḫ=a=b „er setzte sich“ (KBo 32: 13 I 4) (intrans. 3. Pers. Sg.)
un=a „er kommt“ (Mit. II 14) (intrans. 3. Pers. Sg.)
un=a=tta „ich komme“ (ChS I/5 Nr. 64 IV 3') (intrans. 1. Pers. Sg.)
par=u „es zog ein (in sein Inneres) Unmut“ (KBo 32: 14 I 50) (Bezeichnung eines Vorganges, aber ohne Objekt im Absolutiv)

Bei Sätzen mit der transitiven nicht-ergativischen Verbalform auf *=i=b* können – wie oben ausgeführt – auch Objekte ausgedrückt sein; diese stehen dann aber nicht im Absolutiv, wie das Agens, sondern in einem obliquen Kasus (Essiv auf *-a* oder Lokativ-Instrumenatl *-ni /ne/* sind belegt). Diese erweiterte Form der Antipassivkonstruktion läßt praktisch eine „akkusativische“ Übersetzung zu:

z.B. *el(i)=a*(Essiv) *faḫr=o=š(e)=a*(Essiv) *tan=d=i=b* ᴰ*Allani* (KBo 32: 13 I 12)
„Sie (die Göttin) Allani feierte ein schönes Fest“.
fand=ar=i=n(n)i=na=ma ag=i=b neḫern(i)=a(Essiv) (KBo 32: 13 I 22)

„Die Köche aber brachten das Brustfleisch".

Ist das Subjekt nicht durch ein Substantiv ausgedrückt, so wird das enklitische Pronomen der 3. Pers. Pl. Absolutiv *-lla* als Pluralanzeiger des Subjekts der Handlung verwendet:

z.B. *mallad(e)=ae=l(la) un=i=b* (KBo 32: 13 I 23)

„Mit einer Schale brachten sie (*-lla:* gemeint sind die Köche)".

(Das enklitische Absolutiv-Pronomen *-lla* vertritt das Subjekt „sie" (gemeint sind die Köche) und nicht das vorher genannte Objekt „das Brustfleisch", da dies im Singular steht; die heth. Übersetzung: „Und sie brachten sie (-aš, Akk. Pl.c.) ... herein" (vgl. Neu, StBoT 32, 261) beruht m.E. auf einer Subjekt-Objekt Verwechslung, wie sie im übrigen innerhalb der Bilingue häufiger auftritt. [Zu Subjekt-Objekt Verwechslungen in akkadischen von Hurritern geschriebenen Texten in Nuzi, siehe Wilhelm, AOAT 9, 1970, 61-63 und Diakonoff HuU 154. Zu einigen weiteren Fällen in der Bilingue siehe G. Wilhelm, Die Könige von Ebla, FsKlengel, AoF 24/2, 1997, 283 Anm. 36].)

Sätze dieses Typs mit einem Handlungssubjekt in einer anderen Person als der 3. Pers. Sg. oder 3. Pers. Pl. sind nicht belegt. Die Bedingungen, die zur Wahl entweder des transitiven ergativischen oder des transitiven nicht-ergativischen objekthaltigen Satzes führen, sind nicht untersucht.

Neben den oben gesondert behandelten Formen der 3. Pers., die offenbar nach einem anderen Muster kodiert waren, enthält die Bilingue jedoch auch Verbalformen, die mit den Mittaniformen übereinstimmen.

Tabelle 14. „Mittaniformen“ in der Bilingue

Position 1	2. Tempus	3. und 4.	5. Transitiv	6. Kennz. Negation	7. Kennz. Subjekt der Handlung	8. Kennz. Pluralität des Subjektes
Wurz.+WEn	Ø -oš- -et-	 -t- Ø	-i-	-u(w)/wa	-av/affu -o -a	-š(a)

Beispiele:
Präsens Ø-Anzeiger
ur Ø + i + o/u
„du wünschst“ (KBo 32: 15 IV 2: ú-ri-u)
pal Ø + i + a
„er weiß“ (KBo 32: 19 IV 25': pa-li-⌜a⌝)

Präteritum auf -oš-
zaz + ol +oš + a
„er verköstigte“ (KBo 32: 19 I 6, 8: za-a-šu-lu-u-ša)

Futur auf -et-
paḫ + et + av
„ich werde vernichten“ (KBo 32: 19 I 24: pa-ḫé-tap)
ḫud + et + av
„ich will preisen“ (KBo 32: 19 I 14: ḫu-ti-a-ú)
nakk + et + av + š
„wir werden freilassen“ (KBo 32: 15 I 26': na-ak-ki-da-a-u-uš)

Transitiv-ergativische negierte Verben werden gebildet:
a) mit -*u*(*w*)/*wa*-: Wurzel WE trans. Negation Personenanz. Pluralisator
nakk + i + u(w) + (a)ffu + š
„wir lassen (jmd.en) nicht frei“ (KBo 32: 15 I 23': na-ak-ki-u-úw-wu$_{u}$-uš)

b) mit -*ut*-: Wurzel + WE + Negation + trans. + Subjektanzeiger
am + ut + o + m
„er sah nicht“ (KBo 32: 19 I 37: a-mu-du-um)
(Ob das Formans -*ut*- noch weiter segmentiert werden kann, etwa in -*u*+*t*-, ist unklar, so jedenfalls der Vorschlag von Neu, StBoT 32, 164 u.ö. *am*=*u*[Negationsmorphem]=*t* [„Präterital“-Formans]=*o*=*m*.)

c) mit -*(m)ma* in Formen der 3. Pers. Sg., wobei das Negationsmorphem an das Ende der Verbalform gestellt ist:

ar + i + a + (m)ma
„er gibt (etwas) nicht“ (KBo 32: 15 IV 16: a-ri-i̯a-am-ma i.e. *ar=i=a=(m)ma*)

Dieses Morphem wird im Mittani-Brief stets mit einfachem *m* geschrieben, in Boğazköy offenbar meist mit doppeltem *mm*. Es ist nicht mit einer enklitischen Partikel -*(m)ma* „und, aber“ und dem enklitischen Pronomen der 2. Pers. Sg. -*mma* „du“ bzw. „dich“ zu verwechseln.

Intransitive und antipassivische negierte Verben werden mit dem Suffix -*kkV*- gebildet (die Bildung entspricht völlig der des Mittani-Briefes):

Wurzel	+	WE	+	intrans.	+	Negation	+	Vokal
				o [<a]	+	kk	+	o
kud		+		o	+	kk	+	o

„er fällt nicht“ (KBo 32: 31+208 Vs. 11: ku-du-uk-ku)

pend		+		o	+	kk	+	o

„er kehrt nicht zurück“ (KBo 32: 31+208 Vs. 12: be-en-du-uk-ku)

Antipassiv				transitiv				
				i	+	kk	+	i
an +	ašt	+		i	+	kk	+	i

„er freut sich nicht“ (KBo 32: 15 I 21': a-na-aš-ti-ik-ki)

d) Die Negation -*bur* in dem Ausdruck *mann=o=bur* „es ist nicht“ (z.B. KBo 32: 14 I 17 u.ö. ma-a-an-nu-u-bur) läßt sich nicht weiter deuten. Dieses Negationsmorphem ist im Mittani-Brief nicht bezeugt, kommt aber außerhalb der Bilingue auch in anderen Boğazköy-Texten vor: z.B ChS I/1 Nr. 41 Rs. III 75, 78 ku-ul-du-pur (*kul=d=o=bur* wohl zur Wurzel *kul*- „sprechen“ mit WE -*t*- zu stellen).

e) Die Suffixkombination -*ubad*- in Ausdrücken wie *naḫḫ=ubad(e)=uš* „nicht besiedelt“, *kul=ubad=e* „nicht genannt“, *faḫr=ubad=e* „ungut“ oder *nir=ubad=e* „ungut, schlecht“ (Ugarit-Vokabular RS 94-2939 Kol. V 11', veröffentlicht von B.André-Salvini/M. Salvini in SCCNH 9, 1998, 3 ff. und 14), kann möglicherweise in -*uw(a)+ade*- segmentiert werden; in -*uw(a)*- liegt wahrscheinlich das oben genannte Negationsmorphem -*wa*- vor. Im Mittani-Brief sind ebenfalls Formen auf -*ubad*- (Abstrakta von Adjektiven) bezeugt, für die eine negative Deutung offenbar aber ausscheidet (Wegner, SMEA 36, 1995, 97 ff.).

f) Verbalformen mit dem unklaren Morphem -*uva* haben im Gegensatz zu den Formen auf *=o=m* durativen oder beschreibenden Charakter (Neu, FsOtten, 1988, 244 ff.); möglicherweise ist hier auch an eine Opposition „punktuell“ (-*o*-) versus „durativ“ (-*uva*-) zu denken (Wilhelm, Orientalia 61, 1992, 138); sie werden mit einem Objekt im Essiv konstruiert:

z.B. KBo 32: 14 I 28: *šin(i)=a ḫapš=ar=uva* „er richtete die Augen (auf etwas)"; IBoT 2: 39 (= ChS I/1 Nr. 3) Vs. 22: *ur=uva ḫar(i)=a* „er zeigte den Weg"

Der Jussiv und andere Modalformen der Bilingue:

Voluntativ:	
1. Sg. =i=l+e	(*kad=il=(i)=l+e* „ich will sagen" KBo 32: 11 I 4 ka-ti-il-li)
Imperativ:	
2. Sg. =i/e	(*nakk=i/e* „entlasse!" KBo 32: 19 I 1, 3 ⸢na⸣-ak-ki)
Pl. =e+ š	(z.B. *kol=e+š* „laßt ab!" KBo 32: 14 I 23 u.ö ku-u-le-eš)
3. Pers. =i= en	(*ḫaš=i=en* „er möge hören")
oder =u [o]	(*kud=o* „er soll fallen", „er soll gefällt sein/werden" KBo 32: 14 I 57 ku-ú-du; *kir=o* „er soll freigelassen sein/werden" KBo 32: 15 IV 3 ki-i-ru)
aber auch: =u [o]=š	(*zamm+al=ašt=o=š* „soll abgerissen sein/werden" KBo 32: 14 I 57 za-am-ma-la-aš--du-uš, *parn=ošt=o=š* „er soll/möge rein sein" ChS I/5 Nr. 2 64' bar-nu-uš-du-uš)
Pl. =i= (i)d en	(*ḫa=i=(i)d=en* „sie mögen nehmen" KBo 32: 14 I 13 ḫa-a-i-te-in)
oder =u [o]=š	(*itk=o=š* „sie sollen reinigen/sie sollen gereinigt sein/werden" ChS I/1 Nr. 8 Rs. III 9' u.ö.: it-ku-uš)

Als intensiv-desiderative transitive Modalformen werden die folgenden beschrieben. Siehe auch oben S. 109 f. zu modalem -l-.

Sg. =i+l= anni	(*id=i+l=anni* „er möge doch schlagen" KBo 32: 14 I 6 i-ti-la-a-an-ni)
Pl. =i= (i)d= anni	(*itk=i=(i)d=anni* „sie mögen reinigen" ChS I/1 Nr. 9 Vs. II 29 it-ki-ta-an-nim)

(Zu diesen Formen sind die urartäischen Finalis-Formen auf *-ilanni* zu vergleichen. Siehe Salvini, SMEA 29, 1992, 217 ff.)

Den Formen auf *-eva* wird gelegentlich eine dem Futur ähnliche Geltung zugesprochen.

Sg. (=il=) eva	(*un=eva=tta* „ich (*=tta*) werde/will kommen" KBo 32: 19 I 23 ú-ni-wa$_a$-at-ta)
Pl. =il= eva = š	(*eḫ(e)l=il=eva=š* „wir wollen (ihn) retten" KBo 32: 15 I 18' e-ḫi-il-li-wa$_a$-aš-)

Formen auf =*ai*

=i+l	=ai	(=*i*= soll nach Wilhelm nicht der Transitivvokal, sondern ein nominalisierendes -*i*-
=i+m	=ai	sein, da die Endung -*ai* ursprünglich eine Kasusendung ist und somit nominalisierender Themavokal zu erwarten sei)

Formen auf -*u/ ol+il > u/ oll = i* (*zikk=u/ ol=(ı)l=i* „möge völlig zerbrechen“ KBo 32: 14 I 48. Nach Neu, StBot 32, 1996, 151 f. liegt in dieser Form das intransitive, auch reflexivisch verwendete Suffix -*ul*- vor; den Formanten -*il*- interpretiert Neu, Orientalia 59, 1990, 224, 228, als Aktionsartsuffix mit distributiven-iterativem Charakter; das verbleibende -*i* ist nicht recht klar)

Besonderheiten der Graphie der Bilingue. Besonders auffällig ist in der Bilingue die graphische Wiedergabe des Morphems der 1. Pers. Sg. des transitiven Verbs. Während in Mittani diese Form stets -(K)a-(a)-ú geschrieben wird, kann die gleiche Form in der Bilingue ebenfalls -(K)a-ú oder -(K)a-a-ú oder mit dem Keilschriftzeichen TAP in Futurformen geschrieben werden (pa-ḫé-tap i.e *paḫ=ed=av* „ich werde vernichten“, ḫu-bu-uš-tap i.e. *ḫub=ošt=av* „ich zerbreche“).

Schwierigkeiten bereitet die Deutung von /*i*/ und /*e*/, da – anders als im Mittani-Brief – diese Vokale nicht genau unterschieden werden. So stehen die häufig verwendeten Zeichen BI, ḪI, MI, NI, IN sowohl für den *i*- wie für den *e*-Vokal, während die entsprechenden – selteneren – Zeichen BE, ḪÉ, ME, NE, EN wohl überwiegend den *e*-Vokal bezeichnen (Wilhelm/Giorgieri, SCCNH 7, 1995, 37 ff.).

Die im Mittani-Brief strikt durchgeführte Unterscheidung der Keilschriftzeichen KI für /ki bzw. gi/ und GI für /ke bzw. ge/ ist in der Bilingue ebenfalls zu beobachten, allerdings ist sie weitaus nachlässiger durchgeführt worden.

Die Zeichen U und Ú werden zwar recht konsequent unterschieden und bezeichnen wohl wie im Mittani-Brief *o* resp. *u*, es kommen aber auch Inkonsequenzen vor. Defektive Schreibungen sind bei den Possessiv-Pronomina, insbesondere bei der 1. und 2. Pers. Sg., festzustellen, z.B. KBo 32: 14 Vs. 47 ta-bi-ri-pu-ú-i i.e. *tab=i=r(ı)=if(f)=u=(v)e* wörtl. „meines Gießers“.

F Übungsbeispiele zur Grammatik

1. Übungsbeispiele zu den Kasus:

Abs. Sg. še-e-ni-íw-wu-ú-e aš-ti ú-ni-e-et-ta (Mit. III 21)
i.e. *šen(a)=iff=u=ve*[93] ***ašti*** *un=et=t=a*
„Die Frau meines Bruders werden sie bringen."
... e-e-li-íw-we ... tub-be (Mit. III 35 f.)
i.e. ... ***el(a)=iffə*** ... *tupp=e*
„ ... meine Schwester ist/war anwesend."

Abs. Pl. ****paššitḫe=na*** *un=a=lla*
„Die Gesandten kommen."
ša-wa$_a$-a-al-la ... (KUB 47: 2 I 2)
i.e. ***šaval(i)=na***
„Die Jahre ..."

Erg. Sg. še-e-ni-íw-wu-uš-ša-a-an aš-ti ša-a-ru-u-ša (Mit. III 1)
i.e. ***šen(a)=iff=u=š=nna=ân*** *ašti šar=oš=a*
„und (-*an*) mein Bruder hat eine Frau verlangt."
še-e-na-WA(=wu)-ša-an ... ta-še ... ta-a-a-nu-u-ša (Mit. I 84 f.)
i.e. ***šena=v=u=š=an*** ... *taše* ... *tan=oš=a*
„und (-*an*) dein Bruder hat ... ein Geschenk ... gemacht"
a-i-la-an ^{I}Ma-ni-eš ^{I}Ge-li-i̯a-al-la-a-an gu-li-a-a-ma ... (Mit. IV 20-21)
i.e. *ai=l(la)=an* ***Mane=š Kelia=(š)=lla=ân*** *kul=i=a=ma*
„Wenn Mane und Kelia sie (-*lla*, d.h. Worte) nicht (-*ma*) sagen ..."
^{D}Te-e-eš-šu-pa-aš (Mit. I 76, II 65)
i.e. ***Teššuba=š***
„Der Gott Teššub ..."

Erg. Pl. e-e-en-na-šu-uš (Mit. II 52, IV 117)
i.e. ***en(i)=na=aš=u=š***
„Die Götter ..."
ši-i-e-na-a-šu-uš ... (ChS I/1 Nr. 10 Vs. I 47' u. ö.)
i.e. ***šije=na=aš=u=š***
„Die Wasser ... (sollen jmd.en reinigen)"

Gen. Sg. še-e-ni-íw-wu-ú-e-en aš-ti a-ru-u-ša-ú (Mit. III 11)
i.e. ***šen(a)=iff=u=ve=n(na)*** *ašti ar=oš=av*
„Die Frau meines Bruders habe ich gegeben."
tup-pí-ma-a-an ni-ḫa-a-ri-i-WA(=we) (Mit. III 36)
i.e. *tuppi=mân* ***niḫar(i)=i=ve***
„und nun (-*man*) die Tafel ihrer Mitgift ..."
DINGIR^{MEŠ}-na ad-da-ni-wi$_i$-na (ChS I/3-1 Nr. 1 Vs. I 71 u.ö.)
i.e. *en(i)=na* ***attani=ve=na***

93 Normalisiertes Genitiv-Zeichen.

„Die Götter des Vaters (+ na wiederaufgenommenes Pluralzeichen von *enna*)“

Gen. Pl. ni-ḫa-a-ri-a-a-še tup-pí-aš (Mit. III 45)
i.e. ***niḫar(i)=i=aš=(v)e*** *tuppi=aš*
„die Tafeln ihrer Mitgift(en) ... “

Dat. Sg. an-til-la-a-an ᴰŠi-mi-i-ge-níš a-re-e-ta še-e-ni-íw-wu-ú-a (Mit. I 106-107)
i.e. *andi=lla=ân Šimige=ne=š ar=ed=a* ***šen(a)=iff=u=va***[94]
„Und (-*an*) jene (*andi=lla*) wird der Sonnengott meinem Bruder geben.“

Dat. Pl. u-u-ul-la-a-ša KUR u-u-mi-i-in-na-a-ša (Mit. III 73)
i.e. ***ol(i)=na=aš=(v)a ômin(i)=na=aš=(v)a***
„für die anderen Länder“

Dir. Sg. ú-ú-na-a-al-la-a-an še-e-ni-íw-WA(=wu)-ta (Mit. I 115)
i.e. *un=a=lla=ân* ***šen(a)=iff=u=da***
„Und (-*an*) sie kommen zu meinem Bruder.“

Dir. Pl. DINGIR^{MEŠ}-na-aš-ta (= e-en-na-aš-ta ...) (KUB 27: 34 I 4; KUB 45: 63 IV 6)
i.e. ***en(i)=na=aš-ta***
„zu den Göttern ...“

Kom. it-ta-in-na-a-an pa-aš-ši-i-it-ḫi-íw-WA(=wu)-ra (Mit. IV 53)
i.e. *itt=ai=nna=ân* ***pašš=i=tḫ(e)=iff=u=ra***
„Und (- *an*) damit er gehen möge mit meinem Gesandten.“

Abl. a-ar-ti-i-ta-ni ... (Boğ.-Bil. KBo 32: 14 I 18)
i.e. ***ard(e)=i=dan(i)***
„Aus seiner Stadt (lief er fort)“

Instr. a-la-a-la-e ... (Boğ.-Bil. KBo 32: 15 I 11')
i.e. ***alal(i)=ae***
„Mit einem Gewand (wollen wir ihn bekleiden).“
i-šu-uḫ-na-i (Boğ.-Bil. KBo 32: 15 I 5')
i.e. ***išuḫn(i)=ae/i***
„mit Silber (wollen wir auffüllen)“

Essiv ti-ši-íw-wa-an (Mit. II 55)
i.e. ***tiš(a)=iff=a=n(na)***
„in meinem Herzen ...“

(=*nna* ist nach Girbal, ZA 80, 1990, 93 ff. als allgemeiner Personenanzeiger zu interpretieren, der für jegliches Personalpronomen stehen kann, wenn Klarheit über die auszudrückende grammatische Person besteht. Siehe auch S. 78 [g].)

ti-ši-íw-wa-ša-an (Mit. IV 113)
i.e. ***tiš(a)=iff=aš=a=n(na)***
„in unseren Herzen wir ...“

(=*nna* vertritt hier -*tilla* „wir“ bzw. „uns“, siehe Girbal, SMEA 29, 1992, 163).

---

94 Normalisiertes Dativ-Zeichen.

ti-ši-a-ša-an (Mit. I 78)
i.e. ***tiš(a)=i=aš=a=n(na)***
„in ihren Herzen uns ...“
(=*nna* vertritt hier -*tilla* „wir bzw. uns“, Girbal, ZA 80, 1990, 96).
Wie die Beispiele zum Essiv zeigen, kann die Pluralität des Substantives (*tiša*- „Herz“) bei Antritt der Possessiv-Suffixe nicht ausgedrückt werden.

Äquativ ka-a-zu-u-uš (Boğ.-Bil. KBo 32: 19 I 29, 32)
i.e. ***kaz(i)=uš***
„wie einen Becher (zerschlägt er)“

Bei Antritt der Kasus Instrumental -*ae*, Essiv -*a* und Äquativ -*uš* fallen die Themavokale fort, das Kasusmorphem tritt somit athematisch an den Stamm:

z.B.	*kazuš*	(Boğ.-Bil.)	< kazi + uš	„wie ein Becher“
	išuḫnae	(Boğ.-Bil.)	< išuḫni + ae	„mit Silber“
	šidarna	(Boğ.-Bil.)	< šidarni + a	„in den Fluch“
	ḫalzuḫla	(Boğ.-Bil.)	< ḫalzuḫli + a	„als Bürgermeister“

Ob der (zweite) Äquativ auf -*nna* aus dem Adverbialis -*nni* + Essiv -*a* zusammengesetzt ist, ist m.E. noch nicht endgültig geklärt.
tupšarr(i)=iff=u=nni „als mein Schreiber“ (Mit. IV 37)
maga=nn(i)=iff=u=nna <-nni+a „als mein Geschenk“ (Mit. II 15, 54)
Beispiel eines Adverbialis auf -*nni* + *ae*
šena=nn(i)=ae „in der Art eines Bruders, brüderlich“ (Mit. IV 12)

2. Übungsbeispiele zur „Suffixaufnahme“

1. še-e-ni-íw-wu-ú-e-ma-a-an aš-ti (Mit. IV 58)
   i.e. *šen(a)=iff=u=ve=mân ašti* (Das Bezugswort *ašti* „Frau“ steht im Absolutiv Sg., Suffixaufnahme findet nicht statt)
   „die Frau meines Bruders ...“
2. še-e-ni-íw-wu-ú-e-níš aš-ti-iš (Mit. III 7)
   i.e. *šen(a)=iff=u=ve=NE=****š*** *ašti=****š*** (Suffixaufnahme des Ergativs)
   „die Frau meines Bruders ...“
3. DINGIR^{MEŠ}-na at-ta-an-ni-wi$_i$-na (ChS I/2 Nr. 22 6')
   i.e. *en(i)=****na*** *attan(i)=ne=ve=****na*** (Suffixaufnahme des Absolutiv Pl.)
   „die Götter des Vaters“
4. DINGIR^{MEŠ}-na-a-aš-ta at-ta-an-ne-we$_e$-na-aš-ta (ChS I/2 Nr. 43 Rs. 19)
   i.e. *en(i)=na=****aš=ta*** *attan(i)=ne=ve=NA=****aš=ta*** (Suffixaufnahme des Direktiv Pl.)
   „zu den Göttern des Vaters“
5. še-e-ni-íw-wu-ú-e-ni-e-WA (=we) aš-ti-i-WA (=we) (Mit. II 6)
   i.e. *šen(a)=iff=u=ve=NE=ve ašt(i)=i=ve* (Suffixaufnahme des Genitiv Sg.)
   „der Frau meines Bruders“ (wörtl: „seiner Frau meines Bruders“)
6. tup-pè ni-ḫa-a-ar-ri-e-we ... a-ru-u-ša-uš-še-ni-e-we (Mit. III 40 f.)
   tuppe niḫar(i)=ne=ve ... ar=oš=av=šše=NE=ve (Suffixaufnahme am durch -*šše* nominalisierten Verb)
   „Die Tafel der Mitgift, die ich gegeben habe, ... “
7. še-e-ni-íw-wu-ú-e-ni-e-wa-a-tan aš-ti-i-i-we ni-ḫa-a-ri-i-ta (Mit. IV 46 f.)

i.e. *šen(a)=iff=u=ve=NE=v(e>)a=t(ta)=an ašt(i)=i=ve niḫar(i)=i=da* (Suffixaufnahme mit mehreren Attributen, der Kasus *-ta* des Bezugswortes *niḫar(i)=i=da* erscheint an den Genitivattributen nicht mehr.)
„und für die Mitgift der Frau meines Bruders"

8. ^{URU}ni-i-nu-a-a-we ^{D}ša-uš-ka-a-wa ^{D}e-e-ni-íw-wu-ú-a (Mit. III 98)
i.e. ^{URU}*Ninua=ve* ^{D}*Ša(v)uška=va en(i)=iff=u=va* (Ohne Suffixaufnahme, sog. „feste" Genitivverbindung).
„für die Ša(v)uška von Ninive, meiner Gottheit"
Mit Suffixaufnahme müßte es heißen: *^{URU}*Ninua=ve=NE=va* ^{D}*Ša(v)uška=va*
9. (Zur unregelmäßigen Suffixaufnahme siehe S. 71 2.2.5 [j])

3. Übungsbeispiele zu den enklitischen Pronomina

1. še-e-ni-íw-wu-uš-ša-ma-an ... a-gu-ka-ra-aš-ti-en (Mit. II 58)
i.e. *šen(a)=iff=u=š=**nna**=man ... ag=ugar=ašt=i=en*
„und mein Bruder möge **ihn** hersenden (*ag=ugar=ašt=i=en*)."
(Mit der Assimilierung des enklitischen Pronomens *-nna* an die Ergativendung *-š: š+nna > šša*)
2. še-e-ni-íw-wu-ú-ut-ta-a-an ... ka-til-li-e-ta (Mit. II 50)
i.e. *šen(a)=iff=u=(š)=**tta**=ân ... kad=ill=ed=a*
„und mein Bruder möge **mich** ... benachrichtigen (*kad=ill=ed=a*)."
(Mit Ausfall der Ergativmarkierung *-š* vor dem enklitischen Pronomen *-tta*)
3. a-ti-i-ni-i-in ma-a-an-na-at-ta-ma-an (Mit. II 85)
*adi=nîn mann(i >)a=**tta**=man*
„so (*adi=nin*) bin ich"
(Mit dem Wechsel von *i > a* vor dem enklitischen Pronomen *-tta*).
4. a-ti-i-ni-i-in ma-a-an-ni-i-im-ma-ma-an (Mit. III 9 f.)
adi=nîn mann=i=mmaman
„so (*adi=nin*) ist er fürwahr (*=mmaman*)"
(Kein Wechsel von *i > a*, da *-mmaman* eine Partikel ist).
5. at-ta-i-wu$_{ú}$-um-ma ^{D}A-ni-eš ... ni-ra-wu$_{ú}$-ú-um-ma ^{D}Ku-mar-we$_{e}$-ni-eš ... (KUB 47: 78 I 13)
i.e. *attai=v=u=(š)=**mma** Ani=š ... nera=v=u=(š)=**mma** Kumarbi=ne=š* ...
„Dein Vater Anu (hat) **dich** ... , deine Mutter Kumarbi (hat) **dich** ..."
6. ta-a-nu-ši-ik-kat-ta-a-an (Mit. II 5)
„und **ich** habe nicht gemacht (*tan=oš=i=kk(i>)a=**tta**=ân*)"
(Wechsel von *i > a* vor dem enklitischen Pronomen; die Verbalform ist antipassivisch).
7. a-nam-mi-til-la-a-an ^{D}te-e-eš-šu-pa-aš ^{D}ša-uš-gaš ^{D}a-ma-a-nu-ú-ti-la-an ^{D}ši-mi-i-ge-ni-e-ti-la-an ^{D}e-a-a-šar-ri-ni-e-ti-la-an ... ta-a-ta-aš-ti-te-en (Mit. I 76 ff.)
*anami=**dilla**=ân Teššuba=š Ša(v)uška=š Amanu=(š)=**dil**=an*
*Šimige=ne=(š)=**dil**=an Ea-šarri=ne=(š)=**dil**=an ... tad=ašt=i=(i)d=en*
(Kein Wechsel von *i > a* bei Adverbien wie *anami-*; Ausfall der Ergativmarkierung *-š* vor dem enklitischen Pronomen der 1. Pers. Pl. *-tilla/-til,* kein Wechsel bei An-

tritt des enklitischen Pronomens an den sog. „Artikel“ Sg. Das Objekt *-tilla* / *-til* („uns“) ist in diesem Satz vierfach vertreten).

„Und so mögen **uns** (*anami=dilla=ân*) Teššub, Ša(v)uška, Amanu, Šimige und Ea-šarri ... lieben (*tad=ašt=i=(i)d=en*).“

8 ši-ni-e-til-la-ma-an (Mit. IV 117)
šine=dilla=man
„zwei wir ... “ (Kein Wechsel von *i* > *a* bei Zahlwörtern)
tu-um-ni-il-la (KUB 10: 63 II 15)
tumni=lla
„vier sie ... “
tu-um-na-ti-ne-el-la (KBo 32: 13 I 30)
tumn(i)=ade=ne=lla
„je vier sie“(*-lla* „sie“ bezieht sich auf Finger)

4. Übungsbeispiele zu den Verben

1. *Formen des Präsens*

- ta-a-ti-a (Mit. I 74) Verbalwurzel *tad-* „lieben“
  i.e. *tad=i* (Transitivmarkierung, obligatorisch im Präs.) *=a* (Personenanzeiger 3. Pers. Sg. trans.)
  „er liebt (jmd.en)“
- ú-ri-u (KBo 32: 15 IV 2) Verbalwurzel *ur-* „wünschen“
  i.e. *ur=i* (Transitivmarkierung, obligatorisch im Präs.) *=o* (Personenanzeiger 2. Pers. Sg. trans.)
  „du wünschst (etwas)“
- ta-a-ta-ú (Mit. I 75) Verbalwurzel *tad-* „lieben“
  i.e. *tad=av* (Personenanzeiger 1. Pers. Sg. trans.; im Präs. der 1. Pers. Sg. **ohne** Transitivmarkierung)
  „ich liebe (jmd.en)“
- pa-la-a-ú (Mit. III 91, 93) Verbalwurzel *pal-* „wissen“
  i.e. *pal=av* (Personenanzeiger 1. Pers. Sg. trans.; im Präs. der 1. Pers. Sg. **ohne** Transitivmarkierung)
  „ich weiß (etwas)“
- ta-a-na-ú (Mit. II 92) Verbalwurzel *tan-* „machen, tun“
  i.e. *tan=av* (Personenanzeiger 1. Pers. Sg. trans., im Präs. der 1. Pers. Sg. **ohne** Transitivmarkierung)
  „ich mache (etwas)“
- ú-ú-na (Mit. II 14) Verbalwurzel *un-* „kommen“
  i.e. *un=a* (Intransitivmarkierung) = (Ø-Anzeiger bei der 3. Pers. Sg.)
  „er kommt“
- ú-ú-na-a-al-la(-a-an) (Mit. I 115) Verbalwurzel *un-* „kommen“
  i.e. *un=a* (Intransitivmarkierung) = *lla* (enklitisches Pronomen der 3. Pers. Pl. als Subjektanzeiger)
  „sie kommen“
- ú-na-at-ta (ChS I/5 Nr. 64 Rs. IV 3)

i.e. *un=a* (Intransitivmarkierung) = *tta* (enklitisches Pronomen der 1. Pers. Sg. als Subjektanzeiger)
„ich komme"

2. *Formen des Präteritums*
(Im Präteritum in allen Formen ohne Transitivmarkierung).

- a-ru-u-ša-ú-(ú-un) (Mit. III 2, 11) Verbalwurzel *ar-* „geben"
i.e. *ar =oš* (Präteritum) = *av* (Personenanzeiger der 1. Pers. Sg. trans.)
„ich habe (etwas) gegeben"
- ku-zu-u-šu (Mit. IV 45) Verbalwurzel *koz-* „zurückhalten"
i.e. *koz=oš* (Präteritum) = *o* (Personenanzeiger der 2. Pers. Sg. trans.)
„du hast (jmd.en) zurückgehalten"
- gu-lu-u-(u)-ša (Mit. I 83, IV 5) Verbalwurzel *kul-* „sagen"
i.e. *kul=oš* (Präteritum) = *a* (Personenanzeiger der 3. Pers. Sg. trans.)
„er hat (etwas) gesagt"
- ša-a-ru-u-ša (Mit. III 1) Verbalwurzel *šar-* „wünschen, fordern"
i.e. *šar= oš* (Präteritum) = *a* (Personenanzeiger der 3. Pers. Sg. trans.)
„er hat (etwas) gewünscht"
- id-du-u-uš-ta-(ma-a-an) (Mit. I 90, III 2, 11) Verbalwurzel *itt-* „gehen"
i.e. *itt=oš* (Präteritum)=*t* (Intransitiv)=*a* (Intransitivmarkierung) (= Ø-Anzeiger bei der 3. Pers. Sg.) = (mân enklitische Partikel)
„er/sie ist gegangen"

3. *Formen des Futurs*
(Im Futur in allen Formen ohne Transitivmarkierung).
*tad=ed=a „er wird lieben"

- ú-ni!-e-et-ta (Mit. III 12, 21) Verbalwurzel *un-* „kommen"
i.e. *un=et* (Futur) = *t* (Intransitiv) = *a* (Intransitivmarkierung) (= Ø-Anzeiger für die 3. Pers. Sg.)
„er wird kommen" (formal identisch mit „sie (Pl.) werden (sie) bringen" *un=et=t=a*)
- ka-te-e-ta-ú (Mit. III 99) Verbalwurzel *kad-* „sagen, sprechen"
i.e. *kad=ed* (Futur) =*av* (Personenanzeiger der 1. Pers. Sg. trans.)
„ich werde (etwas) sagen"
- wu-re-e-(e)-ta (Mit. III 13, 15) Verbalwurzel *fur-* „sehen"
i.e. *fur=ed* (Futur) =*a* (Personenanzeiger der 3. Pers. Sg. trans.)
„er wird (etwas) sehen"
ù at-ta-ma be-lí-ia /wu-ri-it-u-ta-an (Qaṭna, MSH02G-i0 275 Rs. 64-65)
u atta=ma belī=ia / *fur=ed* (Futur)=*o* (Personenanzeiger der 2. Pers. Sg. trans.) =*t*(*ta*) (enkl. Pron. der 1. Person Sg.) =*an* (enkl. Satzpartikel)
„und du, mein Herr, wirst mich sehen" (Das erste Satzglied ist akkadisch).

4. *Negierte indikative Formen*

- ku-zu-u-ši-úw-wu-la-an (Mit. IV 46) Verbalwurzel *koz-* „zurückhalten"
i.e. *koz=oš* (Präteritum) = *i* (Transitivmarkierung, obligatorisch vor dem Negationssuffix) = *u*(*w*)/*wa* (Negationsmorphem) =(*a*)*ffu* (Langform des Personenanzeigers der 1. Pers. Sg. trans.) = *l*(*la*) (enklitisches Pronomen der 3. Pers. Pl. Absolutiv) =*an* (Konnektivum)

„und ich habe sie nicht zurückgehalten"

- pa-aš-ši-a-a-ma (Mit. IV 55) Verbalwurzel *pašš-* „schicken"
  i.e. *pašš=i* (Transitivmarkierung)=*a* (Personenanzeiger der 3. Pers. Sg. trans.) = *ma* (Negation)
  „er schickt (etwas) nicht"
- ma-a-an-nu-uk-ku (Mit. II 91) Verbalwurzel *mann-* „sein"
  i.e. *mann=o*(Intransitivmarkierung, eigentlich *a*) =*kk* (Negationsmorphem der Intransitiven) = *o* (Intransitiv, eigentlich *a*)
  „er ist nicht"
- ta-a-nu-ši-ik-kat-ta-a-an (Mit. II 5) Verbalwurzel *tan-* „machen, tun"
  i.e. *tan=oš* (Präteritum) =*i* (Transitivmarkierung) = *kk* (Negationsmorphem) = *a* <*i* , der Transitivanzeiger *i* wird zu *a* vor den enklitischen Pronomina (**tan=oš=i=kk=i=tta*) =*tta* (enklitisches Pronomen der 1. Pers. Sg. Absolutiv als Subjektanzeiger) = ân (Konnektivum)
  „und ich habe nicht gemacht." (Der Satz ist eine Antipassiv-Konstruktion).

5. *Modalformen*

- ḫa-ši-en (Mit. II 13, III 49) Verbalwurzel *ḫaš-* „hören"
  i.e. *ḫaš=i* (Jussiv) =*en* (Personenanzeiger des Jussivs 3. Pers.)
  „er möge hören"
- ḫa-ši-i-i-li (Mit. IV 43)
  i.e. *ḫaš=i* (Jussiv) =*l+e* (Personenanzeiger des Jussivs der 1. Pers. Sg. [Voluntativ])
  „ich möchte/will hören"
- ḫa-ši-e-ni-il-la-a-an (Mit. III 40)
  i.e. *ḫaš=i* (Jussiv) =*en* (Personenanzeiger des Jussivs 3. Pers.) =*i* (Stützvokal vor) =*lla* (enklitisches Pronomen der 3. Pers. Pl. Absolutiv) =*ân* (Konnektivum)
  „und er möge sie (= *lla* Pl., gemeint sind die Worte) hören"
- kul-li (Mit. II 12, III 49, 51, IV 1) Verbalwurzel *kul-* „sagen, sprechen"
  i.e. *kul=i* (Jussiv) =*l+e* (Personenanzeiger des Jussivs der 1. Pers. Sg. [Voluntativ])
  „ich möchte/will sagen"
- ta-a-na-aš-ti-en (Mit. I 82, III 75, 78) Verbalwurzel *tan-* „machen, tun"
  i.e. *tan=ašt*(WE) =*i* (Jussiv) =*en* (Personenanzeiger des Jussivs der 3. Pers.)
  „er möge machen"
- ta-a-ta-aš-ti-te-en (Mit. I 78) Verbalwurzel *tad-* „lieben"
  i.e. *tad=ašt*(WE)= *i* (Jussiv) = (*ı*)*d* (Pluralisator) =*en* (Personenanzeiger der 3. Pers. [-(i)d + en drückt somit die 3. Pers. Pl. aus])
  „sie mögen lieben"

6. *Negierte Modalformen*

- ḫa-ša-a-ši-wa-a-en (Mit. IV 20, 110) Verbalwurzel *ḫaš-* „hören"
  i.e. *ḫaš=aš*(WE)=*i* (Jussiv) =*wa* (Negationsmorphem) =*en* (Personenanzeiger des Jussivs der 3. Pers. Sg.)
  „er möge nicht hören"
- ku-zu!-uš-ti-wa-a-en (Mit. IV 40) Verbalwurzel *koz-* „zurückhalten"

i.e. *koz=ošt* (WE)= *i* (Jussiv) = *wa* (Negationsmorphem) =*en* (Personenanzeiger des Jussivs der 3. Pers.)
„er möge nicht zurückhalten"

- pa-aš-ša-ri-i-wa-a-en (Mit. IV 54) Verbalwurzel *pašš-* „schicken"
  i.e. *pašš=ar*(WE)=*i* (Jussiv) =*wa* (Negationsmorphem) =*en* (Personenanzeiger des Jussivs 3. Pers.)
  „er möge nicht schicken"

7. *Modalformen auf -eva*

- ḫi-il-lu-li-e-wa (Mit. III 102, IV 24, 45) Verbalwurzel *ḫil(l)-* „mitteilen"
  i.e. *ḫil(l)=ol=eva*
  „ich/er könnte mitteilen"
- ka-ti-li-e-wa (Mit. IV 18) Verbalwurzel *kad-* „sagen, sprechen"
  i.e. *kad=il=eva*
  „ich/er könnte sagen"
- ta-a-du-ka-a-ar-ri-e-wa (Mit. III 65, IV 123) Verbalwurzel *tad-* „lieben"
  i.e. *tad=ugar=il=eva* (*r+il > rr*)
  „ich (=*tta*) hege bzw. wir (=*tilla*) hegen gegenseitige Freundschaft"
  (Die Subjektanzeiger =*tta* bzw. =*tilla* sind an den Satzanfang gestellt.)

8. *Durch -šše nominalisierte Verbalformen*

- ti-we-e-e-na ta-a-nu-ša-a-uš-še-na (Mit. I 73)
  Nominalwurzel *tive* „Wort, Sache" Verbalwurzel *tan-* „machen, tun"
  i.e. *tive=na tan=oš*(Präteritum) =*av*(Personenanzeiger der 1. Pers. Sg. trans.) =*šše* (Morphem zur Nominalisierung der Verbalform) =*na* (wiederaufgenommener Pluralanzeiger des Bezugswortes *tive=na*)
  „Die Dinge, die ich getan habe, ... "
- ti-we-e-na^{MEŠ} ta-a-nu-u-ša-a-aš-še-na (Mit. III 56)
  i.e. *tive=na tan=oš*(Präteritum) =*a*(Personenanzeiger der 3. Pers. Sg. trans.) =*šše* (Morphem zur Nominalisierung der Verbalform) =*na* (wiederaufgenommener Pluralanzeiger des Bezugswortes *tive=na*)
  „Die Dinge, die er getan hat, ..."

9. *Beispiel eines durch die Relativpartikel ije-/ija- eingeleiteten Relativsatzes und einer durch -šše nominalisierten Verbalform*

- i-i-al-li-e-ni-i-in ^{I}Ar-ta-ta-a-maš am-ma-ti-íw-wu-uš ... ti-we-e-na^{MEŠ} ta-a-nu-u-ša-a-aš-še-na (Mit. III 52 f.)
  i.e. *ija=lle=nîn Artatama=š ammad(e)=iff=u=š ... tive=na tan=oš=a=šše=na*
  „Die Dinge, die Artatama, mein Großvater, ... , getan hat, waren ..

III. Textproben und Textanalysen

1. Allgemeine Bemerkungen

a) *Kurzgefaßte Forschungsgeschichte*

Kurz nach dem Bekanntwerden des 1887 in Tell el-Amarna in Ägypten entdeckten Mittani-Briefes begann die Erforschung der Sprache dieser Urkunde. Eine erste Autographie publizierten Winckler und Abel 1889 (Hugo Winckler/Ludwig Abel, Der Thontafelfund von el-Amarna, in: Mitteilungen aus den Orientalischen Sammlungen, Königliche Museen zu Berlin, Hefte 1-3, Berlin 1889-90). 1915 folgte eine weitere Autographie des Briefes durch O. Schröder (s. unten).

Da man den Mittani-Brief als Quasi-Bilingue zu den übrigen akkadisch geschriebenen Briefen Tušrattas benutzen konnte, gelangen schon bald erste Deutungsversuche der Sprache. 1890 veröffentlichte Peter Jensen im 5. Band der ZA einen Artikel, der einen ersten Einblick in diese Sprache bot. Pionierarbeit zum Mittani-Brief leisteten auch Rudolph E. Brünnow und Archibald H. Sayce (R. E. Brünnow, Die Mitani-Sprache, ZA 5, 1890, 209-259; A. H. Sayce, The Language of Mitanni, ZA 5, 1890, 260-274; ders., The Language of Mitanni, Proceedings of the Society of Biblical Archaeology 22, 1900, 171-225). Wenige Jahre später erschien 1894 von Jensen ein weiterer Beitrag zum Hurritischen des Mittani-Briefes (ZDMG 48, 1894, 235-352, 429-485), in dem er die Abfolge einiger Suffixe beschrieb, unter anderem die Reihe -ni-e-bi am Nomen, die er zu diesem Zeitpunkt noch als Gentilizendung mißverstand. 1899 veröffentlichte Jensen dann seinen grundlegenden Artikel „Zur Erklärung des Mitanni", in ZA 14, 1899, 173-181, in dem er auch die Deutung ganzer Textstellen bot. In diesem Beitrag revidierte er seine Auffassung über die „Gentilizendung" -ni-e-bi und interpretierte dieses Phänomen als das, was wir heute „Suffixaufnahme" nennen.

Nur wenige Monate später publizierte Leopold Messerschmidt eine erste monographische Behandlung des Briefes, und zwar die „Mitanni-Studien", in MVAG 4, Heft 4, Berlin 1899. Er bot in diesem Beitrag zum ersten Mal eine Interpretation des ganzen Briefes mit einer Zusammenstellung der bisher erzielten grammatischen Ergebnisse. Auch das Phänomen der „Suffixaufnahme" (Messerschmidt nannte es „Suffixanreihung") hatte er richtig erkannt.

Von Friedrich Bork erschien 1909 die Schrift „Die Mitannisprache" in MVAG 14, Heft 1/2. Neben einer neuen, vollständigen Gesamtinterpretation äußerte sich Bork auch zur Verwandtschaft der Sprache des Mittani-Briefes. Danach sei die Sprache des Mittani-Briefes nicht nur mit dem Elamischen, sondern auch mit Kaukasussprachen verwandt. In seinem 1939 in Königsberg erschienenen Buch „Der Mitani-Brief und seine Sprache" (Altkaukasische Studien I) wiederholte Bork im großen und ganzen seine Theorie zur Sprachverwandtschaft des Hurritischen, eine Theorie, die bei der damaligen Forschung keine Anerkennung fand.

Die Verwandtschaft der „Mittani-Sprache" mit dem Urartäischen, einer vom neunten bis zur Mitte des siebten Jahrhunderts v. Chr. überlieferten Sprache, war bereits 1890 von Sayce (ZA 5, 1890, 260-274) und 1891 von Jensen (P. Jensen, Vorstudien zur Entzifferung des Mitanni II, ZA 6, 1891, 34-72) erkannt worden.

Erneutes Interesse gewann der Mittani-Brief durch zwei neu entdeckte Archive: Die aus Boğazköy bekannt gewordenen hurritischen Texte konnte Bedrich Hrozný 1915 als mit der „Mittani-Sprache" identisch erweisen (B. Hrozný, MDOG 56, 1915, 41-43). Die Grabungen in Ugarit erbrachten 1930 das sumerisch-hurritische Vokabular, das Thureau-Dangin schon ein Jahr nach der Auffindung in einer Bearbeitung vorlegen konnte (F. Thureau-Dangin, Vocabulaires de Ras-Shamra, Syria 12, 1931, 225-266).

Weitere Textfunde mit hurritischem Sprachmaterial aus Boğazköy, Ugarit, Mari und Nuzi gaben der Forschung am Hurritischen neue Impulse. In den dreißiger und vierziger Jahren waren es insbesondere C.-G. von Brandenstein[95], J. Friedrich, A. Goetze[96] und E. A. Speiser[97], die sich dem Hurritischen widmeten.

Johannes Friedrich (s. unten) legte 1932 eine bis heute gültige Transliteration des Mittani-Briefes vor. In den folgenden Jahren veröffentlichte er einige Beiträge zum Hurritischen (und Urartäischen) und 1939 seine „Kleinen Beiträge zur hurritischen Grammatik" (MVAeG 42, 2). 1969 folgte dann im HdO ein weiterer Abriß der hurritischen Sprache mit einigen Textproben aus dem Mittani-Brief (J. Friedrich, „Churritisch", in: HdO, I/2, 1./2. Abschn., Lfg. 2; Altkleinasiatische Sprachen, Leiden/Köln, 1-39).

C.-G. von Brandenstein veröffentlichte einige Artikel zum hurritischen Lexikon (ZDMG 91 (= N.F. 16), 1937, 555-576; ZA 46 (= N.F. 12) 1940, 83-115).

A. Goetze veröffentlichte ebenfalls zahlreiche Artikel, unter anderem zum hurritischen Verbalsystem (RHA 5, 1939, 103-108; ders., Language 15, 1939, 215-220; Language 16, 1940, 124-140).

E. A. Speiser publizierte 1941 die erste umfangreiche Grammatik des Hurritischen.

1943 veröffentlichten die Autoren I. J. Gelb, P. M. Purves und A. A. MacRae die Personennamen aus Nuzi (NPN = OIP 57).

E. Laroche veröffentlichte 1955 die in Ugarit entdeckte akkadisch-hurritische Bilingue in „Le palais royal d' Ugarit III" (= Mission des Ras Shamra VI), Paris, und in RA 51, 1957, 104-106 die hurritischen Mari-Texte. Weitere wichtige Beiträge sind in RA 54, 1960, 187-202 und Ugaritica V, 1968, erschienen.

Seit Mitte der sechziger Jahre sind mehrere Gesamtdarstellungen der hurritischen Grammatik erstellt worden (Bush 1964; Diakonoff 1971; Thiel 1974 und Chačikjan 1985), ein Glossar lieferte Laroche 1980. Den Grammatiken von Bush, Diakonoff und Chačikjan fehlen einige in neuerer Zeit erarbeitete wichtige grammatische Erkenntnisse, wie z.B. die Satzkonstruktion des Antipassivs. Studien zum hurri-

95 „Zum churritischen Lexikon", ZA 12, 1940, 83-115; ders., ZDMG 91, 1937, 555-576 (über die Identifizierung hurritischer Wörter in alphabetischer Schrift von Ugarit-Texten mit solchen der religiösen Texte aus Boğazköy).

96 Z.B. RHA 5, 1940, 193-204; JAOS 60, 1940, 217-223; JCS 2, 1948, 255-269.

97 Z.B. AASOR 16, 1935/36, 131-142; JAOS 58, 1938, 173-201; JAOS 59, 1939, 289-324.

tisch-urartäischen Sprachvergleich sind insbesondere mit den Namen Diakonoff (1957, 1967 und 1971) und Salvini (zahlreiche Artikel) verbunden.

Seit der Mitte der siebziger Jahre haben sich vor allem V. Haas, M. Salvini, I. Wegner und G. Wilhelm dem Hurritischen zugewandt. (Erstellung des Corpus der hurritischen Sprachdenkmäler von 1984-2006). M. L. Chačikjan veröffentlichte seit 1975 mehrere Artikel zur Dialektgliederung des Hurritischen.

Seit 1980 erscheinen regelmäßig Editionen von Nuzi-Texten durch G. Wilhelm (Archiv des Šilwa-teššup).

Seit Ende der achtziger Jahre hat die Forschung am Hurritischen durch den Fund der hurritisch-hethitischen Bilingue einen erneuten Auftrieb erhalten. Zahlreiche Artikel sind seither von V. Haas, M. Giorgieri, E. Neu, I. Wegner und G. Wilhelm zu diesem Thema erschienen. 1996 publizierte E. Neu in StBoT 32 die Gesamtbearbeitung der Bilingue.

Auch die Arbeit am Mittani-Brief ist durch Artikel von Chr. Girbal, I. Wegner, G. Wilhelm und M. Giorgieri weiter vorangetrieben worden.

Die neuen Textfunde (2002 und 2003) aus Qaṭna versprechen weitere Einblicke in das Hurritische Nordsyriens.

(Ausführlich ist die Forschungsgeschichte bei Friedrich, HdO II,1,2, 6 ff. und Wilhelm, Grundzüge, 2 ff., beschrieben).

b) *Wichtige Veröffentlichungen zum Mittani-Brief sind:*

1. Autographie: O. Schroeder, Die Tontafeln von El-Amarna, VAS 12 Nr. 200, Leipzig 1915. Neudruck der Ausgabe: Osnabrück 1973.
2. Transkription von J. Friedrich, in: Kleinasiatische Sprachdenkmäler, Berlin 1932, 9-32.
3. Übersetzungen: G. Wilhelm, in: W. L. Moran, Les lettres d'El Amarna, 1987, 139-151; ders., in: W. L. Moran, The Amarna Letters, Baltimore und London 1992, 63-71 (überarbeitete englische Fassung der französischen Ausgabe). M. Giorgieri, La lettera in hurrita, in: Le lettere di el-Amarna, vol. 2, Le lettere dei „Grandi Re", ed. M. Liverani. Testi del Vicino Oriente antico, Brescia 1999, 374-391.
4. Grammatiken: E. A. Speiser, Introduction to Hurrian (AASOR XX), New Haven 1941, (in Teilen überholt). F. W. Bush, A Grammar of the Hurrian Language, Ann Arbor, 1964.
   J. Friedrich, „Churritisch", in: HdO, I/2, 1./2. Abschn., Lfg 2, Altkleinasiatische Sprachen, Leiden/Köln 1969, 1-30. I. M. Diakonoff, Hurrisch und Urartäisch (MSS Beiheft 6 NF), München 1971. M. L. Chačikjan, Churritskij i urartskij jazyki, Erevan 1985. M. Giorgieri, Schizzo grammaticale della Lingua Hurrica, in: La Civiltà dei Hurriti. La Parola del Passato, vol. 55. Napoli 2000, 171-277.
5. Wörterbuch: E. Laroche, Glossaire de la langue hourrite, Paris 1980.

Der Mittani-Brief umfaßt ca. 500 Zeilen, mehrere der Paragraphen sind stark beschädigt. Die genaue Anzahl der Paragraphen läßt sich aufgrund einiger größerer

Lücken nicht feststellen. Die Paragrapheneinteilung erfolgt nach Wilhelm, The Amarna Letters, 63 ff.

Die Tafel befindet sich jetzt im Vorderasiatischen Museum der Staatlichen Museen zu Berlin unter der Inventarnummer VAT 422.

Zur Transkiption: Die Transkription (eigentlich Transliteration) ist J. Friedrich, Kleinasiatische Sprachdenkmäler, entnommen. Die hier wiedergegebene Transkription hält sich im wesentlichen an die von Friedrich gebotene. Abweichend von Friedrich werden die inlautenden Silbenzeichen AB, IB und UB mit áw, íw und úw (nicht aw, iw, uw) umschrieben, wenn das folgende Silbenzeichen mit w anlautet; auch wird – bis auf wenige Ausnahmen – der Lautwert mit der niedrigsten Indexziffer eingesetzt, also be, bi und nicht pè, pí.

Zur morphemanalytischen Umschrift: Ein â, ê, î usw. zeigt lediglich Plene-Schreibung des Vokals bestimmter Formen an. Normalisiert wird das Genitivzeichen als -ve und das Dativzeichen als -va wiedergegeben, auch wenn sie nach /u/ ú-e [we] bzw. ú-a [wa] bezeichnen.

Nur in den morphemanalytischen Umschriften werden die kurzen Konsonanten in ihrem phonetischen Wert dargestellt. Haček wird beibehalten, auch wird konsequent ḫ (und nicht ġ) geschrieben.

2. Textproben aus dem Mittani-Brief

Lektion 1

§ 8 Transkription der Zeilen 74 – 82 (= Mit. I 74-82) nach Friedrich, 1932. Paragraphenzählung nach Wilhelm, Letters, 63 ff.

74 i-nu-ú-ut-ta-a-ni-i-in ḫé-en-ni še-e-ni-íw-wu-uš ta-a-ti-a

75 [i]-nu-ú-me-e-ni-i-in ḫé-en-ni še-e-ni-íw-we i-ša-aš ta-a-ta-ú

76 a-nam-mi-til-la-a-an [^{D}T]e-e-eš-šu-pa-aš ^{D}Ša-uš-gaš ^{D}A-ma-a-nu-ú-ti-la-an

77 ^{D}Ši-mi-i-ge-ni-e-ti-la-an ^{D}E-a-a-šar-ri-ni-e-ti-la-an ma-an-šu-u-til-la-a-an

78 DINGIR^{MEŠ} e-e-en-na-[š]u-uš ti-ši-a-ša-an tiš-ša-an tiš-ša-an ta-a-ta-aš-ti-te-en

79 ge-ra-aš-še-n[a-ša-til-l]a[1]-a-an ša-wa-al-la-ša bi-su-un-ni-en tiš-ša-[a]n tiš-ša-an

80 b[i]-su-uš-ta-iš ú-ú-ra-ú-ša-a-aš-še-na-a-ma-a-an ti-we-e-e^{MEŠ}

81 wa-aḫ-ru-un-ni-en iš-ta-ni-íw-wa-ša ag-gu-uš a-gu-ú-a

82 e-ti-i-i-ta ta-a-na-aš-ti-en ni-i-ru-ša-e tiš-ša-an

---

79 (1) Zu dieser Lesung und Ergänzung siehe Speiser IH 120 Anm. 155.

Morphemanalytische Umschrift (auf eckige Klammersetzung wird verzichtet):

74 inu=tta=nîn ḫenni šen(a)=iff=u=š tad=i=a

75 inu=mê=nîn ḫenni šen(a)=iffə iša=š tad=av

76 anammi=dilla=ân ^{D}Teššuba=š ^{D}Ša(v)uška=š ^{D}Amanu=(š)=dil=an

77 ^{D}Šimige=ne=(š)=dil=an ^{D}Ea-šarri=ne=(š)=dil=an man=š=o=(š)=dilla=ân

78 DINGIR^{MEŠ} en(i)=na=aš=u=š tiš(a)=i=aš=a=n(na) tiššan tiššan tad=ašt=i=(i)d=en

79 ker=a=šše=na=aš=a=dilla=ân šaval(i)=na=aš=a pic=o=nni=n(na) tiššan tiššan

80 pico=(o)št=ai=š ûr=av=ša=šše=na=mân tivê^{MEŠ}

81 faḫr=o=nni=n(na) ištan(i)=iff=aš=(v)a akku=š agu=va

82 ed(i)=i=da tan=ašt=i=en nîr=o=š(e)=ae tiššan

Übersetzung (vgl. Wilhelm, Letters, 64):

74 Wie nun mein Bruder mich jetzt liebt,

75 und wie ich jetzt meinen Bruder liebe,

76 so mögen uns Teššub, Ša(v)uška, Amanu,

77 Šimige und Ea-šarri, sie

78 die Götter, uns in ihren Herzen sehr sehr lieben,

79 so daß/damit wir uns (= *n*[*na*]) für lange Jahre freudig sehr sehr

80 freuen mögen. Die Dinge, die wir uns (= *n*[*na*]) wünschen,

81 in guter Weise untereinander (wörtl.: in unserer Mitte), möge der eine in bezug auf den anderen

82 machen, *in sehr schöner Weise*?

Kommentar:

74 inu- satzeinleitende Konjunktion „wie“ + tta enkl. Pronomen 1. Pers. Sg. Absolutiv, hier direktes Objekt des ergativischen Satzes, also „mich“, + nîn Partikel.

ḫenni Adverb „jetzt“

šen(a)- „Bruder“ + iff Possessiv-Suffix 1. Pers. Sg. + u Bindevokal vor Kasus + š Ergativmorphem.

tad- „lieben“ + i Transitivmarkierung, obligatorisch im Präsens bei der 3. Pers. Sg. (ebenso bei der 2. Pers. Sg.), + a Personenanzeiger der 3. Pers. Sg. des transitiven Verbs.

75 inu- „wie“ + mê pronominales Element der 3. Pers. Sg., Allomorph zu *-nna*. Das Allomorph *-mê-* erscheint nur bei satzeinleitenden Konjunktionen wie *inu-, unu-* usw., + nîn.

ḫenni Adverb „jetzt“

šen(a) „Bruder“ + iffə, Gestalt des Possessiv-Suffixes der 1. Pers. Sg. im absoluten Auslaut.

iša=š „ich“, selbständiges Personalpronomen der 1. Pers. Sg. Ergativ, als Hervorhebung des Subjekts.

tad- „lieben“ + av Personenanzeiger 1. Pers. Sg. des transitiven Verbs als Subjektanzeiger.

76 anammi- Adverb „so“ + tilla [-dilla], Langform des enkl. Pronomens der 1. Pers. Pl. Absolutiv, hier direktes Objekt des ergativischen Satzes, also „uns“, + ân Konnektivum; die phonetische Länge des Vokals des Morphems */an/* ergibt sich nur dann, wenn */an/* an ein auf *-a* auslautendes Morphem tritt (Girbal, ZA 78, 1988, 135).

Teššuba, Name des Wettergottes, + š Ergativ. Das *a* vor dem Ergativsuffix legt einen vokalischen Auslaut des Namens nahe. Die Lautung dürfte in etwa: /tessovə/ oder /tessobə/ sein. Vgl. die Namensform im Urartäischen, die ebenfalls vokalisch auslautet: Teišeba.

Ša(v)uška bedeutendste hurritische Göttin, deren Name in etwa „die überaus große (Gottheit)“ bedeutet, + š Ergativmarkierung; Amanu, Name des ägyptischen Gottes Amon, + (š Ausfall der Ergativmarkierung) + til [-dil] Kurzform des enkl. Pronomens der 1. Pers. Pl. Absolutiv als wiederholter Objektanzeiger, + an Konnektivum.

77 Šimige, Name des hurritischen Sonnengottes, + ne sog. „Artikel“ + (š Ausfall der Ergativmarkierung) + til [-dil] Kurzform des enkl. Pronomens der 1. Pers. Pl. Absolutiv (als wiederholter Objektanzeiger), + an Konnektivum.
Ea-šarri nicht-hurritische Gottheit babylonischen Ursprungs + ne sog. „Artikel“ + (š Ausfall der Ergativmarkierung) + til [-dil] Kurzform des enkl. Pronomens der 1. Pers. Pl. (wiederholter Objektanzeiger), + an Konnektivum. Eigenartigerweise wird der GN *Ea* nicht wie sonst allgemein üblich mit dem Keilschriftzeichen É sondern mit dem Zeichen E geschrieben.
man- Wurzel des selbständigen Pronomens der 3. Pers. + š Pluralisator + o Bindevokal vor Kasus + (š ausgefallenes Ergativmorphem), + tilla [-dilla] Langform des enkl. Pronomens der 1. Pers. Pl. Absolutiv + ân Konnektivum: also „sie (*man=š=o=(š)* 3. Pers. Pl. Ergativ) uns (*-tilla*)“. In diesem Satz erscheint *-tilla* + *an* in fünffacher Wiederholung.
78 en(i) „Gott“ + na Artikel Pl. + aš Pluralisator + u Bindevokal + š Ergativ.
tiš(a) „Herz“ + i Possessiv-Suffix der 3. Pers. + aš Pluralisator (-i+aš = 3. Pers. Pl.) + a Essiv + n(na) eigentlich enkl. Pronomen der 3. Pers. Sg., vertritt hier die 1. Pers. Pl. (Siehe dazu Girbal, ZA 80, 1990, 94 ff. Danach kann *-nna* als neutraler Pronomenanzeiger fungieren, der sowohl die 1. Pers. Sg. als auch die 1. Pers. Pl. vertreten kann).
Bei Antritt des Possessiv-Suffixes der 3. Pers. Sg. oder Pl. fällt der Endvokal des Substantives, in diesem Falle der Vokal *a*, weg.
tiššan Adverb „sehr“, hier verdoppelt (wie häufig).
tad- „lieben“ + V($_{\text{okal}}$)št WE + i Jussiv + (i)t [-(i)d] Pluralisator + en Personenanzeiger des Jussivs der 3. Pers. Es handelt sich also um eine Verbalform der 3. Pers. Pl. des Jussivs.
79 ker- „lang“ + a + šše Adjektive bildender Formant + na Artikel Pl. + aš Pluralisator + a Dativ oder Essiv + tilla [-dilla] Langform des enkl. Pronomens der 1. Pers. Pl. Absolutiv + ân Konnektivum.
šav(a)l(i) „Jahr“ + na Artikel Plural + aš Pluralisator + a Dativ oder Essiv.
pic=o=nni- Adjektiv, kann auch als Adverb verwendet werden, „freudig, in freudiger Weise“ + n(na) eigentlich enkl. Pron. 3. Pers. Sg., vertritt hier offenbar die 1. Pers. Pl. *-tilla.* (Wilhelm, Double Case, 1995, 124 Beispiele [45], [46] und [47] sieht in dem auslautenden *-n* den verkürzten Ablativ-Instrumentalis *-ne*).
80 pico- „sich freuen“ + št Allomorph der WE -ošt- + ai Formant des Debitiv-Finalis + š Pluralisator. (Zu dem Verb *pico-* und seiner Ableitung siehe Girbal, ZA 80, 1990, 95 ff. Danach ist *pico=št-* eine denominale Ableitung von *pico-* „Freude“, abgeleitet mittels des Formanten /*št*/, der wiederum ein Allomorph zu /*Všt*/ (V=Vokal) ist. Der Formant /*Všt*/ fungiert somit als denominaler Verbalisator).
ûr- „wünschen“ + av Personenanzeiger der 1. Pers. Sg. trans. + š(a) Pluralisator (-av+ša = 1. Pers. Pl.) + šše Morphem zur Nominalisierung der Verbalform + na bestimmter Pluralanzeiger, nimmt die Pluralität des Bezugs-

wortes tive^{MEŠ} auf, + mân Partikel. Syntaktisch handelt es sich um einen Relativsatz ohne die Relativpartikel *ije-*.

tive- „Wort, Sache“, das Wort hat kein hurritisches grammatisches Zeichen der Pluralität, es ist aber durch das Morphem *-na* im Relativsatz als pluralisch gekennzeichnet.

81 faḫr(i)- „gut“ + o Derivationsvokal + nni Adjektive bildendes Morphem + n(na) eigentlich enkl. Pronomen der 3. Pers. Sg., vertritt hier die 1. Pers. Pl. (Siehe oben Wilhelms Beispiel Nr. 45).

ištan(i)- „Mitte“ + iff Possessiv-Pronomen 1. Pers. + aš Pluralisator (iff+aš = 1. Pers. Pl.) + (v)a Dativ oder Essiv, wörtl.: „in unserer Mitte“, vielleicht als ein Ausdruck für „untereinander?“ zu deuten.

akku- ... agu- Alternativpronomen „der eine ... der andere“.

akku + š Ergativmarkierung, agu + (v)a Dativ.

82 ed(i)- eigentlich „Körper“ + i Possessiv-Pronomen 3. Pers. Sg. + ta [-da] Direktiv; die Form fungiert hier als Postposition in der Bedeutung „in bezug auf, wegen, für“. Die Postposition verlangt den Dativ (oder Direktiv) des Bezugswortes, hier den Dativ *agu=(v)a.*

tan- „machen“ + V$_{\text{(okal)}}$št WE + i Jussiv + en Personenanzeiger des Jussivs der 3. Pers.

nirošae Adverb „in guter Weise“, zu *nîri* „gut“ (nir(i) + o + š(e) + ae).

tiššan Adverb „sehr“.

Lektion 2

§ 20 Transkription der Zeilen 11-20 (= Mit. III 11-20) nach Friedrich, 1932. Paragraphenzählung nach Wilhelm, Letters, 66.

11 un-du-ma-a-an še-e-ni-íw-wu-ú-e-en aš-ti a-ru-u-ša-ú id-du-u-uš-ta-ma-a-an

12 še-e-ni-íw-wu-ta in-na-a-ma-a-ni-i-in (Rasur) ú-ni(Text ú)-e-et-ta

13 še-e-ni-íw-wu-uš-ša-a-an wu-ri-e-ta a-ru-u-ma-a-aš-šu-ḫi-ḫa ú-na-a-an

14 še-e-ni-íw-wu-ú-a ši-ra-a-an še-e-ni-íw-wu-ú-e-ni-e-en-na ti-ša-a-an-na

15 ni-ḫa-a-ri-ma-a-an gu-ru še-e-ni-íw-wu-uš wu-ri-e-e-ta

16 a-ru-u-ši-im-pu-ú-uš-ḫa u-u-lu-u-ḫa-a-ti-la-an zu$^{!}$-kán e-ši-íw-wa-a-aš-tan

17 ma-a-an-nu-uk-ka-ti-la-an a-a-wa-ad-duḫ-ḫa še-e-ni-íw-wu-ú-a-al-la-a-an

18 ge-pa-a-nu-ša-a-uš-še-na ge-pa-a-nu-ša-a-ul-la-ma-an wu-ri-e-ta-a-al-la-a-an

19 še-e-ni-íw-wu-uš (Rasur) ú-na-a-la-an

20 še-e-ni-íw-wu-ú-a ti-i-ḫa->ni<[1]-níš-ḫa-la-an ip-šu-ši-i-la-an

---

20 (1) Die Lesung erfolgt aufgrund der Stelle Kol. IV 49 ip-šu-ši-i-in ti-i-ḫa-níš-ḫi-i-in

Morphemanalytische Umschrift:

11 undo=mân šen(a)=iff=u=ve=n(na) ašti ar=oš=av itt=oš=t=a=mân
12 šen(a)=iff=u=da inna=mâ=nîn un=et=t=a (alternativ un=et=t=a)
13 šen(a)=iff=u=š=nna=ân fur=ed=a ar=om=ašš=oḫ=i=ḫ(e)=a un=a=ân
14 šen(a)=iff=u=va šir=a=ân šen(a)=iff=u=ve=NE=nna tiša=nna
15 niḫari=mân kuru šen(a)=iff=u=š fur=ed=a
16 ar=oš=(i)=imbu=š(še)=ḫ(e)=a ôl=ôḫ=a=dil=an zugan eš(e)=iff=aš=tan
17 mann=o=kk(o>)a=dil=an awatt(i)>u/o=ḫḫ(e)=a šen(a)=iff=u=va=lla=ân
18 keban=oš=av=šše=na keban=oš=av=lla=man fur=ed=a=lla=ân
19 šen(a)=iff=u=š un=a=l(la)=an
20 šen(a)=iff=u=va tîḫan=>in<=i=šḫ(i>)a=l(la)=an ipš=oš=i=l(la)=an

---

Übersetzung (vgl. Wilhelm, Letters, 66 f.):

11 Nun habe ich die Frau meines Bruders gegeben und sie ist gegangen
12 zu meinem Bruder. Wenn sie (Pl.) sie (-mâ- Sg.) bringen (alternativ: wenn sie kommt),
13 wird mein Bruder sie sehen, *in der Art, in der sie gegeben worden ist.* Und sie kommt
14 zu meinem Bruder. Und sie entspricht dem Herzen meines Bruders. (Wilhelm: Und sie ist angenehm dem Herzen meines Bruders).
15 Eine Mitgift fernerhin wird mein Bruder sehen,
16 *in der Art, in der sie gegeben wurde.* Wir sind von unseren Orten aus
17 einander dennoch nahe und wir sind nicht fern voneinander.
18 Die (Dinge), die ich meinem Bruder geschickt habe, sie (d.h. die Dinge) habe ich geschickt. Sehen wird sie
19 mein Bruder. Und sie (d.h. die Dinge) kommen
20 zu meinem Bruder. Und *die Gezeigten (Dinge) haben gefallen.*

Kommentar:

11 undo Adverb „nun, also" + mân Partikel.
šen(a)- „Bruder" + iff Poss.-Pron. 1. Pers. Sg. + u Bindevokal + ve Genitiv + n(na) Kurzform des enkl. Pronomens der 3. Pers. Sg., als Hinweis auf ein singularisches direktes Objekt, hier das folgende *ašti.*
ašti „Frau" steht im Absolutiv Sg., als direktes Objekt des ergativischen Satzes.
ar- „geben" + oš Präteritum + av Personenanzeiger der 1. Pers. Sg., als Subjekt des transitiven Satzes.

itt- „gehen“ + oš Präteritum + t Intransitivmarkierung + a weiterer Intransitivanzeiger (Ø-Anzeiger für die 3. Pers. Sg.).

12 šen(a)- „Bruder“ + iff Poss.-Pron. 1. Pers. Sg. + u Bindevokal + ta Direktiv.
inna- temp. Konjunktion „wenn“ + mâ pronominale Vertretung der 3. Pers. Sg. Absolutiv + nîn Partikel.
un- transitiv „bringen“ + et Futur + t Pluralität des Subjekts + a Personenanzeiger 3. Pers. Sg. als Subjekt des transitiven Satzes (die Morphemkombination t + a drückt dann die 3. Person Plural des Agens aus).
Alternativ : un- intransitiv „kommen“ + et Futur + t Intransitivmarkierung + a weiterer Intransitivitätsanzeiger (Ø-Anzeiger für die 3. Pers. Sg.).

13 šen(a)- „Bruder“ + iff Poss.-Pron. 1. Pers. Sg. + u Bindevokal + š Ergativ + nna enkl. Pronomen 3. Pers. Sg., vertritt das Objekt des transitiven Satzes; (die Lautfolge -š+nna wird > *šša*) + ân Konnektivum.
fur- „sehen“ + et Futur + a Personenanzeiger 3. Pers. Sg. transitiv.
ar=om=ašš=oḫ=i=ḫ(e)=a unklare Ableitung von der Verbalwurzel *ar-* „geben“ (siehe Bush GHL 147 und die Übersetzung 265). Die Form steht wohl im Essiv auf *-a*.
un- „kommen“ + a Intransitivitätsanzeiger (Ø-Anzeiger für die 3. Pers.) + ân Konnektivum.

14 šen(a)- „Bruder“ + iff Poss.-Pron. 1. Pers. Sg. + u Bindevokal + va Dativ. Dativ und Direktiv können bedeutungsgleich sein.
šir- Verbalwurzel, mit dem Äquativ konstruiert, bedeutet „entsprechen, genügen“ (Girbal, ZA 78, 1988, 131); ein anderer Bedeutungsansatz ist „angenehm sein, erfreulich sein“ (Wilhelm, Letters, 66) + a Intransitiv (Ø-Anzeiger für die 3. Pers. Sg.) + ân Konnektivum. Das Verb ist intransitiv.
šen(a)- „Bruder“ + iff Poss.-Pron. 1. Pers. Sg. + u Bindevokal + ve Genitiv + NE Trägersuffix + nna Kasus Äquativ, wiederaufgenommenes Kasuskennzeichen des Bezugsnomens *tiša=nna* (Girbal, ZA 78, 1988, 131; alternativ Wilhelm s. u.).
tiša- „Herz“ + nna Äquativ (alternativ Wilhelm, siehe gleich).
Alternative Analyse des Syntagmas (nach Wilhelm, Orientalia 54, 1985, 495): šen(a) + iffu + ve + NE + nn(i) + a tiša + nn(i) + a. Es handelt sich nach dieser Analyse um eine adverbielle Bildung auf *-nni* im Lokativ bzw. Essiv auf *-a*, die ebenfalls kongruenzfähig sein muß, da sie am Genitiv des Bezugsnomens wiederaufgenommen ist.

15 niḫari „Mitgift“ steht im Absolutiv Sg., als direktes Objekt des ergativischen Satzes, + mân Partikel.
kuru Partikel „wieder, wiederum; fernerhin“ (Bush GHL 324: „again, in return“).
šen(a)- „Bruder“ + iff Poss.-Pron. 1. Pers. Sg. + u Bindevokal + š Ergativ; die Form ist das Subjekt des Satzes.
fur- „sehen“ + et Futur + a Personenanzeiger der 3. Pers. Sg. transitiv.

16 ar=oš=(i)=imbu=š(še)=ḫ(e)=a unklare Ableitung von der Verbalwurzel *ar-* „geben“ (siehe Bush GHL 147: adjektivisch im Stativ auf *-a*; Fincke, SCCNH 7, 1995, 11: Zugehörigkeitsadjektiv auf *-ḫ(ḫe)* von Abstrakta auf

-š(še), -imbu ist ein verbales Element, das seine Position in der verbalen Suffixkette sofort nach den Tempussuffixen einnimmt (siehe Tabelle 8); Bedeutung und Funktion sind unbekannt. Ob das Suffix weiter segmentierbar ist, etwa *-i=(i)m=b=u=* und welche Funktion dann den einzelnen Segmenten zuzuordnen ist, ist ebenfalls unklar. Es erscheint nur in Formen auf *-š(š)e-*, *-ḫ(ḫ)e-* und meist im Kasus auf *-a* „Essiv". Der Kontext des Satzes verlangt eine Vergangenheitsform, die durch das Morphem *-oš-* gegeben sein könnte. Der Vokal *-i-* kann jedoch kaum der Transitivanzeiger sein, da er in vergleichbaren intransitiven Formen ebenfalls auftritt (Bush GHL 193 ff.).

ôl=ôḫ- „nahe sein" + a Intransitiv + til Kurzform des enkl. Pronomens der 1. Pers. Pl., als Subjekt des intransitiven Satzes + an Konnektivum. (Der Bedeutungsansatz für das Verb *ôlôḫ-* geht auf Girbal, SMEA 29, 1992, 166, zurück. Das Verb *ôlôḫ-* ist nicht mit dem Verb *ulluḫ-* zu verwechseln, das in etwa „niederdrücken" oder aber „wechseln" bedeutet; vgl. Haas, AoF 20, 1993, 266; Girbal mündlich; Richter, AoF 32, 2005, Satz [3]).

z!ugan bedeutet möglicherweise „dennoch"; dem Kontext nach würde auch „doch" passen.

eš(e)- eigentlich „Erde", hier wohl eher „Ort, Stelle" + iff Poss.-Pron. 1. Pers. Sg. + aš Pluralisator (iff+aš = 1. Pers. Pl.) + tan Ablativ. Die Pluralität des Substantives kann bei Antritt des Possessiv-Suffixes nicht ausgedrückt werden. Der Ausdruck *eš(e)=iff=aš=tan* kann daher sowohl „von unserem Ort" als auch „von unseren Orten" bedeuten, letztere Übersetzung legt der Kontext hier nahe.

17 mann- „sein" + o (o ist Allophon zu /a/ des intransitiven Verbs. Der Ausdruck der Intransitivität resp. Transitivität ist vor den Negationsmorphemen obligatorisch), + kk(o>)a Negationsmorphem der Intransitiven; der Vokal der Negation *o* wird vor den enklitischen Pronomina zu *a* restituiert, + til Kurzform des enkl. Pronomens der 1. Pers. Pl. + an Konnektivum.

awattu- „fern, entfernt" + ḫḫ(e) + a ist als Adverb im Lokativ-Adverbialis bzw. Essiv auf -a gedeutet worden (Girbal, SMEA 29, 1992, 167). Der Stamm des Wortes lautet vielleicht *awatti; awatti* + *ḫḫe* könnte *awatt=o=ḫḫe-* ergeben.

šen(a)- „Bruder" + iff Poss.-Pron. 1. Pers. Sg. + u Bindevokal + va Dativ + lla enkl. Pronomen der 3. Pers. Pl. Absolutiv, es vertritt die Pluralität des (nicht genannten) Bezugsnomens (also: „sie [d.h. die Dinge], ..."), + ân Konnektivum.

18 keban- „schicken" + oš Präteritum + av Personenanzeiger der 1. Pers. Sg. als Kennzeichen des Subjekts der Handlung, + šše Morphem zur Nominalisierung der Verbalform + na unbestimmter Pluralisator, bezieht die Verbalform auf die Pluralität des durch *-lla* (von der Form in Z. 17 *šen(a)=iff=u=va=lla=ân*) vertretenen (aber nicht genannten) Bezugsnomens (also: „sie [d.h. die Dinge], die ich geschickt habe, ...").

Syntaktisch handelt es sich bei dem Ausdruck *šen(a)=iff=u=va=lla=ân keban=oš=av=šše=na* um einen durch *-šše* markierten Relativsatz ohne Bezugsnomen.
keban- „schicken"+ oš Präteritum + av Personenanzeiger der 1. Pers. Sg. als Kennzeichen des Subjekts der Handlung, + lla enkl. Pronomen der 3. Pers. Pl. als Objekt, + man Partikel („sie [d.h. die Dinge] habe ich geschickt").
fur- „sehen" + et Futur + a Personenanzeiger 3. Pers. Sg. als Kennzeichen des Subjekts der Handlung, + lla enkl. Pronomen 3. Pers. Pl., vertritt das Objekt, + ân Konnektivum.
19 šen(a)- „Bruder" + iff Poss.-Pron. 1. Pers. Sg. + u Bindevokal + š Ergativ.
un- „kommen" + a Intransitivmarkierung + l(la) Kurzform des enkl. Pronomens der 3. Pers. Pl. als Subjektkennzeichen des intransitiven Satzes, + an Konnektivum.
20 šen(a)- „Bruder" + iff Poss.-Pron. 1. Pers. Sg. + u Bindevokal + va Dativ.
tîḫan- „zeigen" + i + šḫ(i)>a + l(la) + an. Dieses Wort mit unklarer Ableitung scheint ein Substantiv auf *-šḫi* zu sein, dessen Bedeutung (einer Anregung Girbals folgend) in etwa „das Gezeigte" sein könnte.
ipš- Verb unbk. Bed., hier versuchsweise mit „gefallen" wiedergegeben + oš Präteritum + i Transitivmarkierung + l(la) Kurzform des enkl. Pronomens der 3. Pers. Pl. als Subjektanzeiger, + an Konnektivum.
Die Verbalform *ipš=oš=i=l=an* steht im Antipassiv. Das Verb *ipš-* ist durch den Vokal *-i-* als lexikalisch transitiv gekennzeichnet. Syntaktisch ist es hingegen intransitiv, da kein direktes Objekt ausgedrückt ist. Als Subjektanzeiger im Absolutiv fungiert das enkl. Pronomen der 3. Pers. Plural *-l(la)*. Dieses *-l(la)* ist somit der Personenanzeiger der 3. Pers. Plural des antipassivisch konstruierten Verbs.

Lektion 3

§ 22 Transkription der Zeilen 35-43 (= Mit. III 35-43) nach Friedrich, 1932. Paragraphenzählung nach Wilhelm, Letters, 67.

35 un-du-ma-a-an at-ta-íw-wu-ú-e-en ša-a-la e-e-li-íw-we ma-a-ni-e-im-ma-ma-an
36 tub-be tup-pí-ma-a-an ni-ḫa-a-ri-i-we ma-a-ni-e-im-ma-ma-an tub-be
37 am-ma-ti-íw-wu-ú-e-e-en ša-a-la at-ta-íw-wu-ú-e e-[e]-la
38 ma-a-ni-e-im-ma-ma-an tub-be tup-pí-ma-a-an ni-ḫa-a-ri-i-we ma-a-ni-e-im-ma-ma-an
39 gu-ru tub-be a-ra-an-ni-e-ni-la-an še-e-ni-íw-wu-uš tup-pí-aš
40 ši-ni-a-še-na-a-am-ma-ma-an ḫa-ši-e-ni-il-la-a-an šu-u-we-ma-a-an tup-pè
41 ni-ḫa-a-ar-ri-e-we a-ru-u-ša-uš-še-ni-e-we a-ra-an-ni-en-na-ma-an
42 še-e-ni-íw-wu-uš ḫa-ši-en-na-an a-la-a-še-me-e-ni-i-in ni-ḫa-a-ri te-a
43 a-la-a-še-me-e-ni-i-in ni-i-ri a-la-a-še-me-e-ni-i-in še-e-ni-íw-wu-ú-uz-zi

---

35 undo=mân atta(i)=iff=u=ve=n(na) šala el(a)=iffə man=e=mmaman

36 tupp=e tuppi=mân niḫar(i)=i=ve man=e=mmaman tupp=e

37 ammad(e)=iff=u=ve=n(na) šala atta(i)=iff=u=ve ela

38 man=e=mmaman tupp=e tuppi=mân niḫar(i)=i=ve man=e=mmaman

39 kuru tupp=e ar=ann=i=en=i=l(la)=an šen(a)=iff=u=š tuppi=aš (oder tupp(i)=i=aš)

40 šini=aš=ve=na=mmaman ḫaš=i=en=i=lla=ân šove=mân tuppe (sonst tuppi)

41 niḫar=ne=ve ar=oš=av=šše=NE=ve ar=ann=i=en=(n)na=man

42 šen(a)=iff=u=š ḫaš=i=en=n(na)=an alaše=mê=nîn niḫari tea

43 alaše=mê=nîn nîri alaše=mê=nîn šen(a)=iff=u/o(=)zzi

Übersetzung (vgl. Wilhelm, Letters, 67):

35 Und nun die Tochter meines Vaters, meine Schwester, sie (*man=e*)

36 ist/war vorhanden (*tupp=e*). Und die Tafel ihrer Mitgift, sie (*man=e*) ist/war vorhanden.

37 Die Tochter meines Großvaters, die Schwester meines Vaters,

38 sie (*man=e*) ist/war vorhanden. Und die Tafel ihrer Mitgift, sie (*man=e*) ist/war

39 wiederum vorhanden. Und mein Bruder möge sich geben lassen die Tafeln (oder ihre Tafeln)

40 der beiden; er möge sie (Pl., d.h. die beiden Tafeln) hören. Meine Tafel

41 der Mitgift, die ich gegeben habe, er möge sie sich geben lassen.

42 Mein Bruder möge sie (Sg., d.h. die Tafel) hören, *ob* (nämlich) die Mitgift groß,

43 *ob* sie gut, *ob* sie meinem Bruder angemessen ist.

Kommentar:

35 undo Adverb „nun, also" + mân Partikel.
atta(i) „Vater" + iff Poss.-Pron. 1. Pers. Sg. + u Bindevokal + ve Genitiv + n(na) Kurzform des enkl. Pronomens der 3. Pers. Sg.
Der Vater Tušrattas war Šuttarna II., dessen Tochter, mithin eine Schwester des Tušratta, hieß Kelu-Ḫeba. Diese war in Nebenehe mit dem Pharao Amenophis III. in dessen zehntem Regierungsjahr (ca. 1381) verheiratet worden.
šala „Tochter", Absolutiv.
el(a)- „Schwester" + iffə Poss.-Pron. der 1. Pers. Sg. Absolutiv.

šala und *ela* sind beides *a*-Stämme, wie überhaupt Verwandtschaftsbezeichnungen mehrheitlich *a*-Stämme sind. Vgl. noch *šena-* „Bruder", *nera-* „Mutter", *mena-* „Zwilling?; Geschwister?"

man=e „er, sie, es" ist das selbständige Personalpronomen der 3. Pers. Sg. Absolutiv, + mmaman, eine nicht näher zu bestimmende Partikel. Die Bedeutung wird mit „und zwar" o.ä. angegeben; in der Übersetzung ist sie nicht berücksichtigt worden.

36 tupp=e. Das Verb *tupp=e* bedeutet in etwa „vorhanden sein, anwesend sein". Es ist in Bezug auf das Tempus schwierig zu bestimmen, da es ein unregelmäßiges Verb ist. In dem Beleg Mit. II 18 ist *tupp=e* auf die Vergangenheit bezogen, während mit der Relativform *tupp=a=šše=na* (Mit. II 18 und IV 125) eine regelmäßige Präsensform vorliegt. Das Verb kann nicht mit den Suffixen des Präteritums oder des Futurs kombiniert werden.

Das Zustandsverbum *tupp-* hat offenbar den Themavokal *-e,* der vielleicht auf einige wenige weitere Zustandsverben beschränkt ist (vgl. Wilhelm, FsHeger, 1992, 660. Wilhelm rechnet dazu neben *tupp-* noch *mann-*[98] „sein", wahrscheinlich *ur-* „vorkommen" und *irn-* „gleichwertig sein?").

Sätze des Typs „meine Schwester, sie ist anwesend" werden in der amerikanischen Linguistik als „topic comment construction" bezeichnet. Der Gegenstand der Aussage wird dabei vorangestellt („meine Schwester") und im angefügten Satz durch ein Pronomen (hier *man=e*) wiederaufgenommen. Derartige Sätze können auch umgangsprachlich im Deutschen vorkommen: z.B. „Meine Tochter, sie ist nie zu Hause". Das Topik („meine Tochter") wird im zweiten Satzteil durch ein anaphorisches Pronomen („sie") wiederaufgenommen. Offenbar kannte auch das Hurritische derartige Satzkonstruktionen.

tuppi- „Tontafel" steht im endungslosen Absolutiv, + mân Partikel.

niḫar(i)- „Mitgift" + i Poss.-Pron. der 3. Pers. Sg. + ve Genitiv.

Da das Bezugswort (*tuppi*) im endungslosen Kasus Absolutiv steht, findet am attributiven Genitiv (*niḫar(i)=i=ve*) keine Suffixaufnahme statt.

man=e=mmaman tupp=e, wie oben.

37 ammad(e)-„Großvater" + iff Poss.-Pron. der 1. Pers. Sg. + u Bindevokal + ve Genitiv + n(na) enkl. Pronomen der 3. Pers. Sg.

Der Großvater Tušrattas war Artatama I., dessen Tochter, deren Name nicht bekannt ist, den Pharao Thutmosis IV. geheiratet hatte. Anlaß dieser Eheschließung war ein Friedensvertrag zwischen Ägypten und Mittani, der durch eine dynastische Heirat besiegelt worden war.

šala „Tochter", wie oben.

atta(i)=iff=u=ve „meines Vaters", wie oben.

ela „Schwester", wie oben.

38 man=e=mmaman tupp=e, wie oben.

tuppi=mân niḫar(i)=i=ve man=e=mmaman tupp=e, wie oben.

---

98 Das Verbum *mann-* „sein" hat wohl eher den Themavokal *-i,* während das selbständige Pronomen der 3. Pers. *man-* im Absolutiv Sg. den Vokal *-e* (*man=e*) zeigt.

39 kuru „wiederum, wieder; fernerhin" ist eine selbständige Partikel. Für die Partikeln ist der Ausgang *-u* charakteristisch, vgl. noch *inu-*, *panu-*.
ar- „geben" + ann Kausativmorphem „sich geben lassen" + i Jussiv + en Personenanzeiger des Jussivs der 3. Pers. + i Stützvokal vor den enkl. Pronomina (außer vor *-nna*), + l(la) enkl. Pronomen der 3. Pers. Pl.
šen(a)=iff=u=š Ergativ „mein Bruder".
tuppi- „Tontafel" + aš Pluralisator, die Form steht im Absolutiv. (Oder: *tupp(i)=i* Poss.-Pron. 3. Pers. *=aš* Pl. „ihre Tafeln").

40 šini- „zwei" + aš Pluralisator + (v)e Genitiv (*šini=aš=ve* ist demnach Gen. Pl.), + na. Dieses *-na* ist das wiederaufgenommene Kennzeichen der Pluralität des Bezugswortes (*tuppi=aš*), + mmaman Partikel, also: „die Tafeln der beiden" (oder: „ihre, der beiden, Tafeln").
ḫaš- „hören" + i Jussiv + en Personenanzeiger des Jussivs 3. Pers. + i Stützvokal + lla enkl. Pronomen 3. Pers. Pl., fungiert hier als direktes Objekt, + ân Konnektivum. Das Verb *ḫaš-* „hören" wird im Mittani-Brief in der ersten Silbe nie *plene* geschrieben im Unterschied zu *ḫâš-* (*ḫa-a-aš) „salben".
šove- Genitiv des selbständigen Personalpronomens der 1. Pers. Sg., kann als Possessiv-Pronomen verwendet werden, + mân Partikel, also: „meine Tafel".
tuppi- „Tontafel". Die Graphie tup-pè für tup-pí ist auffällig; es dürfte sich um einen der seltenen Schreiberfehler handeln.

41 niḫari- „Mitgift" + ne sog. „Artikel" Sg. + ve Genitiv.
ar- „geben" + oš Präteritum + av Personenanzeiger 1. Pers. Sg. trans. + šše Morphem zur Nominalisierung der Verbalform + NE Trägersuffix Sg. + ve wiederaufgenommener Genitiv des unmittelbaren Bezugsnomens *niḫarri =ve*, welches seinerseits Attribut zu *tuppi* „Tontafel" ist. (Bush GHL 152; Wilhelm, Orientalia 54, 1985, 490; Wegner, Double Case, 1995, 141).
ar- „geben" + ann Kausativformant + i Jussiv + en Personenanzeiger des Jussivs 3. Pers. + nna enkl. Pronomen 3. Pers. Sg. (Graphisch und wohl auch phonetisch sind die drei n (*-i-en+nna*) auf zwei reduziert. Daß eine Reduktion der drei n vorliegt und nicht die Kurzform des enkl. Pronomens *-n* ist an dem *-a* (en+nn**a**) zu erkennen, da die Kurzform des Enklitikons niemals *-(n)na* sondern stets *-n* ist. Der auslautende Vokal *a* wäre dann unerklärbar) + man Partikel.

42 šen(a)=iff=u=š Ergativ „mein Bruder".
ḫaš- „hören" + i Jussiv + en Personenanzeiger des Jussivs der 3. Pers. + n(na) enkl. Pronomen 3. Pers. Sg. als Objekt, + an Konnektivum.
Hier scheint in der Tat die Kurzform des Enklitikons vorzuliegen, da das Konnektivum *-an* auch an einen Konsonanten antreten kann (siehe oben zu der Partikel *-an* S. 78).
alaše- Konjunktion, nicht sicher gedeutetes Wort, vielleicht „ob", + mê pronominales Element 3. Pers. Sg. + nîn Partikel.
niḫari „Mitgift".
tea „groß, zahlreich".

43 alaše=mê=nîn , wie oben.
nîri „gut".
šen(a)- „Bruder"+ iff Poss.-Pron. 1. Pers. Sg. + u/o Bindevokal + (u)zzi, ein Morphem, das die Angemessenheit ausdrückt: „meinem Bruder angemessen". Das Suffix -(*u*)*zzi* hat die ganz ungewöhnliche Eigenschaft, daß es nicht direkt auf den Nominalstamm folgen muß, mithin streng genommen nicht als wortbildendes Morphem aufgefaßt werden sollte (siehe Farber, ZA 78, 1988, 315 [Rezension zu Diakonoff u. Starostin]).
Die Position in der Suffixkette und die Verwendung eines Bindevokals nach dem Poss.-Pron. haben sonst nur die Kasuskennzeichen (vgl. etwa Mit. III 66 *attard(i)=iff=u(ú)=nna* „wie meine Vorväter").

Lektion 4

§ 24 Transkription der Zeilen 49-65 (= Mit. III 49-65) nach Friedrich, 1932. Paragraphenzählung nach Wilhelm, Letters, 67.
(Der ganze Paragraph ist von Girbal, ZA 78, 1988, 123 ff. behandelt worden).

49 še-e-ni-íw-wu-ta-a-ma-an ti-we šuk-ku kul-li še-e-ni-íw-wu-uš-ša-a-an ḫa-ši-en

50 še-e-ni-íw-we-e-en at-ta-ar-ti-íw-wu-tan tiš-ša-an-na-ma-an an-za-an-nu-u-ḫu-ša-a-ú

51 ta-a-ta-ra-aš-ka-e a-nam-ma-a-an an-za-a-an-nu-u-ḫu-ša-a-ú kul-li-ma-a-an

52 i-i-al-li-e-ni-i-in ^{I}Ar-ta-ta-a-maš am-ma-ti-íw-wu-uš at-ta-i-ip-pa

53 e-ti-i-i-ta ti-we-e-na^{MEŠ} ta-a-nu-u-ša-a-aš-še-na u-dir-ru-ša-a-an-na-al-la-ma-an

54 i-šal-la-a-an šuk-kán-ni-e-el-la-ma-an pa-aš-ši-ḫi-íw-we e-e-ma-na-a-mu-ša-a-ú

55 i-i-al-la-a-ni-i-in gu-ru at-ta-íw-wu-uš we-e-wa e-ti-i-wa

56 ti-we-e-na^{MEŠ} ta-a-nu-u-ša-a-aš-še-na an-til-la-a-an šuk-kán-ni-e-el-la-ma-an

57 pa-aš-ši-ḫi-íw-we i-ša-aš e-e-ma-na-a-mu-ša-a-ú i-i-al-la-a-ni-i-in

58 am-ma-ti-íw-wu-uš at-ta-íw-wu-uš at-ta-i-ip-pa we-e-wa ma-ka-a-an-na

59 ge-pa-a-nu-lu-u-uš-ta-a-aš-še-na a-ti-i-ni-i-in še-eḫ-ra-a-al-la-ma-an

60 pu-ud-du-ú-uk-ki-a-šu-u-un-na-a-al-la-a-an šu-u-we-na-a-šu-u-un-na ir-nu-uk-ku

61 wu-ri-e-ta-a-la-an un-du še-e-ni-íw-wu-ú-ul-la-ma-an ge-pa-a-nu-ša-uš-še-na

62 še-e-ni-íw-wu-ú-a a-nam-mi-it-ta-ma-an še-e-ni-íw-wu-ú-a

63 ge-pa-a-nu-ul->ul<-li-e-wa-a-at-ta-a-an a-ti-i-ni-i-in ma-a-an-na-at-ta-ma-an
64 a-nam-mi-it-ta-ma-an še-e-ni-íw-wu-ra ur-ḫu-up-du-ši-li-wa a-nam-mi-it-ta-ma-an
65 ta-a-du-ka-a-ar-ri-e-wa a-ti-i-ni-i-in ma-a-an-na-at-<ta>-ma-an

---

Morphemanalytische Umschrift:

49 šen(a)=iff=u=da=man tive šukko kul=(i)=l+e šen(a)=iff=u=š=nna=ân ḫaš=i=en
50 šen(a)=iffe=n(na) atta(i)=ard(e)=iff=u=dan tiššanna=man anz=ann=oḫ=oš=av
51 tadarašk=ae anam=mân anz=ann=oḫ=oš=av kul=(i)=l+e=mân
52 ija=lle=nîn Artatama=š ammad(e)=iff=u=š attai=p(sonst [v])=pa(sonst [va])
53 ed(i)=i=da tive=na tan=oš=a=šše=na odirrušanna=lla=man
54 iša=(š)=lla=ân šukkannê=lla=man pašš=i=ḫ(e)=iffə êman=am=oš=av
55 ija=lla=nîn kuru atta(i)=iff=u=š fe=va ed(i)=i=va
56 tive=na tan=oš=a=šše=na andi=lla=ân šukkanne=lla=man
57 pašš=i=ḫ(e)=iffə iša=š êman=am=oš=av ija=lla=nîn
58 ammad(e)=iff=u=š atta(i)=iff=u=š attai=p(sonst [v])=pa(sonst [va]) fe=va maga=nn(i)=na
59 keban=ol=oš=t=a=šše=na adi=nîn šeḫr=a=lla=man
60 puttukki=aš=o=nna=lla=ân šo=ve=NA=aš=o=nna irn=o=kk=o
61 fur=ed=a=l(la)=an undo šen(a)=iff=u(š)=lla=man keban=oš=av=šše=na
62 šen(a)=iff=u=va anammi=tta=man šen(a)=iff=u=va
63 keban=ol=(i)l=eva=tta=ân adi=nîn mann=(i >)a=tta=man
64 anammi=tta=man šen(a)=iff=u=ra urḫ(i)=upt=uš=il=eva anammi=tta=man
65 tad=ugar=r(<il)=eva adi=nîn mann=(i >)a=tta=man

Übersetzung (vgl. Wilhelm, Letters, 67 f.):

49 Meinem Bruder will ich ein Wort sagen, und mein Bruder möge es hören:
50 Ich habe in Liebe (*tadaraškae*) meinen Bruder mehr ausgezeichnet als meine Vorfahren (es taten).
51 So habe ich ihn ausgezeichnet. Ich will nun sagen:
52 Die Dinge, die Artatama, mein Großvater, für deinen Vater
53 getan hat, die waren *beträchtlich,*
54 ich (aber) habe sie mit meiner einen Sendung verzehnfacht.
55 Die Dinge wiederum, die mein Vater für dich

56 getan hat, diese (Dinge) habe ich mit meiner einen
57 Sendung verzehnfacht. Die Geschenke (*maganna*),
58 die mein Großvater (und) mein Vater deinem Vater (und) dir
59 geschickt haben, nun, sie waren (*zwar*) *großzügig,*
60 sie sind (jedoch) meinen Leistungen nicht gleich.
61 Und nun wird mein Bruder sie (d.h. die Dinge) sehen, die ich geschickt habe
62 meinem Bruder. Und in dieser Weise möchte ich meinem Bruder
63 schicken. So bin ich.
64 In dieser Weise möchte ich mit meinem Bruder aufrichtig sein,
65 auf diese Weise möchte ich stets Liebe üben. So bin ich.

Kommentar:

49 šen(a)- „Bruder“ + iff Poss.-Pron. 1. Pers. Sg. + u Bindevokal + ta Direktiv + man Partikel.
tive „Wort, Sache“, steht im Absolutiv Sg.
šukko ist das Zahlwort für „eins“. Der Ausdruck *tive šukko* „ein Wort“ ist das direkte Objekt des Satzes.
kul- „sagen“ (+ i) + l+e Voluntativ 1. Pers. Sg. als Subjekt des Satzes.
Bei Stämmen auf /l/, /r/ und /t/ erscheint der Formant des Jussivs *-i-* nicht mehr: **kul+i+l+e > kulle.*
šen(a)- „Bruder“ + iff Poss.-Pron. + u Bindevokal + š Ergativ + nna (š+nna > *šša*) enkl. Pron. 3. Pers. Sg., vertritt das Objekt, + ân Konnektivum.
ḫaš- „hören“ + i Jussiv + en Personenanzeiger des Jussivs der 3. Pers.

50 šen(a)- „Bruder“ + iffe Poss.-Pron. 1. Pers. Sg. + n(na) enkl. Pron. 3. Pers. Sg. Die Form steht im Absolutiv, sie ist das direkte Objekt zur transitiven Verbalform *anzannoḫ=oš=av.*
atta(i) „Vater“ + arde Kollektiva bildendes Suffix „Vorfahren, Vorväter“ + iff Poss.-Pron. 1. Pers. Sg. + u Bindevokal + tan Ablativ.
Die Kombination -tan (Ablativ) + tiššanna (einer Nebenform zu tiššan „viel, sehr“) drückt vielleicht den Komparativ aus und kann mit „mehr ... als ... “ übersetzt werden.
tiššanna Nebenform zu *tiššan* „viel, sehr“, in Verbindung mit dem Ablativ vielleicht zum Ausdruck des Komparativs verwendet.
anzannoḫ- „auszeichnen; ehren (o.ä.)“[99] + oš Präteritum + av Personenanzeiger 1. Pers. Sg. als Subjekt des Satzes. Wie der Stamm *anzannoḫ-* weiter segmentiert werden kann, etwa *anz* + *ann* Kausativ + *oḫ* weitere Wurzelerweiterung, ist nicht recht klar. Eine Verbalwurzel *anz-* ist

---

99 Eine Bedeutung „to declare (?), to promise (?)” geben Diakonoff und Starostin in MSS Beih. 12 N.F., 1986, 23, an.

in der hurr.-heth. Bilingue KBo 32: 15 IV 6 belegt, die hethitische Entsprechung ist jedoch verloren. Zu *anzannu* in Nuzi-Texten siehe zuletzt Wilhelm, AdŠ 3, 1985, 103 (dort bezogen auf Getreide).

51 tadarašk=ae ist ein Adverb, abgeleitet von dem Verb tad- „lieben" + ar + ašk- unklare Elemente + ae Morphem, das bei Adverbien erscheint, dies ist wahrscheinlich identisch mit dem Instrumental.

anam- „so, dermaßen" + mân Partikel. Nach dieser Segmentierung fehlt in diesem Satz das direkte Objekt („meinen Bruder" wie in Zeile 50), da es nicht erneut durch einen Personenanzeiger vertreten ist, ein eher ungewöhnlicher Umstand bei dem in dieser Hinsicht zur Redundanz neigenden Hurritischen. Oder ist überhaupt *anam + ma + ân* zu segmentieren, wobei -*ma*- pronominale Geltung hätte und die Übersetzung lauten könnte: „Dermaßen habe ich ihn ausgezeichnet"?

anzannoḫ- „auszeichnen; ehren (o.ä.)", wie oben.

kul- „sagen", wie oben.

52 ija- Relativpartikel + lle pronominales Element 3. Pers. Pl. + nîn Partikel. Das Bezugswort im Absolutiv des Relativsatzes ist *tive=na* „die Dinge" der Zeile 53. Also: „Die Dinge, die ..."

Artatama- Name des Großvaters des Tušratta + š Ergativ.

ammade- „Großvater" + iff Poss.-Pron. 1. Pers. Sg. + u Bindevokal + š Ergativ.

attai- „Vater" + p(sonst [v]) Poss.-Pron. der 2. Pers. Sg. + pa(sonst [va]) Dativ.[100]

53 edi- (eigentlich Körper) + i Poss.-Pron. 3. Pers. Sg. + ta Direktiv; das Wort ist hier Postposition „für" bezogen auf *attai=p=pa*. Die Postposition *ed(i)=i=da* verlangt den Dativ (oder Direktiv) des herrschenden Nomens.

tive- „Wort, Sache" + na Artikel Plural. Das Wort steht im Absolutiv und ist das Bezugsnomen des Relativsatzes.

tan- „machen" + oš Präteritum + a Personenanzeiger 3. Pers. Sg. transitiv + šše Morphem zur Nominalisierung der Verbalform + na Pluralisator, bezieht die Form auf *tive=na*. Bei Relativsätzen, die mit der Relativpartikel *ije-/ija-* gebildet werden, ist die Nominalisierung der Verbalform durch *-šše* optional.

odirrušanna- Bed. unbk. + lla enkl. Pron. 3. Pers. Pl. + man Partikel.

Dieser Satz ist ein Nominalsatz, dessen Subjekt *-lla* „sie" das Wort *tive=na* „die Dinge" des vorangehenden Satzes vertritt.

54 iša(=š) „ich" selbständiges Personalpronomen der 1. Pers. Sg. Ergativ mit Ausfall des *š* vor + *lla*, dem enkl. Pronomen der 3. Pers. Pl. Absolutiv (*-lla* bezieht sich auf *tive=na* „die Dinge"), + ân Konnektivum.

šukkanne- Ableitung von šukko „eins" + lla enkl. Pron. 3. Pers. Pl. (*-lla* vertritt *tive=na* „die Dinge") + man Partikel.

pašš- „senden" + i + ḫ(e) Nominalsuffixe „Sendung" + iffə Poss.-Pron. 1. Pers. Sg., im absoluten Auslaut. Das Wort steht im Absolutiv.

100 Zur Graphie at-ta-i-ip-pa siehe Speiser IH 43, 83, 110; Bush GHL 91 f.

eman- „zehn“ + am Faktitiv + oš Präteritum + av Personenanzeiger 1. Pers. Sg. transitiv.
Dieser Satz weist syntaktisch eine Eigentümlichkeit auf. Es ist dies ein Beispiel für den Gebrauch des „doppelten Absolutivs“. Das Verb *eman= am-* besitzt zwei verschiedene Objekte, die beide im Absolutiv stehen. Das eine Objekt ist zweimal im Satz durch das Pronomen *-lla* vertreten (in: *iša=(š)=lla=an* und *šukkanne=lla=man,* beide Pronomina beziehen sich auf *tive=na* „die Dinge“). Das zweite Objekt, das ebenfalls im Absolutiv steht, ist *šukkanne pašš=i=ḫ(e)=iffə* „meine eine Sendung“.
Syntaktisch stehen die beiden Absolutivformen nicht auf derselben Ebene, der zweite Absolutiv wird hier durch den Instrumental wiedergegeben: „mit meiner einen Sendung“ (Analyse nach Girbal, ZA 78, 1988, 127; zur Kritik an Satzkonstruktionen mit dem doppelten Absolutiv siehe Wilhelm, FsSchmitt-Brandt, 2000, 201 ff. mit Anm. 7; Wilhelm analysiert und übersetzt den Satz Mit. III 54 so: *iš=a=(š)=lla=ân šukkan(i)=ne=(š)=lla=man pašš=i=ḫe=iffV eman=am=oš=av* „..., die habe ich allein bei meiner Sendung verzehnfacht.“ Nach dieser Deutung stünde *šukkanne=lla=man* im Ergativ mit dem Ausfall der Ergativendung *-š* und der Auslautvokal von *paššiḫ(e)=iffə* wäre als *-a* (Essiv) zu lesen. Wilhelm interpretiert die Sätze, die in dieser Arbeit als Konstruktionen mit dem „doppelten Absolutiv“ gedeutet werden als „Absolutiv-Essiv“-Konstruktionen, z.B. S. 168-169 und 226).

55 ija- Relativpartikel + lla enkl. Pronomen 3. Pers. Pl. + nîn Partikel.
kuru Partikel „wieder, wiederum; fernerhin“.
atta(i)- „Vater“ + iff Poss.-Pron. 1. Pers. Sg. + u Bindevokal + š Ergativ.
fe=va Dativ des selbständigen Personalpronomens der 2. Pers. Sg.
ed(i)=i=va Postposition „für“, wie oben.
Der postpositionale Ausdruck *ed(i)=i=va* verlangt den Dativ (oder Direktiv) des herrschenden Nomens, hier den Dativ des selbständigen Pronomens der 2. Pers. *fe-*: *fe=va* „für dich“.

56 tive=na, wie oben, ist das Bezugswort des durch *ije-* eingeleiteten Relativsatzes.
tan=oš=a=šše=na, wie oben: „ ... , die er (d.h. mein Vater) gemacht hat, ...“.
andi- „jener“ Demonstrativpronomen + lla, dieses *-lla* pluralisiert das Demonstrativpronomen. Der Wechsel *i* > *a* vor den enkl. Pronomina tritt nicht ein. Das Demonstrativpronomen *andi=lla* steht im Absolutiv Plural (erster Absolutiv).
šukkanne=lla=man, wie oben.

57 pašš=i=ḫ(e)=iffə, wie oben, gehört mit *šukkanne=lla* zum zweiten Absolutiv „meine eine Sendung“.
Wie im Parallelsatz der Zeile 54 erscheinen hier zwei verschiedene Objekte im Absolutiv, die jedoch in syntaktischer Hinsicht völlig verschiedene Stellungen innehaben. Der zweite Absolutiv, d.h. *šukkanne- paššiḫ(e)=iffə* kann hier durch den Instrumental wiedergegeben werden „mit meiner einen Sendung“. Zur Kritik an dieser Deutung siehe oben Zeile 54.

iša=š eman=am=oš=av, wie oben: „ich habe verzehnfacht".
Wie die Zeilen 54-57 zeigen, kann das Verb *eman=am-* nach der hier bevorzugten Deutung mit dem „doppelten Absolutiv" konstruiert werden.
ija=lla=nîn Relativpartikel, wie oben.
58 ammade- „Großvater", wie oben.
attai=p=pa „deinem Vater", wie oben.
fe=va „dir", wie oben.
maga=nni- „Geschenk" + na Artikel Plural, das Wort steht im Absolutiv. Die Suffixfolge *-nni + na* kann offenbar zu *-nna* verkürzt werden. Das Wort *maganna* „die Geschenke" ist das Bezugswort des Relativsatzes.
(Anders Giorgieri/Röseler, SCCNH 8, 1996, 281 ff. Die beiden Autoren geben als „richtigen Stammansatz *maganni*" an. Ihnen zufolge „liegt in ma-ka-a-an-na nicht der bisher postulierte Absolutiv Pl. vor, ... sondern ein Essiv Sg., *magann(i)=a*." Meines Erachtens ist diese Analyse zu formalistisch, läßt sie doch die Tatsache unberücksichtigt, daß die drei Satzperioden der Zeilen 52-54, 55-57 und 57-59 völlig parallel gebaut sind. Das Relativpronomen *ije-* trägt in allen drei Fällen das pluralische Absolutivelement *-lle* bzw. *-lla* als Hinweis auf ein Bezugsnomen im Absolutiv Plural, d.h. zweimal auf *tive=na* „die Dinge" und einmal eben auf *maga=n(ni)=na* „die Geschenke").
59 keban- „schicken" + ol WE + oš Präteritum + t Pluralisator + a Personenanzeiger 3. Pers. (t + a = 3. Pers. Pl. trans.) + šše Morphem zur Nominalisierung der Verbalform + na bestimmter Pluralanzeiger, bezieht die nominalisierte Verbalform auf das Substantiv *maga=n(ni)=na* „die Geschenke".
adi- Konjunktion „nun, also", + nîn Partikel.
šeḫr- Bed. unbk. + a + lla enkl. Pronomen der 3. Pers. Pl. als Satzsubjekt „sie sind/waren ..." + man.
60 puttukki- „Leistung" o.ä., abgeleitet von dem Verb *fud-* „zeugen, erschaffen" + aš Pluralisator + u /o/ Bindevokal vor Kasus + nna Äquativ + lla enkl. Pron. 3. Pl. + ân Konnektivum.
šo=ve Genitiv des selbständigen Personalpronomens der 1. Pers. Sg. + NA Trägersuffix + aš wiederaufgenommener Pluralanzeiger des Bezugswortes puttukki-, + u /o/ Bindevokal + nna wiederaufgenommener Kasus Äquativ des Bezugswortes *puttukki-*: „wie die Leistungen von mir" = „meine Leistungen".
irn- „gleich sein" + o (eigentlich a) Intransitivmarkierung, obligatorisch bei negierten Verbalformen, + kk Negationsmorphem der Intransitiven + o (eigentlich a, der Vokal unterliegt der Vokalharmonie).
61 fur- „sehen" + et Futur + a Personenanzeiger der 3. Pers. Sg., trans. + l(la) Kurzform des enkl. Pron. 3. Pers. Pl., hier Vertreter des direkten Objekts („sie", d.h. die Dinge) + an Konnektivum.
undo Adverb „nun".
šen(a)- „Bruder" + iff Poss.-Pron. 1. Pers. Sg. + u Bindevokal vor Kasus + (š Ergativ, ausgefallen) + lla enkl. Pron. 3. Pers. Pl. + man Partikel.

keban- „schicken“ + oš Präteritum + av Personenanzeiger 1. Pers. Sg. trans. + šše Morphem zur Nominalisierung der Verbalform + na Pluralanzeiger, bezieht die nominalisierte Verbalform auf *-lla* („sie“ Pl.). Dieses *-lla* vertritt seinerseits das Bezugswort *tive=na* („die Dinge“), den „Kopf“ des Relativsatzes.
šen(a)=iff=u=va „meinem Bruder“, wie oben.

62 anammi- „so, auf diese Weise“ + tta enkl. Pron. 1. Pers. Sg. + man Partikel.
šen(a)=iff=u=va „meinem Bruder“, wie oben.

63 keban- „schicken“ + ul/ol Morphem mit ungeklärter Funktion + il Formant des sog. konditionellen Optativs (l+il > ll) + eva ein weiterer Formant des konditionellen Optativs, + tta enkl. Pron. 1. Pers. Sg. Absolutiv + ân Konnektivum. Das enklitische Pronomen *-tta* ist das Subjekt des Satzes, da das Verb kein ausgedrücktes Objekt besitzt.
Die Formen auf *-eva* schließen im Mittani-Brief das Vorkommen eines Agens im Ergativ aus, obgleich sie sowohl mit lexikalisch transitiven (wie in diesem Fall das Verb *keban-*) als auch mit lexikalisch intransitiven Verben gebraucht werden können. Diese Formen sind – zumindest sofern sie lexikalisch transitiv sind – nicht orientiert. Die Entscheidung darüber, ob das Subjekt im Absolutiv Agens oder Patiens der Handlung ist, steht nicht von vornherein fest und ist morphologisch nicht festgelegt. Das Subjekt im Absolutiv kann dann sowohl derjenige sein, der schicken könnte, als auch das sein, was geschickt werden könnte. Wahrscheinlichkeit und Kontext ermöglichen jedoch das richtige Verstehen des Satzes.
adi=nîn „so“, wie oben.
mann=(i->)a „sein“ + tta enkl. Pron. 1. Pers. Sg., mit dem Übergang des *i* > *a* vor den enklitischen Pronomina (**mann=i+tta* > *manna=tta*) + man Partikel. Das Zustandsverbum *mann-* hat den Themavokal *-i*. Das Verb kann nicht – ebenso wie das Verb *tupp-* – mit den Suffixen des Präteritums oder des Futurs kombiniert werden und ist insofern bezüglich des Tempus schwierig zu bestimmen.

64 anammi=tta=man „so, auf diese Weise, ich“.
šen(a)- „Bruder“ + iff Poss.-Pron. 1. Sg. + u Bindevokal + ra Komitativ.
urḫ(i)- „wahr, wahrhaftig“ + upt + uš ungeklärte Suffixe + il + eva Formanten des konditionellen Optativs. Agens ist das enklitische Absolutivpronomen *-tta* „ich“ von der vorangehenden Form *anammi=<u>tta</u>.*
anammi=tta=man „so, auf diese Weise, ich“, wie oben,

65 tad- „lieben“ + ugar Verbalmorphem, das die Gegenseitigkeit ausdrückt, + il (r+il > rr) + eva Formanten des konditionellen Optativs. Das Agens des Satzes ist wie in den vorhergehenden Sätzen das enklitische Absolutivpronomen *-tta* „ich“ der vorangehenden Form *anammi=<u>tta</u>=man.* In allen drei Formen vom Typ *il + eva* ist kein direktes Objekt ausgedrückt, das Subjekt steht daher im Absolutiv (*=tta*). Der Kontext ermöglicht jedoch das richtige Verstehen, indem *-tta* „ich“ hier Agens und nicht Patiens ist. Dieser Sachverhalt ist indes auf den Mittani-Brief beschränkt, da in der hurritisch-hethitischen Bilingue aus Boğazköy auch objekthaltige Formen belegt sind.

(Zu den Beispielen aus Boğazköy siehe die Lektion 13 mit dem Kommentar zu Zeile 6').

Lektion 5

§ 28 Transkription der Zeilen 30-39 (= Mit. IV 30-39) nach Friedrich, 1932. Paragraphenzählung nach Wilhelm, Letters, 69.

30 un-du-ma-a-an i-i-al-li-e-ni-i-in ti-we-e-na^{MEŠ} šu-ú-al-la-ma-an

31 še-e-ni-íw-wu-uš ka-du-u-ša-a-aš-še-na ú-ú-ri-a-a-aš-še-na an-til-la-a-an

32 e-e-ma-na-a-am-ḫa ta-a-nu-ša-a-ú ti-ša-a-ma-a-an še-e-ni-íw-wu-ú-e šuk-kán-ni-en

33 pa-ti ti-we-e-ni-en ḫi-su-ú-ḫu-ši-úw-wu aš-ti-i-in še-e-ni-íw-wu-ú-e

34 a-ru-u-ša-ú še-e-ni-íw-wu-ú-e-ni-e-en ti-ša-a-an-na ši-ra-aš-še

35 un-du-u-un ^{I}Ma-ni-e-na-an še-e-ni-íw-wu-ú-e pa-aš-ši-i-it-ḫi un-du-u-un

36 ^{I}Ge-li-i̯a-na-an ^{I}Ar-te-e-eš-šu-pa-na-an ^{I}A-sa-a-li-in-na-a-an pa-aš-ši-i-it-ḫi-íw-we

37 ^{I}Ge-li-i̯a-na-an ta-la-mi ^{I}A-sa-a-li-in-na-a-an tup-šar-ri-íw-wu-ú-un-ni

38 ki-i-pu-šu-ú-uš-ši še-e-ni-íw-wu-ta-al-la-a-an ni-i-ru-ša-e tiš-ša-an

39 pa-aš-šu-ša-a-ú še-e-ni-íw-wu-ú-ul-la-a-an wu-ri-e-e-ta

Morphemanalytische Umschrift:

30 undo=mân ija=lle=nîn tive=na^{MEŠ} šu(e >)a=lla=man

31 šen(a)=iff=u=š kad=oš=a=šše=na ûr=i=a=šše=na andi=lla=ân

32 êman=am=ḫ(e)=a tan=oš=av tiša=mân šen(a)=iff=u=ve šukkanne=n(na)

33 padi tive=ne=n(na) ḫic=uḫ=oš=i=u(w)=(a)ffu aštî=n(na) šen(a)=iff=u=ve

34 ar=oš=av šen(a)=iff=u=ve=NE=n(na)$^{?}$ tiša=nna šir=a=šše

35 undo=n(na) Mane=n(na)=an šen(a)=iff=u=ve pašš=i=tḫe undo=n(na)

36 Kelia=n(na)=an Ar-Teššuba=n(na)=an Asali=nna=ân pašš=i=tḫ(e)=iffə

37 Kelia=n(na)=an talami Asali=nna=ân tupšarr(i)=iff=u=nni

38 kîb=u/oš=u=šši šen(a)=iff=u=da=lla=ân nîr=o=š(e)=ae tiššan

39 pašš=oš=av šen(a)=iff=u=(š)=lla=ân fur=ed=a

Übersetzung (vgl. Wilhelm, Letters, 69 f.):

30 Nun, alle die Dinge,

31 die mein Bruder gesagt hat, die er wünscht, jene (Dinge)

32 habe ich zehnfach getan. Das Herz meines Bruders

33 habe ich nicht *einmal* (*padi*) mit einem (*šukkanne-*) Wort gekränkt. Die Frau meines Bruders

34 habe ich gegeben, welche dem Herzen meines Bruders entspricht. (Alternativ: Wilhelm, Double Case, 1995, 119 „in a manner according to the heart of my brother").

35 Nun habe ich den Mane, den Gesandten meines Bruders, und auch

36 Kelia, Ar-Teššub und Asali, meine Gesandten,

37 – den großen Kelia und Asali als meinen Schreiber –

38 *eingesetzt??* und sie zu meinem Bruder

39 *in sehr schöner Weise?* geschickt. Und mein Bruder wird sie (d.h. die Gesandten) sehen.

Kommentar:

30 undo- Adverb „nun, also" + mân Partikel.
ija- Relativpartikel + lle pronominales Element 3. Pers. Pl. + nîn Partikel.
tive- „Wort, Dinge" + na Art. Pl.
šu(e >)a- „all" + lla enkl. Pron. 3. Pers. Pl. + man Partikel. Der Ausdruck *tive=na šua=lla=man* „alle Dinge" steht im Absolutiv und ist der „Kopf" des durch *ija-* eingeleiteten Relativsatzes.

31 šen(a)- „Bruder" + iff Poss.-Pron. 1. Pers. Sg. + u Bindevokal + š Ergativ.
kad- „sagen, sprechen" + oš Präteritum + a Personenanzeiger 3. Pers. Sg. trans. + šše nominalisiert die Verbalform + na Artikel Pl., dieser nimmt die Pluralität von *tive=na šua=lla=man* wieder auf.
ûr- „wünschen, wollen" + i Transitivanzeiger, obligatorisch im Präsens + a Personenanzeiger 3. Pers. Sg. trans. + šše nominalisiert die Verbalform + na Artikel Pl., bezieht die Verbalform ebenfalls auf *tive=na*.
andi- „jener" Demonstrativpronomen + lla enkl. Pron. 3. Pers. Pl., pluralisiert das Demonstrativpronomen + ân.

32 eman- „zehn" + am WE faktitiv + ḫ(e) „zehnfach" + a Essiv.
tan- „machen, tun" + oš Präteritum + av Personenanzeiger der 1. Pers. Sg.
tiša- „Herz" ist Absolutiv Sg. + mân Partikel.
šen(a)- „Bruder" + iff Poss.-Pron. 1. Pers. Sg. + u Bindevokal + ve Gen.
šukkanne- ist eine Ableitung des Zahlwortes *šukko* „eins" + *n*(*na*) Kurzform des enkl. Pron. 3. Sg., der Ausdruck steht im Absolutiv. (Anders Girbal, ZA 78, 1988, 124 f.: *n*(*e*) als verkürztes Instrumentalmorphem).

33 padi „sogar?", mit dem negiertem Verb (*ḫic=uḫ=oš=i=uffu*) vielleicht „nicht einmal".
tive- „Wort" + ne sog. „Artikel" Sg. + n(na) „es" enkl. Pron. 3. Pers. Sg. Der Ausdruck steht ebenfalls im Absolutiv. Das enklitische Pronomen der 3. Pers. Sg. in der Kurzform *-n* vertritt hier das direkte Objekt (d.h.

tiša=mân šen=iff=u=ve „das Herz meines Bruders“). *šukkanne=n(na) tive=ne=n(na)* sind beides Absolutivformen (zu dieser Konstruktion siehe gleich).
ḫic=uḫ- „kränken“ + oš Präteritum + i Transitivmarkierung + u(w) Negation + (a)ffu Personenanzeiger 1. Pers. Sg. Bei negierten Verbalformen ist das Erscheinen des Transitivvokals *-i-* obligatorisch. Das Verbum *ḫic=uḫ-* wird in diesem Satz mit dem doppelten Absolutiv konstruiert: der erste Absolutiv ist *tiša=mân šen(a)=iff=u=ve* „das Herz meines Bruders“, der zweite Absolutiv ist *šukkanne=n(na) tive=ne=n(na),* der mit dem Instrumental übersetzt werden kann: „mit einem Wort“. (Zu weiteren Satzkonstruktionen mit dem doppelten Absolutiv siehe S. 168-169, und 226. Ablehnend zu Sätzen mit doppeltem Absolutiv hat sich G. Wilhelm, in FsSchmitt-Brandt, 2000, 201-205, geäußert, siehe hier S. 168).
ašti- „Frau“ + n(na) enkl. Pron. 3. Pers. Sg. Daß das zu *n* verkürzte enkl. Pron. *-nna* und nicht ein Kasus vorliegt, geht aus der nicht eingetretenen Suffixaufnahme am folgenden attributiven Genitiv (*šen(a)=iff=u=ve*) hervor.
šen(a)=iff=u=ve „meines Bruders“, wie oben.

34 ar- „geben“ + oš Präteritum + av Personenanzeiger 1. Pers. Sg. trans. als Subjekt des Satzes.
šen(a)- „Bruder“ + iff Poss.-Pron. 1. Pers. Sg. + u Bindevokal + ve Gen. + NE Trägersuffix + n. Dieses *n* muß ein Kasuskennzeichen sein, da Suffixaufnahme erfolgt. Ob allerdings ein kurzes Allomorph zum Äquativ auf *-nna* vorliegt, oder ob hier emendiert werden sollte, ist unklar (Analyse der Form nach Girbal, ZA 78, 1988, 131. Eine andere Analyse schlägt Wilhelm, Orientalia 54, 1985, 495; ders., Double Case, 1995, 119 mit Anm. 5, vor: *tiša=nn(i)=a* sei „eine adverbielle Bildung auf *-nni* im Lokativ auf *-a;* dieses Suffix ist kongruenzfähig.“). Wilhelm bezieht sich bei dieser Analyse auf den vergleichbaren Satz Mit. III 14 *šen(a)=iff=u=ve=NE=nna tiša=nna,* bei dem ein Suffix *-nna* am attributiven Genitiv **ve=NE=nna* wiederaufgenommen ist. An unserer Stelle aber erscheint lediglich ein wiederaufgenommenes *-n,* das jedoch nicht als Verkürzung von *-nn(i) + a* gelten kann, da dann ein ganzes Morphem – nämlich der Lokativ bzw. Essiv auf *-a* – fehlte. Es ist demnach weiterhin nicht recht klar, ob diese Stelle emendiert werden sollte oder ob dieses *-n* den verkürzten Kasus Äquativ *-nna* darstellt. Vergleichbar für die Verkürzung eines Kasusmorphems wäre die von Wilhelm, ZA 73, 1983, 104 f., geäußerte Vermutung, für das Ablativ-Instrumentalis-Suffix *-ne* ein Allomorph *-n* anzusetzen.
tiša- „Herz“ + nna Äquativ.
šir- „entsprechen, genügen“ (mit Äquativ) + a intransitiv + šše Morphem zur Nominalisierung der Verbalform. (Bedeutungsansatz für *šir-* nach Girbal, ZA 78, 1988, 131). Das Verb *šir-* ist von Bush GHL 147 und 338 Anm. 105 und Diakonoff HuU 142 als „angenehm sein“, von Wilhelm, Letters 66, als „erfreulich sein“, gedeutet worden.

35 undo- Adverb „nun, also“ + n(na) enkl. Pron. 3. Sg.

^{I}Mane, Name des ägyptischen Gesandten, + n(na) enkl. Pron. 3. Sg. + an Konnektivum.
šen(a)- „Bruder“ + iff Poss.-Pron. 1. Pers. Sg. + u Bindevokal + ve Genitiv.
pašš- „schicken“ + i + tḫe Nominalsuffixe „Bote, Gesandter“.
undo=n(na), Adverb „nun, also“ + enkl. Pron. 3. Pers. Sg.

36 Kelia=n(na)=an, Ar=Teššuba=n(na)=an und Asali=nna=ân sind die Namen der mittanischen Boten.
pašš- „schicken“ + i + tḫ(e) Nominalsuffixe „Bote, Gesandter“ + iffə Poss.-Pron. 1. Pers. Sg. im absoluten Auslaut. In der Verbindung von Substantiv und Possessiv-Suffixen ist es nicht möglich, die Pluralität des Substantivs an diesem grammatisch anzuzeigen. Die Pluralität ist aber durch *-lla* von *šen=iff=u=da=lla=ân* (Zeile 38) angezeigt.

37 ^{I}Kelia=n(na)=an, wie oben.
talami „groß, Großer“
^{I}Asali=nna=ân, wie oben.
tupšarr(i)- „Schreiber“ + iff Poss.-Pron. 1. Pers. Sg. + u Bindevokal + nni Adverbialis.

38 kib- „setzen?“ + u/oš + u + šši, die ganze Form ist unklar. Die von Laroche in GLH 145 gebotene Deutung einer 2. Pers. Sg. ist insofern problematisch, als die 2. Person Sg. durch */o/* (Zeichen U) und nicht wie hier durch */u/* (Zeichen Ú) dargestellt wird. Auch das folgende *-šši* ist nicht die übliche Form des Nominalisierungssuffixes des Verbs, dies ist *-šše* (also mit *e*- Vokal). Form und Bedeutung des Ausdrucks sind unklar.
šen(a)- „Bruder“ + iff Poss.-Pron. 1. Pers. Sg. + u Bindevokal + ta Direktiv + lla enkl. Pron. 3. Pers. Pl. + ân; *-lla* bezieht sich auf *pašš=i=tḫ(e)=iffə* der Zeile 36 und gibt den Ausdruck als im Plural stehend zu erkennen: „meine Gesandten“.
nîrošae Adverb „in guter Weise“, zu *nîri* „gut“ (nir(i) + o + š(e) + ae).

39 pašš- „schicken“ + oš Präteritum + av Personenanzeiger 1. Pers. Sg. trans.
šen(a)- „Bruder“ + iff Poss.-Pron. 1. Pers. Sg. + u Bindevokal + (š Ergativ) + lla enkl. Pron. 3. Pers. Pl., hier als Objekt des Satzes, + ân Konnektivum: „und mein Bruder sie (d.h . die Gesandten) ...“
fur- „sehen“ + et Futur + a Personenanzeiger 3. Pers. Sg. trans.

Lektion 6

§ 21 Transkription der Zeilen 21-34 (= Mit. III 21-34) nach Friedrich, 1932. Paragraphenzählung nach Wilhelm, Letters, 67.

21 un-du-ma-a-an in-na-me-e-ni-i-in še-e-ni-íw-wu-ú-e aš-ti ú-ni-e-et-ta

22 in-na-ma-a-ni-i-in še-e-ni-íw-wu-ta ti-i-ḫa-nu-u-ul-li-e-et-ta

23 ú-ši-íw-wu-ú-un-na-ma-a-an šu-u-we-ni-e-en-na it-ti-tén ú-ši-íw-wu-un-na-a-an

24 ti-i-ḫa-ni-tén še-e-ni-íw-wu-uš-ša-a-an KUR u-mi-i-ni šu-ú-an-na-ma-an
25 pu-uk-lu-uš-ti-en u-u-ul-la-a-an KUR u-u-mi-i-in-na šu-ú-al-la-ma-an
26 wi-i-ra-te-e-na-a-an pa-aš-ši-i-it-ḫé-na^{MEŠ} šu-ú-al-la-ma-an tup-pu-la-in
27 ti-i-ḫa-ni-i-tén-na-a-an še-e-ni-íw-wu-ta ni-ḫa-a-ri-i-in
28 še-e-ni-íw-wu-ú-e-ni-e a-a-i-e-e be-te-eš-ti-tén šu-ú-an-na-ma-an
29 in-na-ma-a-ni-i-in še-e-ni-íw-wu-ú-e-ni-e a-a-i-e-e be-te-eš-te-e-et-ta
30 ta-ri-i-te-na-an šuk-kán-ni e-e-še-ni ḫa-i-e-ni-la-an še-e-ni-íw-wu-uš
31 wi-i-ra-te-e-na šu-ú-al-la-ma-an pa-aš-ši-i-it-ḫé-na-a-an šu-ú-al-la-ma-an
32 u-u-ul-la-a-an KUR u-u-mi-i-in-na šu-ú-al-la-ma-an ma-ri-a-an-na-ar-ti-la-an
33 še-e-ni-íw-wu-uš ú-ú-ri-a-a-aš-še-na wa-ša-i-na-an še-e-ni-íw-we
34 be-te-eš-ti-e-na-an ni-ḫa-a-a-ri ši-ri-en-na-a-an

Morphemanalytische Umschrift:

21 undo=mân inna=mê=nîn šen(a)=iff=u=ve ašti un=et=t=a
22 inna=mâ=nîn šen(a)=iff=u=da tîḫan=oll=et=t=a
23 uš(i)=iff=u=nna=mân šo=ve=NE=nna itt=i=(i)d=en uš(i)=iff=u=nna=ân
24 tîḫan=i=(i)d=en šen(a)=iff=u=š=nna=ân KUR omini šu(e>)a?=nna=man
25 pugl=ušt=i=en ôl(i)=na=ân KUR ômin(i)=na šu(e>)a=lla=man
26 fir=ade=na=ân pašš=i=tḫe=na^{MEŠ} šu(e>)a=lla=man tupp=ol=ai=n(na)
27 tîḫan=i=(i)d=en=(n)na=ân šen(a)=iff=u=da niḫar(i)=i=n(na)
28 šen(a)=iff=u=ve=NE=(v)e a(vi)=i=(v)e ped=ešt=i=(i)d=en šu(e>)a$^{?}$=nna=man
29 inna=mâ=nîn šen(a)=iff=u=ve=NE=(v)e a(vi)=i=(v)e ped=ešt=et=t=a
30 tar=i=(i)d=en=an šukkanne eše=ne ḫa=i=en=i=l(la)=an šen(a)=iff=u=š
31 fir=ade=na šu(e>)a=lla=man pašš=i=tḫe=na=ân šu(e>)a=lla=man
32 ôl(i)=na=ân ômin(i)=na šu(e>)a=lla=man mariann(i)=arde=l(la)=an
33 šen(a)=iff=u=š ûr=i=a=šše=na faš=ai=n(na)=an šen(a)=iffə
34 ped=ešt=i=en=an niḫari šir=i=en=(n)na=ân

Übersetzung (vgl. Wilhelm, Letters, 67):

21 Wenn sie (Pl.) nun die Frau meines Bruders bringen werden,
(Alternativ: Wenn nun die Frau meines Bruders kommen wird,)
22 und wenn sie (Pl.) sie (Sg.-*mâ*-) meinem Bruder zeigen werden,
(Alternativ: wenn sie sich meinem Bruder zeigen wird)
23 mögen sie gehen als mein *„Fleisch?“* und als mein *„Fleisch?“*

24 mögen sie zeigen. Und mein Bruder möge das ganze Land
25 versammeln, und alle anderen Länder
26 und die auswärtigen Gäste (und) alle Gesandten mögen anwesend sein.
27 Und sie mögen ihre (d.h. der Braut) Mitgift meinem Bruder zeigen,
28 und sie mögen (die Mitgift) ganz vor meinem Bruder ausbreiten.
29 Wenn sie (Pl.) sie (*-mâ-* Sg., d.h. die Mitgift) vor meinem Bruder ausbreiten werden,
30 mögen sie *sich begeben?* an einen Ort. Und mein Bruder möge
31 alle die auswärtigen Gäste und alle die Gesandten
32 und alle anderen Länder und die Streitwagenkämpfer,
33 die mein Bruder wünscht, nehmen. Mein Bruder möge dann hineingehen
34 und er möge die Mitgift ausbreiten und sie (d.h. die Mitgift) möge genügen (alternativ: erfreulich sein).

Kommentar:

21 undo- Adverb „nun, also“ + mân Partikel.
inna- Konjunktion „wenn“ + mê pronominale Vertretung des Absolutivs Sg. als Hinweis auf ein singularisches Objekt + nîn Partikel.
Alternativ: Bevorzugt man hier einen intransitiven Satz mit dem Verb *un-* „kommen“, muß *-mê-* die pronominale Vertretung des Subjekts sein.
šen(a)- „Bruder“ + iff Poss.-Pron. 1. Pers. Sg. + u Bindevokal + ve Genitiv.
ašti „Frau, Gattin“ steht im Absolutiv Sg. und ist das Bezugsnomen des attributiven Genitivs *šen(a)=iff=u=ve*. Der Ausdruck *šen(a)=iff=u=ve ašti* ist ein weiteres Beispiel dafür, daß im Absolutiv Singular keine Suffixaufnahme erfolgen kann, da der Absolutiv Singular kein sichtbares Kasuskennzeichen besitzt.
un- „bringen“ transitiv + et Futur + t Pluralisator + a Personenanzeiger 3. Pers. (t + a drückt die 3. Person Plural als Agens aus). (Zur Mehrdeutigkeit dieser Form siehe schon Lektion 2 Zeile 12).

22 inna- Konjunktion „wenn“ + mâ pronominale Vertretung des Absolutivs Sg. als Hinweis auf ein singularisches Objekt + nîn Partikel.
šen(a)- „Bruder“ + iff Poss.-Pron. 1. Pers. Sg. + u Bindevokal + ta Direktiv.
tîḫan- „zeigen“ + oll Allomorph von */ol/* vor dem Futurformanten (Girbal, SMEA 29, 1992, 179 f. Der Formant */ol/* verändert die Semantik der Wurzel kaum). + et Futur + t Pluralisator + a Personenanzeiger 3. Sg. als Agens (t + a drückt somit die 3. Person Plural beim transitiven Verb aus).
(Diese Form ist von Bush GHL 183 und anderen als eine intransitive Verbalform gedeutet worden, wobei das *-t-* als das Intransitivkennzeichen verstanden und entsprechend übersetzt worden ist: „Wenn sie sich (*-oll-*) meinem Bruder zeigen wird“. *tîḫan-* ist allerdings ein transitives Verb und

so ist die Annahme, in -*(i)d-* den verbalen Pluralisator zu sehen, recht plausibel).

23 uš(i)- Substantiv, unbk. Bedeutung, hier versuchsweise mit „Fleisch“ übersetzt (für „Fleisch“ gibt Laroche GLH 291 allerdings das Wort *uzi* an), + iff Poss.-Pron. 1. Pers. Sg. + u Bindevokal vor Kasus (das folgende Element muß deshalb ein Kasus sein. Die Verbindung des Poss.-Suffixes 1. Pers. Sg. *iff* + *nna* enkl. Pronomen 3. Pers. Sg. lautet *=iffe=n(na)* und nicht wie hier *=iff=u=n(na)) + nna Äquativ + mân Partikel. Der Auslautvokal des Wortes *uš(i)* könnte jedoch auch ein *a* sein, also *uša*. Eine Wortform ú-ša mit unbekannter Bedeutung ist in der hurritisch-hethitischen Bilingue KBo 32: 20 I 2' und 14' sowie in ChS I/1 Nr. 41 II 63 und ChS I/5 Nr. 130 9' nachgewiesen. Sollten diese Wörter tatsächlich Substantive sein, wären sie morphologisch entweder *a*-Stämme oder Essive. Bekanntlich sind *a*-Stämme auf Verwandschaftsbezeichnungen und in einem Fall auf einen Körperteil (*tiša* „Herz“) beschränkt. Sollte in *uš(a)=iff=u=nna=mân* eine Art Verwandschaftsbezeichnung im Sinne von „Stellvertreter“ vorliegen?

šove- Genitiv des selbständigen Pronomens der 1. Pers. Sg. + NE Trägersuffix + nna wiederaufgenommenes Kasussuffix von *uš(i/a)=iff=u=nna.*

itt- „gehen“ + i Jussiv + (i)t Pluralisator + en Personenanzeiger des Jussivs der 3. Pers.

uš(i)-, siehe dazu oben, + iff Poss.-Pron. 1. Pers. Sg. + u Bindevokal + nna Äquativ.

(Der allgemeine Sinn der idiomatischen Wendung *„als mein Fleisch? gehen“* könnte in etwa der sein, daß die Gesandten Tušrattas als seine Stellvertreter oder Vertrauensleute im Sinne von *„wie mein eigenes Fleisch“* nach Ägypten gehen sollen).

24 tîḫan- „zeigen“ + i Jussiv + (i)t Pluralisator + en Personenanzeiger des Jussivs der 3. Pers.

šen(a)- „Bruder“ + iff Poss.-Pron. 1. Pers. Sg. + u Bindevokal + š Ergativ + nna enkl. Pronomen 3. Pers. Sg. als Hinweis auf ein direktes Objekt im Singular, + ân Konnektivum.

omini „Land“, steht im Absolutiv Sg., als direktes Objekt des Satzes.

šue- „ganz, alle“ + nna enkl. Pronomen 3. Sg. + man Partikel.

Das Wort für „ganz, alle“ ist wohl als **šue,-* mit *e*-Auslaut, anzusetzen; dieses *-e* wird unter dem Einfluß der enklitischen Pronomina zu *a: šu(e>)a=nna-*. Es muß allerdings eingeräumt werden, daß vor *-nna* gewöhnlich kein Wandel *i/e > a* eintritt. (Siehe dazu S. 77 [d]).

In diesem Satz ist praktisch das direkte Objekt dreimal vertreten: Zweimal durch das Enklitikon *-nna* (in *šen=iffu=š=***nna** und in *šu(e>)a=***nna**) und einmal durch das Substantiv (*omini*) selbst.

25 pugl- „versammeln“ + V(okal)št WE + i Jussiv + en Personenanzeiger des Jussivs 3. Pers.

ôli- „anderer“ + na Artikel Plural (l+n > ll) + ân Konnektivum.

ômin(i)=na šu(e >)a=lla=man „die Länder alle“.

26 fir=ade- „auswärtiger Gast“ + na Artikel Plural + ân Konnektivum. (Wortbedeutung nach Wilhelm, SCCNH 15, 2005, 175 ff.)
pašš=i=tḫe- „Gesandter“ + na Artikel Plural.
šu(e>)a=lla=man, wie oben.
tupp- „anwesend sein“ + ol WE unklarer Natur + ai Formant des Debitiv-Finalis („..., so daß die anderen Länder alle ... anwesend sein mögen“), oder -*ai* in einer mehr dem Jussiv ähnlichen Verwendung („die anderen Länder alle .... mögen anwesend sein“) + n Kurzform des enkl. Pronomens -*nna* 3. Pers. Sg. Absolutiv. Die Singularität des Pronomens steht im Widerspruch zur Pluralität des Subjekts; -*nna* fungiert hier als neutraler Personenanzeiger, der jede grammatische Person vertreten kann, wenn diese an anderer Stelle im Satz klar zum Ausdruck gekommen ist (Girbal, ZA 80, 1990, 93 ff.).
Zu dem unregelmäßigen Verb *tupp*- allgemein siehe den Kommentar zur Lektion 3 § 22 Zeile 36.
27 tîḫan- „zeigen“ + i Jussiv + (i)t Pluralisator + en Personenanzeiger des Jussivs der 3. Pers. + nna enkl. Pronomen 3. Pers. Sg. (*n+nna* reduziert > *nna*). Das Verb *tîḫan*- ist transitiv, das Enklitikon -*nna* vertritt das direkte Objekt (*niḫari*) „die Mitgift“. Das direkte Objekt ist in diesem Satz somit dreifach vertreten, zweimal durch -*nna* und einmal durch *niḫari*.
šen(a)=iff=u=da Direktiv „zu meinem Bruder“.
niḫar(i)=i=n(na) „ihre Mitgift“.
28 šen(a)=iff=u=ve=NE=e a(vi)=i=(v)e „vor meinem Bruder“. Der Ausgang auf -*e* der Postposition *a*(*v*)*i* „vor“ wurde von Speiser IH 56 [§ 69], Bush GHL 91, 127 ff. und Chačikjan, Churr. i urart., 115 f. als Allomorph der Genitivendung -*ve* nach dem Poss.-Suffix. -*i*- interpretiert. Wilhelm, Double Case, 1995, 119 mit Anm. 4, setzt hier hingegen einen besonderen Kasus auf -*e* an, dessen eigentliche Funktion aber undeutlich bleibt.
ped- „ausbreiten“ + V$_{(\text{okal})}$št WE + i Jussiv + (i)t Pluralisator + en Personenanzeiger des Jussivs der 3. Pers.
šu(e>)a=nna=man „ganz, alle“, wie oben.
29 inna- „wenn“ + mâ pronominales Element der 3. Pers. Sg. + nîn Partikel.
-mâ- ist das direkte Objekt des Satzes, es vertritt *niḫari* „Mitgift“.
šen=iff=u=ve=NE=e a(vi)=i=(v)e „vor meinem Bruder“, wie oben .
ped- „ausbreiten“ + V$_{(\text{okal})}$št WE + et Futur + t Pluralisator + a Personenanzeiger 3. Pers. trans. (*t+a* = 3. Pers. Pl. transitiv).
30 tar- Verb unbk. Bedeutung, hier versuchsweise, einer Anregung Girbals folgend, mit „sich begeben, zusammenkommen“ wiedergegeben. Das Verb ist intransitiv: *tar* + *i* Jussiv + (*i*)*t* Pluralisator + *en* Jussivanzeiger 3. Pers. „sie mögen sich begeben“ oder „sie mögen zusammenkommen“, + an Konnektivum.
šukkanne Ableitung von *šukko* „eins“, wie oben.
eše- „Erde“ aber auch „Ort“ + ne. Dieses *ne* ist wohl nicht der sog. „Artikel“ Singular, die Form steht daher nicht im Absolutiv. Absolutivformen von *eše*- haben darüber hinaus nie das Morphem -*ne* bei sich. Es

handelt sich deshalb am ehesten um den Kasus auf *-ni*, der Lokativfunktion besitzt.
ḫa- „nehmen“ + i Jussiv + en Personenanzeiger des Jussivs der 3. Pers. + i Stützvokal + l(la) Kurzform des enkl Pron. 3. Pers. Pl. + an Konnektivum.
šen(a)=iff=u=š Ergativ „mein Bruder“.
31 fir=ade=na Absolutiv Plural „auswärtigen Gäste“, wie oben.
šu(e>)a=lla=man „alle“, wie oben.
pašš=i=tḫe- „Gesandter“ + na Artikel Plural.
šu(e>)a=lla=man, wie oben.
32 oli- „anderer“ + na Artikel Plural (l+n > ll) + ân Konnektivum.
ômin(i)=na šu(e>)a=lla=man „die Länder alle“.
mariann(i)=arde- „Streitwagenkämpfer“ + l(la) Kurzform des enklitischen Pronomens 3. Pers. Pl. + an Konnektivum.
Der zu erwartende Wandel des auslautenden *-e* von *mariannarde-* > *a* tritt hier nicht ein. Der Grund dafür könnte der sein, daß *-lla* als allgemeiner Pluralisator verwendet wird und in diesem Fall der Wandel nicht eintritt.
33 šen(a)=iff=u=š Ergativ „mein Bruder“.
ûr- „wünschen“ + i Transitivanzeiger, obligatorisch bei Präsensformen der 3. Pers. Sg. + a Personenanzeiger 3. Pers. Sg. trans. + šše Morphem zur Nominalisierung der Verbalform + na Artikel Plural, bezieht sich auf die vorhergehenden Pluralformen im Absolutiv: „ ... , die mein Bruder wünscht“.
faš- „hineingehen, eindringen“ + ai Debitiv-Finalis bzw. Jussiv (siehe oben Zeile 26 zu *tupp-*) + n(na) enklitisches Pronomen 3. Pers. Sg. + an Konnektivum.
šen(a)=iffə Absolutiv „mein Bruder“
34 ped=ešt=i=en=an „und er möge ausbreiten“, wie oben.
niḫari Absolutiv „Mitgift“.
šir- „genügen“ oder „erfreulich sein“ (siehe oben) + i Jussiv? + en Personenanzeiger des Jussivs der 3. Pers. + nna enklitisches Pronomen 3. Pers. (n+nn reduziert > nn) + ân Konnektivum. Das Verb ist intransitiv.

Lektion 7

§ 9 Transkription der Zeilen 83-89 (= Mit. I 83-89) nach Friedrich, 1932. Paragraphenzählung nach Wilhelm, Letters, 64.

83 ^{I}Ge-li-i-aš-ša-a-an pa-aš-ši-i-it-ḫi-<íw>-wu-uš ti-we an-ti gu-lu-u-u-ša
84 ma-a-an-na-a-an ḫi-il-li še-e-na-wu-ša-an ^{I}Ni-im-mu-u-ri-i-aš
85 ^{KUR} Mi-zi-ir-ri-e-we-ni-eš éw-ri-iš ta-še ap-li ta-a-a-nu-u-ša
86 ^{URU}I-ḫi-be-ni URU Ši-mi-i-ge-ni-e-we-ni-e-ma-a-an ú-nu-u-u-ša
87 ^{D}Ši-mi-i-ge-ni-e-wa-ma-a-an e-e-ni-i-wa at-ta-i-i-wa a-ku-u-ša
88 at-ta-a-ar-ti-i-we-na-a-ma-a-an šu-ú-al-la-ma-an ta-še-e-e-na^{MEŠ}

89 tiš-ša-an tiš-ša-an ge-lu-u-šu-a ...

Morphemanalytische Umschrift:

83 Kelia=š=nna=ân pašš=i=tḫ(e)=iff=u=š tive andi kul=oš=a
84 mâ=nna=ân ḫill=i šena=v=u=š=an Nimmoria=š
85 ^{KUR}Mizir=ne=ve=NE=š evri=š taše abli tan=oš=a
86 ^{URU}Iḫibe=ne URU Šimige=ne=ve=ne=mân un=oš=a
87 ^{D}Šimige=ne=va=mân en(i)=i=va atta(i)=i=va ag=oš=a
88 atta(i)=ard(e)=i=ve=na=mân šu(e>)a=lla=man taše=na
89 tiššan tiššan kel=oš$^{?}$=u$^{?}$=a$^{?}$ ...

Übersetzung (vgl. Wilhelm, Letters, 64):

83 Und Kelia, mein Gesandter, hat dieses Wort gesagt.
84 Und er teilt mit: 'Dein Bruder Nimmoria,
85 der Herr Ägyptens, hat ein *abli*-Geschenk gemacht.
86 Und nach Iḫibe, der (Stadt) des Sonnengottes, hat er es gebracht,
87 und dem Sonnengott, seinem Gott, seinem Vater, hat er (es) zugeführt.'
88 Und alle Geschenke seiner Vorfahren
89 *waren sehr, sehr erfreulich ...*

Kommentar:

83 Kelia-, Name des mittanischen Gesandten + š Ergativmarkierung + nna enkl. Pron. 3. Pers. Sg. Absolutiv (bei Antritt des *-nna* an die Ergativendung *š* assimiliert sich das *n* an *š: -š+nna > šša*) + ân Konnektivum. Die phonetische Länge des Vokals des Morphems */an/* ergibt sich nur, wenn */an/* an ein auf *-a* auslautendes Morphem tritt.

pašš=i=tḫ(e)- „Gesandter" + iff! Poss.-Pron. der 1. Pers. Sg. + u Bindevokal + š Ergativmarkierung. Im Text selbst steht anstatt „mein Gesandter" (*pašš=i=tḫ(e)=iff=u=š*), wie es richtig heißen muß, „dein Gesandter" (*pašš=i=tḫe=v=u=š*), einer der seltenen Schreiberfehler. Kelia ist schließlich der Gesandte Tušrattas und nicht der des Pharaos.

tive „Wort" steht im endungslosen Kasus Absolutiv Sg.

andi „jener" Demonstrativpronomen, Absolutiv Sg.

kul- „sagen" + oš Präteritum + a Personenanzeiger 3. Pers. Sg. Agens.

84 mâ- vielleicht pronominales Element der 3. Pers. Sg. „er" + nna enkl. Pronomen der 3. Sg. Absolutiv, verstärkt das vorhergehende *mâ-*, + ân Konnektivum (Girbal, ZA 78, 1988, 135 ff.; zum pronominalen Element *-mâ-/-mê-*, das sonst nur in Verbindung mit Konjunktionen und der Relativpartikel erscheint vgl. Chačikjan, Churr. i urart., 82).

Alternativ: Der Beleg ma-a-an-na-a-an aus I 84 und I 93 (ma-a-na-an), jeweils gefolgt von der Verbalform *ḫill=i* „er teilt mit" und der darauf fol-

genden zitierten Rede, ist als eine Partikel zur Einleitung der zitierten Rede *mâ* + enkl. Prononem der 3. Sg. *-nna/ n* interpretiert worden (Wilhelm, Orientalia 54, 1985, 493).
ḫil(l)- „sagen, mitteilen" + i Transitivitätsmarkierung. Das Verb steht im Antipassiv. Das semantisch transitive Verb *ḫil(l)-* wird in diesem Satz ohne direktes Objekt verwendet.
šena- „Bruder" + v Poss.-Pron. der 2. Pers. Sg. + u Bindevokal + š Erg. + an Konnektivum. Aus dieser Form ist ersichtlich, daß *šena-* zu den *a*-Stämmen gehört.
Nimmoria-, Thronname des Pharao Amenophis III. + š Ergativ.
85 ^{KUR}Mizri- „Ägypten" + ne sog. „Artikel" (r(i)+ne > rre) + ve Genitiv + NE Trägersuffix + š wiederaufgenommener Kasus Ergativ des Bezugswortes *evri=š.*
evri „Herr" + š Ergativ.
taše „Geschenk" Absolutiv.
abli ungedeutetes Wort, bezeichnet vielleicht eine bestimmte Geschenkart.
tan- „machen" + oš Präteritum + a Personenanzeiger der 3. Pers. Sg. Agens.
86 ^{URU}Iḫibe- Stadtname + ni /ne/. Dieses *ni* bzw. *ne* ist noch nicht sicher gedeutet. Nach Wilhelm (ZA 73, 1983, 96 ff.) könnte hier der Ablativ auf *-ne* vorliegen. Der Satz müßte dann übersetzt werden: „Und aus Iḫibe, der Stadt des Sonnengottes, hat er es gebracht". Eine andere Möglichkeit der Interpretation ist, hier die aus der hurritisch-hethitischen Bilingue bekannte Verwendung des *ni/e* als lokativisches, direktivisches Element anzusetzen. Dieser Verwendung wird hier der Vorzug gegeben. (Zu dem Problem insgesamt siehe Wilhelm, ZA 83, 1993, 105 ff. und Haas/Wegner, OLZ 86, 1991, 390).
URU Šimige- Stadtname + ne sog. „Artikel" + ve Genitiv + ne wiederaufgenommenes lokativisches Element des Bezugswortes ^{URU}Iḫibe=ne, + mân Partikel.
un- intrans. „kommen", trans. „bringen" (zu der Möglichkeit, Verben oder zumindest einige Verben sowohl intransitiv als auch transitiv verwenden zu können, siehe Bush GHL 189 f. und Wilhelm, ZA 73, 1983, 102 mit dem Hinweis auf eine ebensolche Verwendungsweise auch im Urartäischen), + oš Präteritum + a Personenanzeiger 3. Pers. Sg. Agens.
87 Der Göttername und die Attribute stehen im Dativ auf *-va.*
ag- „führen, lenken, leiten" + oš Präteritum + a Personenanzeiger 3. Pers. Sg. Agens.
88 atta(i)=ard(e)- „Vorfahren" + i Poss.-Suffix 3. Pers. Sg. + ve Genitiv + na Art. Pl., bezieht sich auf die Pluralität von *taše=na* „die Geschenke" + mân Partikel.
šu(e>)a=lla=man „alle", wie oben.
taše- „Geschenk" + na Artikel Plural.
89 tiššan tiššan Adverb „sehr".
kel- Verbalwurzel, bedeutet eigentlich „wohl sein" + oš Präteritum? + u + a unklare Verbalendung, deren Deutung noch aussteht.

§ 9 Transkription der Zeilen 104 -109 (= Mit. I 104 -109) nach Friedrich, 1932.

104 i-i-al-la-a-ni-i-in še-e-ni-íw-wu-uš ta-še-e-ni-e-wa e-ti-i-ta
105 ti-we-e-na$^{[\mathrm{ME}]\check{\mathrm{S}}}$ ta-a-nu-u-ša-a-aš-še-na ^{D}Ši-mi-i-ge-ni-e-wa e-ni-i-wa
106 at-ta-i-i-wa e-ti-i-ta an-til-la-a-an ^{D}Ši-mi-i-ge-níš a-ri-e-ta
107 še-e-ni-íw-wu-ú-a še-e-ni-íw-wu-ú-ul-la-a-an ti-ša-a-an-na
108 ú-ú-ri-a-a-aš-še-na ti-we-e-na$^{\mathrm{ME\check{S}}}$ šu-ú-al-la-ma-an$^{\mathrm{ME\check{S}}}$
109 ta-a-ni-il-li-e-ta-a-al-la-a-an a-ti-i-ni-i-in ma-a-an-na-al-la-ma-an

---

Morphemanalytische Umschrift:

104 ija=lla=nîn šen(a)=iff=u=š taše=ne=va ed(i)=i=da
105 tive=na tan=oš=a=šše=na ^{D}Šimige=ne=va en(i)=i=va
106 atta(i)=i=va ed(i)=i=da andi=lla=ân ^{D}Šimige=ne=š ar=ed=a
107 šen(a)=iff=u=va šen(a)=iff=u=(š)=lla=ân tiša=nn(i)=a
108 ûr=i=a=šše=na tive=na šu(e >)a=lla=man
109 tan=ill=ed=a=lla=ân adi=nîn mann=(i >)a=lla=man

Übersetzung (vgl. Wilhelm, Letters, 64):

104 Die Dinge (*tive=na*), die mein Bruder in bezug auf das Geschenk
105 für den Sonnengott, seinen Gott,
106 seinen Vater, getan hat, diese (Dinge) wird der Sonnengott
107 meinem Bruder geben. Alle die Dinge, die mein Bruder sich von Herzen
108 wünscht,
109 die wird er machen. So sind sie.

Kommentar:

104 ija- Relativpartikel + lla enkl. Pronomen 3. Pers. Pl. als Hinweis auf ein pluralisches Objekt, + nîn Partikel.
šen(a)- „Bruder“ + iff Poss.-Pron. 1. Pers. Sg. + u Bindevokal + š Ergativ.
taše- „Geschenk“ + ne sog. „Artikel“ Sg. + va Dativ.
ed(i)- (eigentlich „Körper“), als Postposition „in bezug auf, wegen, betreffs, für“ + i Poss.-Pron. der 3. Pers. Sg. + ta Direktiv. Die Postposition *ed(i)=i=da* regiert den Dativ (oder Direktiv) des herrschenden Nomens, hier den Dativ: *taše=ne=va.*

105 tive- „Wort, Sache, Dinge“ + na bestimmter Pluralanzeiger. Die Absolutivform „die Dinge“ ist das Bezugswort des Relativsatzes.

tan- „machen, tun" + oš Präteritum + a Personenanzeiger 3. Pers. Sg. trans. + šše Morphem zur Nominalisierung der Verbalform + na bestimmter Pluralanzeiger, bezieht die nominalisierte Verbalform auf das Substantiv *tive=na* „die Dinge" und stellt Kongruenz zu diesem her.
Šimige- Sonnengott + ne sog. „Artikel" Sg. + va Dativ. (Die Lesung des Zeichens WA als <wa> (mit Vokal *a*) geschieht wegen der Postposition *ed(i)=i=da*, die den Dativ [oder Direktiv] des herrschenden Nomens verlangt).
en(i)- „Gott" + i Poss.-Pron. 3. Pers. Sg. + va Dativ.
106 atta(i)- „Vater" + i Poss.-Pron. 3. Pers. Sg. + va Dativ.
ed(i)=i=da Postposition „in bezug auf, betreffs, wegen, für".
andi- Demonstrativpronomen + lla enkl. Pronomen 3. Pl. als Pluralisator des Demonstrativpronomens + ân Konnektivum.
Šimige=ne=š Name des Sonnengottes im Ergativ.
ar- „geben" + et Futur + a Personenanzeiger der 3. Pers. Sg. trans.
107 šen(a)=iff=u=va „meinem Bruder" Dativ, wie oben.
šen(a)=iff=u=(š)=lla=ân „mein Bruder" Ergativ.
tiša- „Herz" + nn(i) Adverbialendung + a Essiv.
108 ûr- „wünschen" + i Transitivmarkierung, obligatorisch in Präsensformen, + a Personenanzeiger 3. Pers. Sg. trans. + šše Morphem zur Nominalisierung der Verbalform + na aufgenommener Artikel Plural des Bezugswortes *tive=na*.
šu(e >)a=lla=man „alle", wie oben.
109 tan- „machen, tun" + ill WE + et Futur + a Personenanzeiger 3. Pers. Sg. trans. + lla enklitisches Pronomen 3. Pers. Pl. + ân Konnektivum.
adi=nîn „so", wie oben.
mann=(i >)a- „sein" + lla enkl. Pron. 3. Pers. Pl. + man Partikel.

Lektion 8

§ 29 Transkription der Zeilen 40-44 (= Mit. IV 40-44) und Transkription des
§ 30 Zeilen 45-50 (= Mit. IV 45-50) nach Friedrich, 1932.
Paragraphenzählung nach Wilhelm, Letters, 70.

§ 29

40 še-e-ni-íw-wu-ú-ul-la-a-an pa-aš-ši-i-it-ḫi-íw-we ku-zu!-uš-ti-wa-a-en kar-ḫaš-ti-wa-a-en

41 še-e-ni-íw-wu-ú-ut-ta-a-an ši-la-a-ḫu-šu-uš-ti-wa-a-en pa-aš-ši-i-it-ḫi-íw-w(e>)a (vor -l)-la-an

42 še-e-ni-íw-wu-uš šu-ra-a-maš-ti-en na-ak-ki-en ti-wa-a-at-ta-a-an gu-ru-ú-we

43 še-e-ni-íw-wu-ú-e-ma-a-an ge-e-el-ti ni-i-ri-še ḫa-ši-i-i-li

44 bi-sa-an-ti-iš-tin-na-a-an tiš-ša-an še-e-ni-íw-wu-ú-e-ni-e-wa ge-el-ti-i-wa

§ 30

45 še-e-ni-íw-we-en-na-a-an ḫi-il-lu-li-e-wa e-ta-la-an pa-aš-ši-i-it-ḫi-íw-we ku-zu-u-šu

46 u-i̯a-ma-a-an ku-zu-u-ši-úw-wu-la-an še-e-ni-íw-wu-ú-e-ni-e-wa-a-tan aš-ti-i-i-we

47 ni-ḫa-a-ri-i-ta ú-ru-u-mu wu-ri-e-ta-a-an še-e-ni-íw-wu-uš-ša-ma-an

48 še-e-ni-íw-wu-ú-e-ni-e-we aš-ti-i-we ni-ḫa-a-ri a-ru-u-ša-uš-še

49 ip-šu-ši-i-in ti-i-ḫa-níš-ḫi-i-in ú-ú-na-a-an še-e-ni-íw-wu-<ú>-e-ni-e

50 a-a-i-i-e-e be-te-eš-ta-iš

Morphemanalytische Umschrift des § 29:

40 šen(a)=iff=u=(š)=lla=ân pašš=i=tḫ(e)=iffə koz=ošt=i=wa=en karḫ=ašt=i=wa=en

41 šen(a)=iff=u=(š)=tta=ân šilâḫ=uš=ušt=i=wa=en pašš=i=tḫ(e)=iff(e>)a=l(la)=an

42 šen(a)=iff=u=š šur=am=ašt=i=en nakk=i=en tiv(e>)a=tta=ân kuru=ve?/kur=uva?

43 šen(a)=iff=u=ve=mân keldi nîri=še ḫaš=î=l+e

44 pic=and=išt=i=nna=ân tiššan šen(a)=iff=u=ve=NE=va keld(i)=i=va

---

Morphemanalytische Umschrift des § 30:

45 šen(a)=iffe=nna=ân ḫill=ol=eva eda(<edi+(š) [i >a vor])=l(la)=an pašš=i=tḫ(e)=iffə koz=oš=o

46 oja=mân koz=oš=i=u(w)=(a)ffu=l(la)=an šen(a)=iff=u=ve=NE=v(e>)a=t(ta)=an ašt(i)=i=ve

47 niḫar(i)=i=da ur=om=u fur=ed=a=ân šen(a)=iff=u=š=nna=man

48 šen(a)=iff=u=ve=NE=ve ašt(i)=i=ve niḫari ar=oš=av=šše

49 ipš=oš=i=n(na) tîḫan=i=šḫi=n(na) un=a=ân šen(a)=iff=u=<v>e=NE=(v)e

50 a(vi)=i=(v)e ped=ešt=ai=š

Übersetzung § 29 (vgl. Wilhelm, Letters, 70):

40 Und mein Bruder möge meine Gesandten nicht zurückhalten, er möge (sie) nicht *dabehalten.*

41 Und mein Bruder möge mich nicht *täuschen.* Und meine Gesandten

42 möge mein Bruder schnell gehen lassen (oder: abfertigen), er möge (sie) entlassen. Das Wort der *Antwort*, (nämlich)

43 das Wohlergehen (und) den guten Zustand meines Bruders möchte ich hören.

44 Ich freue mich sehr über das Wohlergehen meines Bruders.

Übersetzung § 30 (vgl. Wilhelm, Letters, 70):

45 Und mein Bruder könnte sagen: 'Du selbst hast meine Gesandten zurückgehalten'.

46 'Aber nein, ich habe sie (*-lla*) nicht zurückgehalten'. Ich (*-tta*) war mit

47 (der Zusammenstellung) der Mitgift der Frau meines Bruders *beschäftigt*. Und mein Bruder wird

48 die Mitgift der Frau meines Bruders sehen, die ich gegeben habe.

49 *Das Gezeigte hat gefallen*. Und sie (d.h. die Mitgift) kommt, damit sie (Pl.) (die Mitgift) vor meinem Bruder

50 ausbreiten mögen.

Kommentar zu § 29:

40 šen(a)=iff=u=(š)=lla=ân „mein Bruder" Ergativ mit Ausfall des Ergativmorphems *-š* vor dem Enklitikon *-lla*.
pašš=i=tḫ(e)=iffə Absolutiv. Die Pluralität von *paššitḫ(e)=iffə* wird durch das enklitische Pronomen *-lla* (von: *šen(a)=iff=u=(š)=lla=*) angezeigt. In der Verbindung von Substantiv plus Possessiv-Suffix ist es nicht möglich, die Pluralität des Substantivs grammatisch an diesem selbst anzuzeigen.
koz$^{!}$=ošt- „zurückhalten" + i Jussiv + wa Negation + en Personenanzeiger des Jussivs der 3. Pers.
karḫ=ašt- unbk. Bedeutung, der Übersetzungsvorschlag ist aus dem Kontext erschlossen, + i Jussiv + wa Negation + en Personenanzeiger des Jussivs der 3. Pers.; Friedrich HdO II, 1,2, 28 erwägt als Bedeutungsansatz „hindern?".

41 šen(a)=iff=u=(š)=tta=ân „mein Bruder" Ergativ, wie oben.
šilaḫ+uš- „täuschen?" + V($_{\text{okal}}$)št WE + i Jussiv + wa Negation + en Personenanzeiger des Jussivs der 3. Pers. Der Formant *-uš-* kann wegen seiner Position vor einer weiteren Wurzelerweiterung (-Všt-) nicht der Vergangenheitsanzeiger *-oš-* sein. Eine nähere Bestimmung des Vokals (*u* oder *o*) ist nicht möglich. (Der Bedeutungsansatz für *šilaḫ+uš-* stammt von Girbal, SMEA 29, 1992, 162).

pašš=i=tḫ(e) „Gesandter“ + iffe Poss.-Pron. 1. Pers. Sg. Der Auslautvokal des Poss.-Pron. wird zu *a* vor dem enkl. Pronomen *-l(la)*, + an Konnektivum. *-lla* drückt die Pluralität des Substantives *paššitḫe-* aus.

42 šen(a)=iff=u=š Ergativ, wie oben.
šur=am- „eilig gehen lassen“ oder „abfertigen“ + V($_{\text{okal}}$)št WE + i Jussiv + en Personenanzeiger des Jussivs der 3. Pers.
nakk- „entlassen“ + i Jussiv + en Personenanzeiger des Jussivs der 3. Pers.
tive- „Wort“ + tta enkl. Pronomen 1. Pers. Sg., mit Wandel des Auslautvokals *e > a* vor dem Enklitikon (*tive + tta > tiva=tta-*) + ân Konnektivum.
kuru=ve Bedeutung unbk, vielleicht „Antwort“ (siehe Friedrich, HdO II, 1,2, 28). Nach dieser Interpretation stünde das Wort im Genitiv auf *-ve.* Ungewöhnlich ist dann jedoch die Wiedergabe des Genitivs mit dem Zeichen WA <we> nach *-ú-*, da sonst der Genitiv nach *-ú- -ú-e-* (und nicht **-ú-we*) geschrieben wird. Ob ein Zusammenhang mit der Partikel *kuru* „wieder, wiederum“ besteht, ist nicht ganz klar, da eines der Merkmale der Wortklasse „Partikeln“ ist, daß sie nicht mit den Nominal- oder Verbalendungen verbunden werden können (siehe auch S. 116 f. unter Partikeln). Wilhelm, FsSchmitt-Brandt, 2000, 201 mit Anm. 8, schlägt eine verbale Deutung der Form im Durativ auf *–uva* vor: *kur=uva* „erwidern?“

43 šen(a)=iff=u=ve=mân, Genitiv „meines Bruders“.
keldi „Wohlergehen, Heil“, Absolutiv Sg.
nîri=še „guter Zustand“, wohl Abstraktbildung auf *-še* von *niri* „gut“.
ḫaš- „hören“ + i Jussiv + l+e Jussivanzeiger 1. Pers. Sg. (Voluntativ).
Der Satz *tiv(e>)a=tta=ân kuru=ve šen=iff=u=ve=mân keldi nîri=še ḫaš=î=l+e* weist eine Auffälligkeit auf. Das Enklitikon *-tta* ist die 1. Pers. Sg. Absolutiv, es vertritt hier aber das Agens in einem transitiven Satz, denn das Verb *ḫaš=î=l+e* „ich möchte hören“ hat direkte Objekte: „das Wort der *Antwort*“ und „der gute Zustand meines Bruders“. Unter diesen Bedingungen würde man als pronominale Vertretung des Agens nicht den Absolutiv *-tta,* sondern den Ergativ *iša=š* erwarten. Dieser Satz ist einer der Belege dafür, daß in den nicht-indikativischen Modi, und speziell im Jussiv, das Hurritische das Phänomen der „gespaltenen“ Ergativität kennt. (Siehe auch S. 102-105).
Unter der Bedingung aber, daß *kur=uva* tatsächlich eine Verbalform ist, läßt sich der Satz 42-43 auch anders analysieren und deuten: *tiv(e)=a*(Essiv)*=tta=ân kur=uva* (Durativ) *šen(a)=iff=u=ve=mân keldi nîri=še ḫaš=î=l+e.* Die Verbalformen auf *–uva* können mit einem Objekt im Essiv konstruiert werden, hier *tiv(e)=**a**=tta=ân* (siehe S. 137 f.), als Subjektanzeiger fungierte das enklitische Absolutivpronomen *–tta*: „ich *erwidere*? das Wort und (*-mân*) möchte hören das Wohl (und) den guten Zustand meines Bruders.“

44 pic=and- „sich freuen“ + V($_{\text{okal}}$)št WE + i Anzeiger des Antipassivs + nna eigentlich enkl. Pron. 3. Pers. Sg., vertritt hier aber die 1. Pers. Sg. *-tta*, + ân Konnektivum: „ich freue mich“.

Das Verb *pic=and-* gehört zu den Verben, die nach Girbal, SMEA 29, 1992, 172 ff., nur im Antipassiv auftreten, d. h. dieses Antipassiv, das bei dem Verb *pic=and-* begegnet, ist nicht das Ergebnis der Transformation einer sonst üblichen transitiven Konstruktion. Girbal vertritt die These, daß das Hurritische Verben besaß, die nur im „Antipassiv" auftreten und bei denen der Formant *-i-* etwas anderes signalisierte als eine antipassivische Konstruktion.
Das Objekt von *pic=and=išt-* steht im Dativ („das Wohlergehen meines Bruders"). Bei dieser Interpretation bleibt allerdings als „Schönheitsfehler" bestehen, daß das Keilschriftzeichen TIN im Mittani-Brief an anderen Stellen den Lautwert tén hat (in den Jussivformen it-ti-tén, ti-i-ḫa-ni-tén, ti-i-ḫa-ni-i-tén-na-a-an, be-te-eš-ti-tén) und nur an dieser Stelle den Lautwert tin hätte. (Siehe auch S. 50).
Alternative Analyse der Form: *pic=and=išt=e=nn(a)=ân* „es möge erfreulich sein" bei Schwemer, SCCNH 7, 1995, 87 (ohne Erläuterung des grammatischen Status der einzelnen Morpheme, insbesondere nicht des angesetzten *e* und des *nn(a)*). Bei dieser Interpretation fehlt der vom Kontext her naheliegende Ausdruck der 1. Person Singular (vgl. schon bei Friedrich, HdO II, 1,2, 28; Wilhelm, Lettres EA 24 § 29: 44; ders., Letters EA 24 § 29: 44). Dieser schwierige Absatz ist von Giorgieri, Lettere, 1999, 389 (ohne Morphembestimmung) und ders., in PdP 239 f. mit Anm. 196 (*pic=an(=)d=išt=e(n)=nn(a)=ân* „che vi sia gioia!") nach Schwemer übersetzt worden.
tiššan „sehr"
šen(a)=iff=u=ve=NE=va keld(i)=i=va „über das Wohlergehen meines Bruders". Das Bezugswort *keld(i)=i=va* des abhängigen Genitivs *šen=iff=u=ve-* steht im Dativ; die Kasusendung *-va* des Bezugswortes ist mittels des Trägersuffixes -NE- am attributiven Genitiv wieder aufgenommen.

Kommentar zu § 30:

45 šen(a)- „Bruder" + iffe Poss.-Pron. 1. Pers. Sg. Absolutiv + nna enklitisches Pronomen 3. Pers. Sg. + ân Konnektivum. Die Form ist das Subjekt im Absolutiv zu der folgenden Verbalform auf *-eva.*
ḫil(l)- „sagen, mitteilen" + ol Morphem unklarer Funktion + eva Formant des konditionellen Optativs. Bei Verbalformen auf *-eva* wird das Subjekt eines lexikalisch transitiven Verbs wie *ḫil(l)-* mit dem Absolutiv konstruiert. (Siehe dazu das Kapitel Verbalmorphologie 5.6.3 S. 109 ff.).
eda=l=an: Das Wort *edi-* „Körper" kann auch die Bedeutung „selbst" haben. Das Wort für „selbst" hat hier die Funktion des Agens und muß daher im Ergativ stehen **edi=š.* Vor dem enklitischen Pronomen *-l(la)* schwindet die Ergativmarkierung *-š* > *edi=(š)=l(la)=an.* Das *i* von *edi* wird dann unter dem Einfluß des enkl. Pronomens *-lla* > *a;* das Ergebnis ist: *eda=l=an* < *edi=(š)=l(la)=an.* Das pluralische Enklitikon *-lla* „sie" bezieht sich auf *pašš=i=tḫ(e)=iffə* und gibt das Wort als im Plural stehend zu er-

kennen, also: „meine Gesandten". (Satzanalyse nach Girbal, ZA 80, 1990, 99).
koz- „zurückhalten" + oš Präteritum + o Personenanzeiger 2. Pers. Sg. trans.

46 oja- „nein" selbständige Negationspartikel + mân Partikel.
koz- „zurückhalten" + oš Präteritum + i Transitivitätszeichen, obligatorisch bei negierten transitiven Indikativformen, + u(w) vertritt die Negation -wa- + (a)ffu Personenanzeiger 1. Pers. Sg. trans. + l(la) Kurzform des enkl. Pronomens 3. Pers. Pl. als direktes Objekt, + an Konnektivum.
Das folgende Syntagma *šen(a)=iff=u=ve=NE=va(<e)=t(ta)=an ašt(i)=i=ve niḫar(i)=i=da* „für die Mitgift der Frau meines Bruders" ist ein Beispiel für die Suffixaufnahme mit mehreren Attributen. Dazu im Einzelnen: Das übergeordnete Wort *niḫar(i)=i=da* steht im Direktiv. Das erste Attribut „der Frau" steht im Genitiv (*ašt(i)=i=ve*), dieses nimmt aber den Kasus *-ta* [*-da*] von *niḫari-* nicht auf (also nicht: **ašt(i)=i=ve=NE=da*), das niedrigst stehende Attribut, d.i. „meines Bruders" (*šen(a)=iff=u=ve=NE=va(< ve)=t(ta)=an*) nimmt den Kasus-*ve* (*ve* > *va* vor dem enkl. Pron. *-t(ta)*) von *ašt(i)=i=ve* auf, nicht aber den Kasus *-ta* [*-da*] des übergeordneten Wortes *niḫari*; der Kasus des übergeordneten Wortes *niḫar(i)=i=da* erscheint demnach in der Suffixaufnahme mit mehreren Attributen nicht mehr. Bei vollständiger Durchführung der Suffixaufnahme ergäbe sich der folgende Ausdruck: **šen(a)=iff=u=ve=NE=ve=NE=da=tta=an ašt(i)=i=ve=NE=da niḫar(i)=i=da* (Analyse nach Girbal, ZA 80, 1990, 99 f.). Im Mittani-Brief ist eine solche mehrfache Suffixaufnahme nicht bezeugt; in Boğazköy kommt sie formal in Ellipsenbildungen vor, z.B. in dem Ausdruck *eḫli=ve=NE=ve=NA=aš=(v)a-* (siehe S. 72 f.; Wegner, Double Case, 1995, 144 Beispiel [21]).

47 ur- eigentlich „sein, existieren" + om Formant, der die Bedeutung der Wurzel sehr verändert, + u unklare Verbalendung. Die Bedeutung „sich beschäftigen mit, sich kümmern um" ist aus dem Zusammenhang erschlossen. Das Objekt des Verbs *ur=om-* steht im Direktiv (also das, womit man sich beschäftigt), das Verb ist demnach intransitiv (Bedeutungsansatz Girbal, ZA 80, 1990, 100). In der hurritisch-hethitischen Bilingue sind ebenfalls einige Verbalformen mit einer Verbalendung auf *-u* vertreten (z.B. KBo 32: 14 I 3 u.ö. *fur=u tel=u tapš=u*; KBo 32: 14 I 8 u.ö. *par=u,* siehe Neu, StBoT 32, 103, 119). Eine Klärung des Morphems *-u* durch die hethitische Übersetzung ist zur Zeit nicht möglich.
fur- „sehen" + et Futur + a Personenanzeiger 3. Pers. Sg., trans. + ân Konnektivum.
šen(a)=iff=u=š=nna=man „mein Bruder (Ergativ) sie (*-nna* d.h. die Mitgift)" (*-š + nna* > *šša*).

48 šen(a)=iff=u=ve=NE=ve ašt(i)=i=ve niḫari „die Mitgift der Frau meines Bruders", wie oben.
ar- „geben" + oš Präteritum + av Personenanzeiger 1. Pers. Sg. trans. + šše Morphem zur Nominalisierung der Verbalform. Das Bezugswort *niḫari* des

nominalisierten Verbs steht im Absolutiv Sg., eine Suffixaufnahme kann deshalb nicht stattfinden.

49 ipš- Verb, Bed. unbk., hier versuchsweise – einer Anregung Girbals folgend – mit „gefallen“ wiedergegeben, + oš Präteritum + i Transitivanzeiger + n(na) enkl. Pron. 3. Pers. Sg. Die Verbalform steht im Antipassiv, das, was gefallen soll, steht im Absolutiv Sg.

tîḫan- „zeigen“ + i + šḫi + n(na). Dieses Wort unklarer Ableitung scheint ein Substantiv zu sein, dessen Bedeutung in etwa „das Gezeigte“ sein könnte. (Zum Suffix -šḫe/i siehe S. 57)

un- „kommen“ + a Intransitiv + (Ø-Anzeiger für die 3. Pers. Sg.) + ân Konnektivum.

šen(a)=iff=u=<v>e=NE=e a(vi)=i=(v)e „vor meinem Bruder“. Siehe dazu den Kommentar zur Lektion 6 Zeile 28.

50 ped- „ausbreiten“ + V($_{\text{okal}}$)št WE + ai Formant des Debitiv-Finalis + š verbaler Pluralisator.

Lektion 9

§ 31 Transkription der Zeilen 51-57 (= Mit. IV 51-57) nach Friedrich, 1932. Paragraphenzählung nach Wilhelm, Letters, 70.
Der Paragraph ist von Wilhelm, SCCNH 9, 1998, 181 ff. behandelt worden.

51 še-e-ni-íw-wu-ú-ul-la-a-an pa-aš-ši-i-it-ḫi-íw-we šu-ra-a-maš-ti-en na-ak-ki-en

52 ⸢it-ta⸣-i-šal-la-a-an ^{I}Ma-ni-en-na-a-an še-e-ni-íw-wu-uš šu-ka pa-aš-ši-en

53 ⸢it-ta⸣-in-na-a-an pa-aš-ši-i-it-ḫi-íw-wu-ra šu-ka u-u-li-e-en še-e-ni-íw-wu-uš

54 pa-aš-ši-i-it-ḫé pa-aš-ša-ri-i-wa-a-en ^{I}Ma-ni-en-na-ma-an pa-aš-ši-en a-i-ma-a-ni-i-in

55 ^{I}Ma-ni-en še-e-ni-íw-wu-uš pa-aš-ši-a-a-ma u-u-li-ma-a-an pa-aš-še-e-e-ta

56 ⸢ú⸣-ú-ri-úw-wu-un-na-a-an še-e-ni-íw-wu-uš-ša-a-an pal-la-a-en

57 u-i̯a-ma-a-an še-e-ni-íw-wu-ša-an ^{I}Ma-ni-en-na-ma-an pa-aš-ši-en

---

Morphemanalytische Umschrift:

51 šen(a)=iff=u=(š)=lla=ân pašš=i=tḫ(e)=iffə šur=am=ašt=i=en nakk=i=en

52 itt=ai=ša=lla=ân Mane=nna=ân šen(a)=iff=u=š šuga pašš=i=en

53 itt=ai=nna=ân pašš=i=tḫ(e)=iff=u=ra šuga ôle=n(na) šen(a)=iff=u=š

54 pašš=i=tḫe pašš=ar=i=wa=en Mane=nna=man pašš=i=en ai=mâ=nîn

55 Mane=n(na) šen(a)=iff=u=š pašš=i=a=ma ôli=mân pašš=ed=a

56 ûr=i=u(w)=ffu=nna=ân šen(a)=iff=u=š=nna=ân pal=(i)l=ae=n(na)
57 oja=mân šen(a)=iff=u=š=an Mane=nna=man pašš=i=en

Übersetzung (vgl. Wilhelm, Letters, 70):

51 Und mein Bruder möge meine Gesandten schnell gehen lassen (oder: abfertigen), er möge (sie) entlassen,
52 damit sie gehen können. Und *einzig* den Mane möge mein Bruder schicken,
53 damit er gehen kann zusammen mit meinen[!] Gesandten, *einzig* (*ihn*). Einen anderen
54 Gesandten möge mein Bruder nicht schicken, nur den Mane möge er schicken. Wenn
55 mein Bruder den Mane nicht schickt, (vielmehr) einen anderen schicken wird,
56 ich wünsche ihn nicht. Damit mein Bruder es (ja) weiß.
57 Nein, mein Bruder möge nur den Mane schicken!

Kommentar:

51 šen(a)=iff=u=(š)=lla=ân „mein Bruder", Ergativ, wie oben.
pašš=i=tḫ(e)- „Gesandter" + iffə Poss.-Pron. 1. Pers. Sg. Absolutiv. Die Pluralität des Substantivs *paššitḫe-* ist durch das *-lla* von *šen(a)=iff=u=(š)=lla=an* gegeben.
šur=am- „eilig gehen lassen" oder „abfertigen" + V($_{okal}$)št WE + i Jussiv + en Personenanzeiger des Jussivs der 3. Pers.
nakk- „entlassen" + i Jussiv + en Personenanzeiger des Jussivs der 3. Pers.

52 itt- „gehen" + ai Formant des Debitiv-Finalis + ša Langform des verbalen Pluralisators vor weiteren Suffixen, + lla enkl. Pronomen 3. Pers. Pl., als Subjekt des Satzes, + ân Konnektivum.
[I]Mane=nna=ân „und Mane", Absolutiv.
šen(a)=iff=u=š „mein Bruder", Ergativ, wie oben.
šuga Bed. unbk., möglicherweise zum Zahlwort *šukko* „eins" gehörend. Die Form ist von Wilhelm, SCCNH 9, 1998, 182 f. als *šuk(V)=a* Essiv gedeutet worden. Friedrich, HdO II 1,2 29 hatte ein Adverb „außerdem?", auch „mit?" erwogen.
pašš- „schicken" + i Jussiv + en Personenanzeiger des Jussivs der 3. Pers.

53 itt- „gehen" + ai Debitiv-Finalis + nna enkl. Pron. 3. Pers. Sg., als Subjekt des Satzes, + ân Konnektivum.
pašš=i=tḫ(e)=iff=u=ra, wörtl. „mit meinem Gesandten", Komitativ Sg.
šuga Bed. unbk., wie oben.
ôle- (sonst ôli-) „anderer" + n(na) enkl. Pron. 3. Pers. Sg. Absolutiv.

šen(a)=iff=u=š „mein Bruder", Ergativ.
54 pašš=i=tḫe „Gesandter", Absolutiv Sg.
pašš- „schicken" + ar WE + i Jussiv + wa Negationsmorphem + en Personenanzeiger des Jussivs der 3. Pers.
Mane=nna=man, wie oben.
pašš=i=en, „er möge schicken", wie oben.
ai- „wenn" + mâ pronominales Element der 3. Pers. Sg. + nîn Partikel.
55 Mane=n(na), wie oben.
šen(a)=iff=u=š „mein Bruder", Ergativ.
pašš- „schicken" + i Transitivmarkierung, obligatorisch bei der 3. Pers. Sg. Präsens, + a Personenanzeiger 3. Pers. Sg. trans. + ma Negationsmorphem. Das Negationsmorphem *-ma* tritt an das Ende der Suffixkette; es verneint nur Formen der 3. Pers. Sg.
ôli=man „anderer", wie oben.
pašš- „schicken" + et Futur + a Personenanzeiger 3. Pers. Sg. trans.
56 ûr- „wünschen, wollen" + i Transitivmarkierung, obligatorisch bei negierten Formen, + u(w) Negationsmorphem + (a)ffu Personenanzeiger 1. Pers. Sg. trans. + nna enkl. Pron. 3. Pers. Sg., als direktes Objekt + ân Konnektivum.
šen(a)=iff=u=š=nna=an (*-š+nna > šša*), Ergativ, wie oben.
pal- „wissen" + (i)l Modalelement + ae Optativ-Finalis + n(na) Kurzform des enkl. Pron. 3. Pers. Sg.
57 oja=mân „nein", wie oben.
šen(a)=iff=u=š=an „und mein Bruder", Ergativ.
Mane=nna=man „den Mane", Absolutiv Sg.
pašš=i=en „er möge schicken", wie oben.

Lektion 10

§ 25 Transkription der Zeilen 66-74 (= Mit. III 66-74) nach Friedrich, 1932. Paragraphenzählung nach Wilhelm, Letters, 68. Zu den Zeilen 66-74 siehe auch Giorgieri PdP 267 ff.

66 iš-ši-na-a-an še-e-ni-íw-wu-uš at-ta-a-ar-ti-íw-wu-ú-un-na ḫi-i-ru-uḫ-ḫa-e

67 ir-nu-u-ḫu-ši-a-a-ma še-e-er-ri-e-wi-i-in GUŠKIN at-ta-i-wu-uš am-ma-ti-íw-wu-ú-a

68 ú-a-du-ra-a-an-na ge-pa-a-nu-u-ša-a-aš-še we-e-eš-ša-a-an at-ta-íw-wu-ú-a

69 ú-a-du-ra-a-an-na ge-pa-a-nu-u-šu-u-uš-še te-a at-ta-i-ib-be-ni-e-tan

70 [ti-š]a[1]-an-na-ma-an šu-u-we-ma-a-an še-e-ni-íw-wu-uš ir-nu-u-ḫu-ši-a-a-ma

71 at-ta-íw-wu-ú-e-ni-e-en-na ge-pa-a-nu-u-ša-a-aš-še še-e-ni-íw-wu-ú-ut-ta-a-an

72 su-bi-a-a-maš-ti-en éw-ri-en-na-a-ša i-ri-i-in-na-ar-ti-íw-wu-ú-a
73 u-u-ul-la-a-ša KUR u-u-mi-i-in-na-a-ša wu-ri-a-ša ḫi-i̯a-ru-uḫ-ḫa-a-at-ta-a-an
74 te-u-u-na-<e> še-e-ni-íw-wu-uš ge-pa-a-nu-en ...

---

70 (1) Lesung mit Girbal, SMEA 34, 1994, 81. Friedrich ergänzt [tiš-š]a-an-na-; Wilhelm, FsSchmitt-Brandt, 2000, 203 Anm. 12 und Giorgieri PdP 268 : 70 lesen ti[š-š]a-an-na-

Morphemanalytische Umschrift (vgl. Giorgieri PdP 271 ff.):
66 išši=na=ân šen(a)=iff=u=š atta(i)=ard(e)=iff=u=nna ḫîr(i)=o=ḫḫ(e)=ae
67 irn=oḫ=oš=i=a=ma šerrewi=n(na) GUŠKIN attai=v=u=š ammad(e)=iff=u=va
68 úadurann(i)=a keban=oš=a=šše fe=š=nna=ân atta(i)=iff=u=va
69 úadurann(i)=a keban=oš=o=šše tea attai=p=pe=NE=dan
70 [ti]ša=nna=man šo=ve=mân šen(a)=iff=u=š irn=oḫ=oš=i=a=ma
71 atta(i)=iff=u=ve=NE=nna keban=oš=a=šše šen(a)=iff=u=(š)=tta=ân
72 subi=am=ašt=i=en evri=ni=na=aš=va irinn(i)=ard(e)=iff=u=va
73 ôl(i)=na=aš=va ômin(i)=na=aš=va fur(i)=i=aš=va ḫiar(i)=o=ḫḫ(e>)a=tta=ân
74 teona<e> šen(a)=iff=u=š keban=u=en ...

Übersetzung (vgl. Wilhelm, Letters, 68; Giorgieri PdP 275):
66 Und die Pferde? hat mein Bruder mit Gold wie (im Falle) meiner Vorfahren
67 nicht vergolten. *Glänzend/beträchtlich?* war das Gold, das dein Vater meinem Großvater
68 als Brautpreis geschickt hat und das, was du meinem Vater
69 als Brautpreis geschickt hast, war mehr als das deines Vaters (= war mehr als das, was dein Vater geschickt hatte).
70 Mein Herz hat mein Bruder nicht zufriedengestellt
71 wie (damals) das (Herz) meines Vaters, mit dem, was er geschickt hat. Und mein Bruder möge mich
72 *erstrahlen lassen* vor (*furi=aš=va*) den Königen, meinen Ebenbürtigen,
73 vor den anderen Ländern. Viel Gold
74 möge mir mein Bruder schicken ...

Kommentar:
66 išši- „Pferd?" + na Artikel Plural + ân Konnektivum.
šen(a)=iff=u=š „mein Bruder Ergativ, wie oben.

atta(i)- „Vater“ + ard(e) Kollektivum „Vorväter, Vorfahren“ + iff Poss.-Pron. 1 Pers. Sg. + u Bindevokal vor Kasus + nna Äquativ.
ḫîroḫḫ(e)- „Gold“ (eigentlich *ḫiar(i)=o=ḫḫe*, wörtl.: „Goldenes“) + ae Instrumental.

67 irn=oḫ- „ausgleichen, abgelten, vergelten; zufriedenstellen“ zur Wurzel *irn-* „gleich sein, gleichwertig sein“ gehörend, + oš Präteritum + i Transitivitätsmarkierung, obligatorisch bei negierten Verben, + a Personenanzeiger 3. Pers. Sg., trans. + ma Negationsmorphem.
šerrewi Bedeutung unbk., auch morphologisch ist das Wort undurchsichtig. *šerrewi=n(na)* GUŠKIN ist m.E. ein Nominalsatz: „das Gold war *šerrewi*, das dein Vater ...“. Als Bedeutungsansatz kommt entweder eine Qualifizierung des Goldes im Sinne von „glänzend, wertvoll“ in Betracht, oder aber ein Ansatz, der auf die Menge des Goldes abzielt, vielleicht im Sinne von „beträchtlich“.
attai- „Vater“ + v Poss.-Pron. 2. Pers. Sg. + u Bindevokal + š Ergativ.
ammad(e)- „Großvater“ + iff Poss.-Pron. 1. Pers. Sg. + u Bindevokal + va Dativ.

68 úadurann(i)- (indo-arischer Herkunft) „Brautpreis“ + a „Essiv“. Der Bedeutungsansatz „Brautpreis“ stammt von Girbal, SMEA 34, 1994, 83 f.; zur indo-arischen Herkunft des Wortes siehe Mayrhofer, Ein indo-arischer Rechtsterminus im Mittanni-Brief?, in: Hist. Sprachforschung 109, 1996,161 f.; Bush GHL 244 hatte ein Adverb „früher“ vorgeschlagen.
keban- „schicken“ + oš Präteritum + a Personenanzeiger 3. Pers. Sg. trans. + šše Morphem zur Nominalisierung der Verbalform; das Bezugswort des Relativsatzes ist GUŠKIN „Gold“.
fe- selbständiges Personalpronomen der 2. Pers. + š Ergativ + nna enkl. Pron. 3. Pers. Sg. (*š+nna > šša*) + ân Konnektivum.
atta(i)- „Vater“ + iff Poss.-Pron. 1. Pers. Sg. + u Bindevokal + va Dativ.

69 úadurann(i)- „Brautpreis“ + a „Essiv“, siehe oben.
keban- „schicken“ + oš Präteritum + o Personenanzeiger 2. Pers. Sg. trans. + šše Morphem zur Nominalisierung der Verbalform.
Ein Bezugswort ist bei dieser Form nicht ausgedrückt. (Siehe unter 6. Der Relativsatz [d] S. 123): „ ... das, was du geschickt hast, ...“.
tea „groß“ mit dem Ablativ (von *attai=p=pe=NE=dan*) bedeutet „mehr als, größer als“ (sonst auch *-tan + tiššan* „mehr als“).
attai- „Vater“ + p(sonst [v]) Poss.-Pron. 2. Pers. Sg. + pe(sonst [ve]) Genitiv + NE Trägersuffix + tan Ablativ. Zu den Assimilationserscheinungen in *attaippe* (< *attai + v + ve*) siehe Speiser IH 63 und Friedrich, HdO II, 1,2, 12 § 17b.
Der Ablativ *-tan* [*-dan*], der hier am Genitiv mittels des Trägersuffixes *-NE-* wiederaufgenommen ist, hat kein Bezugswort. Es handelt sich um einen Fall der elliptischen Verwendung der Suffixaufnahme (siehe S. 72 f.). Der „Kopf“ der Genitivverbindung ist nicht ausgedrückt, der Kasus, in dem der „Kopf“ stehen würde, wenn er ausgedrückt wäre, wird dennoch vom Genitivattribut aufgenommen: „ ... mehr als das deines Vaters ...“

70 tiša- „Herz“ + nna enkl. Pron. 3. Sg. + man Partikel; anders Wilhelm, FsSchmitt-Brandt, 2000, 203, Anm. 12 und Giorgieri PdP: 271: Analyse *tiš[š]a(n)=nna=man.* Trotz erneuter Kollation bleibt die Lesung des ersten Zeichens, nämlich als TI oder DIŠ, sehr unsicher. Eine Zeichenspur, die eher auf DIŠ deutet, konnte nicht festgestellt werden.

šo=ve Genitiv des selbständigen Personalpronomens der 1. Pers. Sg., hier als Possessivum verwendet, + man Partikel.

Der Ausdruck *tiša=nna=man šo=ve=man* steht im Absolutiv Sg. „mein Herz“. In dem Ausdruck *tiša=nna-* liegt nicht der Kasus Äquativ auf *-nna* vor, da dieser am Genitiv des Pronomens wiederaufgenommen werden müßte: **tiša=**nna**=man šo=ve=NE=**nna**=man.* Eine solche Verbindung liegt hier ganz offensichtlich jedoch nicht vor.

šen(a)=iff=u=š „mein Bruder“ Ergativ, wie oben.

irn=oḫ=oš=i=a=ma „er hat nicht zufriedengestellt“, wie oben.

71 atta(i)- „Vater“ + iff Poss.-Pron. 1. Pers. Sg. + u Bindevokal + ve Genitiv + NE Trägersuffix + nna Äquativ.

In dieser Form liegt gleichfalls ein Fall der elliptischen Verwendung der Suffixaufnahme vor. Der mittels des Trägersuffixes *-NE-* wiederaufgenommene Kasus Äquativ *-nna* hat kein Bezugswort, welches gleichfalls im Äquativ stehen müßte. Der „Kopf“ dieser Genitivverbindung ist also nicht ausgedrückt, der Kasus indes, in dem der „Kopf“ stehen würde, wenn er erwähnt wäre, wird dennoch am Genitivattribut aufgenommen.

Bei nicht elliptischer Verwendung der Suffixaufnahme hätte der Ausdruck folgende Gestalt: **atta(i)=iff=u=ve=NE=nna tiša=nna.* [Zu einer anderen Analyse und Übersetzung des Satzes siehe die Kritik von Giorgieri PdP 274 mit Anm. 279.]

keban- „schicken“ + oš Präteritum + a Personenanzeiger 3. Pers. Sg. trans. + šše Morphem zur Nominalisierung der Verbalform. In diesem Satz ist die nominalisierte Verbalform als Substantiv verwendet. Das direkte Objekt des Verbs *irnoḫ-* ist die Absolutivform *tiša=nna* „Herz“. Das als Substantiv fungierende *keban=oš=a=šše* „was er geschickt hat“ steht gleichfalls im Absolutiv; dieser zweite Absolutiv kann mit dem Instrumentalis übersetzt werden: „mit dem, was er geschickt hat“. Das Verb *keban-* ist in diesem Satz mit dem doppelten Absolutiv konstruiert: Der erste Absolutiv ist *tiša=nna šove=mân* „mein Herz“, den zweiten Absolutiv stellt die nominalisierte Verbalform *keban=oš=a=šše*(= Ø-Anzeiger für den Absolutiv Sg.) dar. Der zweite Absolutiv kann mit dem Instrumentalis wiedergegeben werden. (Analyse nach Girbal, SMEA 34, 1994, 82).

šen(a)- „Bruder“ + iff Poss.-Pron. 1. Pers. Sg. + (š ausgefallene Ergativmarkierung vor *-tta*) + tta enkl. Pronomen 1. Pers. Sg. als direktes Objekt + ân Konnektivum.

72 subi=am=ašt- Die Deutung dieses Verbs als „erstrahlen lassen“ erfolgt in Anlehnung an den akk. Brief Tušrattas Kn 20: 73-74. Akk. *ubarraḫanni* wird mit AHw (S. 105) und H.-P. Adler (“*Das Akkadische des Königs Tušratta von Mitanni*“, AOAT 201, 1976, 266) als D-Stamm von *barāḫu*

gedeutet. Anders CAD (Band B S. 101) und Lettres (122 Anm. 15), dort wird diese Form für fehlerhaft gehalten (Girbal, SMEA 29, 1992, 160). Eine etwas andere Bedeutung bei Wilhelm (Lettres EA 24 § 25: 72 „reich machen"), + i Jussiv + en Personenanzeiger des Jussivs der 3. Pers.
evri- „Herr" + n(i) „König" + na Artikel Plural + aš Pluralisator + va Dativ.
irinn(i)- Nominalableitung von dem Verb *irn-* „gleich sein", + ard(e) Kollektivum „Gleichgestellte, Ebenbürtige", + iff Poss.-Pron. 1. Pers. Sg. + u Bindevokal + va Dativ.

73 ôl(i)- „anderer" + na Artikel Plural + aš Pluralisator + va Dativ.
ômin(i)- „Land" + na Artikel Plural + aš Pluralisator + va Dativ.
fur(i)- „Blick" + i Poss.-Pron. 3. Pers. Sg. + aš Pluralisator + va Dativ, wörtl. „in ihren Blicken", hier als postpositionaler Ausdruck „vor" verwendet. Die Postposition verlangt den Dativ der herrschenden Nomina, es sind dies: *evren(i)=na=aš=va, irinnard(e)=iff=u=va* und *ôl(i)=na=aš=va ômin(i)=na=aš=va.*
ḫiar(i)=o=ḫḫ(e >)a „Goldenes" + tta enkl. Pron. 1. Pers. Sg. + ân Konnektivum. Der Auslautvokal *-e* wird vor dem Personalenklitikon *-tta* > *a* assimiliert. *ḫiaroḫḫe-* heißt wörtlich „Goldenes", womit vielleicht ganz allgemein „Gold" oder „Goldgegenstände" gemeint sind. Sowohl *ḫiaroḫḫe* „Goldenes" als auch *-tta* „mich" sind Objekte im Absolutiv zu der Verbalform *keban=u=en*, das Subjekt im Ergativ ist *šen(a)=iff=u=š.* Es ist dies ein weiterer Fall eines Satzes mit doppelter Absolutivrektion: Der Absolutiv *ḫiaroḫḫe* kann mit dem Instrumental übersetzt werden: „mit Goldenem mich ..."

74 teona<e> Adverb „viel", so auch Giorgieri PdP 269: 74.
šen(a)- „Bruder" + iff Poss.-Pron. 1. Pers. Sg. + u Bindevokal + š Ergativ.
keban+u „schicken" + en Personenanzeiger des Jussivs der 3. Pers.
Die Jussivform *keban=u=en* weicht von den üblichen Jussivformen auf *=i=en* ab. Das Verb *keban-* wird normalerweise mit dem Absolutiv der Sache und dem Dativ der Person konstruiert (vgl. etwa Mit. III 61-62). Die Form *keban + u* regiert in unserem Satz stattdessen den Absolutiv der Sache und den Absolutiv der Person. Inwieweit das Morphem *-u-* hier die Umwandlung der Konstruktion bewirkt, ist nicht recht klar. Fast wörtlich könnte der Satz wie folgt übersetzt werden: „Mit viel Goldenem möge mein Bruder mich be-schicken" (Analyse nach Girbal ZA 78, 1988, 128 f.; zum gesamten Paragraphen vgl. ders., SMEA 34, 1994, 85; Wilhelm, FsSchmitt-Brandt, 2000, 201, analysiert das Syntagma ḫi-i̯a-ru-uḫ-ḫa-a-at-ta-a-an .... še-e-ni-íw-wu-uš ge-pa-a-nu-en als *ḫiaroḫḫ(e)=ā=tt(a)=ān ... šēn(a)=iffu=š kebān=o/u=en* und erkennt hier offenbar eine „Absolutiv-Essiv"-Konstruktion, indem *ḫiaroḫḫ(e)=ā=tt(a)=ān* eine Form im Essiv sei [und nicht mit dem Wechsel i/e > a vor dem Enklitikon *–tta*] ; „Mit Gold möge mich mein Bruder ... beschicken (wörtl.: beschickt sein lassen?)".

§ 25 Transkription der Zeilen 89-94 (= Mit. III 89-94) nach Friedrich, 1932. Paragraphenzählung nach Wilhelm, Letters, 68. Zu den Zeilen 89-94 siehe auch Giorgieri PdP 269 ff.

89 t[i-ši]-íw-we-en-na-a-an še-e-ni-íw-[wu]-uš ḫi-su-ú-ḫi-wa-a-en an-du-ú-a-na-an [be]-kán[1]

90 še-e-ni-íw-wu-tan za-lam-ši ^{MUNUS}ša-a-li-íw-wu-ú-e ḫi-i̯a-ru-uḫ-ḫa na-a[k-ka]-aš-ša[1]

91 ša-a-ru-ša-a-ú i̯a-me-e-ni-i-in>in< e-ti-íw-we pa-la-a-ú še-e-ni-íw-wu-uš

92 te-u-u-na-e tiš-ša-an tiš-ša-an ta-a-ti-a-a-aš-š[a] ti-ša-a-tan še-e-ni-íw-wu-ú-a-m[a]-a-[an]

93 gu-ru KUR u-u-mi-i-ni-i-ta ḫi-i̯a-ru-uh-ḫé pa-la-a-ú a-i-i-in[ ]

94 te-a ...

---

89 (1) Ergänzungsvorschlag Chr. Girbal mündlich.

90 (1) Lesung mit Bush GHL 271 und Wilhelm, Orientalia 54, 1985, 493. Giorgieri PdP 269 liest [šuk?-k] án

Morphemanalytische Umschrift:

89 tiš(a)=iffe=nna=ân šen(a)=iff=u=š ḫic=uḫ=i=wa=en andu=va=n(na)=an [pe]gan

90 šen(a)=iff=u=dan zalamši ^{MUNUS}šal(a)=iff=u=ve ḫiar(i)=o=ḫḫ(e)=a nakk=a=šš(e)=a

91 šar=oš=av ija=mê=nîn ed(i)=iffə pal=av šen(a)=iff=u=š

92 teon=ae tiššan tiššan tad=i=a=šš(e)=a$^{?}$ tiša=dan šen(a)=iff=u=va=mân

93 kuru ômin(i)=i=da ḫiar(i)=o=ḫḫe pal=av ai=n(na) [....]

94 tea ...

Übersetzung (vgl. Wilhelm, Letters, 68):

89 Und mein Herz möge mein Bruder nicht kränken. Darüber hinaus habe ich

90 von meinem Bruder ein Bildnis meiner Tochter aus gegossenem Gold

91 gewünscht. Ich weiß, daß mein Bruder meine Person

92 und sie? (*-mê-*, d.h. doch wohl die Tochter) sehr, sehr von Herzen liebt.

93 Ich weiß fernerhin, daß Gold für meinen Bruder und sein Land so

94 reichlich da ist, [*wie Staub* ...].

Kommentar:

89 tiš(a)- „Herz" + iffe Poss.-Pron. 1. Pers. Sg. Absolutiv + nna enkl. Pron. 3. Pers. Sg. + ân Konnektivum.
šen(a)=iff=u=š „mein Bruder" Ergativ, wie oben.

ḫic=uḫ- „kränken“ + i Jussiv + wa Negation + en Personenanzeiger des Jussivs der 3. Pers.
and(i >)u- Demonstrativpronomen + va Dativ + n(na) enkl. Pron. 3. Sg. + an Konnektivum. Bei den obliquen Formen dieses Pronomens geht der Themavokal /*i*/ zu /*u*/ über: *and(i >)u-*.
pegan Partikel, Bed. unbk.
90 šen(a)=iff=u=dan Ablativ „von meinem Bruder“, wie oben.
zalamši akk. Lehnwort „Bildnis“.
^{MUNUS}šal(a)- „Tochter“ + iff Poss.-Pron. 1. Pers. Sg. + u Bindevokal + ve Genitiv.
ḫiar(i)=o=ḫḫ(e)- „Goldenes“ und wohl auch „Gold“ + a Essiv.
nakk- „gießen, herstellen“ + a + šš(e) Adjektivsuffix + a Essiv. Wörtl. heißt es: „als gegossenes Goldenes“. Es gibt daneben eine zweite Verbalwurzel *nakk-* mit der Bedeutung „freilassen, entlassen“, die z.B. in Mit. I 115 [*na*]-*ak-ku-ša-a-ú* „ich habe entlassen (den Mane, deinen Gesandten)“ angesetzt wird. Eine Bestätigung des Bedeutungsansatzes *nakk-* „freilassen, entlassen“ bietet die hethitisch-hurritische Bilingue KBo 32: 15 I 18' // II 18'.
91 šar- „wünschen, fordern“ + oš Präteritum + av Personenanzeiger 1. Pers. Sg. trans.
ija- Relativpartikel + mê pronominales Element 3. Pers. Sg. + nîn Partikel.
ed(i)- „Körper, Person“ + iffə Poss.-Pron. 1. Pers. Sg. Absolutiv.
pal- „wissen, kennen“ + av Personenanzeiger 1. Pers. Sg. trans. Bei der 1. Pers. Sg. Präsens erscheint der Transitivvokal *-i-* nicht.
šen(a)=iff=u=š „mein Bruder“ Ergativ, wie oben.
Wörtlich lautet das Syntagma: „Das, was (*ija-*) ich weiß (ist), daß mein Bruder meine Person und sie (-mê-) ... liebt“.
92 teon=ae Adverb „viel“.
tiššan tiššan „sehr, sehr“.
tad- „lieben“ + i Transitivmarkierung, obligatorisch bei der 3. Pers. Sg. Präsens + a Personenanzeiger 3. Pers. Sg. trans. + šš(e) Morphem zur Nominalisierung der Verbalform + a Essiv. Offenbar schwindet bei Antritt des Essivs an die Partikel *-šše* der Auslautvokal des Morphems.
tiša- „Herz“ + tan Ablativ.
šen(a)=iff=u=va=mân „für meinen Bruder“, Dativ, wie oben.
93 kuru „wieder, wiederum; fernerhin“.
ômin(i)- „Land“ + i Poss.-Pron. 3. Pers. Sg. + ta Direktiv.
ḫiar(i)=o=ḫḫe „Goldenes, Gold“ Absolutiv, wie oben.
pal=av „ich weiß“, wie oben.
ai=n(na) eigentlich „wenn“. Die Partikel *ai-* hat hier in Verbindung mit dem Verb *pal-* „wissen“ die Bedeutung „daß“ und leitet einen Nebensatz ein.
94 tea „groß, zahlreich“.

§ 25 Transkription der Zeilen 97-107 (= Mit. III 97-107) nach Friedrich, 1932. Paragraphenzählung nach Wilhelm, Letters 68. Zu den Zeilen 97-107 siehe auch Giorgieri PdP 270 ff.

97 za-lam-ši ši-in-ni-be-e-ru-uḫ-ḫé še-e-ni-íw-wu-uš a-ri-en i-nu-ú-me-e-ni-i-in

98 ^{URU}Ni-i-nu-a-a-we ^{D}Ša-uš-ka-a-wa ^{D}e-e-ni-íw-wu-ú-a a-a-i-i-ta

99 ka-te-e-ta-ú ḫi-i̯a-ru-uḫ-ḫé-ma-a-an za-lam-ši šu-u-WA še-[e-ni]-íw-WA

100 tup-pu-li-e-wa a-ti-i-ni-i-in ma-a-an-ni-i-im-ma-ma-an e-e-še-ni-e-ra

101 ḫa-a-wu-ru-un!(Text -e-)-ni-e-ra te-e-e-na ka-ti-i-in-na i-nu-ul-li-e-ni-i-in

102 ḫi-[il-lu-l]i-e-wa a-ti-i-ni-i-in ma-a-an-na-al-la-ma-an an-ni-i-in za-lam-ši

103 ḫ[i-i̯a-ru]-uḫ-ḫé na-ak-ka-še ^{MUNUS}Ta-a-du-ḫé-e-pa-an ma-a-an-ni ^{I}Du-uš-rat-ta-a-we

104 KUR M[i]-i-it-ta-a-an-ni-e-we éw-ri-i-we ša-a-la ^{I}Im-mu-u-ri-i̯a-we

105 KUR M[i]-zi-ir-ri-e-we-ni-e-we éw-ri-i-we aš-ti-i-in-na a-ru-u-ša-a-aš-še

106 ^{I}Im-mu-u-ri-aš-ša-a-an za(Text -ḫa)-lam-ši ta-a-nu-u-ša ḫi-i̯a-ru-uḫ-ḫa na-ak-ka-aš-ša

107 ^{I}Du-uš-rat-ta-a-wa-ma-a-an ge-pa-a-nu-u-ša ta-a-ta-ra-aš-ka-e

---

Morphemanalytische Umschrift:

97 zalamši šinniber(i)=o=ḫḫe šen(a)=iff=u=š ar=i=en inu=mê=nîn

98 ^{URU}Ninua=ve ^{D}Ša(v)uška=va en(i)=iff=u=va a(vi)=i=da

99 kad=ed=av ḫiar(i)=o=ḫḫe=mân zalamši šo=ve šen(a)=iffə?/ šo=va šen(a)=iff=a

100 tupp=ol=eva adi=nîn mann=i=mmaman eše=ne=ra

101 ḫavurun=ne=ra te(v)e?=na kad=i=nna inu=lle=nîn

102 ḫill=ol=eva adi=nîn mann=(i >)a=lla=man anni=n(na) zalamši

103 ḫiar(i)=o=ḫḫe nakk=a=še Tadu-Ḫeba=n(na) mann=i Tušratta=ve

104 KUR Mitta=nni=ve evr(i)=i=ve šala Immoria=ve

105 KUR Mizri=ne=ve=NE=ve evr(i)=i=ve ašti=nna ar=oš=a=šše

106 Immoria=š=nna=ân zalamši tan=oš=a ḫiar(i)=o=ḫḫ(e)=a nakk=a=šš(e)=a

107 Tušratta=va=mân keban=oš=a tadarašk=ae

Übersetzung (vgl. Wilhelm, Letters, 68):

97 Ein (weiteres) Bild – aus Elfenbein – möge mein Bruder geben. Wie ich es (-*mê*-)

98 vor meiner Gottheit, der Ša(v)uška von Ninive,

99 sagen werde: „Ein goldenes Bild *meines Bruders??/ bei meinem Bruder??*
100 sollte vorhanden sein." So ist es. Mit der Erde,
101 mit dem Himmel *sind die Worte gesprochen. Wie sie* (*-lle-*)
102 *mitgeteilt werden sollten*, so sind sie: „Dieses goldene
103 gegossene Bild ist Tadu-Ḫeba, die Tocher des Tušratta,
104 des mittanischen Herrn, die Frau des Immoria,
105 des Herrn von Ägypten, die er (d.h. Tušratta) gegeben hat.
106 Und Immoria hat ein Bild gemacht aus gegossenem Gold
107 und dem Tušratta hat er (es) geschickt *in Liebe*."

Kommentar:

97 zalamši (akk. ṣalmu) „Bildnis".
šinniber(i)=o=ḫḫe Adjektiv „elfenbeinern" aus **šinniberi* „Elfenbein" < Lehnwort aus akkadisch *šinni-pîri.*
šen(a)=iff=u=š „mein Bruder", Ergativ.
ar- „geben" + i Jussiv + en Personenanzeiger des Jussivs der 3. Pers.
inu- „wie" + mê pronominales Element 3. Pers. Sg. + nîn Partikel.

98 ^{URU}Ninua- die Stadt Ninive + ve Genitiv.
Ša(v)uška- Göttinnenname + va Dativ. Bei dem Syntagma ^{URU}Ninua=ve ^{D}Ša(v)uška=va handelt es sich um den seltenen Fall einer sog. „festen" Genitivverbindung, d.h. Suffixaufnahme findet nicht statt (vgl. Wilhelm, ZA 73, 1983, 102). Mit Suffixaufnahme hieße es *^{URU}Ninua=ve=NE=va ^{D}Ša(v)uška=va.
en(i) „Gott" + iff Poss.-Pron. 1. Pers. Sg. + u Bindevokal + va Dativ.
a(vi)=i=da Postposition „vor".

99 kad- „sagen" + et Futur + av Personenanzeiger 1. Pers. Sg. trans.
ḫiar(i)=o=ḫḫe- „Goldenes" (und wohl auch „Gold") + mân Partikel.
zalamši „Bildnis", siehe oben.
šo=ve šen(a)=iffə oder šo=va šen(a)=iff=a. Der Ausdruck ist nicht recht klar; bei einer Übersetzung „meines Bruders" hätte man „Suffixaufnahme" des Genitiv erwartet **šo=ve šen(a)=iff=u=ve=NE=ve*; möglich wäre auch eine Übersetzung „ein goldenes Bild, mein Bruder, sollte vorhanden sein"; *šove*, das selbständige Personalpronomen der 1. Pers. Sg. Genitiv, wäre dann als Possessiv-Pronomen verwendet (vgl. etwa den Satz der hurritisch-hethitischen Bilingue KBo 32: 15 I 20' ... *tiša=v fe=ve an=ašt=i=kki* " ... dein Herz freut sich nicht"). Der Sinn bleibt allerdings in beiden Fällen dunkel. Liest man hingegen das Zeichen WA als -wa würde das Personalpronomen im Dativ (*šo=va*) und das Substantiv im Essiv (*šen(a)=iff=a*) stehen, was eine Übersetzung „bei meinem Bruder" ermöglichte. Der Sinn könnte dann der sein, daß Tušratta seiner Göttin Ša(v)uška mitteilt, daß es

beim Pharao („bei meinem Bruder") doch wohl noch ein goldenes Bildnis geben wird, welches man ihm, Tušratta, schicken könnte.

100 tupp- „vorhanden sein" + ol WE + eva Formant des konditionellen Optativs.

adi=nîn mann=i=mmaman „so ist es", siehe oben.

eše- „Erde" + ne sog. „Artikel" Sg. + ra Komitativ.

101 ḫavurni- „Himmel" + ne sog. „Artikel" Sg. + ra Komitativ.

te(v)e=na kad=i=nna bzw. te(ve)=n(i)=a kad=i=nna Der Ausdruck insgesamt ist unklar. Ob tatsächlich ein etymologischer Zusammenhang zwischen *têna* und *tivena* besteht, wie dies Wilhelm, Letters 68, erwogen hatte, ist wegen der unterschiedlichen Graphien fraglich.[101] Im Mittani-Brief wird das Wort *tive* stets mit dem Zeichen TI geschrieben, während an dieser Stelle eindeutig TE zu lesen ist. In den Boğazköy-Texten finden sich jedoch auch Graphien, die mit dem Zeichen TE geschrieben sind, z.B. KBo 32: 11 IV 12', 16' te-we$_e$-na oder KBo 27: 217 Rs. 16' te-we$_e$-na. Daneben gibt es jedoch auch Wörter wie te-ni, te-e-ni und te-e-na (siehe im Glossar von ChS I/1), wobei der Beleg te-e-na (*tên(i)=a*) offensichtlich im Essiv steht und aufgrund der Nachbarschaft zu *urḫi* „wahr" als eine Variante zu *tive-* „Wort" gedeutet werden darf: ChS I/1 Nr. 52 Vs. 16 ... a-i úr-ḫa te-e-na ... (i.e. *ai urḫ(i)=a ten(i)=a*), wörtl. „ ... Wenn in wahrem Wort ..." und in der vergleichbaren Fügung aber mit anderer Graphie ChS I/1 Nr. 9 III 35 ... úr-ḫa ti-i-ia ... (i.e. *urḫ(i)=a ti(i)=a*) „ ... in wahrem Wort ..." In diese Richtung ließe sich nun vielleicht auch der Mittani-Beleg deuten: *te(v)e=n(i)=a*, d.h. eine Form im Essiv. Wilhelms Ansatz, die Form te-e-e-na zu *ti(v)e-* „Wort" zu stellen, wäre somit bestätigt. *kad=i=nna* ist wohl eine Form im Antipassiv der 3. Pers. Sg. (möglicherweise aber auch der 1. Pers. Sg.) des Verbs *kad-* „sprechen" (zu *-nna* auch als Vertreter der 1. Pers. Sg. siehe S. 78 [g]). In einer Antipassiv-Konstruktion darf kein Objekt im Absolutiv ausgedrückt sein, wohl aber eines im Essiv (siehe „erweitertes Antipassiv" S. 121 und 128). Der Satz bedeutete dann fast wörtl.: „Mit der Erde, mit dem Himmel (be)spricht er ein(en) Wort(laut)" bzw. „Mit der Erde, mit dem Himmel (be)spreche ich ein(en) Wort(laut)". Die Bedeutung dieser Stelle scheint mir die zu sein, daß Tušratta vorgibt, mit der Erde und dem Himmel den Wortlaut für die anzufertigende Inschrift der Statue bereits besprochen zu haben.

inu- „wie" + lle pronominales Element der 3. Pers. Pl. + nîn Partikel.

102 ḫil(l)- „mitteilen" + ol WE + eva Formant des konditionellen Optativs.

adi=nîn mann=(i >)a=lla=man „so sind sie".

anni- Demonstrativpronomen „dieser" + n(na) enkl. Pron. 3. Pers. Sg. Der Wechsel des Auslautvokals *i > a* vor den enklitischen Pronomina tritt bei diesem Pronomen nicht ein. Die Zeilen 102-107 sind von Wilhelm, SMEA 24, 1984, 215 ff. dahingehend gedeutet worden, daß sich diese Zeilen auf

101 Zu dem Wort te-e-e-na des Mittani-Briefes siehe Giorgieri, SCCNH 9, 1998, 78 Anm. 21.

eine Inschrift für die anzufertigende Statue der Tochter Tušrattas beziehen könnten. Der Wortlaut der Inschrift beginnt dann mit „Dieses Bildnis ...“
zalamši „Bildnis“, wie oben.

103 ḫiar(i)=o=ḫḫe nakk=a=še „goldene gegossene“, wie oben.
Tadu-Ḫeba- Name der Tochter Tušrattas + n(na) enkl. Pron. 3. Pers. Sg.
mann=i „er ist“, wie oben.
Tušratta=ve Genitiv „des Tušratta“.

104 KUR Mittanni=ve ist ein Adjektiv im Genitiv. Für die Suffixanalyse des Wortes Mittanni sind zwei Ansätze gemacht worden: *Mitta=n(i)=ne*, d.h. eine Form mit dem adjektivierenden Suffix *-ni* und dem sog. „Artikel“ Sg. *-ni /ne/* (Wilhelm, Double Case, 1995, 123) oder *Mitta=nni*, als Form mit dem Formanten *-nni* (Wilhelm, SCCNH 7, 1995, 140 mit Anm. 26; ders., Double Case, 1995, 124).
evr(i)- „Herr“ + i Poss.-Pron. 3. Pers. Sg. + ve Genitiv.
šala „Tochter“ steht im Absolutiv Sg.
Immoria- Name des Pharao Amenophis III. + ve Genitiv.

105 KUR Miz(i)r(i)=ne=ve=NE=ve evr(i)=i=ve „des Herrn von Ägypten“.
ašti- „Frau“ + nna enkl. Pron. 3. Pers. Sg. Die Form *ašti=nna* steht im Absolutiv Sg., da keine Suffixaufnahme an der folgenden durch *-šše* nominalisierten Verbalform stattfindet. Der Ausdruck *aštinna* wird von Wilhelm, Double Case, 1995, 129 Beispiel (68) als *ašt(i)=i=nn(i)=a* analysiert, als eine Form also mit dem Poss.-Pron. der 3. Pers. Sg. *-i-*, dem Adjektivsuffix bzw. „associativ“ *-nni,* und dem Essiv auf *-a*: „als seine Frau“.
ar- „geben“ + oš Präteritum + a Personenanzeiger 3. Pers. Sg. trans. + šše, nominalisiert die Verbalform.

106 Immoria- Name Amenophis III. + š Ergativ + nna enkl. Pron. 3. Pers. Sg. (*-š+nna > šša*) + ân Konnektivum.
zalamši „Bildnis“. Der Text bietet hier irrtümlich *ḫalamši.*
tan- „machen“ + oš Präteritum + a Personenanzeiger 3. Pers. Sg. trans.
ḫiar(i)=o=ḫḫ(e)=a „goldenes“ Essiv, wie oben.
nakk- „gießen, herstellen“ + a + šš(e) Adjektivsuffix + a Essiv. Wörtl. heißt es: „als gegossenes Goldenes“.

107 Tušratta=va=mân „dem Tušratta“, also Dativ.
keban- „schicken“ + oš Präteritum + a Personenanzeiger 3. Pers. Sg. trans.
tadarašk + ae Adverbialbildung von der Wurzel *tad-* „lieben“ .

3. Textproben zum sog. „Althurritischen"

a) Aus der hurritisch-hethitischen Bilingue KBo 32 aus Boğazköy
Die Bilingue liegt in einer vollständigen Bearbeitung von E. Neu, Das hurritische Epos der Freilassung I, Untersuchungen zu einem hurritisch-hethitischen Textensemble aus Ḫattuša, StBoT 32, 1996, vor.

Lektion 11

Der Mythos KBo 32: 13

§ **1** Transkription der Zeilen Vs. I 1-6 (vgl. Neu, StBoT 32, 220):

1 ⸢^{D}⸣IM-up wa$_{a}$-ri-ša-an-na ^{D}A-al-la-ni-wa$_{a}$ še-eḫ-lu

2 [ḫ]a-i-kal-li ge-eš-ḫi na-aḫ-ḫu-u-ša ki-wu$_{ú}$-tu

3 [š]ar-ri ^{D}IM-up wa$_{a}$-šu-ma-i še-e-ḫa-an a-wa$_{a}$-al-li-we$_{e}$-na

4 ^{D}IM-up a-kap ki-la-a-na-ap ge-eš-ḫi-ni na-aḫ-ḫa-ap

5 a-bi-ḫa-ar-ri-we$_{e}$-ne-el-la u-ri-el at-mi-ni-e

6 ge-li-ge-le-eš-tu-um

Morphemanalytische Umschrift (vgl. Neu, StBoT 32, 467):

1 Teššub far=iš=a=nna Allani=va šeḫl=u/o

2 ḫaikal(i)=ne? kešḫ(i)=i? naḫḫ=oš=a kib=ud=u/o

3 šarri Teššub faš=o=m=ai šêḫ=a=n(e)? aval(>ri)=ne=ve=n(e)=a (r/l Wechsel)

4 Teššub agab kil=an=a=b kešḫi=ne naḫḫ=a=b

5 aviḫar(i)=ne=ve=ne=lla ur(i)=i=l(la) admi=ne

6 keligel=ešt=o=m

Übersetzung des hurritischen Absatzes (vgl. Neu, StBoT 32, 220; St. de Martino, PdP 303-307):

1 Teššub ging los zu Allani, er betrat

2 den Palast (oder: in den Palast trat er ein, s. Komm.). Sie stellte hin den Thron und ließ ihn Platz nehmen.

3 Als König Teššub eintrat von draußen,

4 Teššub, *agab*, hochragend, setzte sich auf den Thron von dem (Maß) eines Feldes.

5 Seine Füße legte er hoch auf den Schemel eines

6 *aviḫarri*-Feld(maßes).

Kommentar (vgl. Neu, StBoT 32, 228):
Die Morphemanalysen von E. Neu und die hier gebotenen decken sich nicht immer. Die Zeilenzählung divergiert ebenfalls, da hier nur die beschrifteten Zeilen und nicht auch die Leerzeilen gerechnet werden.

1 Teššub, Name des hurritischen Wettergottes. Höchster Gott des hurritischen Pantheons. Der Göttername steht im Absolutiv.
far- Verbalwurzel (entspricht heth. *ija-* [med.] „gehen, schreiten, marschieren“) + iš wahrscheinlich WE + a Intransitivmarkierung + nna enkl. Pron. 3. Pers. Sg. Absolutiv (vgl. Wilhelm, Orientalia 61, 1992, 130: *fariž=a=nna*). Anders Neu, StBoT 32, 1996, 230: „ ... eine infinite Verbalform gerundialer Art ...“, die Übersetzung lautet nach Neu: „... nach seinem Weggehen ...“ Das Enklitikon *-nna* ist m.E. nicht der Subjektanzeiger dieser Verbalform (die intransitiven Verben haben als Subjektanzeiger der 3. Pers. Sg. gewöhnlich Ø und nicht *-nna*), sondern das Objekt zu der Verbalform *naḫḫ=oš=a* in Zeile 2. Möglich wäre allerdings auch eine Segmentierung *far=iš=ann=a*, d.h. mit WE –ann-.
Allani- Name der hurritischen Unterweltsgöttin + va Dativ. Der Name ist eine Ableitung von *allai-* „Herrin“.
šeḫl- Verbalwurzel (entspricht heth. *anda ijannai-* „hineingehen, eintreten“) + u/o unklare Verbalendung. Graphisch ist das Wort gleich mit der Wurzel *šeḫl-* „rein sein“. Oder ist hier *šeḫ+l-*, zu segmentieren? Ein (petrifiziertes?) Morphem *-l-* ist in *ḫub+l-* „zerbrechen“ und *ḫil+l-* „mitteilen“ zu beobachten. Besteht ein Zusammenhang mit *šeḫa=n(e*?) in der Bedeutung „vom Tor, von draußen“ der Zeile 3? Neu, FsBoretzky, 2001, 97, setzt *šeḫ=l-* „betreten“ und *šeḫ-* „eintreten“ an. Der Auslautvokal ist nicht sicher als *-u* oder *-o* zu bestimmen, es kann entweder der Themavokal /*o*/ und somit das Prädikat eines ergativischen Satzes auf *=o=(m)* vorliegen, in diesem Fall ist zu übersetzen: „er betrat den Palast“, wobei *ḫaikalli* im Absolutiv Sg., d.h. ohne „Artikel“ *-ne* anzusetzen wäre. Es kann sich aber auch um die öfter zu beobachtende Verbalendung *-u* handeln, deren Funktion aber noch nicht klar ist (zu einer Form im Mittani-Brief siehe Lektion 8 § 30 Zeile 47). Verben mit dem Formanten *-u* sind offenbar intransitiv, bezeichnen aber Vorgänge, ohne daß ein Objekt im Absolutiv ausgedrückt wäre (siehe S. 130 [4]); in diesem Falle könnte für *ḫaikalli* eine Form mit „Artikel“ in Lokativfunktion anzusetzen sein. Der Satz wäre dann intransitiv und müßte übersetzt werden: „er trat in den Palast ein“.

2 ḫaikalli- „Palast“ (entspricht heth. É *ḫalentuwa* „Palast“) + ne Artikel Sg., wobei die drei *l* zu zwei verkürzt werden: **haikalli+ne* > **haikallle* > *haikalle.* Solche Verkürzungen dreier Konsonanten sind im Mittani-Brief belegt: z.B. *ar+ann=i=en+nna* „er möge sie (die Tafel) sich geben lassen“ (siehe Lektion 3 Kommentar zu Zeile 41). Ist der Satz hingegen transitiv, ist *haikalle* ohne *-ne* anzusetzen und das Wort erwiese sich als Absolutiv Sg. syntaktisch als direktes Objekt: „er betrat den Palast“.

kešḫi „Stuhl, Thron“ steht im Absolutiv Sg. Ein Poss.-Pron. der 3. Pers. Sg. *-i-* (entsprechend dem *-ŠU* in ^{GIŠ}ŠÚ.A-*ŠU* der heth. Übersetzung) durch Plene-Schreibung **-ḫi-i* ist nicht zu erkennen, kann aber hier dennoch vorliegen, da innerhalb der Bilingue dieses Pronomen nicht konsequent durch Plene-Schreibung wiedergegeben wird.
naḫḫ- intrans. „sitzen, sich setzen“, hier trans. „sitzen lassen, Platz nehmen lassen“, + oš Präteritum + a Personenanzeiger 3. Pers. Sg. trans., als Subjekt des Satzes „sie ließ ihn (*-nna* von *far=iš=a=nna* in Zeile 1) Platz nehmen“. Subjekt des Satzes ist m.E. Allani und nicht Teššub (anders Neu, StBoT 32, 220 mit Kommentar 234 f. „(S)ein Thron ist (ihm) zum Sitzen hingestellt“[*naḫḫ=u=š(i)=a* als nominlisierte Form im Essiv des Verbs naḫḫ- „sitzen“]). Diese Form hat in dem hethitischen Absatz keine lexikalische Entsprechung.
kib-/keb- Verbalwurzel „setzen, stellen, legen“ + ut wohl WE, nicht Negationsmorphem *ut,* + o + (m), oder – weniger wahrscheinlich – die ungeklärte Verbalendung *-u.* Das Verb ist transitiv, Objekt ist *kešḫi* „Thron“: „sie stellte hin den Thron“. Die hethitische Entsprechung zum Verb *kib-/keb-* ist nicht erhalten.

3 šarri „König“, das Lehnwort *šarri* (akk. *šarru*) wird ausschließlich zur Bezeichnung von Göttern, insbesondere für den Götterkönig Teššub, verwendet.
^{D}IM-ub, wie oben.
faš- Verbalwurzel „eintreten, eindringen“ (entspricht heth. *andan uwa-*) + u/o + m + ai Formanten, die eine gerundiumähnliche Funktion haben, im einzelnen aber noch nicht bestimmt sind.
šêḫa=n(e)? (entspricht heth. *aškaz* „vom Tor; von draußen“). Die Form ist undurchsichtig. (Besteht ein semantischer Zusammenhang mit *šeḫ+l-* der Zeile 1?) Vgl. noch J. Catsanicos, Amurru 1, 1996, 226.
avali- < avari „Feld“(r/l Wechsel) + ne sog. „Artikel“ Sg. + ve Genitiv + N(E) Trägersuffix + a Essiv. Ein Bezugswort im Essiv ist nicht ausgedrückt. Es scheint sich um eine elliptische Bildung im Essiv zu handeln *avalli=ve=N(E)=a* „in/von/mit dem (Maß) eines Feldes“. Abhängig ist das Syntagma von dem Wort *kešḫi=ne* der Zeile 4 „auf den Thron (in dem (Maß) eines Feldes“. (Die Entsprechung im hethitischen Absatz lautet *ŠA* A.ŠÀ IKU *A-NA* ^{GIŠ}ŠÚ.A).

4 ^{D}IM-ub, wie oben.
agab unklar, möglicherweise Epitheton des Wettergottes: „Führer, Lenker?“ Siehe aber Neu, StBoT 32, 238 ff., der für *ag=a=b* prädikativen Charakter annimmt: „Teššub, hereingeführt ...“ Das Wort kommt mehrfach im Zusammenhang mit Teššub im hurritischen Schrifttum aus Boğazköy vor und ist dann meist mit dem Keilschriftzeichen KAB geschrieben z.B. ChS I/5 1 Rs. 25' ... šar-ri ^{D}IM a-gab e-bar-ni ḫa-ur-ni-ia /„ ... König Teššub, *agab*, Herr im Himmel“. *agab* ist andererseits ein Namenselement, das als erstes Glied in zweigliedrigen hurritischen Personennamen erscheint (Typ: *Agabšenni*). Hier hat die Form sicherlich prädikativen Charakter, da das erste

Glied dieser Namen meist eine Verbalform ist (vgl. etwa den PN *Un=a=b šenni* „der Bruder kam"). (Belege zu *agab* siehe bei Laroche GLH 36 und NPN 198).

kil- Verbalwurzel + an Kausativ + a intransitiv + b Personenanzeiger 3. Pers. Sg. (entspricht hethitisch *pargauan*).

Das Wort *kilanab* ist mit dem Keilschriftzeichen KI geschrieben und lautete nach der Mittani-Orthographie ki/gi (also mit Vokal *i*). Ob hier die einfache Wurzel zur reduplizierten Wurzel *keligel-* der Zeile 6, dort mit dem Zeichen GI geschrieben und nach der Mittani-Orthographie als ke/ge (also mit *e*-Vokal) zu lesen, zugrunde liegt, ist wegen der Wiedergabe im Hethitischen mit einer Ableitung von *parku-* „hoch" wahrscheinlich. Andererseits läßt die Orthographie dieses Textes durchaus eine Unterscheidung von KI = /ki//gi/ und GI = /ke//ge/ erkennen (gi-eš-ḫi /keshi/, ki-i-gi /kige/, a-ki-ib /agib/), so daß zwei verschiedene Wurzeln, nämlich *kil-* und *keligel-* anzusetzen wären.

kešḫi- „Thron" + ne sog. „Artikel" Sg. in Lokativfunktion.

naḫḫ- „sitzen" + a intrans. + b Personenanzeiger 3. Pers. Sg.

5 aviḫar(i)- ein Flächenmaß (= ca 1.800 m^2) + ne sog. „Artikel" Sg. + ve Genitiv + ne „Artikel" in Lokativfunktion, bezieht die Form auf das Regens *admi=ne*, + lla enkl. Pron. 3. Pers. Pl., als Indikator für ein pluralisches direktes Objekt im Absolutiv, dieses ist das folgende *ur(i)=i=lla*.

uri- „Fuß" + i Poss.-Pron. 3. Pers. Sg. + lla enkl. Pron. 3. Pers. Pl., hier als allgemeiner Pluralisator. Die Form steht im Absolutiv. Daß in *ur(i)=i=lla* wohl das Poss.-Pron. 3. Pers. Sg. *-i-* anzusetzen ist, ist erstens wegen des ausbleibenden Wechsels von *i* > *a* (**ur(i>)a=lla*) vor dem Enklitikon *-lla* wahrscheinlich, und zweitens kann bei einem Substantiv mit Possessiv-Suffix die Pluralität des Substantives an diesem selbst nicht ausgedrückt werden. (Siehe Lektion 2 § 20, Kommentar zu Zeile 16).

admi- „Schemel" zu akk. *atmû* + ne sog. „Artikel" Sg. in Lokativfunktion. Dieses mit Kasusfunktion behaftete *-ne* ist an dem Genitivattribut *aviḫarri=ve=ne+lla* ohne Trägersuffix -NE- (also nicht **aviḫarri=ve=NE=ne+lla*) wiederaufgenommen.

6 keligel- entspicht heth. *parknu-* „hoch machen" (*pár-ak-nu-ut* Prät. 3. Sg. aktiv) + V(okal)št WE + o transitiv-ergativisch + m Subjektanzeiger 3. Pers. Sg. Das Objekt zu dieser Verbalform ist pluralisch (*ur(i)=i=lla* „seine Füße"); siehe zu diesem Komplex den Exkurs S. 131 ff.

Die hethitische Entsprechung des Absatzes ist II 1-8 (vgl. Neu, StBoT 32, 221):

1 ^{D}IM-*aš ma-aḫ-ḫa-an i-i̯a-at-ta-at na-aš-kán*

2 *ták-na-a-aš* ^{D}UTU-*wa-aš* ^{É}*ḫa-le-en-tu-u-wa-aš*

3 *an-da-an i-i̯a-an-ni-iš nu-uš-ši* ^{GIŠ}ŠÚ.A-*ŠU* [ ]

4 ^{D}IM-*aš-kán* LUGAL-*uš ma-aḫ-ḫa-an a-aš-ka-az*

5 *an-da-an ú-it nu-uš-ša-an ŠA* A.ŠÀ IKU

6 *A-NA* ^{GIŠ}ŠÚ.A ^{D}IM-*aš pár-ga-u-an e-ša-at*
7 <*ŠA*> A.ŠÀ 7 *ta-wa-al-la-aš-ma-aš-ša-an A-NA* ^{GIŠ}GÌR.GUB
8 GÌR$^{\text{ḪI.A}}$-*ŠU pár-ak-nu-ut*

Die Übersetzung des hethitischen Absatzes (vgl. Neu, StBoT 32, 221):
1 Als der Wettergott sich auf den Weg machte, da
2 trat er in den Palast der Sonnengöttin der Erde
3 ein. Und ihm [war] sein Thron [hingestellt].
4 Als nun der Wettergott, der König, von draußen (bzw. durch das Tor)
5 hereingekommen war, da setzte sich der Wettergott hoch aufragend
6 auf den Thron von einem Morgen Feld.
7 Seine Füße aber stellte er hoch auf einen Schemel von 7 *tawalla*-(Maßen)
8 eines Feldes.

Transkription der Zeilen KBo 32: 13 Vs. I 7-11 (vgl. Neu, StBoT 32, 220, dort die Zeilen 9-14)
7 ^{D}IM-up ša-at-ta(-)ḫa-mu-u-ra šu-úr-ru-ú
8 ti-me-er-ri-e e-še-ni du-ú-ri ḫi-im-za-at-ḫu-u-ši
9 ^{D}A-al-la-a-ni ^{D}IM-up-pa bi-du-úw-wa$_{\text{a}}$ a-wi$_{\text{i}}$-ta
10 e-la wa$_{\text{a}}$-aḫ-ru-ša da-a-an-ti-ip ne-ek-ri
11 e-še-ni-we$_{\text{e}}$ ^{D}A-al-la-a-ni

Morphemanalytische Umschrift (vgl. Neu, StBoT 32, 467):
7 ^{D}Teššub šatt(=)a(-)ḫam=o=ra šurr=u (oder šurru)
8 timer(i)=ne eše=ne turi (oder: tur=i) ḫemz=a=tḫ=oš=i
9 ^{D}Allani ^{D}Teššub=va pid=uff=a av(i)=i=da
10 el(i)=a faḫr=o=š(e)=a tan=d=i=b negri
11 eše=ne=ve ^{D}Allani

Übersetzung des hurritischen Absatzes (vgl. Neu, StBoT 32, 220; St. de Martino, PdP 304-307):
7 Teššub mit *šatta* (-)*ḫamu*? ging?
8 in die dunkle Erde hinab. Sie gürtete sich,
Oder: 7 Teššub ging los (*šatt=a*); mit *ḫamu-* unverzüglich (*šurru*) (s. Kom.)

8 in die dunkle Erde lief er hinab (*tur=i*) (s. Kom.). Sie gürtete sich,
9 die Allani (und) vor dem Wettergott drehte sie sich.
10 Sie feierte ein gutes Fest, der Riegel
11 der Erde, Allani.

Kommentar (vgl. Neu, StBoT 32, 244 f.):

7 Teššub, Name des hurritischen Wettergottes.

šatta(-)ḫamu- unklarer Ausdruck; unsicher ist auch, ob ein oder zwei Worte vorliegen, + ra Komitativ. Der Ausdruck entspricht im Hethitischen dem Gott *Šuwaliatt-*, „dem reinen Bruder des Wettergottes“ des Ullikummi-Mythos. Abteilung entweder: *šatt=a* (intransitive Verbalform)[102] *ḫam=o=ra* (Substantiv) oder *šattaḫam=o=ra-*? Vgl. noch J. Catsanicos, Amurru 1, 1996, 226.

šurr=u unklare Form; unsicher, ob tatsächlich die Entsprechung zu hethitisch *i̯annir* „sie gingen“ vorliegt. Für die Wurzel *šurr-* ist vielleicht der in Nuzi und Amarna belegte Ausdruck *šurrumma* heranzuziehen, der so viel wie „promptly, forthwith“ (so Speiser IH 173 f. mit Anm. 282), nach CAD adv. „promptly$^{?}$, forthwith$^{?}$, indeed$^{?}$“ bedeutet. Unter dieser Bedingung könnte *šurru* ein Adverb mit der Bedeutung „unverzüglich, sofort“ oder eine zumindest zu diesem Ausdruck zu stellende Verbalform „sofort losgehen“ sein. Wenn *šurru* als Adverb zu bestimmen sein sollte, kann das Verb des Satzes nur noch in Zeile 8 in dem Wort du-ú-ri vorliegen. *turi* bedeutet aber eigentlich „unten, tief“ (vgl. GLH). Ein Wort mit gleicher Graphie [d]u-ú-ri ist jedoch in KBo 32: 14 I 19 mit der heth. Verbalform *arḫa ḫuwais* „er lief fort“ (II 18) geglichen. Eine Entscheidung hier für ein Verb *tur-* „(weg)laufen“ kann nun durch einen Qaṭna-Text gefällt werden. Der Satz des Qaṭna-Briefs MSH02G-i0276 Rs. 41-42 ist nach Richter (AoF 32, 2005, 36 f.) zu übersetzen „Sieh, jetzt läuft (*tur=a*) Nuḫašše zu deinen Truppen (weg)“. Neben dem Adjektiv *turi* existiert demnach ein Bewegungsverb *tur-* mit der Bedeutung „(weg-/fort)laufen“. Die Übersetzung der schwierigen Zeilen 7-8 richtet sich weitgehend nach dem hethitischen Text.

8 timeri- Adjektiv „dunkel“ + ne sog. „Artikel“ Sg. in Lokativfunktion; das Wort steht in Kongruenz mit dem folgenden

eše- „Erde“ + ne sog. „Artikel“ Sg. in Lokativfunktion. (Der Ausdruck *timer=ne eše=ne* entspricht hethitisch *tankuwai tagni*).

turi- „unten, tief“ oder - wahrscheinlicher - das Verb *tur-* „(weg)laufen“, siehe dazu oben. Unklar bleibt allerdings bei verbaler Deutung der Auslautvokal *-i*. In Frage käme der Transitivanzeiger *-i* bei antipassivischen

---

102 Die Wurzel *šatt-* „ergreifen" des Ugaritvokabulars RS 94-2939 III 19 (André-Salvini/Salvini, SCCNH 9, 1998, 3 ff.) wird man wohl fernhalten müssen, ebenso wie die Wurzel *šad-* „ersetzen“.

Formen (siehe hier S. 129 [Satztyp (2) Formen ohne -b]), was bei einem intransitiven Bewegungsverb wie *tur-* aber nicht recht paßt.
turi entspricht also entweder hethitisch *kattanta* oder hat, falls es eine Verbalform ist, im Hethitischen keine lexikalische Entsprechung.
ḫemz- „binden, gürten" + a + tḫ WE + oš Präteritum + i Transitivmarkierung. Die Form steht im Antipassiv. Für die 3. Pers. Sg. tritt dabei ein Ø-Anzeiger auf. Ungewöhnlich ist an dieser Verbalform allerdings die WE *-a-th-*, die eigentlich an Nomina antritt. Sollte deshalb ein Adjektiv *ḫemz=a=th(i)=o=še* „gegürtet" vorliegen? Da aber eine eindeutige Verbalform ḫi-im-za-at-ḫu-um (*ḫemz=a=th=o=m*) in ChS I/1 Nr. 43 IV 22' bezeugt ist, die ebenfalls die WE -a-th- aufweist, dürfte es sich auch bei unserem Beleg um eine Verbalform handeln. (*ḫemz=a=th=oš=i* entspricht hethitisch *išḫuzijait* „sie gürtete sich").

9 Allani ist der Name der hurritischen Unterweltsgöttin. Der Name steht im Absolutiv Sg. und ist das Subjekt des antipassivischen Satzes ^{D}*Allani ḫemz=a=tḫ=oš=i* „die Göttin Allani gürtete sich".
Teššub Name der Wettergottes + va Dativ
pid- „sich drehen" wohl im Sinne von „tanzen" + uff WE/Durativ? + a Intransitiv 3. Pers. Sg. Zu einer Wurzelerweiterung *-upp-* /*-uff*/ siehe S. 76. (Die Form entspricht hethitisch *weḫatta* Präs. 3. Sg. med.).
av(i)=i=da Postposition „vor", bezieht sich auf Teššub=va. (Entspricht hethitisch *peran*).

10 eli- „Fest" + a Essiv. Bei Antritt des Essivs schwindet der Themavokal *el(i)=a*. (Entspricht im hethitischen Text $EZEN_4$-*an*).
faḫr(i)- „gut" + o Derivationsvokal + š(e) adjektivbildendes Morphem + a Essiv: *faḫr=o=š(e)=a*. (Entspricht hethitisch *šanizzin*).
tan- „machen" + t unklares Morphem + i Transitivmarkierung + b Personenanzeiger 3. Pers. Sg. Verbalformen auf *=i=b* dulden kein Objekt im Absolutiv. Wird ein Objekt dennoch genannt, steht es in einem obliquen Kasus, wie hier im Essiv *-a: el(i)=a faḫr(i)=o=š(e)=a* (Siehe dazu oben „Antipassiv" [d] S. 104).
Zu einem Formanten -t- (auch in urart. Verbalformen) siehe Salvini, SMEA 29, 1992, 217 ff.
(Der hurritische Satz entspricht hethitisch *nu šanizzin* $EZEN_4$-*an iet*).
negri „Riegel(holz)", Absolutiv Sg.

11 eše- „Erde" + ne sog. „Artikel" Sg. + ve Genitiv
Allani Name der Unterweltsgöttin. Die Form steht im Absolutiv Sg. Die hethitische Entsprechung *tagnaš ḫattalwaš tagnaš* ^{D}UTU-*uš* „die Sonnengöttin der Erde an den Riegeln der Erde" (Dat. Pl., Neu, StBoT 32, 221) stimmt mit dem hurritischen Satz *negri eše=ne=ve Allani* „der Riegel der Erde, Allani" (also *negri eše=ne=ve* als Epitheton der Allani und nicht als Ortsangabe) nicht überein. Bei *negri* fehlt nicht nur jede Kasuskennzeichnung oder auch nur *-ne* in Kasusfunktion sondern auch jeglicher Pluralanzeiger, die Form ist ein Absolutiv Sg. Auch am attributiven Genitiv *eše=ne=ve* ist weder ein Kasuskennzeichen noch eine Pluralitätsmarkierung

wiederaufgenommen. Um Übereinstimmung zu erzielen, könnte der hethitische Satz vielleicht übersetzt werden: „die Sonnengöttin der Erde, (die) des Riegels der Erde“, *ḫattalwaš* wäre in diesem Fall als „freischwebender“ Genitiv zu interpretieren.

Die hethitische Entsprechung des Absatzes ist II 9-14 (vgl. Neu, StBoT 32, 221):

9 ^{D}IM-*aš-kán* ^{D}*šu-wa-li-i̯a-az-za-aš-ša*
10 *kat-ta-an-ta ta-an-ku-wa-i ták-ni-i i-i̯a-an-ni-ir*
11 *nu-za-an an-da iš-ḫu-zi-i̯a-it ták-na-a-aš* ^{D}UTU-*uš*
12 *na-aš A-NA* ^{D}IM *pé-ra-an ú-e-ḫa-at-ta*
13 *nu ša-ni-iz-zi-in* $EZEN_4$-*an i-e-et*
14 *ták-na-a-aš ḫa-at-tal-wa-aš ták-na-a-aš* ^{D}UTU-*uš*

Die Übersetzung des hethitischen Absatzes II 9-14 (vgl. Neu, StBoT 32, 221):

9 Der Wettergott und Šuwaliatt
10 gingen hinab in die dunkle Erde.
11 Und sie umgürtete sich, die Sonnengöttin der Erde.
12 Und vor dem Wettergott drehte sie sich.
13 Und sie feierte ein süßes Fest,
14 die Sonnengöttin der Erde, (die) des Riegels der Erde.

Transkription der Zeilen KBo 32: 13 Vs. I 15-19 (vgl. Neu, StBoT 32, 222):

15 ú-wu_u-um nu-ú-bi GUD-ri ^{D}IM-úw-wa ša-wu_u-u-ši-ni
16 a-wi_i ú-wu_u-u-um nu-ú-bi GUD-ri ku-un-kal-le-e
17 ki-i-ge nu-ú-bi šu-ú-ru-u-um ši-i-ri(-)ma-a-an-ga
18 ti-i-ti-wa_a-a-te še-eš-we_e ḫa-wi_i-ir-ni ša-a-ḫa-ri
19 šu-ú-ru-u- um

Morphemanalytische Umschrift (vgl. Neu, StBoT 32, 467):

15 uv=o=m nubi pedari ^{D}Teššub=va šav=o=še=ne
16 avi uv=o=m nubi pedari kungalle
17 kige nubi šur=o=m širi(-)manga
18 tid=i=bade šešve ḫavirni šaḫari
19 šur=o=m

Übersetzung des hurritischen Absatzes (vgl. Neu, StBoT 32, 222; St. de Martino, PdP 305-307):

15 Sie schlachtete zehntausend Rinder vor dem großen Wettergott,
16 sie schlachtete zehntausend Rinder. Fettschwanzschafe,
17 dreißigtausend, stach sie ab. *In nicht zählbarer*
18 *Zahl* stach sie Zicklein, Lamm (und) Bock
19 ab.

Kommentar (vgl. Neu, StBoT 32, 254 ff.):

15 uv- „schlachten (von Groß-Vieh)“ + o Anzeiger des trans.-erg. Präteritums/Perfekts + m Subjektanzeiger der 3. Pers. Sg. beim transitiv-ergativischen Verb. Die hurritische Wurzel *uv-* der Bilingue zeigt einen *r*-Ausfall gegenüber sonstigem *urb-*: Nuzi *urb=umma epēšu* „ein Tier schlagen“, *urb=ar=i=nni* „Schlächter“ und Urartäisch *urb-* „Opfer schlachten“, *urbikani* „Schlachtopfer-Priester?“ (Die hethitische Entsprechung zu *uv= o=m* ist *ḫatteš* Prät. 3. Sg. aktiv).
nubi Zahlwort, „zehntausend“.
pedari (GUD-ri) „Rind“. Die Form steht im Absolutiv Sg., sie ist das direkte Objekt zu der Verbalform *uv=o=m.* Das Gezählte, hier *pedari*, braucht offenbar bei einer hohen Zahl nicht in den Plural gesetzt zu werden.
Teššub, Name des Wettergottes + va Dativ.
šav- „groß“ + o Derivationsvokal + še adjektivierendes Morphem + ne sog. „Artikel“ Sg. in Kasusfunktion. Es kann natürlich nicht ausgeschlossen werden, daß die Form fehlerhaft ist, und daß das zu erwartende Kasusmorphem (Dativ, in Kongruenz zu Teššub+va) ausgelassen worden ist. Die bestehende Inkongruenz wäre dann dem „Bereich Fehler“ zuzuordnen (siehe auch S. 119). (Entspricht hethitisch *šallai* Dativ Sg.)

16 avi „vor“ Postposition, hier ohne eigenes Kasuskennzeichen. Die Postposition verlangt den Dativ (oder Direktiv) des herrschenden Nomens, hier den Dativ von *Teššub + va* während das zum Götternamen gehörende Adjektiv *šav=o=še* nur den „Artikel.“ Sg. *-ne* trägt. (Siehe Kapitel Postpositionen). Formal stehen somit Substantiv und Adjektiv nicht in Kongruenz. (Entspricht hethitisch *péran* „vor“).
uv=o=m „sie schlachtete“, wie oben.
nubi GUD-ri (= pedari) „zehntausend Rinder“, wie oben.
kungalle „Fettschwanzschaf“, entlehnt aus sum. GUKKAL, akkadisch *k/gukkallu*(*m*).

17 kige nubi „dreißigtausend“ < *kige* „drei“ und *nubi* „zehntausend“.
šur- „schlachten, abstechen (von Klein-Vieh)“ + o Anzeiger des trans.- erg. Präteritums/Perfekts + m Subjektanzeiger der 3. Pers. Sg. beim transitiv-ergativischen Verb. (Entspricht hethitisch ebenfalls *ḫatteš* Prät. 3. Sg. aktiv).

širi(-)manga. Die Form ist mir unklar, auch was das heth. Äquivalent dazu ist. Neu, StBoT 32, 257 ff. faßt *širi* als Substantiv in der Bedeutung „Zahl, Zählung" auf und verbindet das Wort mit der Verbalform *širad=i=l+e* aus KBo 32: 11 I 1, die dann als „ich will erzählen" übersetzt wird. Die Wurzel für „zählen" liegt m.E. aber dem folgenden Wort ti-i-ti-wa$_a$-a-te zugrunde. Für den hurr. Ausdruck ma-a-an-ga zieht Neu die Verbalwurzel *man*(*n*)- „sein" heran, desweiteren sei in dem Ausdruck „ein Negationssuffix *-g-* oder *-k-* und die Essivendung *-a* enthalten.

18 tid- wahrscheinlich Verbalwurzel „zählen" + i + bade „das Gezählte". (Entspricht m.E. hethitisch *kapuwauwar* „das Zählen, das Gezählte").
Zu *tid-* als Verbalwurzel vgl. Mit. III 121 ti-i-ti, Mari ti-du-um usw. In mantischen Texten aus Boğazköy und Meskene ist ti-ti-iš-ti/te-te, ti-di-iš-te-di usw. belegt (Belege bei Laroche GLH 265); heranzuziehen ist auch der PN *Titin-atal* der Kültepe-Tafel Kt 90/k, 223 9 (siehe S. 30 Anm. 31). Da der erste Bestandteil der zweigliedrigen Satznamen in der Regel eine Verbalform ist (siehe zu den Namen S. 130), deutet m.E. alles daraufhin, daß in *tid-* eine Verbalwurzel vorliegt und in *-i-bade* ein Abstrakta bildendes Suffix (vgl. Wegner, SMEA 36, 1995, 101 f.).
(Neu, S. 258 faßt ti-i-ti-wa$_a$-a-te als Entsprechung zu MÁŠ.TUR „Zicklein" auf).
šešve „Zicklein", Absolutiv Sg. = heth. MÁŠ.TUR; Neu, 258: „Lamm".
ḫavirni „Lamm", Absolutiv Sg. = heth. SILA$_4$; Neu, 258: „(Ziegen-)Bock".
šaḫari „Bock", Absolutiv Sg. = heth. MÁŠ.GAL, Neu; 258, faßt *šaḫari* als Entsprechung zu heth. *apiniššuwan* auf. Die Wortbildung *šaḫ=ar=i* deutet aber eher auf ein Substantiv hin, vgl. etwa Bildungen wie *ped=ar=i* „Rind", *ei̯=ar=i* „Löwe" oder *niḫ=ar=i* „Mitgift".

19 šur=o=m „sie stach ab", siehe oben. (Entspricht heth. *ḫattat* Prät. 3. Sg. med.)

Die hethitische Entsprechung des Absatzes ist II 15-20 (vgl. Neu, StBoT 32, 223):

15 *nu* SIG$_7$-*an* GUD$^{HI.A}$-*un* *ḫa-at-te-eš* ^{D}IM-*un-ni*

16 *šal-la-i pé-ra-an* SIG$_7$-*an* GUD$^{HI.A}$-*un* *ḫa-at-te-eš*

17 3 SIG$_7$ ^{UDU}GUKKAL+KUN$^{HI.A}$-*na* *ḫa-at-te-eš*

18 *kap-pu-wa-u-wa-ar-ma ku-e-da-ni* NU.GÁL

19 MÁŠ.TUR-*i* SILA$_4$-*i* MÁŠ.GAL-*i̯a nu a-pí-ni-iš-šu-wa-an*

20 *ḫa-at-ta- at*

Die Übersetzung des hethitischen Absatzes II 15-20 (vgl. Neu, StBoT 32, 223):

15 Und zehntausend Rinder schlachtete sie vor dem großen

16 Wettergott (*Tarḫunna*), zehntausend Rinder schlachtete sie.

17 Auch dreißigtausend Fettschwanzschafe schlachtete sie.

18 Ein Zählen aber war jeweils nicht möglich
19 bei Zicklein, Lamm und Bock, soviel
20 wurde geschlachtet.

Transkription der Zeilen KBo 32: 13 Vs. 21-26 (vgl. Neu, StBot 32, 222):

21 wa-ri-ni-na-a-ma mu-ú-ši-ip tab-ša-a-ḫi-na zu-uk-mu-uš-tap
22 wa$_{a}$-an-ta-ri-ni-na-a-ma a-ki-ip ne-ḫi-ir-na
23 ma-al-la-ta-el ú-ni-ip ḫi-i-ri-ia ⌜a⌝-šu-ḫi-ni-wa$_{a}$
24 šar-ri ^{D}IM-up a-šu-u-ḫi-ni na-aḫ-ḫa-ap
25 a-ma-at-te-na e-en-na ^{D}IM-wa$_{a}$-al-la
26 na-aḫ-ḫu-u-šu$^{!}$ wa$_{a}$-an-ti-in

Morphemanalytische Umschrift (vgl. Neu, StBoT 32, 467):

21 far=i=n(n)i=na=ma muš=i=b tap=š=a=ḫi=na zugm=ušt=a=b
22 fand=ar=i=n(n)i=na=ma ag=i=b neḫern(i)=a
23 mall=ad(e)=ae=l(la) un=i=b ḫîr=i=a aš(i)=o=ḫi=ne=va
24 šarri ^{D}Teššub aš(i)=o=ḫi=ne naḫḫ=a=b
25 amatte=na en(i)=na ^{D}Teššub=va=lla
26 naḫḫ=oš=a$^{!}$ fand=i=n

Übersetzung des hurritischen Absatzes (vgl. Neu, StBoT 32, 222; St. de Martino, PdP 305-307):

21 Die Brotbäcker aber legten (ihre Backwaren) zurecht. Die Mundschenken traten ein;
22 die Köche aber nahmen das Brustfleisch auf,
23 mit einer Schale brachten sie (es). (*Als*) *die Zeit* für das Mahl *da war,*
24 setzte sich König Teššub zum Mahl.
25 Die uralten Götter setzte sie Teššub
26 zur Rechten.

Kommentar (vgl. Neu, StBot 32, 258 ff.):

21 far- Bed. unbk. + i + n(n)i Morpheme zur Bezeichnung von Berufen, + na Artikel Pl. + ma Partikel „und, aber“. Bei den berufsbezeichnenden Elementen =i=n(n)i findet keine Assimilation des Artikels statt. Das Wort steht im Absolutiv Pl. und ist das Subjekt der folgenden transitiven, nicht-

ergativischen Verbalform. (Entspricht im hethitischen Text $^{\text{LÚ.MEŠ}}$NINDA.DÙ.DÙ „Brotbäcker"). Welche Bedeutung der hurritischen Wurzel *far-* zugrunde liegt, ist nicht klar.
muš- „zurecht machen, ordnen, in die richtige Form bringen" + i Transitivvokal + b Personenanzeiger 3. Pers. Die Pluralität des Subjekts ist am Verb nicht ausgedrückt. Der Satz ist eine „eingeschränkte Antipassiv-Konstruktion". (Siehe dazu oben S. 129 [Satztyp 2]).
tab/v- „gießen" + š WE + a + ḫi „Mundschenk" + na Artikel Pl. Das Wort ist Subjekt des Satzes, es entspricht $^{\text{LÚ.MEŠ}}$SAGI „Mundschenken".
zugm- „eintreten, hereinkommen" + ušt WE/Aktionsart + a Intransitivvokal + b Personenanzeiger 3. Pers. Die Pluralität des Subjekts ist an diesem Verb ebenfalls nicht ausgedrückt.

22 fand=ar=i=n(n)i=na „Köche" + ma Partikel „und, aber", Absolutiv Pl. Der Ausdruck ist das Subjekt des Satzes. (Entspricht im hethitischen Text $^{\text{LÚ.MEŠ}}$MUḪALDIM).
ag- „führen" auch „auf-, hochnehmen" + i Transitiv + b Personenanzeiger 3. Pers.
neḫern(i) „Brustfleisch" + a Essiv.
Es handelt sich um einen transitiven, nicht-ergativischen Satz mit einem Objekt in einem obliquen Kasus, hier dem Essiv auf *-a:* d.h. es ist eine „erweiterte Antipassiv-Konstruktion". (Siehe dazu oben S. 129 Satztyp 2a).
fand=ar=i=n(n)i=na=ma ag=i=b neḫern(i)=a(Essiv) „die Köche aber nahmen das Brustfleisch auf".

23 mallad(e)- „Schale" + ae Instrumental + l(la) enkl. Pron. 3. Pers. Pl. Dieses *-l(la)* pluralisiert den Subjektanzeiger *-b* des folgenden Verbs *un=i=b*; *-l(la)* ist nicht das Objekt, da der Satz zwar transitiv aber nicht ergativisch ist und somit ein Objekt im Absolutiv nicht ausgedrückt sein kann.
un- (trans.) „bringen" + i transitiv, nicht ergativisch + b Personenanzeiger 3. Pers.
Der Satz *mallad(e)=ae=l(la) un=i=b* ist ein Beispiel für eine „eingeschränkte Antipassiv-Konstruktion": „sie (gemeint sind die vorher erwähnten Köche und nicht das ebenfalls vorher genannte Objekt „Brustfleisch") brachten mit einer Schale". (Siehe dazu oben S. 129 Satztyp 2). (Die heth. Übersetzung: „Und sie brachten sie (*-aš-* Akk. Pl. c., bezogen auf die Bruststücke) ... herein" beruht auf einer Subjekt-Objekt Verwechslung [siehe Haas/Wegner, Rezension zu StBot 32, OLZ 92, 1997, 445]).
ḫîr=i=a „es tritt ein"; nicht geklärte Form, formal gebildet wie eine trans.-erg. Präsensform der 3. Pers. Sg. Wo ist dann aber das zugehörige Objekt im Absolutiv? Oder ist *ḫiria* ein Nomen *ḫiri-* „Zeit, Stunde?" mit Poss.-Pron. 3. Pers. Sg. *-i-* und *-a* Essiv?
aš(i)=o=ḫi- „Essen, Mahlzeit" + ne sog. „Artikel" Sg. + va Dativ. Merkwürdigerweise liegt dem Wort für „Essen, Mahlzeit" keine Ableitung von der Verbalwurzel für „zu essen geben, verköstigen" *zaz/š-* zugrunde.
Der Wurzel *zaz/š=ol-* entspricht in KBo 32: 15 I 26' und KBo 32: 19 II 4, 6, 8 heth. *adanna pešk-* „zu essen geben, verköstigen". Man fragt sich, ob

hier nicht ebenfalls die Wurzel *zaz/š-* angesetzt werden sollte: za!-šu-u-ḫi *zaz/š(i)=o=ḫi (wegen des Derivationsvokals *-o-* nicht direkt von der Verbalwurzel abzuleiten). Mit. II 117 bietet die Graphie za-a-zu- und II 124 a!-a-zu-, und in der Kültepe-Tafel Kt 90/k, 225, veröffentlicht von C. Michel und P. Garelli, Tablettes Paleo-Assyriennes de Kültepe, Vol. 1, 1997, als Nr. 58, 131 ff., sind die „Zeichen za/sà wie das Zeichen a geschrieben“. Zu dem Ausdruck vgl. noch J. Catsanicos, Amurru 1, 1996, 213, 233.

24 šarri „König“, akk. Lehnwort.
ašoḫi- „Essen, Mahlzeit“ + ne sog. „Artikel“ Sg. in Lokativfunktion, siehe auch oben.
naḫḫ- „sitzen, sich setzen“ + a Intransitivanzeiger + b Personenanzeiger der 3. Pers. Sg.

25 amatte-, eigentlich ammade- „Großvater, Vorfahr“, aber auch „uralt“ + na Artikel Plural. Die Graphie *-tt-* in dieser Pluralform könnte nach Wilhelm, Orientalia 61, 1992, 129, auf einer Akzentverlagerung auf den Vokal vor dem Artikel Pl. beruhen.
en(i)- „Gott“ + na Artikel Plural. (*amatte=na en(i)=na* entspricht heth. *karuileš šiuneš* „die uralten Götter“).
^{D}IM- Teššub + va Dativ + lla enkl. Pron. 3. Pers. Pl.

26 naḫḫ- „sitzen“ + oš Präteritum + a! Personenanzeiger der 3. Pers. Sg. trans. Das letzte Zeichen der Form *-šu* ist m.E. ein Fehler; eine Emendierung dieses nur einmal belegten Verbalausganges in *-ša* erscheint mir am sinnvollsten. Zu einer Analyse *naḫḫ=o=šo* von R. Schmitt-Brandt bei Wilhelm, FsHeger, 1992, 666; ders., Orientalia 61, 1992, 137: „Statt dessen steht (in dieser Form) ein *š*-haltiges Suffix, das wie *-až-* (Pl. beim Nomen und Pronomen), *-ž* (Plural bei mehreren Wunsch- und Befehlsformen), *-ž(a)* (Plural bei der Ergativmarkierung am Verb) Pluralität anzeigen dürfte, und zwar in diesem Falle nur die des Objekts. Die Form wäre damit als *naḫḫ=o=žo/u* zu segmentieren.“
Weitere Fälle, die zur Verifizierung dieses Sachverhalts (d.h., daß der Ausgang *=o=šo* den Ausdruck für ein singularisches Subjekt und ein pluralisches Objekt enthält) beitragen könnten, sind im Hurritischen nicht bekannt. (Für das Urartäische werden solche bipersonalen Verbalformen jedoch angesetzt, vgl. zuletzt Salvini, Geschichte und Kultur der Urartäer, 1995, 198 f.). Zu diesem Komplex insgesamt siehe hier den Exkurs S. 131.
fandi- „rechts“ + n. Die Funktion dieses *-n* ist nicht recht klar. Handelt es sich um eine verkürzte Form des sog. „Artikels“ -ne in Kasusfunktion?

Die hethitische Entsprechung des Absatzes ist II 21-27 (vgl. Neu, StBoT 32, 223):

21 $^{\text{LÚ.MEŠ}}$NINDA.DÙ.DÙ *ḫa-an-da-a-ir* $^{\text{LÚ.MEŠ}}$SAGI-*i̯a*

22 *an-da a-ri-ir* $^{\text{LÚ.MEŠ}}$MUḪALDIM-⸢*ma*⸣-*kán* ^{UZU}GAB$^{\text{ḪI.A}}$

23 *ša-ra-a da-a-ir na-aš-kán* ^{DUG}DÍLIM.GAL *ku-uš-ku-uš-šu-ul-la-az* [X]

24 *an-da ú-te-er nu a-da-a-an-na-aš me-*⸢*e*⸣*-ḫur*

25 *ti-i-e-et nu-za* ^{D}IM-*aš* LUGAL-*uš a-da-a-*⌜*an*⌝*-na*
26 *e-ša-at ka-ru-ú-li-uš-ma-za* DINGIR^{MEŠ}-*uš*
27 ^{D}IM-*aš* ZAG-*az a-ša-aš-ta*

Die Übersetzung des hethitischen Absatzes II 21-27 (vgl. Neu, StBoT 32, 223):
21 Die Brotbäcker rüsteten (ihre Backwaren) zu, und die Mundschenken
22 traten ein. Die Köche aber nahmen die Brustfleisch(stücke)
23 auf und brachten sie mit einer Schale (und) Besteck
24 herein. Und die Zeit des Essens
25 trat ein. Und der Wettergott, der König, setzte sich
26 zum Essen. Die uralten Götter aber ließ sie
27 zur Rechten des Wettergottes sich setzen.

Lektion 12

Die Parabeln KBo 32: 14

Transkription der Zeilen KBo 32: 14 Vs. I 42-51 (vgl. Neu, StBoT 32, 80):
Die 3. Parabel: *„Der Becher und sein Schmied"*.
42 ka-a-zi ta-bal-li-iš ḫe-e-lu-u-wa$_{a}$
43 ta-wa$_{a}$-aš-tu-u-um / ta-wa$_{a}$-aš-tu-u-um mu-šu-u-lu-u-um
44 e-il-ga-a-e tu-nu-u-uš-tu-um / a-ku-ú-úr-na
45 a-ku-lu-ú-wa ši-i-ir-na-am-ma ta-šu-lu-ú-wa
46 ta-bi-ri-i-ma u-we$_{e}$-ni-eš ši-ta-a-ra
47 ka-a-bal-li-eš a-a-i ta-bi-ri-pu-ú-i
48 šu-u-ni zi-ik-ku-ú-ul-li e-ḫé-ep-šu-ul-li-ma
49 e-ki-e-ni pa-an-ta-ni ḫé-e-ra-a-ri
50 tab-re-e-in-ni ḫa-ši-ma-a-i pa-a-ru
51 iš-ta-ni-i-ta

Morphemanalytische Umschrift (vgl. Neu, StBoT 32, 469):
42 kazi tab=li=ne=š ḫelov(i)=a *oder* ḫel=o=va
43 tab=ašt=o=m / tab=ašt=o=m muš=ol=o=m
44 elg(i)=ae tun=ošt=o=m / agurn(i)=a
45 ag=ol=uva širn(i)=a=mma taš=ol=uva

46 tab=i=ri=ma ove=ne=š šid=ar=a
47 kab=li=ne=š ai tab=i=r(i)=if(f)=u=(v)e
48 šoni zikk=u/ol=(i)l=i eḫ=epš=ol=(i)l=i=ma
49 egi=ne fand=a=ni ḫerari
50 tab=(i)=r(i)=i=nni ḫaš=i=m=ai par=u
51 ištan(i)=i=da

Übersetzung des hurritischen Absatzes (vgl. Neu, StBoT 32, 80; St. de Martino, PdP 317-318):

42 Einen Becher goß ein (Metall)gießer zum Ruhme/als Ruhmestat.
43 / Er goß (ihn), er gestaltete (ihn),
44 mit Verzierungen stattete er (ihn) aus. / Als Ritzungen
45 brachte er Ziselierungen an, zu strahlendem Glanz verhalf er (ihm).
46 Das einfältige Kupfer aber verfluchte den,
47 der (es) gegossen hat: „Wenn meines Gießers
48 Hand doch zerbrechen möge, (wenn doch) abgeschnürt sein möge
49 in der Mitte die rechte Armsehne!“
50 Als der Schmied (das) hörte, empfand er Unmut in
51 seinem Inneren.

Kommentar (vgl. Neu, StBoT 32, 143 ff.):

42 kazi „Becher“, Absolutiv, entlehnt aus akk. *kāsu(m)* „Becher“. (Entspricht heth. *tešummi-* „Becher“).
tab/v- „(Metall) gießen“ Verbalwurzel + li Berufsbezeichnungen bildendes Element, tritt athematisch an die Wurzel (*tab+li-*), + ne sog. „Artikel“ Sg. (*tab+li+ne*) ; bei Antritt des „Artikels“ erfolgt Anaptyxe (die sekundäre Vokaleinfügung zur Erleichterung der Aussprache) und Apokope (Schwund des Auslautvokals) > *tabal(i)=ne-*, das *n* des „Artikels“-*ne* assimiliert sich nun an den auf *l* auslautenden Stamm, das Ergebnis ist *tabal=le* „(Metall)gießer, Schmied“, + š Ergativ. Vgl. den gleichen Bildungstyp bei *kebella* „die Jäger“: **keb+li+na* > *kebel=la.* (Entspricht im hethitischen Text dem Sumerogramm ^{LÚ}SIMUG „Kupferschmied“).
ḫelub(i)- „Ruhm, Ehre“ + a Essiv. Zum Wortausgang *-ubi* / *uve* vgl. etwa *torubi* „Feind“. Oder ist *ḫel=o=va* Dativ (so Neu, 144 zur Wurzel *ḫel-/ḫil-* „mitteilen“) zu segmentieren? Neu erwägt dies wegen des Ausdrucks *ḫelama* (*ḫel(i)=a=ma*) „und (=*ma*) zum Ruhme“ oder adverbiell „rühmlich“ aus der Textstelle KBo 32: 19 I 17, IV 42 (siehe Neu, StBot 32, 414 f.). Meines Erachtens sollten die Wurzeln *ḫil(l)-* „mitteilen“ und *ḫel-* „rühmen o.ä.“

vorläufig getrennt bleiben. (Entspricht lexikalisch hethitisch *wallii̯anni* Dat. Sg. des Verbalabstraktums *wallii̯atar*, also „zum Ruhme“).

43 tab/v- „(Metall)gießen“ + V($_{\text{okal}}$)št WE/Aktionsart + o Anzeiger des transitiv-ergativischen Präteritums/Perfekts + m Subjektanzeiger der 3. Pers. beim transitiv-ergativischen Verb.

muš- „ordnen, gestalten; in die richtige Form bringen“ + ol WE + o + m, wie oben.

44 elg(i)- „Verzierung, Applikation“ + ae Instrumentalis.

tun- „ausstatten; können, vermögen“ + ošt WE/Aktionsart + o + m, wie oben.

agurn(i)- „Ritzung, Ziselierung“ + a Essiv.

45 ag- eigentlich „führen, lenken“; hier: „ritzen, ziselieren“ + ol WE + uva Verbalmorphem durativen Charakters der 3. Pers. Sg. trans. (*agurn=a ag=ol=uva* entspricht hethitisch *nan gulašta* „und er ziselierte ihn“. Der Ausdruck ist eine dem Hurritischen eigentlich fremde Figura etymologica).

širn(i)- „Glanz, Glanzmittel“ + a Essiv.

taš- „schenken, (zu etwas) verhelfen“ + ol WE + uva Verbalmorphem durativen Charakters der 3. Pers. Sg. trans. (*širn(i)=a taš=ol=uva* entspricht dem hethitischen Satz *nu=uš=šši=šta maišti anda lalukkišnut* „er ließ sie (= *uš*-) ihm (=*šši* d.h. dem Becher) erstrahlen in (jedem) Detail“).

46 tab/v- „(Metall)gießen“ + i Transitivvokal + ri/e Partizipialsuffix „der gegossen hat = Gießer = Schmied“. Die Formen auf *=i=ri/e* sind agensorientierte resultative Partizipien, vgl. *pa=i=ri* „der gebaut hat = Baumeister“ zur Verbalwurzel *pa-* „bauen“ gehörend. Von der Wurzel *tab/v* wird synonym zu *tab=i=ri* das in Zeile 42 genannte *taballi* gebraucht. Die Wortfamilie der Wurzel *tab/v* ist mit sum. TABIRA, TIBIRA „Metallarbeiter“ in Zusammenhang gebracht worden (siehe dazu Wilhelm, Xenia 21, 1988, 50 ff.; ablehnend Attinger, siehe hier S. 21). (Die hethitische Entsprechung lautet: *laḫušman kuiš* „der, der ihn aber gegossen hat“).

ove=ne- „einfältig, dumm, töricht“ + š Ergativ. (Entspricht heth. *marlanza* Sg. Nom. c. zu *marlant-* „dumm, einfältig“).

šid- „verfluchen“ + ar WE Iterativ + a Personenanzeiger 3. Pers. Sg. trans. *šid=ar=a* ist offenbar eine Form im Präsens. Die bei der 3. Pers. Sg. Präsens eines transitiven Verbs obligatorische Transitivmarkierung *i* tritt nur bei reinen Stämmen (Typ: *tad=i=a* „er liebt“) auf, offenbar aber nicht nach Wurzelerweiterungen wie */ar/* oder */ol/*. (Die hethitische Übersetzung verwendet hier das Supinum *ḫurzakiuan daiš* [Supinum+Prät. 3. Pers. Sg. Aktiv] des *-ske-* Verbs **ḫurt-ške-* „er begann zu verfluchen“. An anderer Textstelle [I 11] hat *šid=ar=a* als hethitische Entsprechung [II 13] *ḫu-ur-za-ki-zi* [*ḫurt-sk-i-zi*] „er verflucht ständig“).

47 kab(a)li- „Kupfer“ + ne „Artikel“ Sg. (> kaballi-) + š Ergativ. (*ove=ne=š kaballe=š* entspricht hethitisch *marlanza* URUDU-*aš* „einfältiges Kupfer“. Otten, JAWGött, 1985, 59 und Neu, Das Hurritische, 1988, 37 f.; ders., StBoT 32, 1996, 150 mit Anm. 108, stellen das Wort *kab(a)li* zu Kypros als

„hurritisch oder hurritoider Provenienz, vielleicht auch vorderasiatisches Substratwort“).

ai „wenn“, Partikel, die sowohl temporal als auch konditional verwendet werden kann.

tab=i=r(i)- „der gegossen hat, Gießer“ + if(f) defektive Schreibung des Poss.-Pron. der 1. Pers. Sg. + u Bindevokal + (v)e Genitiv. (In Mittani *=iff=u=(v)e*).

48 šoni „Hand“, Absolutiv. Ein weiteres Wort für „Hand“ ist *šum(m)un(n)i*. (*šoni* entspricht hethitisch *keššara-š* Nom. Sg. c. des thematischen Stammes).

zikk- „zerbrechen“ + u/ol + il (*l+il > ll*) konditioneller Optativ + i unklar. Der Formant *-i* könnte ein weiterer Modalanzeiger sein. Wie alle Modalformen des Hurritischen hat auch diese Form kein eigentliches Personenkennzeichen. (Entspricht hethitisch *ma-an+wa+šši+kán ... arḫa duwarnattari* Präs. 3. Pers. med., mit der heth. Partikel *man-*, die den Optativ anzeigt).

eḫ=epš- „abgeschnürt sein“ + u/ol + il (*l+il > ll*) konditioneller Optativ + i unklar, vielleicht ein weiterer Modalanzeiger, + ma Partikel. (Entspricht hethitisch *-ma-an+wa+šši+kan ... arḫa wišuri̯attari* Präs. 3. Pers. med., ebenfalls mit der (enkl.) Partikel *-man-* des Optativs).

49 egi- „Inneres, Mitte“ + ne „Artikel“ Sg. in Lokativfunktion.

fand=a=ni „rechts“.

ḫerari „Armsehne“. (Entspricht hethitisch *išḫunau-š*).

50 tab=(i)=r(i)=i=nni „(Metall)gießer, Schmied“, Ableitung wie oben, + -i=nni, Berufsbezeichnungen bildende Morpheme.

ḫaš- „hören“ + i + m + ai gerundiumähnliche Bildung. (Siehe 5.6.4 Verbalmorphologie, S. 112 f.) (Entspricht hier hethitisch *-a maḫḫan ... ištamašta*, einem vorangestellten Temporalsatz).

par=u /far/ „(Unmut) empfinden, schmerzen“. Die auf *-u* auslautenden Formen müssen vorläufig als ungedeutet gelten; das Morphem *-u* tritt an intransitive Handlungsverben; sie sind von der großen Zahl der Formen auf *-o/o(=m)* zu trennen, die auf transitiv-ergativische Sätze beschränkt sind. (Siehe dazu S. 128 und 130).

51 ištan(i)- „Inneres“ auch „Herz“ + i Poss.-Pron. 3. Pers. Sg. + ta Direktiv. (Das Syntagma *par=u ištan(i)=i=da* entspricht hethitisch *nu=šši=šta* ŠÀ-*ŠU anda ištarakkiat*).

Die hethitische Entsprechung des Absatzes ist II 42 - 51 (vgl. Neu, StBoT 32, 81):

42 *te-eš-šum-mi-in* LÚSIMUG *wa-al-li-i̯a-an-ni la-a-ḫu-uš*

43 *la-a-ḫu-ša-an ti-iš-ša-a-it na-an šu-up-pí-iš-du-wa-ri-it*

44 *da-iš na-an gul-aš-ta nu-uš-ši-eš-ta ma-iš-ti*

45 *an-da la-a-lu-uk-ki-iš-nu-ut la-a-ḫu-uš-ma-an ku-iš*

46 *na-an a-ap-pa mar-la-a-an-za* URUDU-*aš ḫu-ur-za-ki-u-an da-iš*

47 *ma-a-an-wa-mu la-a-ḫu-uš ku-iš ma-an-wa-aš-ši-kán ki-iš-šar-a[š]*

48 *ar-ḫa du-wa-ar-na-at-ta-ri ku-un-na-aš-ma-an-wa-aš-ši-kán*

49 *iš-ḫu-na-ú-uš ar-ḫa ú-i-šu-u-ri-i̯a-at-ta-ri*
50 *ma-aḫ-ḫa-an* ^{LÚ}SIMUG *iš-ta-ma-aš-ta*
51 *nu-uš-ši-eš-ta* ŠÀ-*ŠU an-da iš-tar-ak-ki-at*

Die Übersetzung des hethitischen Absatzes II 42-51 (vgl. Neu, StBoT 32, 81).
42 Einen Becher goß ein Schmied (sich) zum Ruhme:
43 Er goß ihn, gestaltete (ihn) sorgfältig. Und mit glänzenden Applikationen
44 versah er ihn. Und er ziselierte ihn und er ließ sie ihm (= dem Becher)
45 in (jedem) Detail erstrahlen. Der, der ihn gegossen hatte,
46 den begann das einfältige Kupfer hinterher zu verfluchen:
47 „Wer mich gegossen haben sollte, dem möge doch die Hand
48 zerbrechen, der rechte
49 Oberarm aber möge ihm abgeschnürt sein!"
50 Als der Schmied (dies) hörte,
51 zog ihm Kränkung in sein Herz.

Transkription der Zeilen KBo 32: 14 Vs. I 52-59 (vgl. Neu, StBoT 32, 80 ff.):
52 tab-re-e-in-ni a-lu-i-ip ḫi-il-li-ip
53 iš-ta-ni-i-ta i-i̯a-a-<at> ta-bi-li-i̯a-ni-iš
54 ši-ta-a-ra ka-bal-li-iš / k[a-a-z]i
55 ta-bal-li-iš ši-ta-ar-na ku-lu-ú-ru-um
56 i-te-i-e ka-a-zi Te-eš-šu-u-pa-aš
57 e-el-ki za-am-ma-la-aš-du-uš / ku-ú-du
58 ka-a-zi bi-el-le-e-ni e-il-ki-il-la
59 ši-i-e-ni

Morphemanalytische Umschrift (vgl. Neu, StBoT 32, 469):
52 tab=(i)=r(i)=i=nni alu=i=b ḫill=i=b
53 ištan(i)=i=da ija=<t(ta)> tab=ili=a=ne=š
54 šid=ar=a kabal(i)=ne=š / ka[z]i
55 tabli=ne=š šidarn(i)=a kul=ur=o=m
56 id=i=e(n) kazi Teššuba=š
57 elgi zamm+al=ašt=o=š / kud=u/o
58 kazi pille=ne elg(i)=i=lla

59 šije=ne

Übersetzung des hurritischen Absatzes (vgl. Neu, StBoT 32, 80; St. de Martino, PdP 318):

52 Der Schmied sprach, er sagte
53 zu seinem Inneren: „Warum verflucht mich das gegossene
54 Kupfer?“ / Den Becher sprach
55 der Schmied in den Fluch:
56 „Zerschlagen soll der Wettergott den Becher,
57 die Applikation soll abgerissen werden! / Fallen soll
58 der Becher in den Kanal, seine Applikationen
59 in den Fluß!“

Kommentar (vgl. Neu, StBoT 32, 155 ff.):

52 tab=(i)=r(i)=i=nni „Schmied“, agensorientierte Partizipialbildung der Wurzel tab/v- „gießen“, + -i=nni, Berufsbezeichnungen bildende Morpheme. Das Wort steht im Absolutiv und ist das Subjekt der folgenden transitiven nicht-ergativischen Verbalform.
al(u)- „sprechen“ + i trans. (nicht-ergativisch) + b Personenanzeiger 3. Pers. Sg. Das Element *-u-* der Wurzel *al+u-* ist unklar; es könnte sich um eine WE handeln. Die Formen auf *=i=b* sind transitiv nicht-ergativisch; Subjekt im Absolutiv ist *tabrinni* „Schmied“.
Die Verbalwurzel *al-* in der Bedeutung „sprechen, sagen“ ist auch im Urartäischen belegt (siehe Salvini, Xenia 21, 1988, 168).
ḫil(l)- „sagen, mitteilen“ + i trans. + b Personenanzeiger 3. Pers. Sg.
In dem hurritischen Satz „der Schmied sprach, er sagte zu seinem Innern“ ist vom inchoativen Charakter der hethitischen Entsprechung (*-wan* Supinum *daiš*) nichts zu erkennen.

53 ija- „warum“, Frage- und Relativpartikel + < t(ta) > Kurzform des enkl. Pron. 1. Pers. Sg. Das *-at* (=*-t*(*ta*)) dürfte wegen des folgenden ebenfalls mit *ta-* anlautenden Wortes ausgelassen worden sein.
tab/v- „gießen“ + ili + a unklare Morpheme, Segmentierung unsicher + ne sog. „Artikel“ Sg. + š Ergativ. *tabilianeš* steht in Kongruenz zu *kaballeš.* Die Form auf *=ili=a=ne* drückt aus: „das, was gegossen wurde“, es ist also eine Art Partizip Passiv oder ein Adjektiv.

54 šid- „verfluchen“ + ar WE Iterativ + a Personenanzeiger 3. Pers. Sg. trans.
kab(a)li- „Kupfer“ + ne sog. „Artikel“ Sg. (> *kaballe-*) + š Ergativ.
kazi „Becher“, wie oben.

55 tabli- „Schmied“ + ne sog. „Artikel“ Sg. (> *taballe*) + š Ergativ.
šidarn(i) „Fluch“ + a Essiv.

kul- „sprechen“ + ur WE + o + m „er sprach“.
56 id- „schlagen“ + i Jussiv + e(n) Personenanzeiger des Jussivs der 3. Pers., mit dem Verlust von *n* des Personenanzeigers *-en* vor dem folgenden Konsonanten. (Siehe dazu S. 107 f.)
kazi „Becher“, wie oben.
Teššuba- Name des Wettergottes + š Ergativ. Das *a* zwischen der Namensform und dem Ergativsuffix legt einen vokalischen Auslaut des Namens nahe. (Vgl. die Namensform im Urartäischen *Teišeba*).
57 elgi „Applikation“, das Wort ist das Subjekt zu der folgenden Verbalform. Vielleicht ist *elgi* eine nominale Ableitung auf *-ki* von einer Wurzel unbk. Bedeutung *el. Mit dem Suffix *-ki* können resultative Substantive gebildet werden. (Siehe zu diesem Suffix S. 57).
zamm+al- „abreißen“ + V($_{\text{okal}}$)št WE/Aktionsart + o + š Modalformanten. Möglicherweise ist diese Form pluralisch, obwohl das Subjekt *elgi* im Singular steht: „Die Applikation(en) sollen abgerissen sein/werden.“
kud- „fallen“ + u/o Modalformant. Das Subjekt *kazi* steht im Singular.
58 kazi Absolutiv Sg. „Becher“.
elg(i)=i=lla mit Poss.-Pron. 3. Pers. Sg. -i-, + lla enkl. Pron. 3. Pers. Pl.
pille- „Kanal“ + ne sog. „Artikel“ Sg. Auffallend an dem hier bezeugten Wort für „Kanal“ *pille-* (sonst auch als *pala* belegt, urartäisch *pili*) ist die Doppelschreibung *-ll-*, die auch in einer Dativform des gleichen Textes (Rs. 56 bi-il-la-ne-e-wa$_{a}$ offenbar mit graphischer Variante *-la-* statt *-li-*) und in KUB 47: 1 I 3 (bi-i-el-le-e-ni-i-W[A]) vorkommt.
Will man das doppelte *-ll-* nicht als wurzelhaft verstehen, wogegen die Graphien *pala* und vielleicht urartäisch *pili*[103] sprechen, muß man es als ein Assimilationsprodukt von *l + n* ansehen. Als Morpheme kommen dann eigentlich nur der sog. „Artikel“ *-ni* /*ne*/ oder – weniger wahrscheinlich – das individualisierende Suffix *-ni* in Frage. In *pille=ne* hätte man dann eine zweifache Setzung des sog. „Artikels“, wobei das zweite *-ne* die Position und Funktion eines Kasus einnähme. Die Form *pilla*/*e=ne=*WA scheint allerdings gegen eine solche Interpretation zu sprechen.
59 šije- „Wasser“ + ne sog. „Artikel“ Sg. in Lokativfunkion.

Die hethitische Entsprechung des Absatzes ist II 52-60 (vgl. Neu, StBoT 32, 81-83):

52 *nu-za* ^{LÚ}SIMUG *PA-NI* ŠÀ-*ŠU me-mi-iš-ki-u-an da-iš*
53 *ku-wa-at-wa* URUDU-*an ku-in la-a-ḫu-un nu-wa-mu a-ap-pa*
54 *ḫu-u-ur-za-ki-zi nu te-eš-šum-mi-i̯a* ^{LÚ}SIMUG
55 *ḫu-u-ur-ta-a-in te-et wa-al-aḫ-du-i̯a-an*
56 ^{D}IM-*aš te-eš-šum-mi-in nu-uš-ši šu-up-pí-iš-du-wa-ri-uš*
57 *ar-ḫa ša-ak-ku-ri-e-ed<-du> te-eš-šum-mi-iš-kán*
58 *an-da a-mi-i̯a-ri ma-uš-du*

103 Im Urartäischen sind Doppelschreibungen von Konsonanten allerdings unbekannt.

59 *šu-up-pí-iš-du-wa-ri-i-e-eš-ma-kán an-da*
60 ÍD-*i mu-wa-a-an-ta- ru*

Die Übersetzung des hethitischen Absatzes II 52-60 (vgl. Neu, StBot 32, 81-83):

52 Der Schmied begann vor seinem Inneren zu sprechen:
53 „Warum verflucht mich hinterher dauernd das Kupfer, das ich
54 gegossen habe?“ Und zu dem Becher sprach der Schmied
55 einen Fluch: „Zerschlagen soll ihn, den Becher,
56 der Wettergott! Ihm soll er die glänzenden Applikationen
57 abreißen! Der Becher
58 soll in den Kanal fallen!
59 Die glänzenden Applikationen aber sollen
60 in den Fluß fallen!“

Transkription der Zeilen KBo 32: 14 Rs. IV 1-5 (vgl. Neu, StBoT 32, 82):

1 ka-a-zi ma-a-an-nu-u-pur ma-a-an-ni tar-šu-wa-a-ni
2 an-ti pu-ú-ut-ki ma-a-an-n[i] at-ta-i-wi$_{i}$
3 tu-u-ru-we$_{e}$ te-ḫ̮é-eš-tap ta-al-mu-u-wa-ap
4 at-ta-i a-mu-u-lu-tu-u-um at-ta-i-bi-ni-eš-ša
5 e-ni-eš ši-ti-la-a-i

Morphemanalytische Umschrift (vgl. Neu, StBoT 32, 470):

1 kazi mann=o=bur mann=i taršuvani
2 andi futki mann=i atta(i)=i=ve
3 toruve teḫ̮=ešt=a=b talm=u(v)=a=b
4 atta(i)=i am=ol=ud=o=m attai=ve=NE=š=nna
5 eni=š šid=i+l=ai

Übersetzung des hurritischen Absatzes (vgl. Neu, StBoT 32, 82; St. de Martino, PdP 318):

1 Ein Becher ist es nicht, es ist ein Mensch.
2 Jener Sohn ist seines Vaters
3 Feind. Er wuchs heran, er wurde groß (an Ansehen).
4 Seinen Vater (aber) suchte/sah er nicht mehr auf/an. Des Vaters

5 Gott möge ihn (deshalb) verfluchen.

Kommentar (vgl. Neu, StBoT 32, 159 ff.):

1 kazi „Becher“, Absolutiv Sg.

mann=o=b/vur „ist nicht“ (oder *mann=o=b/vor* so in KBo 32: 12 I 9 ma-a-an-nu-pu-u-ur geschrieben) ist eine in dieser Form erstmalig in der Bilingue bezeugte Negation des Verbs *mann-* „sein“. In dem wenig transparenten Wortausgang *-b/vur* dürfte die eigentliche Negation zu sehen sein, deren genauere Bestimmung aber offen bleiben muß. Im Mittani-Brief und in einer lexikalischen Liste aus Ugarit ist das Verb *mann-* mit dem Negationssuffix der Intransitiven *-kk*V- verbunden: *mann=o=kk=o* „ist nicht“ (Mit. II 91, IV 104).

mann=i „er ist“. Zu dem unregelmäßigen Verb *mann-* siehe oben Lektion 4 Kommentar zu Zeile 63.

taršuvani „Mensch“, Absolutiv Sg.

2 andi „jener“, Demonstrativpronomen.

futki „Sohn“, Absolutiv Sg.

mann=i „er ist“, siehe oben.

atta(i)- „Vater“ + i Poss.-Pron. 3. Pers. Sg. + ve Genitiv. Ob das Possessiv-Suffix *-i-* hier tatsächlich enthalten ist, kann aus der Graphie selbst nicht sicher erschlossen werden. Die gleiche Wendung nur mit Bezug auf die „Mutter“ (ne-e-ra-wi$_i$ tu-r[u-u-wi$_i$ „der Mutter Feind“ KBo 32: 12 IV 18' ff.) enthält kein Possessiv-Suffix (also nicht *ne-e-ri-i-wi$_i$ = *ner(a)=i=ve*). Zum Bildungsschema siehe unter 2.2.2 „Die enklitischen Possessiv-Pronomina“, insbesondere die Formen von *tiša-* „Herz“, das ebenfalls – wie *nera-* „Mutter“ – ein *a*-Stamm ist: *tiš(a)=i=aš=a* „in ihren Herzen“.

3 toruve „Feind“, Absolutiv Sg.

teḫ- „groß werden, aufziehen, heranwachsen“ + V($_{\text{okal}}$)št WE/Aktionsart + a intrans. + b Personenanzeiger 3. Pers. (Hethitisch mit *šallešt(a)=aš*, wörtl. „groß wurde er“, wiedergegeben). Zur Wurzel *teḫ-* vgl. auch Mit. II 100 še-e-ni-íw-wu-uš-ša-ma-an ^{I}Ma-ni-en te-ḫu-u-ša, i.e. *šen(a)=iff=u=š=nna=man* ^{I}*Mane=n(na) teḫ=oš=a* „Und mein Bruder hat den Mane erhöht“ (im Sinne von: „auserkoren“). Zu anderen Derivaten der Wurzel *teḫ-* siehe auch Fincke, SCCNH 7, 1995, 12.

talm=u- „groß werden“ + a intrans. + b Personenanzeiger 3. Pers.

4 atta(i)- „Vater“ + i Poss.-Pron. 3. Pers. Sg.

am- eigentlich „gelangen“, hier im Sinne von „(jmd.en) aufsuchen?“ + ol WE + ut Negationsmorphem + o Anzeiger des transitiv-ergativischen Präteritums/Perfekts + m Subjektanzeiger 3. Pers. Sg.

atta(i)- „Vater“ + i Poss.-Pron. + ve Genitiv + NE Trägersuffix + š Ergativ, wiederaufgenommen von dem folgenden *eni=š*, + nna enkl. Pron. 3. Pers. Sg. (*š+nna > šša*).

5 eni- „Gott“ + š Ergativ.

šid- „verfluchen" + i+l + ai eigentlich Formanten des Debitiv-Finalis. (Hethitisch wiedergegeben durch das finite Partizipialgefüge *ḫuwartan ḫarkanzi* „sie [d.h. die Götter] halten [für immer] verflucht").

Die hethitische Entsprechung des Absatzes ist III 1-5 (vgl. Neu, StBot 32, 83):

1 *Ú-UL te-eš-šum-mi-iš nu an-tu-wa-aḫ-ḫa-aš*
2 *a-pa-a-aš* DUMU-*ŠU A-NA A-BI-ŠU ku-iš me-na-aḫ-ḫa-an-ta*
3 *ku-u-ru-ur šal-le-eš-ta-aš na-aš me-e-a-ni a-ar-aš*
4 *na-aš-ta nam-ma at-ta-aš-ša-an an-da Ú-UL a-uš-zi*
5 *ŠA A-BI-ŠU* DINGIR^{MEŠ} *ku-in ḫu-wa-ar-ta-an ḫar-kán-zi*

Die Übersetzung des hethitischen Absatzes III 1-5 (vgl. Neu, StBoT 32, 83):

1 Ein Becher (ist es) nicht, (es ist) ein Mensch.
2 Jener Sohn (ist es), der seinem Vater gegenüber
3 feindlich (war). Er wuchs heran und gelangte zu Ansehen.
4 Dann sieht er seinen Vater nicht mehr an, welchen
5 die Götter seines Vaters (daraufhin für immer) verflucht halten.

Überleitungsformel zu einer neuen Parabel

Transkription der Zeilen KBo 32: 14 Rs. IV 6-8 (vgl. Neu, StBoT 32, 84):

6 ku-u-le-eš an-ti ti-ip-ša-a-ri u-la-ap-pa
7 qa-túl-li a-mu-u-ma-a-ap šal-ḫu-u-la ma-a-ta-áw-wa$_{a}$
8 qa-túl-li

Morphemanalytische Umschrift (vgl. Neu, StBoT 32, 470):

6 kol=e=š andi tip=šari ol(i>)a=ffa
7 kad=ol=(i)=l+e amum(i>)a=f(fa) šalḫ=ol=a(m) mad(i>)a=ffa
8 kad=ol=(i)=l+e

Übersetzung des hurritischen Absatzes (vgl. Neu, StBoT 32 84):

6 Laßt jene Sache! Eine andere
7 will ich euch sagen. Die Botschaft sollt ihr hören! Weisheit
8 will ich euch sagen.

Kommentar (vgl. Neu, StBoT 32, 122 ff.):

6 kol- „beiseite lassen, aufhören, ablassen“ + e Imperativ 2. Pers. + š Pluralisator. Bildungen auf =e=š können in größerem Zusammenhang auch allgemein als Wunschformen aufgefaßt werden (vgl. Wegner, Xenia 21, 1988, 152 f.). Die Wurzel *kol-* „beiseite lassen“ ist von der Wurzel *kul-* „sagen, sprechen“ zu trennen.

andi „jener“, Demonstrativpronomen im Absolutiv.

tipšari „Wort, Sache“ (< *tiv(e)=šari*), Absolutiv.

oli- „anderer“, Pronominaladjektiv + ffa enkl. Pronomen 2. Pers. Pl., mit dem Übergang des Themavokals *i* > *a* vor dem enkl. Pron. *-ffa*.

Sowohl *oli-* als auch *-ffa* sind Absolutivformen; das folgende Verb *kad-* ist hier demnach mit dem doppelten Absolutiv (dem Absolutiv der Sache und dem Absolutiv der Person) konstruiert: „eine andere euch“. Syntaktisch ist *oli* attributiv zu *tipšari* des vorhergehenden Satzes zu verstehen: „eine andere (Sache) euch“. (Zu weiteren Beispielen siehe S. 168 f. Vgl. aber Wilhelm, FsSchmitt-Brandt, 2000, 203, der auch einen Essiv für möglich hält: *ol(i)=a=ffa*. Eine Übersetzung wird nicht geboten.

7 kad- „sagen“ + ol WE + (i) Jussiv + l+e Personenanzeiger 1. Pers. Sg. (Voluntativ).

amumi- „Botschaft“ + f(fa) Kurzform des enkl. Pronomens der 2. Pers. Pl. (mit Wechsel *i* > *a* *amum(i)>a=ffa*). Von *amumi-* /*amomi*/ „Botschaft“ ist *amumi-* mit der Ableitung *amumikkuni* „Verwalter“ wohl zu trennen.

šalḫ- „hören“ + ol WE/Aktionsart („zuhören“) + a. Die Form ist von Neu, StBoT 32, 125, als eine Imperativform der 2. Pers. gedeutet worden, die durch das vorausgehende enkl. Pron. *-ffa* pluralische Geltung erhalten habe. In dem Morphem *-a* erkennt Neu (S. 360) „den eigentlichen Imperativausgang“ und trennt dieses *-a* von dem Intransitivität anzeigenden *-a-*. Es ist m.E. jedoch nicht nötig, zwei verschiedene Formanten (*-a* Imperativ und *-a-* Intransitiv) anzusetzen: Die Imperativendung ist *i* bzw. *e* /ə / **šalḫ=ol=i/e.* Das darauf folgende Wort lautet mit *m-* an (*mad(i>)a=*). Es läge mithin eine Art phonetischer Lautkette („Sandhi“-Schreibung) oder haplographische Wiedergabe **šalh=ol=a(m) mad(i>a)* vor. **šalḫ=ol=a=m* enthält den Imperativ *i* bzw. *e*, **šalh=ol=i/e*, der Wortausgang *i* > *a* vor dem enkl. Pronomen *-ffa*, das hier durch *-m* dargestellt wäre. („Sandhi“-Schreibung ist in der Bilingue auch bei *ija=(t) tabilianiš* belegt [KBo 32: 14 I 53 i-i̯a-a ta-bi-li-i̯a-ni-iš, Neu 156]); für die Darstellung des enkl. Pronomens der 2. Pers. Pl. *-f(fa)* mit *m* sei auf *amum(i>)a=m* in a-mu-ma-a-am šal-ḫu-u-la ma-a-ta-áw-wa$_a$ in KBo 32: 14 I 40 verwiesen. (Siehe auch Neu, StBoT 32, 142, der in diesem Zusammenhang auf das Nebeneinander von na-aḫ-ḫa-a<u>b</u> und na-aḫ-ḫa-a<u>m</u> – beides „er sitzt“ – aufmerksam macht). Als Agens hat der transitive Satz das enkl. Pronomen der 2. Pers. Pl. Absolutiv und nicht – wie bei einem transitiv-ergativischen Satz zu erwarten wäre – den Ergativ. Es ist dies ein Fall der „gespaltenen Ergativität“ in den nicht-indikativischen Modi. (Siehe oben unter Jussiv).

mad(i>)a- „Weisheit" + ffa enkl. Pron. 2. Pers.Pl. (mit *i* > *a* vor dem enkl. Pron.).
8 kad- „sagen", wie oben Zeile 7.

Die hethitische Entsprechung des Absatzes ist III 6-8 (vgl. Neu, StBoT 32, 85):
6 *ar-ḫa da-a-le-eš-tén a-pa-a-at ut-tar nu-uš-ma-aš ta-ma-i ut-tar*
7 *me-mi-iš-ki-mi ḫa-at-re-eš-šar iš-ta-ma-aš-tén*
8 *ḫa-at-ta-a-tar-ma-aš-ma-aš me-mi-iš-ki-mi*

Die Übersetzung des Absatzes III 6-8 (vgl. Neu, StBoT 32, 85):
6 Laßt jene Sache beiseite! Ich will euch eine andere Sache
7 erzählen. Die Botschaft hört!
8 Weisheit aber will ich euch erzählen.

Lektion 13

Die Geschichte um Ebla KBo 32: 15 *„Der in Not geratene Wettergott"*
Transkription der Zeilen KBo 32: 15 I 4'-6' (vgl. Neu, StBoT 32, 288):

4' [. . . a]-⸢a⸣-i ḫé-en-ni ^{D}Te-eš-šu-up ḫé-en-za-a-du ki-i-re-en-za-am-ma
5' [š]a-a-ri-ip ḫé-en-za-a i-šu-uḫ-na-i ^{D}Te-eš-šu-up
6' ši-ik-la-te-em-ma i-šu-uḫ-ni a-ar-ri-wa$_{a}$-aš

Morphemanalytische Umschrift (vgl. Neu, StBot 32, 472):
4' [(-)]ai ḫenni ^{D}Teššub ḫenz=ad=u kirenz(i)=a=mma
5' šar=i=b ḫenz=a išuḫn(i)=ae ^{D}Teššub
6' šigl=ade=mma išuḫni ar=r(<il)=eva=š

Übersetzung des hurritischen Absatzes (vgl. Neu, StBoT 32, 288):
4' [We]nn? jetzt der Wettergott (durch Not) bedrückt ist und er Freilassung
5' fordert(e), Teššub bedrückt ist mit Silber(mangel),
6' so wollen wir einen Schekel Silber geben.

Kommentar (vgl. Neu, StBoT 32, 300 ff.):

4' ai „wenn“. Trotz der Ergänzung a]-a-i bleibt wohl eine kleine Lücke bis zum linken Rand. Letztlich ist jedoch auch nicht auszuschließen, daß in der Lücke ein kurzes Substantiv im Instrumental auf]-*ae* gestanden hat: „Mit [. .] ist jetzt der Wettergott bedrückt“.
ḫenni Adverb „jetzt“.
Teššub Name des Wettergottes.
ḫenz- Verbalwurzel „in Not geraten; bedrücken“ + ad WE? + u unklare Verbalendung.
kirenz(i) „Freilassung“ + a Essiv + mma Konnektivum „und, aber“. *kirenzi* ist eine Nominalableitung auf -*nzi* (<n+še) der Wurzel *kir-* „freilassen“.

5' šar- „bitten, fordern“ + i Transitivvokal + b Personenanzeiger 3. Pers. Der Satz *kirenz(i)=a=mma šar=i=b* ist eine „erweiterte Antipassivkonstruktion“. Die transitive nicht-ergativische Verbalform *šar=i=b* hat als Objekt eine Form im Essiv auf *-a* (*kirenz(i)=a*).
ḫenz- „in Not geraten; bedrücken“ + a Intransitivanzeiger.
išuḫn(i) „Silber“ + ae Instrumentalendung. (Das Wort begegnet sonst auch als *ušḫuni*).
Teššub Name des Wettergottes.

6' šigl=ade „Schekel“ + mma Konnektivum. *šigl=ade* stellt eine hurritische Ableitung auf *-ade* von akk. *šiqlu* „Schekel“ dar.
išuḫni „Silber“, *šiglade išuḫni* sind Absolutivformen.
ar- „geben“ + il Formant des konditionellen Optativs + eva zweiter Formant des konditionellen Optativs + š Pluralisator (*ar=r(<il)=eva=š*). Auffallend ist, daß das semantische Agens „wir“ in der Verbalform lediglich durch das Pluralzeichen *š* vertreten ist, somit ein eigentliches Personenzeichen oder eine weitere morphologische Kennzeichnung des Agens fehlt. In einer – bis auf das Pluralzeichen -*š* – gleichlautenden Bildung auf *-il=eva* des Mittani-Briefes ist das Subjekt im Satz durch das an den Satzanfang gestellte enklitische Absolutivpronomen *-tilla* [*-dilla*] „wir“ zum Ausdruck gebracht: Mit. IV 123 *anammi=dilla=ân ... tad=ugar=r(<il)=eva* „auf diese Weise ... wollen wir gegenseitig Freundschaft hegen“.

Die hethitische Übersetzung des Absatzes ist II 4'-6a' (vgl. Neu, StBoT 32, 289):

4' [^{D}I]M-*aš ši-iš-ši-i̯a-ni-it dam-mi-iš-ḫa-a-an-za*

5' [*pa-ra-a tar-nu-mar ú*]-⌜*e*⌝-*wa-ak-ki ma-a-an* ^{D}IM-*aš*

6' [*ši-i*]*š-ši-i̯a-u-an-za nu ku-iš-ša* ^{D}IM-*un-ni*

6'a [1 GÍN KÙ.(BABBAR *p*)*a-a*-(⌜*i*⌝)]

Die Übersetzung des hethitischen Absatzes II 4'-6a' (vgl. Neu, StBoT 32, 289):

4' [Wenn der Wet]tergott durch Not bedrückt ist,
5' [er wiederholt Freilassung fo]rdert: Wenn der Wettergott
6' [*aus Mangel an Silber* in N]ot geraten (ist), [(gi)]bt jeder dem Wettergott
6a' [einen Schekel S(ilber)].

Transkription der Zeilen KBo 32: 15 I 7'-9' (vgl. Neu, StBoT 32, 288):

7' ša-ḫa-at-na-ti ḫé-i̯a-ru-uḫ-ḫi ši-ik-la-te-em-ma
8' i-šu-uḫ-ni a-ar-ri-wa$_a$-aš ú-e-et-ta ^{D}Te-eš-šu-up
9' ga-ab-bi-li-wa$_a$-aš pa-ri-iz-za-te ú-bi [X]

Morphemanalytische Umschrift (vgl. Neu, StBoT 32, 472):

7' šaḫadn=ade ḫei̯ar(i)=o=ḫḫe šigl=ade=mma
8' išuḫni ar=r(<il)=eva=š fett=a ^{D}Teššub
9' kapp=il=eva=š parizz=ade ubi [X]

Übersetzung des hurritischen Absatzes (vgl. Neu, StBoT 32, 288):

7' Einen halben Schekel Gold und einen Schekel
8' Silber wollen wir geben. Ist Teššub *hungrig*,
9' wollen wir aufschütten ein halbes Kor Gerste.

Kommentar (vgl. Neu, StBoT 32, 306 ff.):

7' šaḫadn=ade „ein halber Schekel“.
ḫe/iar(i)- „Gold“ + o Derivationsvokal + ḫḫe Adjektivendung, also eigentlich „golden, Goldenes“. Die Adjektivbildung *ḫiaroḫḫe* wird auch im Mittani-Brief allgemein für „Gold“ verwendet. (Siehe Lektion 10 Kommentar zu Zeile 73).
šigl=ade „Schekel“ + mma Konnektivum.

8' išuḫni „Silber“, wie oben.
ar- „geben“ + il Formant des konditionellen Optativs + eva zweiter Formant des konditionellen Optativs + š Pluralisator (ar=r(<il)=eva=š).
fett-, wahrscheinlich ein Verb „hungrig sein“ + a Intransitivanzeiger. Zu der Wurzel *fett-* könnten die Ausdrücke ú-e-et-ta-n[a? KUB 47: 109 6 und ú-e-et-ta-ni KUB 47: 93 Rs. 9' ú-e-et-ta-ni sowie ú-it-ta-ni KBo 27: 214 V 4' zu stellen sein. Die beiden letzten Belege entstammen mantischen Texten. Vgl. dazu ChS I/7 Nr. 24 und Nr. 30.
Teššub Name des Wettergottes.

9' kapp- „auffüllen, aufschütten" + il Formant des konditionellen Optativs + eva zweiter Formant des konditionellen Optativs + š Pluralisator.
parizz=ade „1/2 Kor" Maßeinheit, entlehnt von akk. *parīsu*.
ubi „Gerste, Getreide".

Die hethitische Entsprechung des Absatzes ist II 7'-9' (vgl. Neu, StBoT 32, 289):

7' [*nu*? GUŠKIN *ku-i*]*š-ša* 1/2 GÍN *pa-a-i* KÙ.BABBAR-*ma-aš-š*[(*i*)]

8' [1 GÍN *ku-iš-ša pí-i-ú-e-n*]*i ma-a-na-aš ki-iš-du-wa-an-za-ma* ⸢^{D}⸣IM-*aš*

9' *nu* [*A-NA* DINGI]R^{LIM} *ku-iš-ša* 1 *PA* ŠE *pí-i-ú-*[(*e-ni*)]

Die Übersetzung des hethitischen Absatzes II 7'-9' (vgl. Neu, StBoT 32, 289):

7' [Und Gold] gibt – [je]der – einen halben Schekel. Silber aber

8' [gebe]n wir – jeder – ihm einen Schekel. Wenn er, der Wettergott, aber hungrig (ist),

9' geben wir – jeder – [dem Got]t ein Kor Gerste.

Transkription der Zeilen KBo 32: 15 I 18'-21' (vgl. Neu, StBoT 32, 290):

18' e-ḫi-il-li-wa$_{a}$-aš-ša ^{D}Te-eš-šu-up ḫi-in-⸢zi-ta⸣

19' ḫa-ma-zi-i̯a-ši-ta-an na-ak-ki-ú-wu$_{u}$-uš-ša

20' ki-ri-in-zi ^{I}Me-e-ki bé-e-bi ti-ša-ap

21' a-na-aš-ti-ik-ki

Morphemanalytische Umschrift (vgl. Neu, StBoT 32, 473):

18' eḫl=il(l+il>ll)=eva=š=nna ^{D}Teššub ḫinz=id(i)=a (oder: ḫinzi=da)

19' ḫam(a)z=i=a=š(š)e=dan nakk=i=u(w)=(a)ffu=š=nna

20' kirenzi Mêgi fe=ve tiša=v

21' an=ašt=i=kki

Übersetzung des hurritischen Absatzes (vgl. Neu, StBoT 32, 290):

18' Retten wollen wir ihn, den Teššub! *Für den Bedrücker,* (*das ist*) *der, durch*

19' *den er* (*d.h. Teššub*) *bedrückt ist,* führen wir die Freilassung nicht aus.

20' Megi, dein Herz,

21' freut sich nicht.

Kommentar (vgl. Neu, StBoT 32, 323):

18' eḫl- „retten“ + il Formant des konditionellen Optativs + eva zweiter Formant des konditionellen Optativs + š Pluralisator + nna enklitisches Pronomen 3. Pers. Sg. (*š+nna > šša*). Der Vokal innerhalb der Wurzel zwischen -*ḫ*- und -*l*- (*eḫil*-) ist ein Sproßvokal; dieser dürfte dem Wurzelvokal entsprechen, phonetisch also [*e*] sein, d.h. [*eḫel*] .
Teššub Name der Wettergottes
ḫinzidi- Nominalbildung der Wurzel *ḫe/inz-* „in Not geraten, bedrücken“, + idi?, vielleicht ein nominales Element, dann in etwa „Bedrücker, Schädiger“ o.ä. + a Essiv. Zu Bildungen auf -*idi* siehe das Ugarit-Vokabular RS 94-2939 Kol. II 4 bei André-Salvini/Salvini, SCCNH 9, 1998, 5, 19: *tar=idi* „Topf“ zu *tari* „Feuer“, *naḫḫ=idi* „Sitz“ zu *naḫḫ-* „sitzen“ (KUB 27: 6 III 62). Formal kann aber auch ein Nomen im Direktiv *ḫinzi=da* vorliegen.

19' ḫam(a)z- Verbalwurzel, „bedrücken, schädigen“ o.ä. + i Transitivvokal + a Personenanzeiger 3. Sg. + (š)še Nominalisierungsmorphem + tan Ablativ. Falls die Analyse dieses schwierigen Ausdrucks richtig sein sollte, würde es sich um einen Relativsatz handeln, dessen Bezugswort im Ablativ stehen müßte, wenn es ausgedrückt wäre: Bezugswort + *tan* Ablativ.
Die Verbalform *ḫamaz=i=a* ist durch das Morphem -*še* (eigentlich -*šše*) nominalisiert worden: *ḫamaz=i=a=(š)še* „den, den er bedrückt“. Im Zuge der Suffixaufnahme scheint dann der Ablativ -*tan* ohne suffixanreihendes -NE- an die Form angefügt zu sein: *ḫamaz=i=a=(š)še=dan* „von dem, durch den er bedrückt ist“. Es handelte sich demnach um einen elliptischen Ausdruck mit zwei ungewöhnlichen Erscheinungen: Erstens lautet das Nominalisierungssuffix -*šše* (nicht -*še*) und zweitens geschieht die Suffixaufnahme ohne das suffixanreihende -NE-. Nach den Regeln der Suffixaufnahme wäre **ḫamaz=i=a=šše=NE=dan* zu erwarten. Zu dieser schwierigen Stelle vgl. auch Wilhelm, FsKlengel, AoF 24/2, 1997, 208 f.
Für die zweite Erscheinung sei auf den Ausdruck KBo 32: 15 IV 16-17 hingewiesen: wu$_{ú}$-ut-ki-iš ^{I}Wa$_{a}$-a-za-ni-ga-ar-wa$_{a}$-aš ^{I}Za-a-za-al-la-aš „Zazalla, der Sohn des Fazanigar“. Auch in diesem Beispiel tritt der an dem Personennamen Fazanigar wieder aufgenommene Ergativ ohne -NE- an. Die Graphie -wa$_{a}$ stellt darüber hinaus offensichtlich, falls kein Schreiberfehler vorliegt, einen Dativ dar. Offenbar werden hier Sonderfälle der Suffixaufnahme greifbar, die noch weiterer Klärung bedürfen; siehe hier unter„Sonderfälle der Suffixaufnahme“ S. 71 [j].
nakk- Verbalwurzel „frei-, entlassen“ aber auch „aus-, durchführen“ + i Transitivvokal + u(w) Negation + (a)ffu Langform des Personenanzeigers der 1. Pers. + š Pluralisator + nna enklitisches Pronomen 3. Sg.

20' kirenzi „Freilassung“ Absolutiv Sg.
Megi ist der Name eines eblaitischen Königs. Der Personenname ist das Subjekt der antipassivischen Verbalform *an=ašt=i=kki.*
fe=ve Genitiv des selbständigen Pronomens *fe*-. Der Genitiv wird hier als Possessiv-Pronomen verwendet.
tiša- „Herz“ + v Poss.-Pron. 2. Pers. Sg.

21' an- Verbalwurzel „sich freuen" + V($_{okal}$)št WE + i Anzeiger des Antipassivs + kki Negationsmorphem der antipassivisch (und intransitivisch) konstruierten Verben.

Die hethitische Entsprechung des Absatzes ist II 18'-21' (vgl. Neu, StBot 32, 291):

18' *na-an-kán ḫu-iš-nu-mi-ni* ^{D}IM-*an* ^{LÚ}*ši-iš-ši-i̯a-la-an +Rasur+*

19' *dam-mi-iš-ḫi-iš-ki-iz-zi-an ku-iš Ú-UL-ma-an*

20' *i-i̯a-u-e-ni pa-ra-a tar-nu-mar na-aš-ta tu-uk A-NA* ^{I}Me-e-ki

21' ZI-*KA* <*Ú-UL*> *an-da tu-uš-ki-iz-zi*

Die Übersetzung des hethitischen Absatzes II 18'-21' (vgl. Neu, StBoT 32, 291 und den Kommentar 324 ff.):

18' Wir wollen ihn retten, den Wettergott. Dem Peiniger,

19' der ihn dauernd bedrückt, ihm aber gewähren wir

20' keine Freilassung. (Darüber) wird sich dir, dem Megi,

21' deine Seele drinnen <nicht> freuen.

Lektion 14

b) Die Tiš-atal-Inschrift

Die Tiš-atal-Inschrift (AO 19938) nach der Bearbeitung von A. Parrot und J. Nougayrol, RA 42, 1948, 1-20 und Diakonoff HuU, 110 f. Anm. 123. 1990, 382. Eine Übersetzung bietet Wilhelm, Grundzüge, 15; eine neue vollständige Bearbeitung bietet ders., Die Inschrift des Tišatal von Urkeš, in: Urkesh and the Hurrians – Studies in Honor of Lloyd Cotsen, hrsg. von Buccellati/Kelly-Buccellati, Bibl.Mes. 26, 1999, 117-143. Einzelne Wörter haben Eingang in das GLH gefunden.

Die Herkunft der Tafel war lange Zeit unbekannt, heute wird allgemein angenommen, daß sie aus Tell Mozān = Urkeš stammt.

1 ti-iš-a-tal

2 en-da-an

3 ur-kèš^{ki}

4 pu-ur-li

5 ^{D}NERI.GAL

6 ba-'à-áš-tum

7 pu-ru-li

8 a-ti 'à-al-li (Diakonoff ḫà-al-li)

9 ^{D}lu-ba-da-ga-áš
10 ša-ak-ru-in
11 e-me-ni
12 da-áš-pi 'à-al-li (Diakonoff hà-al-li)
13 ^{D}lu-ba-da-ga-áš
14 da-áš-pu-in
15 AN x[ ]
16 ḫa-⸢WA-'à⸣-a (Diakonoff ḫa-w*-ḫà-a; GLH ḫa-wa-ḫa-a)
17 ḫa-śu-⸢e⸣-in
18 ^{D}NIN na-gàr^{ki}
19 ^{D}UTU-ga-an
20 ^{D}⸢IŠKUR⸣
21 e-me-ni
22 da-áš-pi 'à-al-li (Diakonoff hà-al-li)
23 in-u-be
24 i-na-u-be
25 śi-ti-in

Übersetzung:

1 Tiš-atal,
2 *endan* von
3 Urkeš,
4 einen Tempel
5 für Nergal
6 hat er gebaut.
7 Jenen Tempel
8 ihn?/den
9 Lubadaga
10 möge schützen.
11 Wer auch immer (ihn =-*me*-)??
12 vernichtet, ihn?/den möge
13 Lubadaga
14 vernichten.
15 Der Gott x[ ] möge
16 sein Gebet?
17 nicht hören.

18 Die Herrin von Nagar,
19 Šimiga und
20 der Wettergott,
21 wer auch immer ihn (-*me*-)
22 vernichtet , ihn?/den
23 mögen (sie) zehntausendmal??
24 zehntausendmal??
25 verfluchen.

Kommentar:

1 Der PN *Tiš-atal* ist das Subjekt des Satzes, ohne daß es grammatisch durch die Ergativmarkierung gekennzeichnet ist.
Die alte Lesung des Namens *Tiš-ari* ist aufgrund gelegentlicher Plene-Schreibungen des zweiten Namensgliedes (*-a-ta-al*) aufzugeben.

2 endan ist ein nicht restlos geklärter Titel des *Tiš-atal.* (Siehe oben S. 24) An der Titulatur fehlt jegliche Kasusmarkierung.

3 Urkeš Stadtname. Die zu erwartende Kasusendung *-ve* ist nach Diakonoff hinter „dem Heterogramm (d.h. UR.KÈŠ^{ki}) verborgen".

4 pur(u)li bedeutet „Tempel". Das Wort steht im Absolutiv Sg. und ist das direkte Objekt zu der transitiv-ergativischen Verbalform *pa=ašt=o=m.*

5 Nerigal ist ein bedeutender Gott des Osttigrislandes. Er gehört zu den ältesten Götterentlehnungen ins Hurritische. Auch dieser Name besitzt nicht das zu erwartende Kasuszeichen *-ve.*

6 pa- „bauen", + V($_{okal}$)št WE bzw. Aktionsartkennzeichen, welche das Ende der Handlung ausdrückt, + o Morphem des trans.-erg. Präteritums/Perfekts + m Kennzeichen der 3. Pers. Sg.

7 puruli „Tempel", Nebenform zu *purli,* steht im Absolutiv Sg.

8 ati scheint späterem *andi* „jener" zu entsprechen.
'alli (nach Diakonoff *ḫalli*) soll „ihn" bedeuten. Das Wort ist bisher in anderen hurritischen Texten nicht nachzuweisen. Diakonoff verweist auf das urartäische Relativpronomen *ali/alu-* (HuU 111, 133), ein rückverweisendes Demonstrativpronomen *'alli* scheint inhaltlich aber näherliegend.

9 Lubadaga, später Nubadig, steht im Ergativ auf -š.

10 šagr- ist eine Verbalwurzel, die in etwa „schützen" bedeuten dürfte. Die Endung *u+en* wird als transitives Optativmorphem gedeutet, wobei *-u-* die Transitivität und *-en* den eigentlichen Optativ der 3. Pers. Sg. wiedergeben sollen: *šagr=u=en* (später **-i=en*; zu der Problematik des sog. Jussivs siehe S. 102 ff.).

11 emeni ist zu späterem *ije-* gestellt worden. *emeni* soll aus *ije=me=nin* entstanden sein und „wer" oder „wer auch immer" bedeuten. Diakonoff gibt die Bedeutung „wenn" an.

12 tašp-, später mit Metathese *tapš-* (vgl. zuletzt Haas, OLZ 90, 1995, 516 mit Anm. 9), ist in dem Ugarit-Vokabular mit sum. BAL = akk. *nabalkutum* =

hurr. *tapš=uḫ=umme* „vernichten, überwinden“ geglichen. Siehe GLH 256 unter *tapš-* (siehe auch Salvini, SEL 8, 1991, 178; ders., Annuaire [École Pratique des Hautes Études, Section des Sciences Religieuses] XCVI, 1987-1988, 180, 181 f.; ferner auch Wilhelm, SMEA 29, 1992, 252 f.).
tašp=i ist eine transitive, eigentlich nicht-ergativische Verbalform. Sollte in *-me-* tatsächlich ein pronominales Element vorliegen, könnte es der Subjektanzeiger (siehe dazu S. 78) objektloser Verbalformen sein; die Übersetzung lautet dann: „wer auch immer vernichtet, ...“ Das Fehlen des Personenanzeigers *-b*, der für das „Althurritische“ charakteristisch ist, ist auffällig, hat aber in der hurritisch-hethitischen Bilingue Parallelen (siehe S. 130).
Zu alli „ihn?“, siehe oben.

13 Lubadaga steht im Ergativ auf -š.

14 tašp=u=en Optativ 3. Sg. Zu den einzelnen Morphemen siehe oben.

15 AN x[ ] nicht sicher, welche Gottheit gemeint ist. Ohne Kasusmarkierung.

16 ḫa-WA-'à-a nach Diakonoff *ḫawaha* zu lesen, ist von ihm als *ḫaw=ohha =(j)a* „seine Anfrage“ analysiert worden. Es könnte sich in der Tat um das Zugehörigkeitsadjektiv auf *=o=ḫḫ(e)=a* von einer Wurzel *ḫawi handeln. Die genaue Bedeutung der Wurzel ist nicht zu ermitteln.

17 ḫa-śu-e-in. In ḫaś- liegt die bekannte Verbalwurzel *ḫaš-* „hören“ vor. Die Form soll ein negierter Optativ der 3. Pers. Sg. sein: *ḫaš=u=(w)e=en* (später **ḫaš=aš=i=wa=en*). Die Negationspartikel lautet hier offenbar *-we*.

18 ^{D}NIN na-gàr^{ki}. Der grammatische Status der drei Götternamen ^{D}NIN na-gàr^{ki}, ^{D}UTU-ga-an und ^{D}IŠKUR, jeweils ohne Kasuskennzeichen, ist unklar. Die Bearbeiter des Textes fassen die Götter als Subjekte auf und übersetzen: „Die Herrin von Nagar, Šimige und der Wettergott mögen .... verfluchen?“

19 UTU-ga-an faßt Diakonoff als eine Form mit dem Konnektivum *-an* auf: Šimig(e)=an. Selten erscheint dieser GN jedoch auch als *a*-Stamm, vgl. GLH 232. Da das Konnektivum *-an* an auf *a* auslautende Formen treten kann, liegt hier wohl der *a*-stämmige Göttername vor.

20 IŠKUR dürfte den Gott Teššub bezeichnen.

21f. siehe oben Zeile 11-12.

23f. inube und inaube scheinen späteres *nubi* „zehntausend“ wiederzugeben. Nicht zu erklären ist bei diesem seltsamen Wortpaar die Deutung des anlautenden *i* beider Formen.

25 šid- Verbalwurzel „verfluchen“ + en Optativ. Diakonoff setzt nur *še-* an und analysiert die Form als *še=(i)d(o)=in*, er sieht offenbar darin einen Optativ der 3. Pers. Pl. (*=(i)d(o)=*) , indem er den Dental als das Pluralmorphem (*-id-*) identifiziert. Bush, GHL 69, setzte aufgrund von *šidarni* „Fluch“ die Wurzel als *šid-* an. Subjekt der Handlung sind die drei vorhergenannten Götter, eine Pluralmarkierung am Verb wäre zu erwarten. Entweder verbirgt sich die Pluralmarkierung hinter der Graphie si-ti- oder aber die Verbalform steht überhaupt im Singular. Die drei Gottheiten könnten nämlich als Einheit, als Triade, aufgefaßt worden sein, wie dies im

Mittani-Brief eine Parallele hätte, Mit. I 101-103 ^{D}Šimig[e=ne=š] ^{D}Amanu=(š)=l(la)=an ^{D}Ea-šarri=ne=(š)=lla=an ... ... pend=i=en (Jussiv 3. Pers. Sg.) „Šimige, Amun und Ea-šarri ... ... möge(n) zurückschicken sie (=*lla*)".

4. Textproben aus verschiedenen Archiven

Lektion 15

Mari: Auszug aus dem Mari-Brief 7+6
Die Fundstelle des aB. Briefes ist der Palast in Mari, wo er mit weiteren fünf hurritischen Texten, bei diesen handelt es sich um Beschwörungen, in Raum 108 gefunden wurde. Daß es sich bei dem Teilfragment Mari 7 um ein Brieffragment handelt, hatte schon E. Laroche, RA 51, 1957, 104-106, erkannt. Andere Überlegungen waren von einer Hymne oder einem Gebet ausgegangen (Literatur bei Salvini, RA 82, 1988, 61 ff.). Daß es sich bei diesem Text um einen Brief handelt, hat dann Salvini erkannt.

Bearbeitungen: F. Thureau-Dangin, RA 36, 1939, 1-28; M. Salvini, RA 82, 1988, 61 ff.; V. Haas/I. Wegner, GsForrer, 2004, 339-344; I. Wegner, AoF 31, 2004, 101-104. Zu den graphischen Eigenheiten der hurritischen Mari-Texte siehe hier S. 43 und 46. Der Beginn der Tafel ist nicht erhalten, so daß über Herkunft, Absender und Empfänger des Schreibens keine Aussagen gemacht werden können. Der Text ist durch doppelte Paragraphenstriche gegliedert.

Transkription (nach Salvini, RA 82, 1988, 6).

9' še-na-ar-di-ra u[r-ḫ]i-ni-en a-lu-uk-ku ti-zi-in-ni-en
10' pa-li pa-z[i-n]i ti-ip-ša-ri ḫi-in-zu-ru-úš ú-gu-u[l-ga-ri?]
11' ⸢e⸣-en-na zu-w[ə(-) z]u?-wə-li-ma ḫu-ut-ḫa ša-al-ḫu-du-uk-ku
12' [u]r?-ḫa-du-u[k?-k]u? ir-gi-ni-en ak-tu-uk-ku za-wa-ar-ri-en

---

13' ⸢e⸣-en-na ku-um-me-ni-en ḫi-il-li-in ⸢mu⸣-úš e-ni-wu-úš
14' ^{I}Zi-im-⸢ri⸣-li-im ...

Morphemanalytische Umschrift:

9' šen(a)=arde=ra urḫi=ne=n al=o=kk=o tiš(a)=i=nni=n
10' pali paš(i)=i?=ne tip=šari ḫinzur(i)=uš ugul[=ugar?=i?]
11' en(i)=na zuw[ə(-)z]uwəli=ma ḫutḫ(i)=a šalḫ=ud=o=kk=o
12' [u]r?ḫ(i)=ad=o=kk=o irgi=ne=n ag=d=o=kk=o zuwar=r(<n)e=n

13' en(i)=na kumme=ni=n ḫill=i=n muš en(i)=iff=u=š/eni=v=u=š/en(i)=iff=uš
14' ^{I}Zimri-Lim ...

Übersetzung:

9' Zusammen mit der Brüderschaft spricht er nicht in wahrer Weise aus seinem Herzen.

10' Falsch ist das Wort aus *seinem* Munde, wie ein Apfelbaum vern[eigt er sich? gegen?],

11' die Götter, *zuw[ə(-)z]uwəli* aber hört nicht auf (sein?) Gebet.

12' Er *ist nicht wahr in der angekündigten Weise*, er erhebt sich nicht *zuwarrien.*

13' *Den Götter von Kumme sagt er/möge er sagen: Gerecht wie dein Gott* (*ist/war*)

14' Zimri-Lim ...

Kommentar:

9' šen(a)- „Bruder" + arde Kollektivsuffix + ra Komitativ Sg.
urḫi- „wahr“ + ni + n, letztlich nicht restlos geklärte Formanten. Wahrscheinlich ist der Adverbialis -n(n)i + n(na) zu segmentieren. Der Adverbialis bzw. Assoziativ lautet gewöhnlich -nni, in den hurritischen Mari-Texten sind die phonematischen Verdoppelungen intervokalischer Konsonanten aber häufig nicht wiedergegeben, siehe auch S. 43 f.
al(u)- „sagen, sprechen“ + o intr. (eigentlich -a) + kk Negation + o intr. (eigentlich -a), siehe S. 97 f.
tiš(a)- „Herz“ + i Poss.-Pron. 3. Pers. Sg. + nni Adverbialis? + n(e) Ablativ-Instrumentalis. Das Wort *tiša* wird in der Mari-Orthographie meist mit dem Z-Zeichen geschrieben, z.B. ti-za-da „zu Herzen“ Zeile 8'.

10' pali „falsch“, ist das nominale Prädikat im Absolutiv. Zu solchen Sätzen mit einem nominalen Prädikat, welches entweder im Essiv -a oder im Absolutiv stehen kann, siehe Giorgieri, StBoT 45, 2001, 145 mit Anm. 52.
paz(i)- (Mari-Orthographie) sonst paši „Mund“ + i Poss.-Pron. 3. Pers. Sg. + ne Ablativ-Instrumentalis.
tipšari < *tiv(e)=šari* „Wort“, Absolutiv, korrespondiert mit *pali.*
ḫinzur(i)- „Apfel(baum)“ + uš Äquativ.
ugul- „sich verneigen“ + [ugar + i], die Ergänzung der Verbalform ist unsicher. Ein Verb *ugul=gar=i* ist in der hurr.-heth. Bilingue KBo 32: 15 Rs. IV 10 mit heth. *kattan ḫališke-* „sich wiederholt niederknien“ geglichen. Dem Segment -gar- liegt möglicherweise das verkürzte Suffix der Gegenseitigkeit -ugar- zugrunde.

11' en(i)=na „die Götter“ Absolutiv Pl. Es ist nicht klar, ob mit *enna* ein neuer Satz beginnt oder ob *enna* noch zu dem vorherigen Syntagma gehört.
zuw[ə(-)z]uwəli- Lesung unsicher, Bed. unbk. + ma Konnektivum. Wenn *enna* zum vorherigen Satz gehören sollte, könnte zuw[ə(-)z]uwəli- das Subjekt der intransitiven Verbalform *šalḫ=ud=o=kk=o* sein.

ḫutḫi- „Gebet“ + a Essiv.
šalḫ- „hören“ + ud Negation + o + kk + o intr. negative Verbalmorpheme, wie oben unter al(u)-.

12' [u]r?ḫ(i)- „wahr“ + ad Verbalmorphem + o + kk + o intr. negative Verbalmorpheme, wie oben unter al(u)-. Die Ergänzung ist unsicher. irg- „ankündigen“. Die Form *irgi=ne=n* ist wohl adverbial zu verstehen. Zu den Formen *irginien* und *zawarrien* als mögliche Verbalformen vgl. D. Prechel/Th.Richter, in: FsHaas, 2001, 352 Anm. 102.
ag- intr. „sich erheben, heraufkommen“ + d WE + o + kk + o intr. negative Verbalmorpheme, wie oben unter al(u)-.
zuwar=r(<n)e=n Form unklar, Bed. unbk. Korrespondiert wohl mit *irgi=ne=n*. Der gesamte Satz Zeile 12' ist in Segmentierung und Bedeutung unsicher.

13' Die Zeile 13' ist hinsichtlich ihrer Bedeutung unverständlich. Lediglich die Wortfolge *enna kumme=ni=n* „die Götter von Kumme“ ist verständlich. *ḫill=i=n* gehört zum Verbum *ḫil(l)*- „sprechen sagen“, ist aber in bezug auf den grammatischen Status unklar.
muš wohl zur Wurzel *muš*- „zurecht machen, ordnen; gerecht sein“ gehörend; grammatisch unklar, möglicherweise nominales Prädikat im Absolutiv; *muš=(i/a)*.
Das Wort e-ni-wu-úš ist mehrdeutig: en(i)=iff=u=š/ eni=v=u=š/en(i)=iff=uš/eni=v=uš.
M. Salvini, RA 82, 66 deutet diese Wortfolge als „mein gerechter Gott“ (Ergativ); ebenso wohl auch D. Prechel/Th. Richter, FsHaas, 2001, 356 Anm. 129. Die beiden Autoren fassen e-ni-wu-úš als *en(i)=iff=u=š* mit defektiver Schreibung des Possessiv-Suffixes der 1. Pers. Sg. auf, was durchaus möglich ist, da solch defektive Schreibungen der labialen Spiranten beim Possessiv-Suffix der 1. Pers. häufiger vorkommen. Allerdings ist diese Interpretation der Form nicht die einzige Möglichkeit: e-ni-wu-úš könnte genauso gut als *eni=v=u=š* Ergativ „dein Gott“, *en(i)=iff=uš* Äquativ „wie mein Gott“ oder auch *eni=v=uš* „wie dein Gott“ aufgefaßt werden. Eine Entscheidung für oder gegen die eine oder andere Möglichkeit ist mir nicht möglich. Die gebotene Übersetzung ist deshalb höchst unsicher.

14' Zimri-Lim, König von Mari.

Qaṭna: Textproben aus den Qaṭna-Briefen
Die Beispiele sind entnommen aus: Th. Richter, Das „Archiv des Idanda”, MDOG 135, 2003, 167-188; ders., Ein Tafelfund der Grabungskampagne 2003 in Tall Mišrife/Qaṭna, MDOG 136, 2004, 220-221; ders., Kleine Beiträge zum hurritischen Wörterbuch, AoF 32, 2005, 23 ff.; ders., Hurriter und Hurritisch im bronzezeitlichen Syrien, Eothen 13, 2006, 145-178; ders., Hurritisch za-za-(a)l^{o} in den Qaṭna-Briefen (im Druck).

Die folgenden Textproben geben einige charakteristische Sätze mit der sog. „Mischsprache“ aus den Qaṭna-Briefen wieder (siehe dazu auch S. 27 mit Anm. 25).

Die hurritischen Wörter oder Wortfolgen sind in den Transkriptionen und Kommentaren zu den Briefen in Fettdruck, das Akkadische in Kursivdruck wiedergegeben. Ein Schrägstrich [\] gibt einen „Glossenkeil" wieder.

Brief MSH02G-i0194+0284[104] Rs. (Richter, MDOG 135, 2003, 174 mit Anm. 32)

17 *ù i-na-an-na* *^{I}Ḫa-an-nu-ut-ti*

18 *it-ti* NAM.RA^{MEŠ} \ **ša$_{10}$-ri-ni-ra** *i-ti-iq*

Übersetzung: „Und jetzt zog Ḫannutti mit der Beute vorbei."

Kommentar zu den hurritischen Glossen (zum Akkadischen siehe Richter, AoF 32, 2005, 23 ff.).

17 Ḫannutti, Name einer der Militärs Šuppiluliumas I.

18 *itti* NAM.RA.MEŠ „mit der Beute" entspricht der Glosse **šari + ni + ra** Komitativ; diese Gleichung ist seit langem bekannt und hat auch Eingang ins GLH gefunden. Wahrscheinlich gehört auch das im Mittani-Brief belegte Lexem za-ar-ra-ma-a-an in dem Satz Mit. I 89-90 hierher: za-ar-ra-ma-a-an še-e-na-a-ap-pè KUR u-u-mi-i-ni ši-u-u-ši = *zar(ı)=r(<n)(ı)=a=mân šena=p=pe ômini ši=ôš=i* (der Satz ist ein „erweitertes Antipassiv") „Und das Land deines Bruders hat die Beute *bestaunt?*" (vgl. Wilhelm, FsSchmitt-Brandt, 2000, 200-201 Anm. 5).

Brief MSH02G-i0194+0284 Rs.

23 *ù at-[t]a* ŠÀ-*ka*

24 \ **za-za-li-u-mu**

Übersetzung: wörtl. „Und du aber *verzehrst* dein Herz."

Kommentar (siehe Th. Richter, Qaṭna in the Late Bronze Age. Preliminary remarks. SCCNH 15, 2005, 109-126; ders., Hurritisch za-za-(a)l° in den Qaṭna-Briefen [im Druck])

24 **zaz(a)l=i=o=mu** ist morphologisch eine transitive Verbalform im Präsens der 2. Pers. Sg. + einer Partikel -mu (gleichbedeutend wohl mit sonstigem -*ma*). Fraglich bleibt indes, wie die reine Basis des Wortes lautet: *zaz+al*(also mit WE –al- [siehe S. 87]) oder *zaz*(*a*)l- (mit anaptyktischem Vokal –a- und petrifiziertem Morphem -l-, siehe dazu hier S. 47 und 51 f.). Die Verbalwurzel *zaz* + WE -*ol*- (und wohl nur so) bedeutet „zu essen geben, verköstigen" (vgl. hier S. 51 und den Nuzi-Beleg za-zu-lu-um-ma ipus „gib zu Essen" [Fincke, SCCNH 7, 1995, 19-21]. Wenn die Wurzel *zaz* + WE -*al*- zugrunde liegen sollte, ist das -i- der Transitivität ungewöhnlich, da dieses nach der Mittani-Grammatik und sonst nur im Präsens bei den reinen Wurzeln (also ohne WE) erscheinen sollte (siehe S. 90), gehörte –(a)l- hingegen zur Wurzel, wäre das –i- der Transitivität regelmäßig. Es ist deshalb durchaus möglich, daß sich *zaz=ol*- von *zaz*(*a*)*l*- inhaltlich

104 Fundnummer der Texte: MSH = Grabungsort, G = Areal, o1 = Jahr der Kampagne, 194 etc.= Fundnummer (nach Richter, AoF 32, 2005, 23)

unterscheidet. Ich gehe vorläufig von einer Wurzel *zaz(a)l-* im Sinne von „immer wieder zu essen geben" > (trans.) „verzehren (vor Furcht)", (intrans.) „verzagen" aus. Richter, Hurritisch za-za-(a)l° in den Qaṭna-Briefen (im Druck), segmentiert *zaz=al-* (also mit WE –al-) und deutet das Wort als „jdn./etwas bekümmern, jdm./etwas Sorgen bereiten (o.ä.) (trans.) bzw. „bekümmert, besorgt sein (o.ä.)". Der Satz lautet nach Richter: „du bekümmerst dein Herz".
Möglicherweise werden hier aber auch Eigenheiten des „Nija/Qaṭna"-Hurritischen sichtbar. Bemerkenswert ist auch die Wiedergabe des Subjektanzeigers der 2. Pers. Sg., der hurritisch -o- (trans.) lautet; in diesem Satz ist das Subjekt jedoch noch durch das akkadische Pronomen *atta* „du" (Sg. 2. Pers. mask.) verdeutlicht. Würde der obige Satz rein hurritisch formuliert sein, so müsste er in etwa lauten: **fe=š=an tiša=b zaz(a)l=i=o=ma.*

Brief MSH02G-i0193 Rs. (vgl. Richter, MDOG 135, 2003, 172 bzw. 176)

37 ... *ù at-tu$_4$-nu-ma*

38 *ta-am-mar$_6$-ku-nu* \ **wu-ri-da-áš-šu$_{11}$**

39 *ša e-pu-uš-šu-nu* \ **da-na-áš-te-da-še-na**

Übersetzung:

37 ... Und ihr

38 werdet sehen \ **fur=ed=aššu**,

39 die (Dinge), die sie tun werden \ **tan=ašt=ed=a=še=na** (korrekt wäre wohl tan=ašt=ed=a=ša=šše=na)

Kommentar:

38 **fur=ed=aššu**, eine Futurform der 2. Pers. Pl. des Verbs *fur-* „sehen", gibt akk. *tammar=kunu* „ihr seht" wieder. Der bereits aus der Boğazköy-Bilingue KBo 32 bekannte trans. Personenanzeiger der 2. Pers. Pl. *-aššu* wird durch diesen Beleg bestätigt.

39 **tan=ašt=ed=a=še=na,** eine Futurform der 3. Pers. Pl. [eigentlich -a+š(a); die Langform -ša- tritt dann auf, wenn weitere Formanten folgen] des Verbs *tan=ašt-* + š(š)e Morphem zur Nominalisierung der Verbalform + na Artikel Plural, wieder aufgenommene Pluralität des nicht genannten Bezugswortes; das Wort ist ein elliptischer Ausdruck: die (Dinge), die sie tun werden". **tan=ašt=ed=a=še=na** gibt akk. *ša epuš=šunu* „was sie tun werden" wieder.

Brief MSH02G-i0 274 Vs. (Richter, MDOG 135, 2003, 175)

9 *um-ma šu-ma* ^{URU}*Qàt-na*

10 *du$_4$-un-ni-in-ku-nu*

11 \ **tá-ap-pè-eš**

12 *a-di a-na-ku a-kaš-ša$_{10}$-du*

Übersetzung

9 „Folgendermaßen er (d.i. Šuppiluliuma I.): Qaṭna

10 befestigt,

11 \ **tapp=e=š**

12 bis ich ankommen werde!“

Kommentar:

11 **tapp**- ist die hurritische Entprechung zu akk. *danānu* (D) „befestigen (von Bauwerken oder Städten). Morphologisch ist **tapp=e=š** ein Imperativ der 2. Pers. Pl. auf *=e=š*. Die Form ist mit akk. *dunnin=kunu* übersetzt, wobei das Possessivpronomen der 2. Pers. Pl. mask. -kunu als Subjektanzeiger („ihr“) fungiert (siehe zu diesem Phänomen speziell auch des Nuzi-Akkadischen Richter, AoF 32, 2005, 23 ff. mit weiteren Literaturangaben).

Rs.

30 *ù at-tù-nu*

31 \ **za-za-lu-uk-ku** *a-na-ṣa-ru*

32 *ù ṭup-pu a-na pa-ni*

33 $^{\text{LÚ.MEŠ}}$URU-*ia-né-na*

34 \ **ú-ru-uš-te**

Übersetzung: (Richter, MDOG 136, 2004, 220 f.)

30 und ihr

31 \ verzagt nicht, ich werde (euch) schützen,

32 und die Tafel vor

33 den Stadtbewohnern

34 zeigt!“

Kommentar

30 *attunu*, ist der Nominativ des akkadischen Personalpronomens der 2. Pers. Pl. mask., es fungiert hier als Subjektanzeiger des hurritischen intransitiven negierten Verbs und gleichzeitig als Pluralanzeiger des Imperativs **ur=ušt=e** der Zeile 34.

31 **zaz(a)l=o=kk=o** ist eine intransitive negierte Form, eigentlich der 3. Pers. Sg., und - soweit bisher bekannt - ein Indikativ. Allein der Subjektanzeiger - das akkadische - *attunu* gibt den Numerus der Person wieder; hurritisch wäre dies das enklitische Absolutivpronomen *=ffa* (siehe dazu S. 76 f. und vergleiche Syntagmen wie *=f(fa) ḫa=i* „nehmt“ oder *faš=(i>)a=ffa* „geht

hinein“ [Wegner, FsHaas, 2001, S. 446 f.]). Inhaltlich ist ein negierter Imperativ zu erwarten „verzagt nicht!“, ein solcher ist bislang nicht erkannt oder beschrieben worden. Er sollte nach dem Muster des positiven Imperativs und der positiven Jussivformen folgende Elemente enthalten: Wurzel + i/e Imperativ + u(w)/wa- Negation + Personenanzeiger Ø für die 2. Pers. Sg. / -ffa für die 2. Pers. Pl.: *zaz(a)l+i+wa+Ø/ffa.

zaz(a)l=o=kk=o ist m.E. eine indikative Form, ihre Verwendung hier könnte möglicherweise ein Hinweis auf die Sprachbeherrschung des Schreibers sein. Denn eine im Sprachsystem verankerte homographe (und homophone?) Bildung von negiertem Imperativ und negiertem Indikativ wäre höchst ungewöhnlich. Richter, Hurritisch za-za-(a)l° in den Qaṭna-Briefen [im Druck]) denkt an eine imperativische Funktion in der Bedeutung: „Seid ihr nicht betrübt!“, hält aber auch einen falschen Gebrauch der indikativischen Form für möglich.

34 *ur=ušt=e* *ur-* „vorhanden sein; zeigen“ + ušt WE + e Imperativ Sg.; die Form wird durch akk. *attunu* der Zeile 30 pluralisiert.

Brief MSH02G-i0 275: Rs. 60-65 (vgl. Richter, AoF 32, 2005, 37)

60 *be-lí a-al-la-kam-mi*

61 *ù be-lí ta-mar*$_6$*-an-ni-mi*

62 *ki-i-me-e ma-az-zi-iz-tu*$_4$ MEŠ

63 *ša* ^{KUR}ḫur-ri^{KI} \ **ú-bu-ga-\ri-ti**

64 *ù at-ta-ma be-lí-ia*

65 \ **wu-ri-it-u-ta-an**

Übersetzung

60 Mein Herr, ich werde kommen

61 und du, mein Herr, wirst (mich) sehen,

62 daß die Stellungen

63 des Landes Ḫurri sich gegenseitig schlachten.

64 Und du, mein Herr,

65 wirst mich sehen.

Kommentar:

63 **uv=ugar=ed=i,** Wurzel *urb-/uv-* „schlachten” + ugar drückt die Gegenseitigkeit aus + ed Futur + i Transitivanzeiger; die Verbalform ist antipassivisch.

65 **fur=ed=o=t(ta)=an,** *fur-* „sehen” + ed Futur + o Personenanzeiger 2. Pers. Sg. trans. + t(ta) Kurzform des enklitischen Pronomens 1. Pers. Sg. + an enklitische Partikel „und”.

Ugarit: Auszug aus der akkadisch-hurritischen Bilingue aus Ugarit RS 15.010, gefunden 1951 im Raum 53 des Palastes von Ugarit. Die Erstbearbeitung erfolgte durch J. Nougayrol und E. Laroche, Le bilingue accado-hourrite, in: C. F.-A. Schaeffer (Hrsg.), Le palais royal d'Ugarit, Mission de Ras Shamra 6, 1955, 311-324. Der Text ist mehrfach ganz oder teilweise bearbeitet worden; siehe u.a. J. Faucounau, RA 74. 1980, 81-83 und zuletzt umfassend von M. Dijkstra, UF 25, 1993, 163-171. G. Wilhelm, FsWilcke, 2003, 341-345 [mit ausführlichen Literaturangaben] konnte bei diesem nach wie vor äußerst schwierigen Text einen weiteren Fortschritt erzielen. Obwohl es sich um eine Bilingue handelt, sind weder die akkadischen noch die hurritischen Abschnitte gänzlich verständlich. Als Textgattung hatte Nougayrol den akkadischen Teil der „Weisheitsliteratur“ zugeordnet.

Akkadisch (Transkription nach der Erstedition, mit der Verbesserung der Zeile 3 durch Wilhelm, FsWilcke, 2003, 344-345)

1 šu-ku-un KÙ.BABBAR^{MEŠ} ša ma-mi-ti it-ti DINGIR^{MEŠ} te-le-eq-[q] è
2 ma-mi-tá pí-la-ḫé-ma pa-gàr-ka šul-lim
3 tá-me-e a-na na-ri ka-li a-pí-il-ti!
4 du-ri-iš mar-ḫé-ta-šu DUMU ú-ul i-šu

Hurritisch (nach der Erstedition und Dijkstra, UF 25, 1993, 164-165)

5 ge-e-en KÙ.BABBAR e-la-mi-ni-e e-en-ni-da-an na-⸢aḫ⸣-ḫa-WA-ša
6 e-la-me-ni-da-ni-ma-an ú-ku-la
7 i-ti-ib-ba-an ud-ra-na ku-šu-ḫu-da-an
8 e-la-mu-lu-up-pa-aš-še-ni na-u-la-a a-x-x-ri
9 a-la-mu-wa-ma-an aš-da ḫa-na-aš-t[e]-ik-ki

Kommentar (hurritische Wörter und Formen sind kursiv wiedergegeben):

1 // 5 šukun Grundst. Imp. von šakānu „(hin)stellen, (ein)setzen, (hin)legen“
ge-e-en gehört zur Wurzel *ke(b)*- „setzen, stellen, legen“, Imp. 2. Pers. Sg. *ke=i/e=n(na*, Kurzform des enkl. Pron. 3. Sg.) „lege es (bezogen auf das Silber)“; Dijkstra deutet die Form als Jussiv 3. Pers. Sg.: *kiw=i=en*.
KÙ.BABBAR^{MEŠ} ša mamiti „Silber des Eides“
ušḫuni (KÙ.BABBAR) *elameni=(v)e* „Silber des Eides“; das Genitivzeichen -ve ist bei *elameni=e* lediglich durch -e wiedergegeben. (Siehe dazu S. 68-69).
itti DINGIR^{MEŠ} teleqqe „du wirst von der Gottheit nehmen“
en(i)=ni=dan Abl. Sg. „von der Gottheit“
na-⸢aḫ⸣-ḫa-WA-ša Lesung und Worttrennung unsicher: nach Faucounau, RA 74, 1980, 81, na-[aḫ]-ḫa zu *naḫḫ*- „sitzen, sich setzen“. Diese Deutung deckt sich nicht mit akk. leqû „nehmen“. Dijkstra, UF 25, 1993, 164, liest

na-x-a ḫa-wu-ša < *ḫaw=oš=a* zu *ḫa-* „nehmen". Bei dieser Interpretation bleibt na-x-a unberücksichtig. Ein selbständiges Pronomen der 3. Pers. Sg. Dativ in der Gestalt *na=va*, wie Dijkstra vermutet, existiert nicht (zum Paradigma der selbständigen Pronomina siehe S. 82 f). Eine Übereinstimmung zu akk. teleqqe „du wirst nehmen" kann nicht erzielt werden. Auf jeden Fall ist die hurritische Verbalform eine 3. Pers. Sg.

2 // 6 mamita pilaḫe=ma „den Eid fürchte"
elameni=dan=i=man: *elame-* „Eid" + ni + tan Abl. Sg. + i Bindevokal + man enkl. Partikel oder *elameni=dani=man* mit dem altertümlichen? Ablativmorphem -tani (siehe S. 67).
ug=ol=a ist ein Indikativ Präs. 3. Pers. Sg.; *ug=ol-* entspricht hier akk. palāḫu „fürchten". Siehe aber zu *ugul=ugar-* oben S. 237, dort eher als „sich verneigen, sich niederwerfen" zu verstehen; dazu wohl auch *ugulz-* des mythologischen Textes KBo 27: 217 (ChS I/6 Nr 10) Rs. IV 15' [D]Ša-uš-ga-a-ta u-gul-zi-ip u-ri-⌜i⌝-ta „zu Ša(v)uška, zu ihren Füßen, warf er sich nieder". *ug=ol-* mit WE -ol- entspricht hier jedenfalls akk. palāḫu „fürchten"; *ug=ol=a* ist ein Indikativ Präs. der 3. Pers. Sg., das, was zu fürchten ist, steht, wie übereinstimmend angenommen wird, im Ablativ. Eine grammatikalische Übereinstimmung mit dem Akkadischen ist nicht gegeben; um diese zu erzielen, müßte *elamenidani* anders gedeutet werden, und zwar als Absolutiv Sg. Sollte etwa *elameni=dan=i=man* segmentiert werden, mit einer WE –tan-, die an das berufsbezeichnende Suffix –tann-/-tenn- erinnert? Der hurritische Satz bleibt problematisch: (wörtl. in etwa) „und er fürchtet sich vom Eid her" oder (wörtl.) „und er fürchtet den *Eidmacher* ??".

2 // 7 pagar=ka šullim „und (=ma) deinen Leib bewahre"
edi=p=p(<m)an: edi „Körper" + v Poss.-Pron. 2. Pers. Sg. + man enkl. Partikel. Das m der Partikeln *-ma* und *-man* assimiliert sich an ein vorangehendes -p (Siehe S. 78 f.). Der Ausdruck ist ein Absolutiv Sg.
udr=an=a Verbalwurzel *udr-* „schützen" + an WE + a Personenkennzeichen der 3. Pers. Sg. „und er schützt deinen Leib".

3 // 7 tame ana nari „einer, der beim Fluß schwört"
kušuḫ=u=da=an, Name des Mondgottes + u Bindevokal + ta Direktiv + an enkl. Partikel: „und zu Kušuḫ"

3 // 8 kali apilti! „hält die Zahlung zurück"
elam=ol=upp=a=šše=ni „zu dem er schwört"
Die Folge na-ul-la-a a-x-ri ist unklar.

4 // 9 dūriš „für immer" entspricht *alamu=va*(Dat.?)=*man*(Partikel); nach Dijkstra möglicherweise ein west-semitisches Lehnwort ᶜ*lm* „Ewigkeit".
marḫéta=šu entspricht *ašt(i)=a* (Essiv)
māra išû „einen Sohn haben" entspricht sinngemäß dem hurr. Syntagma *ašt(i)=a ḫan=ašt=i=kk=i* eine sog. „erweiterte Antipassivkonstruktion": „die Frau gebiert nicht."

IV. Register

I. Wörterverzeichnis

1. *Hurritisch*

Das Ordnungsprinzip des hurritischen Wörterverzeichnisses ist das im „Corpus der hurritischen Sprachdenkmäler" und anderen hurritischen Glossaren verwendete stark vereinfachte Alphabet: A, E/I [incl. -ia , i-a, i-e etc.], Ḫ, G/K/Q, L, M, N, B/P/W [incl. ú-a, ú-e, ú-i], R, Š, D/T, O/U, Z. Doppelkonsonanz bleibt, obgleich meist phonemisch hinsichtlich der alphabetischen Reihenfolge unberücksichtigt. Ein Zirkumflex (â, ê usw.) zeigt Plene-Schreibung des Vokals in bestimmten Formen an, meist bei pronominalen und syntaktischen Partikeln.[105] Die in / / gesetzten Formen sind, soweit möglich, phonemisch-phonetisch orientiert. Personen- und Ortsnamen sind in Auswahl aufgenommen. Ein Pluszeichen zeigt unsicheren Wurzelansatz an (z.B. ḫub+l-).

A

ai(-)		Konjunktion	„wenn"	48, 116, 191, 197
	ai=l(la)=an	Mit enkl. Pron. 3. Pl. + Konnektivum		78, 141
	ai=mâ=nîn	Mit pron. Element 3. Sg. + Partikel *-nîn*		189, 191
	ai=n(na)	Mit enkl. Pron. 3. Sg.		196, 197
a(j)i- /a(v)i-		Postposition; entspricht in Boğazköy *abi-/avi-*. Siehe unter *abi-*	„vor"	
aḫri		Nomen	„Weihrauch"	57
	aḫr=u=šḫe		„Weihrauchgefäß"	57
ag-		Verbalwurzel	trans. „führen, lenken, leiten; hoch-, aufnehmen; tragen"; intr. „heraufkommen, sich erheben"	
	ag=i=b	3. Sg./Pl. (althurr.)		129, 213, 214
	ag=id=o	3. Pl. (althurr.)		92, 129
	ag=oš=a	Prät. 3. Sg.		180, 181
	ag=d=o=kk=o	Mit WE *-t-* 3. Sg. negativ		236, 238
	ag=ugar-	Mit WE *-ugar-*	„hersenden"	
	ag=ugar=ašt=i=en	Jussiv 3. Sg. mit den WEn *-ugar-* und *-ašt-*		144
	agab	Nomen? oder	Epitheton des Wettergottes „Führer?" oder	203, 205
	ag=a=b	Verbalform (intrans.)	„er führte"	205
ag=ol-		Verbum	„ziselieren, ritzen"	216
	ag=ol=uva	Durativ 3. Sg. (althurr.)		216, 218

105 Die Kennzeichnung der *plene* geschriebenen Vokale in zusammenhängenden Umschriften beschränkt sich auf solche Partikeln, bei denen Alternanzen sichtbar sind.

agurni		Nomen	„Ziselierung“	216, 218
	agurn(i)=a	Essiv		218
*aga-		Pronomen		85
	aga=ve	Genitiv	„diesseits“	85
akki- *agi-		Alternativpronomen	„der eine ... der andere“	84, 156
	akki	Absolutiv		84
	akku			84
	akku=š	Ergativ Sg.		153, 156
	agu=va	Dativ		153, 156
	a-ku-ta	Direktiv		84
	agu	Siehe *akki*		
aguḫi		Nomen	ein Bekleidungs-stück	
	aguḫi=na	Pl.		22
allai		Nomen	„Herrin“	
	alla=i	Mit „Honorificum“ *-i-*		53
	all=a=šše	Abstraktbildung	„Herrinnentum“	55
	allanuḫḫe		„Herrinnenwürde“	133
alali		Nomen	„Gewand“	
	alal(i)=ai	Instrumental		142
alambašḫe		Nomen	eine Zahlungsart	55
alamu-				
	alamu=va	Dativ?, entspricht akk. *dūriš* „für immer“		243-244
Allani		Name der Unterwelts-göttin		122, 129, 134, 204
	DAllani=va	Dativ		203-204
	DAllani=ma	Mit Konjunktion *-ma* „und, aber“		129
alaše-		Konjunktion	„ob“	116
	alaše=mê=nîn	Mit pron. Element 3. Sg. + Partikel *-nîn*		161, 164
alli (bzw. ḫalli)		Althurr., Pronomen? oder Demonstrativpronomen?	„ihn?“	234
al(u)-		Verbalwurzel	„sagen, sprechen“	89, 221
	alu=i=b	3. Sg. (althurr.)		129, 220, 221
	al=o=kk=o	3. Sg. negativ		236, 237
	alu=m=ai=n(na)	Gerundiumähnliche Bildung		112
	al=il=an-	Mit WEn *-il-* und *-an-*	„schreien, bekla-gen, jammern“	89
	al=il=an=o=m	3. Sg. (althurr.)		132
am- (1)		Verbalwurzel	„verbrennen“	58
	am=i+l=anni	Modalform 3. Sg.		113
	ambane	Nomen	„Feuerholz“	58
	ambann=uḫli	Berufsbezeichnung		58
am- (2)		Verbalwurzel	„(an)sehen, beachten“	
	am=ud=o=m	3. Sg. negativ (althurr.)		97, 136
	am=ol-	Mit WE *-ol-*	„jmd.en aufsuchen, ansehen“	

	am=ol=ud=o=m	3. Sg. negativ (althurr.)		223, 224
am(m)-		Verbalwurzel	„erreichen, gelangen"	
	amm=i=b	3. Sg. (althurr.)		129
	amm=oš=a	Prät. 3. Sg.		72
Amanu		Ägyptische Gottheit		154
	DAmanu=(š)= l(la)=an	(Ergativ) + enkl. Pron. 3. Pl. + Konnektivum		236
	DAmanu=(š)= dil=an	(Ergativ) + enkl. Pron. 1. Pl. + Konnektivum		144, 153, 154
am=ar-		Verbum	„Böses zufügen"	89
	am=ar=ill=o=m	3. Sg. (althurr.)		89, 134
am=ad-		Verbum	Bed. unbk.	88
ammade		Nomen	„Großvater"	53
	amm=ade			53
	ammad(e)=iff=u-	Mit Poss.-Pron. 1. Sg.	„mein Großvater"	
	ammad(e)=iff=uš	Ergativ Sg.		148, 165, 167
	ammad(e)=iff=u= ve=n(na)	Genitiv Sg. + enkl. Pron. 3. Sg.		161, 162,
	ammad(e)=iff=u=va	Dativ Sg.		192, 193
	amatte=na	Absolutiv Pl. (Boğazköy)		213, 215
amumi /amomi/		Nomen	„Botschaft"	106
	amum(i>)a=f(fa)	Absolutiv + enkl. Pron. 2. Pl.		106, 225, 226
amumikkunni		Nomen	„Verwalter"	56
an-		Verbalwurzel	„sich freuen"	30, 88, 121
	an=an=i=šḫe	Nominalbildung	„Freude"	57
	an=ašt=i=kk=i	Mit WE *-ašt-*, Antipassiv negativ 3. Sg.		83, 98, 137, 230, 232
	ana=o+l=e=š	Modalform 3. Sg.		113, 113
	an=o=m	3. Sg. (althurr.), in PN *An=o=m-ḫirve*		30
	Ann-atal	PN		22
anam-		Adverb	„so, dermaßen"	165
	anam=mân?	Mit Partikel *-mân*?		165, 167
anammi-		Adverb	„so, ebenso, auf diese Weise"	116
	anammi=lla	Mit enkl. Pron. 3. Pl.		77
	anammi=tta	Mit enkl. Pron. 1. Sg.		116
	anammi=tta= man	Mit enkl. Pron. 1. Sg. + Partikel *-man*		116, 165, 170
	anammi=dilla= ân	Mit enkl. Pron. 1. Pl. + Konnektivum		144, 153, 154, 228
anni / ani		Demonstrativpronomen	„dieser"	78, 84
	anni / ani	Absolutiv Sg.		84
	ane=na	Absolutiv Pl.		84
	anni=lla	Absolutiv Pl.		84
	anni=n(na)	Absolutiv Sg. + enkl. Pron. 3. Sg.		198, 200
	anu=va	Dativ Sg.		84
	anu=dan	Ablativ		84

andi		Demonstrativpronomen	„jener"	45, 84, 180, 223, 224, 225, 226
	andi=lla(=ân)	Absolutiv Pl. (+ Konnektivum)		77, 84, 165, 168, 171, 172, 182, 183
	andu=va	Dativ Sg.		84
	andu=va= n(na)=an	Dativ Sg. + enkl. Pron. 3. Sg. + Konnektivum		196, 197
	andu=ve	Genitiv Sg.		84
	andu=dan	Ablativ Sg.		84
anz-		Verbalwurzel	Bed. unbk.	
	anzannu			167
	anz=ann=oḫ-	Verbum	„auszeichnen?", „ehren?"	167
	anz=ann=oḫ= oš=av	Prät. 1. Sg.		89, 165, 166, 167
awalli /avalli/ (< avari)		Nomen	„Feld"	47
	aval(<ri)=ne= ve=N(E)=a-	Elliptischer Ausdruck im Essiv	„in den (Maßen) eines Feldes"	203, 205
awari /avari/		Nomen	„Feld"	47, 205
	av=ar=i			53
*awatti/awattu- /avatti/				159
	awatt(i)>u/o= ḫḫ(e)=a	Adverbialer Ausdruck im Essiv	„fern, entfernt" o.ä.	157
abe- /ave/		Fragepronomen	„wer"	85
	ave=š=nna	> *avešša*, Ergativ + enkl. Pron. 3. Sg.		85
	ave=(š)=dilla	Ergativ + enkl. Pron. 1. Pl.		85
	*abišši			85
	au=nni	Absolutiv?		85
abi- /avi/		Entspricht in Mittani *a(j)i /a(v)i-*	„Gesicht; vor"	114
	âbi/avi	Präposition	„vor"	114
	a-wi$_{i}$			115
	a(vi)=i=e	Postposition	„vor"	116
	a(vi)=i=(v)e			175, 178, 184, 189
	âb(i)=i=da	Postposition		114
	ab(i) + i + ta			114
	a(vi)=i=da			198, 199
abiḫari /aviḫari/		Nomen	ein Flächenmaß	203
	aviḫar(i)=ne= ve=ne=lla	Genitiv + aufgenommener sog. „Artikel" Sg. + enkl. Pron. 3. Pl.		203, 206
abli		Nomen?	eine Geschenkart	180, 181
ar-		Verbalwurzel	„geben"	86, 88-89, 120, 146
	ar=ann-	Kausativ	„sich geben lassen"	88

	ar=ann=i=en=i=l(la)=an	Jussiv 3. Sg. + enkl. Pron. 3. Pl. + Konnektivum		107, 161, 163
	ar=ann=i=en=(n)na=man	Jussiv 3. Sg. + enkl. Pron. 3. Sg. + Partikel *-man*		107, 161, 162, 163
	ar=av	Präs. 1. Sg.		91
	*ar=av=š(a)	Präs. 1. Pl.		91
	ar=i/e /arə/	Imperativ 2. Sg.		102 Anm. 85, 104, 107
	ar=i=a	Präs. 3. Sg.		91
	ar=i=a=(m)ma	Präs. 3. Sg. negativ		137
	ar=r(<il)=eva=š	Konditioneller Optativ 1. Pl.		110
	ar=ed=a	Futur 3. Sg.		142
	ar=ed=av	Futur 1. Sg.		91
	*ar=ed=av=š(a)	Futur 1. Pl.		91
	ar=ol-	Mit WE *-ol-*	„geben" auch „hinbringen"	88
	ar=ol=av=š	Präs.? 1. Pl.		92
	ar=ol=af(f)u=nna	1. Sg. (Langform; defektiv) + enkl. Pron. 3. Sg.	„ich gebe ihn"	92
	ar=o=m	3. Sg. (althurr.)		
	ar=om=ašš=oḫ=i=ḫ(e)=a	Unklare Ableitung im Essiv		157, 158
	ar=oš=a	Prät. 3. Sg.		91
	ar=oš=av	Prät. 1. Sg.		91, 157, 171, 173
	ar=oš=av=šše	Nominalisierte Verbalform Prät. 1. Sg.		184, 188
	ar=oš=av=šše=NE=ve	Nominalisierte Verbalform Prät. 1. Sg. + Formanten der Suffixaufnahme		71, 123, 143, 161, 163
	ar=oš=a(=šše)	(Nominalisierte Verbalform) Prät. 3. Sg.		91, 198, 201
	ar=oš=(i)=imbu=š(še)=ḫ(e)=a	Unklare Ableitung im Essiv		157, 158
	ar=ur=o=m	Mit WE *-ur-*, 3. Sg. (althurr.)		89
	Ar=i=b	Namenselement		130
	Ar=o=m	Namenselement		130
ar=o/uš(š)=ol-		Verbum entspricht akk. *ḫamaṭu*	„sich begeben zu; eilen"	89
Artašumara		König von Mittani		29
Artatama I.		Großvater des Tušratta		28, 162
	[I]Artatama=š	Ergativ		148, 165, 167
Ar-Teššub		Name eines mittanischen Gesandten		
	[I]Ar-Teššuba-=n(na)=an	Absolutiv Sg. + enkl. Pron. 3. Sg. + an Partikel		171, 174
arde		Nomen	„Stadt"	45, 52
	ard(e)=i=da	Mit Poss.-Pron. 3. Sg. + Direktiv		63
	ard(e)=i=dan(i)	Mit Poss.-Pron. 3. Sg. + Ablativ		142

	arde=ne=ve=na	Genitiv + Suffixaufnahme		
	arde=ve=NE= šša	Genitiv + Suffixaufnahme (*=*NE=š=nna*)		77
Asali		Name eines mittanischen Gesandten		
	IAsali=nna=(ân)	Absolutiv Sg. + enk. Pron. 3. Sg. (+ ân Partikel)		77, 171, 174
ašš-		Verbalwurzel	„waschen, abwaschen“	86
âše		Nomen	„Fett“	108
ašḫ-		Verbalwurzel	„opfern“	86
	ašḫ=uš=i=kk= o=nni	Nominalableitung	„Opfermandant“	56
ašḫu		Adverb	„oben“	52 Anm. 60
ašk-		Verbalwurzel	„fragen?“	51
Ašmunigal		Heth. Königin		133
aštagga		Zu *ašti* „Frau“		56
ašti		Nomen	„Frau“	52, 70, 141, 143, 175, 176
	ašt(i)=a	Essiv		244
	ašt=a=šše		„Weiblichkeit“	55
	ašt=a=šḫe		weibliches Attribut	57
	*ašti-na	Absolutiv Pl.		70
	ašti=n(na)	Absolutiv Sg. + enkl. Pron. 3. Sg.		77, 171, 173, 198, 201
	ašt(i)=i=nn(i)=a			201
	*ašti=na=aš=u=š	Ergativ Pl.		70
	ašti=p=pa	< ašti=p=ma, mit Poss.-Pron. 2. Sg. + Partikel -ma		79
	ašti=ve	Genitiv Sg. oder mit Poss.-		70
	ašt(i)=i=ve	Pron. 3. Sg. + Genitiv		70
	ašti=š	Ergativ Sg.		70
	ašt(i)=o=ḫḫe	Zugehörigkeitsadjektiv	„weiblich“	45
	ašt(i)=u/o(=)zzi	Adjektiv	„einer Frau eigen“	56
aštugari		Nomen	„Entsprechung“	87 mit Anm. 77
	ašt=ugar=iff= aš=(v)a	Als Postposition mit *šaš=va*	„uns zugunsten“	87
ašuḫi /ašoḫe/		Nomen	„Essen, Mahlzeit“	213, 214
	aš(i)=o=ḫi	Absolutiv		213
	aš(i)=o=ḫi=ne	Mit sog. „Artikel“ Sg.		213, 214
	aš(i)=o=ḫi=ne=va	Dativ		213
ad-		Verbalwurzel	Bed. unbk.	92
	ad=o=d=a	3. Pl. (althurr.)		92
attai		Nomen	„Vater“	53
	atta=i	Mit „Honorificum“ *-i-*		53
	atta(i)=i	Mit Poss.-Pron. 3. Sg.		223, 224

	atta(i)=i=va	Mit Poss.-Pron. 3. Sg. + Dativ		180, 182, 183
	attai=p=pa	Mit Poss.-Pron. 2. Sg. + Dativ		63, 115, 165, 167
	attai=p=pe	Mit Poss.-Pron. 2. Sg. + Genitiv		63
	atta(i)=i=ve	Mit Poss.-Pron. 3. Sg. + Genitiv		223, 224
	attai=ve=NE=š=nna	Genitiv + Suffixaufnahme (=*NE=š=nna*)		223, 225
	attai=p=pe=NE=dan	Mit Poss.-Pron 2. Sg. + Suffixaufnahme		72, 192, 193
	attai=v=u=š	Mit Poss.-Pron. 2. Sg. + Ergativ		63, 192, 193
	attai=v=u=(š)=mma	Mit Poss.-Pron. 2. Sg. + (Ergativ) + enkl. Pron. 2. Sg. (-*mma*)		144
	atta(i)=iff=u=va	Mit Poss.-Pron. 1. Sg. + Dativ		72, 192, 193
	atta(i)=iff=u=ve	Mit Poss.-Pron. 1. Sg. + Genitiv		161
	atta(i)=iff=u=ve=n(na)	Mit Poss.-Pron. 1. Sg. + Genitiv + enkl. Pron. 3. Sg.		161
	atta(i)=iff=u=ve=NE=nna	Mit Poss.-Pron. 1. Sg. + Genitiv + aufgenommener Äquativ		192, 194
	atta(i)=iff=u=š	Mit Poss.-Pron. 1. Sg. + Ergativ		115, 165, 168
	attani-	Ableitung von *attai-*		
	attani=ve=na	Genitiv + aufgenommener Artikel Pl.		143
	attan(i)=ne=ve=na			142, 143
	attan(i)=ne=ve=NA=aš=ta	Genitiv + aufgenommener Direktiv Pl.		143
	atta(i)=arde-	Nomen	„Vorväter, Vorfahren"	58
	atta(i)=ard(e)=iff=aš	Mit Poss.-Pron. 1. Sg. + Pluralisator		63
	atta(i)=ard(e)=i=ve=na=mân	Mit Poss.-Pron. 3. Sg. + Genitiv + aufgenommener Artikel Pl. + Partikel		180, 181
	atta(i)=ard(e)=iff=u=nna	Mit Poss.-Pron. 1. Sg. + Äquativ		192, 193
	atta(i)=ard(e)=iff=u=dan	Mit Poss. Pron. 1. Sg. + Ablativ		165, 167
adani		Nomen	„Schemel"	45
-atal /adal/		Nomen?, Namenselement	„der Starke?"	22
	Atal-šen			23, 24,
	Tiš-atal	Siehe auch unter Tiš-atal		24, 25
adi-		Selbständige Partikel	„so, also, nun"	116

	adi=nîn	Mit Partikel *-nin*		116, 165, 169, 170, 182, 183, 198, 200
	a-ti	Althurr., entspricht wohl späterem *andi* „jener"		232, 234
atili		Siehe auch *-atal*		21
admi-		Nomen	„Schemel"	203
	admi=ne	Mit sog. „Artikel" Sg.		203, 206
a-u /ao/		Interjektion	„so; siehe" o.ä.	117
a-ú-u(n)-ni	au=nni	Fragepronomen? Absolutiv		85

E/I

Ea-(šarri)		Gottheit babylonischen Ursprungs		236
	^{D}Éa=ve=<NE>=a	Suffixaufnahme des Essivs ohne *-NE-*		73
	^{D}Ea-šarri=ne=(š)=lla=an	Ergativ mit enkl. Pron. 3. Pl. + Konnektivum		236
	^{D}Ea-šarri=ne=(š)=dil=an	Ergativ mit enkl. Pron. 1. Pl. + Konnektivum		144, 153, 155
ei̭ri		Nomen	„Löwe"	212
	ei̭=ar=i			212
Ebla=ḫe		Zugehörigkeitsadjektiv	„zu Ebla gehörend"	54
ije- / ija-		Relativpartikel		72, 84, 116, 122, 123
	ije=mâ=nîn	Relativpartikel + pron. Element 3. Sg.		122, 123
	ija=mê=nîn	*-ma-/-mê-* + Partikel -nin		196, 197, 234
	ija=lla=nîn	Relativpartikel + pron. Element 3. Pl.		79, 165, 169, 182
	ija=lle=nîn	*-lla-/-lle-* + Partikel -nin		148, 165, 167, 171, 172
	ija=t(ta)	Relativpartikel + enkl. Pron. 1. Sg.		220, 221
	emeni	Althurr., später wohl *ije-e(<ije)=me=ni(n)*?	„wer, wer auch immer"	233, 234
^{URU}Iḫibe		Stadtname		
	^{URU}Iḫibe=ne	Mit sog. „Artikel" Sg.		180, 181
eḫ=epš-		Verbum	„abschnüren"	
	eḫ=epš=u/ol=(i)l=i=ma	Modalform 3. Sg. + Partikel *-ma*		217, 219
eḫl-		Verbalwurzel	„retten"	
	eḫl=il=eva=š=nna	Modalform: konditioneller Optativ 1. Pl. + enkl. Pron. 3. Sg.	„wir wollen ihn retten"	111, 230

	eḫli=ve-	Elliptischer Ausdruck	„(dem) der Rettung, Retter“	73
	eḫli=ve=NE=ve=NA=aš=(v)a (=l(la))	Elliptischer Ausdruck mit doppelter Suffixaufnahme		73
	eḫli=ve=NE=da	Elliptischer Ausdruck + Suffixaufnahme des Direktivs		72
egi-		Nomen	„Inneres“	114, 115
	egi=ne	Mit sog. „Artikel“ Sg.		217, 219
	eg(i) + i + ta	Postposition		114
	eg(i)=i=da	Postposition	„in, inmitten“	114
Igingalliš=ḫe		Zugehörigkeitsadjektiv	„zur Stadt Igingalliš gehörend“	54
ela		Nomen	„Schwester“	52
	ela	Absolutiv		161, 163
	el(a)=iffə	Absolutiv + Poss.-Pron. 1. Sg.		64, 141, 161, 162
	elli	< el(a)+ne sog. „Artikel“ Sg.		61
	elarde-	Nominale Ableitung	„Schwesternschaft“	
	el(a)=ard(e)=iff=u=ve	Mit Poss.-Pron. 1. Sg. + Genitiv		64
eli-		Nomen	„Fest“	52, 209
	el(i)=a	Essiv Sg.		207, 209
elgi		Nomen	„Applikation, Verzierung“	77
	elg(i)=ae	Instrumental		216, 218
	elgi=lla	Absolutiv Plural		77
	elg(i)=i=lla	Mit Poss.-Pron. 3. Sg. + enkl. Pron. 3. Pl.		77
el(a)mi/e		Nomen	„Eid“	
	elameni=e	Gentiv Sg.		243
	elameni=dan=i=man	Ablativ + i Bindevokal + Partikel *-man;* oder		244
	elameni=dani=man	mit dem alterümlichen Ablativmorphem *-tani*?		244
	elam=ol=upp-	Verbale Ableitung	„schwören“	
	elam=ol=upp=a=šše=ni	3. Sg. + šše Nominalisierungsmorphem + Morphem der Suffixaufnahme		244
ᴰIM		Siehe auch ᴰIŠKUR und ᴰTeššub		
	ᴰIM-up			203, 205, 207, 213
	ᴰIM-up-pa	> ᴰTeššub=va Dativ		207
	ᴰIM-úw-wa			210
	ᴰIM-wa-al-la	ᴰTeššub=va Dativ + enkl. Pron. 3. Pl.		213
eman-		Zahlwort	„zehn“	81, 88
		Verbale Ableitung		
	eman=am-	Faktitiv	„verzehnfachen“	88
	eman=am=oš=av	Prät. 1. Sg.		83, 165, 168

	eman=am=ḫ(e)=a	Adjektiv im Essiv	„zehnfach"	54, 171, 172
	emandi-	Nominale Ableitung	„Zehnerschaft"	81
	emand(i)=o=ḫ(e)=li		„Zehnerschafts-führer"	81
	emanze	Ordinalzahl (**eman+še*)	„zehnter"	81
emeni		Siehe unter *ije-/ ija-*		
Immoria		Name Amenophis III.		
	ᴵImmoria=š=nna=ân	Ergativ + enkl. Pron. 3. Sg. + an Konnektivum		198, 201
	ᴵImmoria=ve	Genitiv		198, 201
eni		Nomen	„Gott"	24, 52, 57, 70
	en(i)=na	Absolutiv Pl.		60, 72, 133, 143, 213, 215
	en(i)=na=aš=(v)a	Dativ Pl.		72, 114
	en(i)=na=aš=(v)a=l(la)	Dativ Pl. mit enkl. Pron. 3. Pl.		73
	en(i)=na=aš=(v)e-	Genitiv Pl.		71
	en(i)=na=aš=(v)e=NA=aš=u=š	Genitiv Pl. mit Formanten der Suffixaufnahme		71
	en(i)=na=aš=(v)e=NE=da	Genitiv Pl. mit Formanten der Suffixaufnahme		72, 145
	en(i)=na=aš=ta	Direktiv Pl.		71
	en(i)=na=aš=u=š	Ergativ Pl.		64, 141, 153, 155
	en(i)=n(a)=iff=aš=(v)e=n	Pl. + Poss.-Pron. 1. Pl. + Genitiv + *n* (unklar)		62
	enni	<en(i)+ne sog. „Artikel" Sg.		60
	eni=v	Absolutiv Sg. + Poss. -Pron. 2. Sg.		62
	en(i)=iffə	Mit. Poss.-Pron. 1. Sg.		62
	en(i)=i=va	Sg. + Poss.-Pron. 3. Sg. + Dativ		180, 183
	en(i)=iff=u=va	Sg. + Poss.-Pron. 1. Sg. + Dativ		144, 198, 199
	e-ni-wu-úš	< en(i)=if(f)=u=š Erg. Sg.	„mein Gott"	236
		<eni=v=u=š	„dein Gott"	238
		<en(i)=iff=uš	„wie mein Gott"	238
		<eni=v=uš	„wie dein Gott"	238
	eni=š	Ergativ Sg.		223, 225
	en(i)=ni=dan	Ablativ Sg.		243
	enzari < en(i)+šari	Mit Abstrakt- oder Kollektivsuffix *-šari*	„Gottheit"	57
inna-		Konjunktion	„wenn"	116
	inna=mâ/mê=nîn	Mit pron. Element 3. Sg. + Partikel *-nin*		157, 158, 174, 175, 176, 178

endan		Nomen (althurr.)	Titel des Tiš-atal, des Tupkiš und des Išar-kīnum	22, 24
	en-da-an			232, 234
inu-		Selbständige Partikel; satzeinleitende Konjunktion	„wie“	52 Anm. 60, 79, 116, 163
	inu=lle	Mit pron. Element 3. Pl.		77
	inu=lle=nîn	Mit pron. Element 3. Pl. + Partikel *-nin*		198, 200
	inu=mê=nîn	Mit pron. Element 3. Sg. + Partikel *-nin*		79, 112, 153, 154, 198, 199
	inu=tta	Mit enkl. Pron. 1. Sg.		77
	inu=tta=nîn	Mit enkl. Pron. 1. Sg. + Partikel *-nin*		77, 153, 154
inube, inaube		Althurr., Zahlwort, entspricht wohl späterem *nubi*	„zehntausend“	233, 235
enzari		Nomen siehe unter *eni-*		
ewri- /evri/		Nomen	„Herr, König“	53
	evri=š	Ergativ Sg.		180, 181
	evr(i)=i=va	Sg. mit Poss.-Pron. 3. Sg. + Dativ		115
	evr(i)=i=ve	Sg. mit Poss.-Pron. 3. Sg. + Genitiv		198, 201
	evr(i)=i=da	Sg. mit Poss.-Pron. 3. Sg. + Direktiv		132
	ever=ni			53
	evern(i)=a	Essiv		129
	evren(i)=na=aš=(v)a	< evri+n(i)+na+aš+va Dativ Pl.		192, 195
	evri + ni >	> everni + ni> evrenni	„König“	61
ipš-		Verbalwurzel	„gefallen??“	160
	ipš=oš=i=l(la)=an	Antipassiv Prät. 3. Pl. + Konnektivum		157, 160
	ipš=oš=i=n(na)	Antipassiv Prät. 3. Sg.		184, 189
erade		Nomen	„Vogel“	47
	erade=v(e)=u=š	Genitiv mit Suffixaufnahme des Ergativs ohne -NE-		73
irg-		Verbalwurzel	„ankündigen“	
	irgi=ne=n	adverbialer Ausdruck		
irn-		Verbalwurzel	„gleich sein“	193
	irinni-	Nominalableitung		195
	irinn(i)=ard(e)=iff=u=va	Kollektivbildung + Poss.-Pron. 1. Sg. + Dativ	„Gleichgestellte, Ebenbürtige“	192, 195
	irn=(oḫ)-	Verbalableitung	„ausgleichen, vergelten; zufriedenstellen“	193
	irn=oḫ=oš=i=a=ma	Prät. 3. Sg. negativ (trans.)		96, 192, 193, 194
	irn=o=kk=o	Präs. 3. Sg. negativ (intrans.)		71, 165, 169
erbi / ervi		Nomen	„Hund“	41
	erbi=Ø	Absolutiv Sg.		41

	erbi=na	Absolutiv Pl.		70
irde		Nomen	„Zunge"	113
	irde=v	Mit Poss.-Pron. 2. Sg.		113
iš-		Verbalwurzel	„klagen, jammern"	
	iš=i=kk=o=nn(i)=a	Wohl Personenbezeichnung + a Essiv		56
*eša-		Pronomen		85
	eša=ve	Genitiv	„jenseits"	85
išaš		Selbständiges Personalpronomen der 1. Pers. Sg. (siehe auch *ište, šo-, šu-*)		82, 106
	iša=š	Ergativ		82,106, 153, 154, 165, 168, 186
	iša=(š)=lla=ân	Ergativ mit enkl. Pron. 3. Pl. + Konnektivum		76, 83, 165, 168
eše		Nomen	„Erde; Ort"	36, 52
	eše=ne	Mit sog. „Artikel" Sg.		123, 175, 178 f., 207, 208
	eše=ne=ve	Genitiv		207, 209
	eše=ne=ra	Komitativ		198, 200
	eš(e)=iff=aš=tan	Mit Poss.-Pron. 1. Pl. + *tan* Ablativ		157, 159
išši		Nomen	„Pferd?"	192
	išši=na=ân	Absolutiv Pl. + Konnektivum		192
išiḫḫe		Nomen	Bed. unbk.	82
	išiḫḫe=na	Absolutiv Pl.		82
*išḫ-		Verbalwurzel?		
	išḫ=ar=i=nni	Berufsbezeichnung	„Bäcker"	55
^{D}IŠKUR		Götternamen	Wettergott	
		Siehe ^{D}IM und ^{D}Teššub		233, 235
ištani		Nomen	„Mitte"	114
	ištan(i)=i=aš=(v)a	Mit Poss.-Pron. 3. Pl. + Dativ/Essiv		116
	ištan(i)=iff=aš=(v)a	Mit Poss.-Pron. 1. Pl. + Dativ/Essiv		116, 153, 156
	ištan(i) + i + ta			114
	ištan(i)=i=da	Nomen und Postposition Mit Poss.-Pron. 3. Sg. + Direktiv	„in/zu seinem Inneren; inmitten, zwischen"	129, 130, 217, 219, 220
ište		Selbständiges Personalpronomen der 1. Pers. Sg.		82
	ište=n	Absolutiv + enkl. Pron. 3. Sg.?		83
išuḫni		Nomen, siehe auch *ušḫuni*	„Silber"	143
	išuḫn(i)=ae	Instrumental		143, 227-228
id-		Verbalwurzel	„schlagen"	41

	id + ar + ki	Nominalableitung	„Abfallort“	57
	*id=i=Ø	Antipassiv 3. Sg.		41
	*id=i=a	Präs. 3. Sg.		41, 45
	id=i+l=anni	Modalform 3. Sg.		113
	id=i=e(n)	Jussiv 3. Sg.		220, 222
	id + ki	Nominalableitung	„Mörser“	57
itt-		Verbalwurzel	„gehen“	86, 105
	itt=ai=nna=ân	Debitiv-Finalis 3. Sg. + Konnektivum		142, 189, 190
	itt=ai=ša=lla=ân	Debitiv-Finalis 3. Pl. + Konnektivum		189, 190
	itt=i=l+e	Voluntativ 1. Sg.		106
	*itt=id=e=n			105
	*itt=id=en			105
	itt=i=(i)d=en	Jussiv 3. Pl.		102, 103, 175, 177
	itt=oš=t=a=(mân)	Prät. 3. Sg. + (Partikel *-mân*)		146, 157, 158
	itt=umme	Infinitiv	„Abfahrt“	113
edi-		Nomen	„Körper, Person“	47, 52, 114
	eda=l=an	< *edi=(š)=l(la)=an* Ergativ Sg. + enkl. Pron. 3. Pl. + Konnektivum	„selbst“	114, 184, 187
	ed(i)=ia=n	Sg. mit Nebenform des Poss.-Pron. 3. Sg. + Abl.-Instr. (Kurzform)		63
	i-di			47
	edi=v	Sg. mit Poss.-Pron. 2. Sg.		113, 114
	edi=p=p(< m)an < i-ti-ib-ba-an	Mit Poss.-Pron. 2. Sg. + Partikel *-man*		244
	edi=š	Ergativ Sg.		114, 165
	ed(i)=iffə	Sg. mit Poss.-Pron. 1. Sg. Absolutiv		196, 197
	ed(i)=iff=aš=a	Sg. mit Poss.-Pron. 1. Sg. + Pluralisator + Essiv		64
	ed(i)=iff=u=ve	Sg. mit Poss.-Pron. 1. Sg. + Genitiv		114
	ed(i)=i=e	Postposition	„in bezug auf, für, betreffs“	68, 114,
	ed(i)=i=va	Sg. mit Poss.-Pron. 3. Sg. + Dativ		115, 165, 168
	e-te-šu-ú-ta	Sg. mit Poss.-Pron. 2. Pl. + Direktiv		64
	ed(i)=i=da	Sg. mit Poss.-Pron. 3. Sg. + Direktiv		153, 156, 165, 167, 182, 183
idenni		Nomen; akk. Lehnwort	„Baumeister“	130
itk-		Verbalwurzel	„reinigen, rein sein“	
	itk=a=ḫḫe	Nominalbildung		31
	itk=a=l̮zi	Nominalbildung	„Reinheit“	31, 32, 59
	itk=a=lzi=ni=ve=NA=aš=u=š	Genitiv + Suffixen der Suffixaufnahme		74

	itk=i=(i)d=anni =m(ma)	Modalform 3. Pl. (+ enkl. Pron. 2. Sg.)		138
	itk=o=š	Modalform 3. Pl.		138

Ḫ

ḫa-		Verbalwurzel	„nehmen“	86
	(-ffa) ḫa=i	Imperativ 2. Pl.		241
	ḫa=i=en=i=l(la)= an	Jussiv 3. Sg. + Stützvokal + enkl. Pron. 3. Pl.+ Konnektivum		175, 178
	ḫa-a-i-te-in / ḫa-a-i-te	Jussiv 3. Pl. (mit *n*-Verlust)		104-105, 108, 138
ḫaikalli		Nomen	„Palast“	
	ḫaikal(i)=ne?	> ḫaikalli?		203, 204
Ḫalbaḫe		Zugehörigkeitsadjektiv	„zur Stadt Ḫalab gehörend“	54
	ḫalba=ḫe			54
ḫalzuḫli		Nomen	„Bürgermeister“	58
	ḫalz=uḫli			58
	ḫalzuḫl(i)=a	Sg. Essiv		58, 143
	ḫalz=uḫla	< ḫalz(i) + o + ḫ(e) + l(i) + a Essiv		58
	ḫalz=uḫli	< ḫalz(i) + o + ḫ(e) + li		58
ḫamo-?		Nomen?	Bed. unbk.	
	ḫamo=ra	Komitativ Sg. Siehe auch *šatta*(-)*ḫamora*		207, 208
ḫan-		Verbalwurzel	„gebären“	86, 120
	ḫan=ašt-	Mit WE -*ašt*-		
	ḫan=ašt=i=kk=i	3. Sg. negativ, Antipassiv		244
	ḫani	Nomen	„Kind“	52
ḫawaḫa		Althurr.	„Gebet, Bitte?“	235
	ḫaw=o=ḫḫ(e)=a	Zugehörigkeitsadjektiv		235
ḫab=an-		Verbum	„hingehen“	88
ḫawirni /ḫavirni/		Nomen	„Lamm“	210, 212
ḫapš-		Verbalwurzel	„(die Augen) auf etwas richten“	138
	ḫapš=ar=uva	Durativ 3. Sg. (althurr.)		138
ḫawurni /ḫavurni/		Nomen	„Himmel“	36, 53
	ḫavur+ni+ne	> *ḫavurunne*		61
	ḫavurni=a	Lokativ/Essiv		205
	ḫavurun=ne=ra	Komitativ		198, 200
ḫa-wu-ša		Lesung und Form unklar		243
ḫapti		Nomen	„Ring“	
	ḫap=ti			59
ḫari		Nomen	„Weg“	
	ḫar(i)=a	Essiv		138
	ḫa-a-ar-ri-en			82
ḫaš- (1)	(*ḫa-aš-/ḫa-šV)	Verbalwurzel	„hören“	48, 51, 103-104
	ḫaš=aš-	Mit WE -*aš*-	„hören“	88
	ḫaš=aš=i=wa=en	Jussiv 3. Sg. negativ		108, 147, 235
	ḫaš=aš=i=wa=lli =lla=ân	Voluntativ 1. Sg. neg. + enkl. Pron. 3. Pl. + Konnektivum		109

	ḫaš=aš=i+l=e=š	Modalform 3. Sg.		113
	ḫaš=ašt=i=l+e	Mit WE *-ašt-* Voluntativ 1. Sg.		106
	ḫaš=i=kk=o=nni	Wohl Personenbezeichnung		56
	ḫaš=i=l+e	Voluntativ 1. Sg.		103, 106, 147, 184, 186
	ḫaš=i=mma	Imperativ 2. Sg.		77
	ḫaš=i=m=ai	Gerundiumähnliche Bildung		112, 130, 217, 219
	ḫaš=i=en	Jussiv 3. Sg.		102, 104, 138, 147, 165, 166
	ḫaš=i=en=i=lla=ân	Jussiv 3. Sg. + enkl. Pron. 3. Pl. + Konnektivum		104, 147, 161, 162
	ḫaš=i=en=(n)na=an	Jussiv 3. Sg. + enkl. Pron. 3. Sg. + Konnektivum		104, 161, 163
	ḫaš=i=b	3. Sg. (althurr.), auch Namenselement		27
	ḫaš=id=o=l(la)	3. Pl. (althurr.) + enkl. Pron. 3. Pl.		133
	ḫaśuen	Althurr. Optativ negativ	„möge nicht hören“	235
ḫaš- (2)	(*ḫa-a-aš-)	Verbalwurzel	„salben“	48, 53
	ḫaš=o+l=e=š	Modalform 3. Sg.		113
	ḫašar(i)=ae	Nomen im Instrumentalis	„Feinöl“	113
	ḫaš=ar=i	Nominalbildung		53
	ḫašar(i)=ne=š	Ergativ Sg.		73
ḫašenni		Nomen	ein wertvoller Stein	55
	ḫaš=e=nni			55
ḫašulatḫi		Nomen	Bed. unbk.	
	ḫašul=a=tḫi			59
ḫattoḫe		Zugehörigkeitsadjektiv	„hethitisch“	54
	ḫatt(i)=o=ḫe	< ḫatti + ḫe		54
ḫazziz(z)i		Nomen, akk. Lehnwort	„Ohr, Verstand“	113
	ḫazziz(z)i=v=a=lla	Mit Poss.-Pron. 2. Sg. + a? + enkl. Pron. 3. Pl.		113
ḫe/iari		Nomen	„Gold“	54
	ḫe/iar(i)=o=ḫḫe	Zugehörigskeitsadjektiv	„Goldenes“; aber auch „Gold“	54, 196, 197
	ḫiar(i)=o=ḫḫ(e)=a	Essiv		196, 197
	ḫi(a)r(i)=o=ḫḫ(e)=ae	Instrumental		192, 193
	ḫiar(i)=o=ḫḫ(e>)a=tta=ân	Mit enkl. Pron. 1. Sg. + Konnektivum.; oder:		192, 195
	ḫiar(i)=o=ḫḫ(e)=a=tta=ân	Essiv		
ḫejarunna		Verallgemeinerndes Pronomen	„alle, sämtliche“	84
ḫil(l)-		Verbalwurzel	„sagen, mitteilen“	47, 51, 120, 204, 217

	ḫill=i	Präs. 3. Sg. Antipassiv		129, 180
	ḫil+i+l+e	> *ḫilli* Voluntativ 1. Sg.		103
	ḫill=i=n	Form unklar		236, 238
	ḫill=i=b	3. Sg. (althurr.)		220, 221
	ḫill=ol=eva	Konditioneller Optativ 1. Sg.		110, 111, 148, 184, 187, 198, 200
	ḫill=uš=i=kk=o=nni	Wohl Personenbezeichnung		56
ḫel(i)-		Etymologisch vielleicht zu *ḫeluwa* gehörig		217
	ḫel(i)=a=ma	Essiv + ma Konjunktion	„zum Ruhme" oder auch „rühmlich"	217
	ḫeluwa /ḫelob/va/	Nominalbildung	„Ruhm"	217
	ḫelov(i)=a	Essiv? oder		216, 217
	ḫel=o=va	Dativ?		216, 217
ḫemz-		Verbalwurzel	„binden, gürten"	51, 54, 86
	ḫemz=a=tḫ=o=m	3. Sg. (althurr.)		209
	ḫemz=a=tḫ=oš=i	Prät. 3. Sg. Antipassiv	„sie gürtete sich"	207, 209
		oder		
	ḫemz=a=th(i)=o=še	Adjektiv		209
	ḫemz=i=ḫe	Nominalbildung	„Gürtel"	54
ḫenni		Adverb	„jetzt"	77, 116, 153, 154, 227, 228
ḫenz- / ḫinz-		Verbalwurzel	„in Not geraten; bedrücken"	228
	ḫenz=a	Präs. 3. Sg.		228
	ḫenz=ad=u	Mit WE *-ad-* + u unklare Verbalendung		228
	ḫe/inzi / ḫe/inzidi	Nominalbildung	„Bedrücker, Schädiger" o.ä.	230, 231
	ḫinz=id(i)=a	entweder Essiv eines Nomens *ḫinzidi-* oder		231
	ḫinzi=da	Direktiv		231
ḫinzur-		Verbalwurzel	Bed. unbk.	113
	ḫinzur=i+l=e=š	Modalform		113
	ḫinzur=o+l=ae=š	Modalform		113
ḫinzuri		Nomen	„Apfel(baum)"	
	ḫinzur(i)=uš	Äquativ		236, 237
Ḫebat		Göttinnenname		49, 52
	DḪebatta=n	<DḪebat +va+n(na) Dativ + enkl. Pron. 3. Sg.		49
	DḪebatte	< DḪebat + ve Genitiv		49
	Ḫeba	In weiblichen PN		130, 161, 198, 201, 210

ḫir-		Verbalwurzel	Bed. unbk.	214
	ḫir=i=a	Formal wie ein trans. Präs. oder ein Nomen *ḫiri-* dann *ḫir(i)=i=a* mit Poss.-Pron. 3. Sg. + Essiv	„es tritt ein" „Zeit?, Stunde?"	213, 214 214
ḫirb/ve		Siehe den PN *An=o=m-ḫirbe*		30
ḫerari		Nomen	„Armsehne, Oberarm"	217, 219
ḫic=uḫ-		Verbum	„kränken"	89
	ḫic=uḫ=i=wa=en	Jussiv 3. Sg. negativ		196, 197
	ḫic=uḫ=oš=i=u(w)=(a)ffu	Prät. 1. Sg. negativ		171, 173
	ḫic=uḫ=o/ul-	intransitiv	„betrüben"	89
ḫeš+al-		Verbum	„nackt sein"	87
ḫu(i)-		Verbalwurzel	„(herbei)rufen?"	
	ḫuešša	Modalform		72
	ḫu=i=(i)t=an	Jussiv 3. Pers. Pl. (Boğazköy-Nebenform)		105
	ḫu=id=o	3. Pers. Pl. (althurr.)		92
ḫub+l-		Verbum	„zerbrechen"	47, 204
ḫurade		Nomen	„Krieger"	53
	ḫur=ade			53
ḫurroḫe		Zugehörigkeitsadjektiv	„hurritisch"	54
	ḫurr(i)=o=ḫe			26, 54
	ḫurv(i)=o=ḫe=NE=ve	Mit Formanten der Suffixaufnahme		73
*ḫuši		Nomen		54
	ḫuš(i)=o=ḫḫe		„Gürtel"	54
ḫud-		Verbalwurzel	„beten, preisen, erhöhen"	136
	ḫude	Nomen?	„Gebet?"	132
	ḫud=ed=av	Futur 1. Sg.		136
	ḫutḫi	Nomen	„Gebet"	236, 238
	ḫutḫ(i)=a	Essiv		238
	ḫud=me	Nominalableitung	„Gebet"	59
	ḫud=ošt=ur=o=m	Mit WEn *-ošt-* und *-ur-* 3. Sg. (althurr.)		132

G/K

kapp-		Verbalwurzel	„füllen"	110
	kapp=il=eva=š	Konditioneller Optativ 1. Pl.		109 mit Anm. 88, 229, 230
kab+al-		Verbum	„(Feld) plündern"	87
kab(a)li		Nomen	„Kupfer"	
	kaballe=š	< *kab=li=ne=š*, mit sog. „Artikel" Sg. + Ergativ		217, 218, 220, 221
karije		Nomen	„Vogelfänger"	
	karije=na=aš=u=š	Ergativ Pl.		108
karḫ=ašt-		Verbum	Bed. unbk.	185

	karḫ=ašt=i=wa=en	Jussiv 3. Sg. negativ		184, 185
kašl-		Verbalwurzel	„stark sein?“	
	kašl=ol=e(+)š	Wunschform 3. Sg.		112
kad-		Verbalwurzel	„sagen, sprechen“	51
	kad=i=a	Präs. 3. Sg.		112, 133,
	kad=i=kk=i	Antipassiv negativ 3. Sg.		121
	kad=i=kk=o=nni	Wohl Personenbezeichnung		56
	kad=il=(i)=l+e	Voluntativ 1. Sg.		138
	kad=il=eva=(tta)	Konditioneller Optativ 1. Sg.		110, 148
	kad=i+l=e=š	Modalform 3. Sg.		113
	kad=ill=ed=a=(mmaman)	Futur 3. Sg. (+ Partikel -*mmaman*)		122, 144
	kad=i=nna	Antipassiv? 3. Sg.		198, 200
	kad + ki	Nominalbildung	„Spruch“	57
	kad=ed=av	Futur 1. Sg.		146, 198, 199
	kad=ol=(i)=l+e	Voluntativ 1. Sg.		225, 226
	kad=oš=a=šše=na	Prät. 3. Sg. + Nominalisierungsmorphem + Morphem der Suffixaufnahme		171, 172
	kad=ugar-	Mit WE -*ugar*-	„gegeneinander reden“	88
	kad=upp-	Mit WE -*upp/ff*-		89
kazi		Nomen; akk. Lehnwort	„Becher“	128, 216
	kazi	Absolutiv		128, 217
	kaz(i)=uš	Äquativ		68, 143
kiaše		Nomen	„Meer“	52
kig(e)		Zahlwort	„drei“	81, 206
	kig=am=ḫ=a	Zugehörigkeitsadjektiv im Essiv		82
	kig=arbu		„dreijährig“	58, 81
	kig=i=nni		„Dreifuß“ o.ä.	55
	kiški	< kig + še	„dritter“	49, 81
	kige nubi		„dreißigtausend“	81, 210 f.
kel-		Verbalwurzel	„wohl sein“	59
	kel=o	Imperativ 2. Sg.?		107
	kel=oš?=u?=a?	unklare Form		180, 181
	keldi	Nominalableitung	„Heil, Wohlergehen“	45, 59, 106, 184, 186
	kel + ti			20
	keld(i)=i=va	Mit Poss.-Pron. 3. Sg. + Dativ		184, 187
kil-		Verbalwurzel	„hochragen?“	
	kil=an=a=b	mit WE -*an*- 3. Sg. (althurr.)		203, 206
Kelia		Name des mittanischen Gesandten		
	^{I}Kelia=n(na)=an	Absolutiv + enkl. Pron. 3. Sg. + Konnektivum		171, 174
	^{I}Kelia=š	Ergativ		123
	^{I}Kelia=(š)=lla=ân	Ergativ + enkl. Pron. 3. Pl. + Konnektivum		141

	IKelia=ššа=ân < IKelia=š= nna= ân	Ergativ + enkl. Pron. 3. Sg. + Konnektivum		77, 180
keligel-		Verbalwurzel	„hoch stellen"	86, 132, 206
	keligel=ešt= o=m	3. Sg. (althurr.)		203, 206
ke(b)-		Verbalwurzel	„setzen, stellen, legen"	55
	ge-e-en < ke(b)=i/e=n(na)	Imp. 2. Sg. + n(na) enkl. Pron. 3. Sg.		243
	kib/keb=ud= u/o?	3. Sg. (althurr.)		89, 203, 205
	kebli	Nominalableitung	„Jäger"	
	keb + li			56, 61
	kebella	Absolutiv Pl.		61
	kib=i=šše	Abstraktbildung	„das Sitzen (auf dem Thron)"	55
keban-		Verbalwurzel	„schicken"	
	keban=ol-	Mit WE *-ol-*		
	keban=ol=(i)l= eva=tta=ân	Konditioneller Optativ 1. Sg. + Konnektivum		110, 165, 170
	keban=ol=oš= t=a=šše=na	Prät. 3. Pl. + Nominalisierungsmorphem + Morphem der Suffixaufnahme		165, 169
	keban=oš=a	Prät. 3. Sg.		198, 201
	keban=oš=a= šše	Prät. 3. Sg. + Nominalisierungsmorphem		192, 194
	keban=oš=av= lla=man	Prät. 1. Sg. + enkl. Pron. 3. Pl.+ Partikel *-man*		157, 159
	keban=oš=av= šše=na	Prät. 1. Sg. + Nominalisierungsmorphem + Morphem der Suffixnahme		123, 157, 159 f., 165, 170
	keban=oš=o (=šše)	Prät. 2. Sg. (+ Nominalisierungsmorphem)		72, 192, 193
	keban=u=en	Jussiv 3. Sg.?		192, 195
kib-		Verbalwurzel	„setzen?"	
	kib=u/oš=u= šši	unklare Form		174
kir-		Verbalwurzel	„freilassen"	59
	kir=o	Imperativ (althurr.)		138
	kirenzi	Nominalableitung	„Freilassung"	31, 42, 59, 230, 231
	kire=nzi			59
	kirenz(i)=a= mma	Essiv + Konnektivum *-mma*		42, 129, 227, 228
Kirašeniwe		ON		22
keri-		Adjektiv	„lang"	55
	ker=ae			58
	ker=a=šše	Adjektivbildung	„lang"	55

	ker=a=šše=na=aš=a=dilla=ân	Adjektiv auf -šše + Morpheme der Suffixaufnahme + enkl. Pron. 1. Pl. + Konnektivum		153, 155
	kir+aš=ol=ae=š	Wunschform 3. Sg.	„möge dauerhaft sein“	112
kir(i)		Zahlwort	„acht“	81
	kir=arbu		„achtjährig“	81
	kirman	< kir+eman	„achtzehn?“	81
	kirmanze	< kir+eman+še	„achtzehnter?“	81
^{D}KIŠ.UNU.GAL bzw. ^{D}KIŠ.GAL		sum. GN		23
kešḫi		Nomen	„Thron“	
	kešḫ(i)=i?	Mit Poss.-Pron. 3. Sg.?		203, 205
	kešḫi=ne	Mit sog. „Artikel“ Sg.		129, 203, 206
kul- /kol/		Verbalwurzel	„(ab)lassen“	
	kol=eš	Imperativ 2. Pl., oder ist		104, 138
	kol=e=š	*kol=e=š* zu segmentieren?		138, 225, 226
kul-		Verbalwurzel	„sprechen“	54, 89
	kul=a=ḫḫe=na	Adjektivbildung Pl.	„die genannten“	49
	kul=i=a=ma	Präs. 3. Sg. negativ		141
	kul=(i)=l+e	> *kul-li* Voluntativ 1. Sg.		103, 147, 165, 166
	kul-li-mân			165, 167
	kul=ed=a	Futur 3. Sg.		92, 123
	kul=et=t=a	Futur 3. Pl.		92
	kul=oš=a	Prät. 3. Sg.		146, 180
	kul=ur=o=m	Mit WE *-ur-*, 3. Sg. (althurr.)		89, 220, 222
	kul=i=ḫe	Nominalbildung	„das Sprechen“	54
	kul=ubad=e		„nicht genannt“	137
	kul=d-			89
	kul=d=o=bur	3. Sg. negativ?		137
kum-		Verbalwurzel?	?	59
	kum=di	Nominalableitung	„Turm“	59
^{URU}Kumme		Stadt des Wettergottes		
	kumme=ni=n			236, 238
	^{URU}Kumme=ni=v(e)=u=š	Genitiv mit Suffixaufnahme des Ergativs ohne -NE-		73
Kumarbi		Götternamee		23, 26, 31
	^{D}Kumarbi=ne=š	Ergativ Sg.		144
kungalle		Nomen, Lehnwort aus sum. GUKKAL	„Fettschwanz-schaf“	210, 211
kunz-		Verbalwurzel	„sich niederwer-fen“	86
	kunz=i=m=ai	Gerundiumähnliche Bildung		112
kuru		Partikel	„wieder, wiede-rum; fernerhin“	116, 157, 158, 161, 163, 165, 196, 197

	kuru=ve?	Vielleicht Nomen im Genitiv; oder	„Antwort?“	106, 116, 184, 186
	kur-	Verbalwurzel	„erwidern?“	186
	kur=uva	Verbalform im Durativ		116, 186
Kušuḫ		Name des Mondgottes		49, 52
	kušuḫ=u=da=an	Mit Bindevokal -*u*- + Direktiv + Konnektivum		244
	^{D}Kušupḫi	< ^{D}Kušuḫ + ve Genitiv (mit Metathese)		49
kud-		Verbalwurzel	„fallen; fällen; niederwerfen“	138
	kud=u/o	Imperativ 3. Sg. (althurr.)		107, 138, 220, 222
kuduni		Nomen	„Nacken?“	113
	kuduni=v	Mit Poss.-Pron. 2. Sg.		113
kuz-/koz/-		Verbalwurzel	„zurückhalten“	146
	koz=oš=i=u(w)=(a)ffu=l(la)=an	Prät. 1. Sg. negativ + enkl. Pron. 3. Pl. + Konnektivum		96, 146, 184, 188
	koz=oš=o	Prät. 2. Sg.		114, 146, 184, 187
	koz=ošt=i=wa=en	Jussiv 3. Sg. negativ		148, 184, 185

L

Lubadaga		Göttername, später Nubadig		233
	^{D}Lubadaga=š	Ergativ Sg. (althurr.)		234

M

mâ=nna=ân		Pronominales Element 3. Sg. oder Partikel der zitierten Rede		180-181
magalzi		Nomen	„Geschenk?“	59
	maga=lzi			59
magan(n)i		Nomen	„Geschenk“	
	maga=n(ni)=na	Absolutiv Pl.		165, 169
	magann(i)=a	Essiv		169
	magan=n(i)=iff=u=nna	Adverbialis auf -*nna*		64, 143
	maga=nn(i)=iff=u=nn(i)=a	Essiv		65, 143
mallade		Nomen	„Schüssel“	
	mallad(e)=ae=l(la)	Instrumental + enkl. Pron. 3. Pl.		129, 135, 213, 214
man=e		Selbständiges Personalpronomen der 3. Person		82
	man=e=mmaman	Absolutiv Sg. + Partikel -*mmaman*		161, 162
	man=e=lla	Absolutiv + enkl. Pron. 3. Pl.		83
	mann=i	Nebenform von *man=e*		82
	man=š=o=š	Ergativ 3. Pl.		64, 83
	man=š=o=(š)=dilla=ân	Ergativ Pl. mit enkl. Pron. 1. Pl. + Konnektivum		153, 155

	man=š/z=(v)a	Dativ Pl.		83
	man=š=u/o=ra	Komitativ Pl.		83
	man=u=nna	Äquativ Sg.		83
	man=u=ra	Komitativ Sg.		83
	man=u=š	Ergativ Sg.		82
	man=u=dan	Ablativ Sg.		83
	man=š/z=(v)a	Dativ Pl.		83
mann-		Verbalwurzel	„sein"	86
	mann=i (=mmaman)	3. Sg.		77, 144, 198, 200, 223, 224
	manna=tta	1. Sg.		77
	mann=(i>)a= tta=man	1. Sg. + Partikel *-man*		144, 165, 170
	mann=(i>)a= tta=nin	1. Sg. + Partikel *-nin*		77
	mann=(i>)a=lla =man	3. Pl. + Partikel *-man*		182, 183
	mann=o=kk=o	3. Sg. negativ		97, 147, 224
	mann=o=kk= (o>)a=dil=an	1. Pl. negativ + Konnektivum		157, 159
	mann=o=bur	3. Sg. negativ (Boğ.-Bil.)		137, 224
	mandukki	Nominalableitung	Bed. unbk.	59
Mane		Name des ägyptischen Gesandten		
	^{I}Mane=n(na)= an(/man)	Absolutiv Sg. + enkl. Pron. 3. Sg. + *-an* bzw. *-man*, syntaktische Partikeln		121, 171, 174, 189, 190, 224
	^{I}Mane=š	Ergativ Sg.		122, 141
	^{I}Mane=š=nna= ân	Ergativ + enkl. Pron. 3. Sg.		123
(-)manga		Unklar, siehe auch unter *širi(-)manga*		210, 212
marianni		Nomen	„Streitwagen-kämpfer"	55
	maria=nni			55
	marianni=na	Absolutiv Pl.		29
	mariannarde	Nominalableitung: Kollektivum	„Streitwagen-kämpfer"	58
	maria=nn(i)= arde=l(la)=an			77, 175, 179
mardatuḫuli		Nomen	„Teppichknüpfer"	
	mardat=uḫuli			58
KUR mašrian(n)i		Adjektiv	„ägyptisch"	
	mašria=ni			55
	mašria=nni			55
	mašria=n(i)=ne			55
madi		Nomen	„Weisheit"	
	madi	in PN		30, 31 Anm. 34, 55, 122
	mad(i >)a=ffa	Absolutiv + enkl. Pron. 2. Pl.		225, 227

	mad=o=nni	Adjektiv	„weise“	55
	mad=ašt-	Verbale Ableitung	„weise sein“	88
maz-		Verbalwurzel	„helfen?“	89
	maz=ir=i	Mit WE *-ir-*		89
meḫ-		Verbalwurzel	„hintreten“	130
	meḫ=a	3. Sg. (althurr.)		130
Mêgi		Name eines eblaitischen Herrschers		
	^{I}Mêgi	Absolutiv Sg.		83, 230 f.
	^{I}Mêgi=ne	Syntaktisch ein Ergativ		112
	^{I}Mêgi=ne=(š)=lla	(Ergativ) + enkl. Pron. 3. Pl.		132
	^{I}Mêgi=ne=va	Dativ Sg.		115
mel=aḫḫ-		Verbum	„verstoßen“	88
	mel=aḫḫ=o=m	3. Sg. (althurr.)		131
mena		Nomen	„Zwilling?; Geschwister?“[106]	52, 162
Mittani		Landesbezeichnung		28 ff.; u.ö.
	mittanni	Adjektiv	„mittanisch“	
	mitta=nni			201
	KUR mittan-ni=ve	Genitiv		198, 201
	mitta=n(i)=ne-			201
	mait(t)ani	Form in älteren mesopotamischen Quellen		28
^{KUR}Mizri		Landesbezeichnung	„Ägypten“	
	Mizir=ne=ve=NE=ve	Mit sog. „Artikel“ Sg. + Genitiv + aufgenommener Genitiv		198, 201
	Mizir=ne=ve=NE=š	Mit sog. „Artikel“ Sg. + Genitiv + aufgenommener Ergativ		179-181
muš-		Verbalwurzel	„zurecht machen, ordnen, gerecht sein“; auch „gestalten“	
	muš	Unklar; möglicherweise als		238
	muš=(i/a)	Prädikat zu deuten		
	muš=i=b	3. Sg./Pl. (althurr.)		129, 134, 213
	muš=ol=o=m	3. Sg. (althurr.)		216, 218

106 Der Bedeutungsvorschlag stammt von Th. Richter.

N

naḫḫ-		Verbalwurzel	intrans. „sitzen, sich setzen"; trans. „sitzen lassen, Platz nehmen lassen"	51, 59, 86, 105
	naḫḫ=a=b	3. Sg. (althurr.)		134, 203, 206, 213, 214, 226
	na-aḫ-ḫa-am			226
	naḫḫ=i=l+e	Voluntativ 1. Sg.		106
	naḫḫ=oš=a	Prät. 3. Sg. (trans.);		133, 203, 205, 213, 215
	naḫḫ=oš=a!	so zu segmentieren, oder		213, 215
	naḫḫ=o=šo/u	Prät. 3. Sg. (Agens)/3. Pl. (Patiens)	„sie (Sg.) ließ sie (Pl.) sitzen"	133, 215
	naḫḫ=ubad(e)=uš	Äquativ	„wie nicht angesiedelt"	137
	naḫḫ=idi	Nominalbildung	„Sitz" o.ä.	59, 231
	naḫḫ=u=tḫe	Nominalbildung	ein Sitzmöbel	59
nakk- (1)		Verbalwurzel	„entlassen, los-, freilassen; leiten"	51, 86, 197
	nakk=i/e /nakkə/	Imperativ 2. Sg.		104, 138
	nakk=i=en	Jussiv 3. Sg.		184, 186, 189, 190
	nakk=ed=av=š	Futur 1. Pl.		92, 136
	nakk=ed=aššu	Futur 2. Pl.		92
	nakk=id=ov=en	Jussiv 3. Pers. Pl. negativ		109
	nakk=i=u(w)=(a)ffu=š	Präs. 1. Pl. negativ		96, 136
	nakk=i=u(w)=(a)ffu=š=nna	Präs. 1. Pl. negativ + enkl. Pron. 3. Sg.		230, 231
	nakk=i=u(w)=(a)ššu	Präs. 2. Pl. negativ		96
	nakk=o=n(na)	Imperativ 3. Sg.?		107
nakk- (2)		Verbalwurzel	„gießen (von Metall)"	
	nakk=a=šš(e)=a	Adjektiv im Essiv		196, 197, 198, 201
	nakk=a=še			198, 201
Nagar^{ki}		Stadtname		233, 235
nan-		Verbalwurzel	„(Feinde nieder-)schlagen"	
	nan + ki	Nominalableitung	eine Schlagwaffe	57
na(v)-		Verbalwurzel	„weiden"	23, 54
	nav=ar-	Nominalbildung (Stadtname Nawar)	„Ort der Weide"	23
	na=i=ḫe	Nominalbildung	„Weide"	54
	na=i=pti	Nominalbildung	„Weide"	57
	*nav=n(i)=i=(v)e	Nominalbildung + Poss.-Pron. 3. Sg. + Genitiv		68

		oder		
	nav=n(i)=i=e	dann mit dem *e*-Kasus		68
nari(ja)		Zahlwort	„fünf“	81
	nari(j)=arbu		„fünfjährig“	81
	nari(j)=ade		„je fünf?“	81
	narišše		„fünfter“	81
naz-		Verbalwurzel	„überwinden (von Wegstrecken)“??	
	naz=oš=a	Prät. 3. Sg.		82
niḫari		Nomen	„Mitgift“	
	niḫ=ar=i			53, 212
	niḫari	Absolutiv Sg.		60, 161, 163, 175, 179
	niḫarri	< niḫar(i)+ni		60
	niḫari=mân	Absolutiv Sg. + Partikel *-man*		157, 158
	niḫar(i)=i=aš=(v)e	Mit Poss.-Pron. 3. Pl. + Genitiv		64, 142
	niḫar(i)=i=n(na)	Mit Poss.-Pron. 3. Sg. + enkl. Pronomen 3. Sg.		175, 178
	niḫar(i)=ne=ve	Mit sog. „Artikel“ Sg. + Genitiv		71, 123, 143, 161, 163
	niḫar(i)=i=ve	Mit Poss.-Pron. 3. Sg. + Genitiv		64, 141, 161, 163
	niḫar(i)=i=da	Mit Poss.-Pron. 3. Sg. + Direktiv		72, 144, 184, 188
neḫerni		Nomen	„Brust(fleisch)“	
	neḫern(i)=a	Essiv		129, 134, 213, 214
negri		Nomen	„Riegel(holz)“	
	negri	Absolutiv Sg.		207, 209
Nimmoria		Name Amenophis III.		
	^{I}Nimmoria=š	Ergativ		180, 181
^{D}NIN		Göttinnenname		233, 235
^{D}NIN.GAL		Göttinnenname		
	^{D}NIN.GAL=ve=na	Genitiv + aufgenommener Artikel Pl.		70
^{URU}Ninua		Stadtname	„Ninive“	
	^{URU}ninua=ve	Genitiv		71, 198, 199
	ninua=p=ḫe		„der (Mann) von Ninua“	57
nera		Nomen	„Mutter“	52
	nera			52, 162, 224
	nera=v=u=(š)=mma	Mit Poss.-Pron. 2. Sg. + (Ergativ) + enkl. Pron. 2. Sg.		144
	ner(a)=i=ve	Mit Poss.-Pron. 3. Sg. + Genitiv		224
niri-		Adjektiv	„gut“	55

	nir=i=š(š)e	Abstraktbildung	„guter Zustand, Güte“	55, 184, 186
	niroš=ae	Adverb		58
	nir=o=š(e)=ae	Adverb	„in guter Weise“	153, 156, 171, 174
	nir=ubad=e		„ungut“	137
DNERI.GAL		Götternamen		23
nešše		Nomen	„(Ab)gaben“	
	nešše=na	Absolutiv Pl.		132
nubi		Zahlwort Siehe auch *kige nubi*	„zehntausend“	81
	nubi=n	nu-pè-e-ni-na-an Zu nubi „zehntausend”		82

B/P/W [incl. ú-e, ú-i]

pa-		Verbalwurzel	„bauen“	86
	pa=ašt=o=m	3. Sg. (althurr.)		234
	ba-'áš-tum	3. Sg. (Tiš-atal-Inschrift)		232
	pa=i=ḫe	Nominalbildung	„Baugrundstück“	54
	pa=i=ri	Resultatives Partizip	„einer, der gebaut hat; Baumeister“	218
paḫ-	(*pa-ḫV)	Verbalwurzel	„vernichten“	49
	paḫ=ed=a	Futur 3. Sg.		134
	paḫ=ed=av	Futur 1. Sg.		136, 139
paḫe	(pa-ḫV)		Bed. unbk.	49
paḫi	(*pa-a-ḫV)	Nomen	„Kopf“	48
	paḫ(i)=u/o(=)zzi	Mit dem Suffix der Angemessenheit	„dem Kopf passend“	57
waḫri- /faḫri/		Verbalwurzel	„gut sein, gut machen“	
	faḫri	Adjektiv	„gut, schön“	
	faḫr=[o-			122
	faḫr=o=nni=n(na)	Adjektivbildung, auch adverbial	„gut, in guter Weise“	153, 156
	faḫr(i)=o=še	Adjektivbildung		55
	faḫr=o=š(e)=a	Essiv		122, 129, 134, 207, 209
	faḫr(i)=o=šše=NE=š	Suffixaufnahme des Ergativs		73
	faḫr=umme	Infinitiv	„Güte“	113
	faḫr=ubad=e		„ungut“	137
pal-	(*pa-lV-)	Verbalwurzel	„wissen“	48, 51, 116
	pal=av	Präs. 1. Sg.		145, 196, 197
	pal=(i)l=ae=n(na)	Modalform: Optativ-Finalis 3. Sg.	„damit er es weiß; damit er es wisse“	111, 189, 191
	pal=(i)l=ai=n(na)	Modalform: Debitiv-Finalis 3. Sg.	„damit er es wissen möge“	111
	pal=(i)l=ai=ša=lla	Modalform: Debitiv-Finalis 3. Pl.	„damit sie (es) wissen mögen“	112

	pal=i	Antipassiv 3. Sg.		48, 105
	pal=i=a	Präs. 3. Sg.		133, 136
	pal=i=o	Präs. 2. Sg.		90
	pal=d-	Mit unklarem Morphem -t-		89
	pal=d=ubad=e		Bed. unbk.	59
pali	(*pa-a-lV-)	Nomen	„falsch?“	48
	pali	Absolutiv, Prädikatsnomen		237
pala		Nomen Siehe auch pille	„Kanal“	222
pand- /fand/		Adjektiv	„rechts, rechter“	
	fand=i=n(i)			213, 215
	fand=a=ni			217, 219
w/pandarinni /fandarinni/		Nomen	„Koch“	55
	fand=ar=i= n(n)i=na=ma	Absolutiv Pl. + Partikel -ma		129, 134, 213, 214
panu		Konjunktion	„obgleich“	52 mit Anm. 60, 116, 163
	panu=lle=(nin)	Mit pron. Element 3. Pl. + Partikel		77
papani		Nomen	„Berg“	112
	papan(i)=ne	Mit sog. „Artikel“ Sg.		68
	papan(i)=na= aš=u=š	Ergativ Pl.		92
par- /far/		Verbalwurzel	„Unmut einziehen; Schmerz empfinden“	130
	p/far=u	3. Sg. mit unklarer Endung -u		130, 188, 217, 219
par-		Verbalwurzel	Bed. unbk.	
	par=o=m	3. Sg. (althurr.)		133
warin(n)i /farinni/		Nomen	„Brotbäcker“	129
	far=i=n(n)i=na= ma	Absolutiv Pl. + Partikel -*ma*		129, 213
war+iš- /far/		Verbalwurzel	„(los)gehen“	
	far=iš=a=nna	Mit WE -*iš*- + Intransitivmarkierung + nna enkl. Pron. 3. Sg.		203, 204
parizzade		Maßeinheit; akk. Lehnwort		
	parizz=ade	Ableitung auf -*ade* von akk. parīšu		53, 229
parn-		Verbalwurzel	„rein sein“	138
	parn=ošt=o=š	Modalform 3. Sg.		138
waš- /faš/		Verbalwurzel	„eintreten, hineingehen; eindringen“	
	faš=(i>)a=ffa	Imperativ 2. Pl.		241
	faš=eva	Konditioneller Optativ		109
	faš=ai=n(na)=an	Modalform: Debitiv-Finalis 3. Sg. + Konnektivum		175, 179
	faš=o/u=m=ai	Gerundiumähnliche Bildung		203, 205
pašš- /fašš/		Verbalwurzel	„schicken“	51, 59, 120, 126

	pašš=ar=i=wa=en	Jussiv 3. Sg. negativ mit WE *-ar-*		108, 148, 189, 191
	pašš=i=a=ma	Präs. 3. Sg. negativ		96, 147, 189, 191
	pašš=i=en	Jussiv 3. Sg.		189, 191
	pašš=i=b	3. Sg. (althurr.)		126
	pašš=ed=a	Futur 3. Sg.		189, 191
	pašš=oš=a	Prät. 3. Sg.		121
	pašš=oš=av	Prät. 1. Sg.		171, 174
	pašš=oš=i	Prät. 3. Sg. Antipassiv		121
	pašš=i=h̯e	Nominalbildung	„Sendung“	54
	pašš=i=h̯(e)=iffə	Mit Poss.-Pron. 1. Sg.		165, 168
	paššith̯e	Nominalbildung	„Bote, Gesandter“	
	pašš=i=th̯e	Absolutiv Sg.		59, 171, 174, 189, 190
	pašš=i=th̯e=na (=ân)	Absolutiv Pl.		141, 175, 178
	pašš=i=th̯e=v-	Mit Poss.-Pron. 2. Sg.		180
	pašš=i=th̯(e)=iffə	Mit Poss.-Pron. 1. Sg.		184, 185, 186, 189
	pašš=i=th̯(e)=iff(e>)a=l̆(la)=an	Mit Poss.-Pron. 1. Sg. + enkl. Pron. 3. Pl. + Konnektivum		184, 186
	pašš=i=th̯(e)=iff=u=ra	Mit Poss.-Pron. 1. Sg. + Komitativ		142, 189, 190
	pašš=i=th̯(e)=iff=u=š	Mit Poss.-Pron. 1. Sg. + Ergativ		180
paši		Mund		237
	paz(i)=i?=ne	Mari-Orthographie; mit Poss.-Pron. 3. Sg.? + Ablativ-Instrumentalis		236, 237
padi		Selbständige Partikel	„sogar?“ oder indefinit „irgendein??“	116
úaduranni		Nomen (indo-arischer Herkunft)	„Brautpreis“	29
	úadurann(i)=a	Essiv		72, 192, 193
úe/i- / we$_e$- / bi-e- /fe/		Selbständiges Personalpronomen der 2. Person		82
	fe	Absolutiv Sg.		82
	fe=lla	Absolutiv Pl.		83
	fe=ve	Genitiv Sg.		82, 199, 230, 231
	fe=va	Dativ Sg.		82, 115, 165, 168, 169
	fe=š(=nna=ân)	Ergativ Sg. (+ enkl. Pron. 3. Sg. + Konnektivum)		72, 82, 192, 193
	fe=š=(v)a	Dativ Pl. oder Essiv Pl.		83
	feš=a=lla	Essiv Pl. + enkl. Pron. 3. Pl.		83
	fe=š=(v)e	Genitiv Pl.		83

	fe=š=u=š	Ergativ Pl.		83
	*fe=u=da	Direktiv		83
pegan		Selbständige Partikel	Bed. unbk.	52, 116, 196, 197
*pili		Nomen	„Kanal“	
	pille			222
	pille=ne			221, 222, 222
	pille=ne=WA			222
pi/end- /fend/		Verbalwurzel	„zurückkehren, zurückschicken“	
	pend=il=eva=š	Konditioneller Optativ 1. Pl.		110
	pend=i=en	Jussiv 3. Sg.		236
wirade /firade/		Nomen	„auswärtiger Gast“	53
	fir=ade(=na=ân)	Absolutiv Pl. + Konnektivum		53, 175, 178
wirwir- /firvir/		Verbalwurzel	„lösen?“	86
pic=and-		Verbum	„sich freuen“	186f.
	pic=and=išt-	Denominale Ableitung von pico- „Freude”		184, 187
	pic=and=išt=i= nna=ân	3. Sg. Antipassiv + enkl. Pron. 3. Sg. (für 1. Sg.) + Konnektivum		184, 187
	pic=an(=)d=išt= e(n)=nn(a)=ân	Alternative Analyse der vorherigen Form		187
	pico-	Substantiv	„Freude“	55
	pic=o=nni= n(na)	Adjektiv, auch adverbial	„freudig, in freudiger Weise“	55, 153, 155
	pico=(o)št=ai=š	Modalform: Debitiv-Finalis + Pluralisator		55, 153, 155
pišaiša=p=ḫe		Bezeichnung einer Gottheit	„der vom Berge Pišaiša“	57
piš=eḫ-		Verbum	„(hin)speien“	
	piš=eḫ=o=m	Mit WE *-eḫ-* 3. Sg. (althurr.)		88, 132
ped=ešt-		Verbum	„ausbreiten“	
	ped=ešt=ai=š	Modalform: Debitiv-Finalis 3. Pl.		184, 189
	ped=ešt=i=en (=an)	Jussiv 3. Sg. (+ Konnekti-vum)		175, 179
	ped=ešt=et=t=a	Futur 3. Pl.		175, 178
	ped=ešt=i=(i)d= en	Jussiv 3. Pl.		175, 178
pid-		Verbalwurzel	„sich drehen; tanzen“	
	pid=upp-	Mit WE *-upp/uff-*		89
	pid=uff=a	3. Sg. Durativ? (althurr.)		207, 209
úett- /fett/		Verbalwurzel?	„hungrig sein“	
	fett=a	Präs. 3. Sg.		229
pedari (GUD-ri)		Nomen	„Rind“	53, 210, 211
	ped=ar=i			212

pugl-		Verbalwurzel	„(sich) versammeln"	47
	pugl=ušt=e	Imperativ 2. Sg.		104
	pugl=ušt=i=en	Jussiv 3. Sg.		175, 177
punuḫ̮unzi		Nomen	Bed. unbk.	
	punuḫ̮=u=nzi			59
wur-/pur /fur/		Verbalwurzel	„sehen"	
	furi	Nomen	„Blick"	224
	fur(i)=i=aš=(v)a	Postpositionaler Ausdruck	„vor" (wörtl. „in ihren Blicken")	115, 192, 195
	fur=i=kk=o=nni	Wohl Personenbezeichnung		56
	fur=i=m=ai=n(na)	Gerundiumähnliche Bildung		112
	fur(i)=i=da	Postposition	„angesichts, vor"	224
	fur(i) + i + ta			224
	fur=ed=a=(ân)	Futur 3. Sg. + (Konnektivum)		44, 146, 157, 158, 171, 174, 184, 188
	fur=ed=a=l(la)=a/ân	Futur 3. Sg. + enkl. Pron. 3. Pl. + Konnektivum		157, 160, 165, 170
	fur=ed=aššu	Futur 2. Pl.		92, 240
	fur=ed=o=t(ta)=an	Futur 2. Sg. + t(ta) enkl. Pronomen 1. Sg. + Konnektivum		242
	fur=u	Mit unklarer Endung *-u*		188
	furulzari	< fur=(u)l(i)=šari	„Opferschauer"	57
	fur=ud=o=m	3. Sg. negativ (althurr.)		97
purapši		Nomen	ein Priester	
	pur=apš=i	Mit WE *-apš-*		58
pur(u)li		Nomen	„Tempel"[107]	234
pud- /fud-/		Verbalwurzel	„zeugen, erzeugen, schaffen"	57, 59, 169
	fud + ki	Nominalableitung	„Sohn, Kind"	57
	puttukki	Nominalableitung	„Leistung" o.ä.	59, 71, 169
	puttukki=aš=o=nna=lla=ân	Äquativ Pl. + enkl. Pron. 3. Pl. + Konnektivum		71, 165, 169
puttim-		Namenselement		
	Puttim-atal			21
pud=ang-		Verbum	„überführen"	129
	pud=ang=ai	Modalform 3. Sg. mit WE *-ang-*		129
puz=iḫ̮-		Verbum	„(ein)tauchen"	128
	puz=iḫ̮=o=m	3. Sg. (althurr.)		128
	puz=iḫ̮=o=b	3. Sg. (althurr.)		128

107 Das Wort für „Haus" ist nach dem Ugarit-Vokabular RS 94-2939 Kol. IV 3' (SCCNH 9, 1998, 6) in mit še- anlautendes Wort, vermutlich *šelli*.

S/Š

šaḫadnade		Maßeinheit	„ein halber Schekel“	229
	šaḫadn=ade			229
šaḫari		Nomen	„Bock“	210, 212
	šaḫ=ar=i			210, 212
šagr-		Verbalwurzel	„schützen?“	
	šagr=u=en	Optativ 3. Sg. (althurr.)		234
šala		Nomen	„Tocher“	52, 161, 163, 161, 198, 201
	^{MUNUS}šal(a)=iff =u=ve	Mit Poss.-Pron. 1. Sg. + Genitiv		196, 197
	šal(a)=arde	Kollektivbildung	„Tochterschaft“	58
šallae			„geschluckt“	
	šallae=na	Absolutiv Pl.		132
šalḫ-		Verbalwurzel	„hören“	88, 105, 238
	šalḫ=ol-	Mit WE -ol-	„hören, zuhören?“	88
	šalḫ=ol=a-	Imperativ Pl. (althurr.)		105, 225, 226
	šalḫ=o+l=e=š	Modalform 3. Sg.		113
	šalḫ=ud=o=kk=o	3. Sg. intr. negativ		236
šaw(a)li /šav(a)li/		Nomen	„Jahr“	60
	šavalla	<šaval(i) + na mit Artikel Pl.		141
	šaval(i)=na=aš=a	Dativ/Essiv Pl.		153, 155
	šavalli	< šaval(i) + ne sog. „Artikel“ Sg.		60
šawoše /šavoše/		Adjektiv	„groß, erhaben“	
	šav=o=še			55
	šav=o=še=ne	Mit sog. „Artikel“ Sg.		115, 210, 211
Ša(v)uška	< Šav=o=š=ka	Göttinnenname	„die Große“	24, 26, 32 52, 144
	^{D}Ša(v)uška=va	Dativ Sg.		71, 144, 198, 199
	^{D}Ša(v)uška=ve=na	Genitiv mit Suffixnahme		72
	^{D}Ša(v)uška=š	Ergativ		144, 153, 154
šar-		Verbalwurzel	„wünschen, fordern“	
	šar=i=mma=an	Imperativ 2. Sg. + Konnektivum		77
	šar=i=b	3. Sg. (althurr.)		42, 227f.
	šar=i=šše	Abstraktbildung	„Wunsch“	55
	šar=o=m	3. Sg. (althurr.)		132
	šar=oš=a	Prät. 3. Sg.		141, 146
	šar=oš=av	Prät. 1. Sg.		196, 197
šari		Nomen	„Beute“	239

	za-ar-ra-ma-a-an	< zar(i)=r(<n)(i)=a=mân + „Artikel“ -ni + Essiv + Partikel -mân		239
	šari=ni=ra	Komitativ		239
šarri		Nomen; akk. Lehnwort	„König“	32
	šarri	Absolutiv		55, 203, 205, 213, 215
	šarr=a=šše	Abstraktbildung	„Königtum“	55
	šarri=ne=va	Dativ Sg.		73
	šarri=ne=da	Direktiv Sg.		72
šad-		Verbalwurzel	„ersetzen“	208 Anm. 102
šatt-		Verbalwurzel	„ergreifen“	208 Anm. 102
šatta(-)ḫamu-		Nomen	Bed. unbk.	208
	šatta(-) ḫam=o=ra	Komitativ; oder ist šatt=a ḫam=o=ra zu segmentieren?		207, 208
Šatar-mat		althurr. Königsname		23 mit Anm. 9
šatti-		Selbständiges Personalpronomen der 1. Pers. Pl.		83
	šatti(=)lla	Absolutiv Pl.		77
	šatti=dilla			83
ši-		Verbalwurzel	„staunen?“	
	ši=ôš=i	Prät. 3. Sg. Antipassiv		239
šije		Nomen	„Wasser“	48, 53
	šije=na=aš=u=š	Ergativ Pl.		141
	šije=ne	Mit sog. „Artikel“ Sg.		221, 222
šie=š		Selbständiges Personalpronomen 1. Pl. Ergativ		83
šeḫa=n(e)?		Unklare Form	„von draußen; vom Tor“	203, 205
šeḫl- bzw. šeḫ+l		Verbalwurzel	„eintreten, hineingehen; betreten“	
	šeḫ(+)l=u/o	3. Sg. (althurr.)		203, 204
šeḫl-	šeḫel- / *šeḫal-	Verbalwurzel	„rein sein“	51, 87, 204
	šeḫl=ol=e+š	Wunschform 3. Sg.	„sie möge rein sein“	112
šeḫr-			Bed. unbk.	
	šeḫr=a=lla=man			165, 169
šeḫurni		Nomen	„Leben“	
	šeḫurni=ve=ni	Genitiv Sg. + aufgenommener sog. „Artikel“ Sg. in lokaler Funktion		70
šiglade		Nomen; entlehnt aus akk. šīqlu	„Schekel“	
	šigl=ade=mma	Ableitung auf *-ade* + Partikel -mma		227, 228, 229
šilaḫ-		Verbalwurzel	„täuschen?“	
	šilaḫ=uš=ušt=i=wa=en	Mit WEn -uš- und -ušt- Jussiv 3. Sg. negativ		89, 184, 185

Šimige		Hurritischer Name des Sonnengottes		52, 112
	^{D}Šimige=ne=(š)=lla	(Ergativ) + enkl. Pron. 3. Pl.		77
	^{D}Šimige=ne=š	Ergativ		142, 182, 183, 236
	^{D}Šimige=ne=(š)=dil=an	(Ergativ) + Kurzform des enkl. Pron. 1. Pers. Pl. + Konnekti-vum		76, 144, 153, 155
	^{D}Šimige=ne=va=man	Dativ + Partikel -*man*		180, 183
	^{D}Šimige=ne=ve=na	Genitiv mit Suffixaufnahme Absolutiv Pl.		92
	^{D}Šimige=ne=ve=NE=mmaman	Genitiv mit Suffixaufnahme Absolutiv Sg. (Ø-Anzeiger) + Partikel -mmaman		72
	URU Šimige=ne=ve=ne=mân		„der Stadt des Sonnengottes“	180, 181
šena	(*še-e-nV)	Nomen	„Bruder“	51, 52
	šen	Namenselement ohne Auslautvokal		23, 24
	šen-a	Mit Themavokal -*a*		52, 60, 162
	šena=nn(i)=ae	Adverbialbildung	„brüderlich“	143
	šen(a)=arde-	Mit Kollektivsuffix -*arde*	„Brüderschaft“	
	šen(a)=arde=ra	Komitativ		236, 237
	šena=v	Mit Poss.-Pron. 2. Sg.		62, 64
	šena=p=pe	Mit Poss.-Pron. 2. Sg. + Genitiv (< šena + v + ve)		63
	šena=p=pa	Mit Poss.-Pron. 2. Sg. + Dativ (< šena + v + va)		63
	šena=v=u=š=an	Mit Poss.-Pron. 2. Sg. + Ergativ + Konnektivum		63, 141, 180, 181
	šenni	< šen(a) + ne sog. „Artikel“ Sg.		23, 27, 60
	šen(a)=iffə	Mit Poss.-Pron. 1. Sg. Absolutiv		40, 62, 64, 175, 179, 198, 199
	šen(a)=iff(e)=a	Mit Poss.-Pron. 1. Sg. + Essiv?		199
	šen(a)=iffe=n(na)=ân	Mit Poss.-Pron. 1. Sg. Absolutiv + enkl. Pron 3. Sg. + Konnektivum		62, 121, 165, 167, 184, 187
	šen(a)=iff=u=(š)=lla=man/ân	Mit Poss.-Pron. 1. Sg. + (š Ergativ) + enkl. Pron. 3. Pl. + Partikel -*man* bzw. Konnektivum		182, 183, 184, 185, 189
	šen(a)=iff=u=nna	Mit Poss.-Pron. 1. Sg. + Äquativ		62

šen(a)=iff=u=va(=mân)	Mit Poss.-Pron. 1. Sg. + Dativ (+ Partikel *-man*)	142, 157, 158, 165, 169, 182, 183, 196, 197
šen(a)=iff=u=va=lla=ân	Mit Poss.-Pron. 1. Sg. + Dativ + enkl. Pron. 3. Pl. + Konnektivum	123, 157, 159
šen(a)=iff=u=ve=(mân)	Mit Poss.-Pron. 1. Sg. + Genitiv (+ Partikel *-man*)	62, 70, 105, 141, 171, 172, 173, 174, 175, 176, 184, 186
šen(a)=iff=u=ve=na	Mit Poss.-Pron 1. Sg. + Genitiv + aufgenommener Artikel Pl.	70
*šen(a)=iff=u=ve=NA=aš=u=š	Mit Poss.-Pron. 1. Sg. + Genitiv + aufgenommener Ergativ Pl.	70
šen(a)=iff=u=ve=NE=n(na)	Mit Poss.-Pron. 1. Sg. + Genitiv + aufgenommenes -n(na) Äquativ?	157, 171, 173
šen(a)=iff=u=ve=N(E)=e	Mit Poss.-Pron. 1. Sg. + Genitiv + aufgenommener *e*-Kasus	68, 175, 178 , 184, 189
šen(a)=iff=u=ve=NE=nna	Mit Poss.-Pron 1. Sg. + Genitiv + aufgenommener Kasus Äquativ	157, 158
šen(a)=iff=u=ve=NE=va	Mit Poss.-Pron. 1. Sg. + Genitiv + aufgenommener Dativ	70, 184, 187
šen(a)=iff=u=ve=NE=v(e>)a=t(ta)=an		71, 77, 144, 184, 188, 188
šen(a)=iff=u=ve=NE=ve	Mit Poss.-Pron. 1. Sg. + Genitiv + aufgenommener Genitiv	70, 143, 184, 189
šen(a)=iff=u=ve=NE=š	Mit Poss.-Pron. 1. Sg. + Genitiv + aufgenommener Ergativ	70, 143
šen(a)=iff=u=ra	Mit Poss.-Pron. 1. Sg. + Komitativ	165, 170
šen(a)=iff=u=š	Mit Poss.-Pron. 1. Sg. + Ergativ	62, 77, 121, 157, 160, 161, 163, 171, 172, 175, 177, 183, 184, 186, 189, 190, 192, 193-197

	šen(a)=iff=u=šša=ân/man	< šen(a)=iff=u=š=nna=ân/man Mit Poss.-Pron. 1. Sg. + Ergativ + enkl. Pron. 3. Sg. + Konnektivum/Partikel		76, 141, 157, 136, 184, 189, 189, 224
	šen(a)=iff=û=(š)=tta=ân	Mit Poss.-Pron. 1. Sg. + (Ergativ) + enkl. Pron. 1. Sg. + Konnektivum		76, 144, 184, 185, 192, 195
	šen(a)=iff=u=da(=lla=ân)	Mit Poss.-Pron. 1. Sg. + Direktiv (+enkl. Pron. 3. Pl. + Konnektivum)		171, 174, 175, 176, 178
	šen(a)=iff=u=da=man	Mit Poss.-Pron. 1. Sg. + Direktiv + Partikel *-man*		62, 121, 122
	šen(a)=iff=u=dan	Mit Poss.-Pron. 1. Sg. + Ablativ		196, 197
	šen(a)=iff=u/o(=u)zzi	Mit Poss.-Pron. 1. Sg. + Morphem der Angemessenheit		57, 161, 164
šin(i)		Zahlwort	„zwei“	81
	šin=arbu		„zweijährig“	81
	2-ḫa	< šin=am=ḫ(e)=a Zugehörigkeitsadjektiv im Essiv		82
	šini=aš=(v)e=na=mmaman	Genitiv Pl. + aufgenommene Pluralität des Bezugswortes + Partikel		161, 163
	šini=dilla	Mit enkl. Pron. 1. Pl.		82
	šinzi < šin+še		„zweiter“	81
šin=apš-		Verbalwurzel	„wechseln“	58
*šinniber(i)		Nomen, akk. Lehnwort	„Elfenbein“	54
	šinniber(i)=o=ḫḫe =na	Adjektiv	„elfenbeinern“	54, 198, 199
šind(i)		Zahlwort	„sieben“	81
	šind=arbu		„siebenjährig“	81
	šind=ade		„je sieben“	81
	šindišše		„siebter“	81
	^{MUNUS}Šenda=[menni	Frauengestalt der Kešše-Erzählung		133
šir-		Verbalwurzel	„entsprechen, genügen”oder „angenehm sein“	
	šir=a=ân	Präs. 3. Sg. + Konnektivum		157, 158
	šir=a=šše	Präs. 3. Sg. + Nominalisierungsmorphem		171, 173 f.
	šir=i?=en=(n)na=ân	Jussiv 3. Pers. Sg. + Konnektivum		102, 175, 179
šir-		Verbalwurzel		
	šir=ad-	Mit WE *-ad-*	„erzählen“	88
	šir=ad=i=l+e	Voluntativ 1. Sg.		212
širi		Nomen?	„Zahl?“	211
širi(-)man-ga		Unklare Form(en)		210, 212
šerrewi			Bed. unbk.	
	šerrewi=n(na)			192, 193
širni		Nomen	„Glanz“	
	širn(i)=a=mma	Essiv + Partikel *-mma*		216, 218
šeše		Zahlwort	„sechs“	81

šiš=i=ḫe		Nomen	„Schaufel, Spaten“	54
šešwe /šešve/		Nomen	„Zicklein“	210, 212
šid-		Verbalwurzel	„verfluchen“	53
	šid=ar-	Mit WE *-ar-*		88
	šid=ar=a	Präs. 3. Sg.		217, 218, 220, 221
	šid=ar=ill=o=m	3. Sg. (althurr.)		88
	šid=ar=ni	Nominalableitung	„Fluch“	53
	šidarna	< šidarni + a Essiv		143, 220, 222
	šidarni			235
	šid=i+l=ai	Modalform 3. Sg.		223, 225
	śi-ti-in	Optativ 3. Pers. Sg./Pl. (althurr.)		233, 235
šed=oḫ-		Verbum	„satt-, fett machen“	89
šu- / šo-		Obliquer Stamm des selbständigen Personalpronomens der 1. Pers.		82
	šo=nna	Äquativ Sg., Graphie šu-u-un-na		83
	šo=va	Dativ Sg., Graphie šu-u-wa		82, 198, 199
	šo=ve	Genitiv Sg., Graphie šu-u-we		47, 48, 82, 198, 199
	šove=mân/man	Genitiv Sg. + Partikel		71, 192, 194
	šove=NA=aš=o=nna	Genitiv Sg. + aufgenommener Äquativ Pl.		71, 165, 169
	šo=ve=NE=(v)e	Genitiv Sg. + aufgenommener Genitiv oder e-Kasus		224
	šo=ve=NE=nna	Genitiv Sg. + aufgenommener Äquativ		175, 177, 171
	šu=ra	Komitativ Sg., Graphie šu-ú-ú-ra		47, 48, 83
	šu=da	Direktiv Sg., Graphie šu-ú-da		47, 48, 83
*šue-		Verallgemeinerndes Pronomen	„ganz, all“	84
	šu(e>)a=lla=man	Pl.	„alle“	77, 84, 171, 172, 175, 179, 175, 179, 180, 181, 182, 183
	šu(e>)a?=nna=man	Sg.		84, 175, 177, 178
šuḫni		Nomen	„Wand, Mauer“	61
	šuḫunni	šuḫni + ne sog. „Artikel“ Sg.		61
šukko		Zahlwort	„eins“	81, 165, 166, 168, 190

	šuga	Wahrscheinlich zu *šukko* gehörend: šug(V)=a Essiv		81, 189, 190
	zu-uk-a-e	zu *šukk(o)=ae*		49
	šug=am=ḫ(e)=a	Zugehörigkeitsadjektiv im Essiv		82
	šukkanne-	Ableitung von *šukko-*	„einer"	168, 172, 175, 178
	šukkanne=lla=man /	Absolutiv + enkl. Pron. 3. Pl. + Partikel *-man*		165, 168
	šukkanne=(š)=lla=man	oder: + ausgefallenes Ergativmorphem -(š)-		168
	šukkanne=n(na)	Absolutiv + enkl. Pron. 3. Sg.		171, 172
	šukki	Zahladverb	„einmal"	81
	šukko=mma-man			109
šummi(-)		Verallgemeinerndes Pronomen	„ganz, all"	
	šummi(=nna)	Sg.	„ganz, alle"	84
	šummi=l(la)	Pl.	„alle"	84
šum(m)un(n)i		Nomen	„Hand"	219
šuni /šoni/		Nomen	„Hand"	47, 217, 219
subiamašt-		Verbalstamm	„erstrahlen lassen?"	
	subi=am=ašt=i=en	Mit WEn -am + ašt + i Jussiv + en Jussivanzeiger 3. Pers.		192, 194f.
šubri		Nomen	Bed. unbk.	72
	šubri=ve	Genitiv		72
	šubri=ve=NE=da	Genitiv + aufgenommener Direktiv		72
šur-		Verbalwurzel	„abstechen (von Vieh)"	
	šur=o=m	3. Sg. (althurr.)		210, 211
šur=am-		Verbum	„eilig gehen lassen" oder „abfertigen"	
	šur=am=ašt=i=en	Jussiv 3. Sg.		184, 186, 189, 190
šurru		Adverb?	„unverzüglich; sofort"	
	šurr=u	oder Verbalform mit dem Formanten *-u*?		207, 208
	šurrumma	Adverb?	„eilig; sofort"	208
Šuruppak		PN der sum.-akk. Literatur		30
šurve		Adjektiv	„böse"	121
	šurv(e)=a	Essiv		121
	šurv=ušt-	Verbalableitung	„Böses tun"	88, 121
	šurv=ušt=i=kki=n(na)	Antipassiv 3. Sg. negativ		121
Šuttarna II.		Vater des Tušratta		28, 161

D/T

taḫapši		Nomen	„Pferdedecke“	
	taḫ=apš=i	Mit WE *-apš-*		58
taḫe		Nomen	„Mann“	41, 45, 52
	*taḫe=Ø	Absolutiv Sg.		41
	*taḫe=š	Ergativ Sg.		41
	ta-a-e	sonst *taḫe*		49
	ta-aḫ-e			49
	taḫ=a=k(k)a	Mit WE *-a-k(k)a*	„Mann	56
taḫiš		Namenselement		21
tal-		Verbalwurzel	„herausziehen”; auch „stehlen“	88
	tal=i=a	Präs. 3. Sg.		133
	tal=aḫḫ-	Mit WE *-aḫḫ-*	„herausziehen, wegziehen“	59, 88
	tal=aḫḫ=o=m	3. Sg. (althurr.)		133
	tal=aḫḫ=u=lzi	Nominalableitung	„Herbeiziehung? “	59
tali		Nomen	„Baum, Holz“	61
	tali=ne=š	Ergativ Sg.		61
tal(m)-		Nomen	„groß, Großer“	
	tal(a)mi			171, 174
	talame=na	Absolutiv Pl.		78
	talav(i)=o=še	Adjektiv auf *-še*		55
	talav(i)=o=še=NE=va	Mit Suffixaufnahme des Dativs		73
	talm=ašt-	Verbalableitung	„groß machen, erhöhen“	
	talm=ašt=i=l+e	Voluntativ 1. Sg.		103
	talimde=na			119
	talm=u(v)=a=b	3. Sg. (althurr.)	„er wurde groß“	223, 224
talpu+š		Namenselement		22
	Talpu-šarri			27
	Talpuš-atili			22
tamr(i)		Zahlwort	„neun“	81
	tamr=am=ḫ(e)=a	Zugehörigkeitsadjektiv im Essiv	„neunfach“	82
tan-		Verbalwurzel	„machen, tun“	86, 120
	tan=av	Präs. 1. Sg.		143
	tan=oš=a	Prät. 3. Sg.		115, 141, 180, 181, 198, 201
	tan=oš=av	Prät. 1. Sg.		71, 171, 172
	tan=oš=av=šše=na	Prät. 1. Sg. + šše Nominalisierungsmorphem + aufgenommene Pluralität des Bezugswortes durch *-na*		71, 148
	tan=oš=a=šše=na	Prät. 3. Sg. + šše Nominalisierungsmorphem + aufgenommene Pluralität des Bezugswortes durch *-na*		123, 165, 168, 183

	tan=oš=i= kk(i >)a=tta=ân	Antipassiv Prät. 1. Sg. negativ + Konnektivum		97, 147
	tan=ašt-	Mit WE *-ašt-*		88, 147
	tan=ašt=i=en	Jussiv 3. Sg.		147, 153, 156
	tan=ašt=ed=a= (ša)=(š)še=na	Futur 3. Pl. + š(š)e Nominalisierungsmorphem + aufgenommene Pluralität eines nicht genannten Bezugswortes durch *-na*		240
	tan=ill-	Mit WE *-ill-*		
	tan=ill=ed=a= lla=ân	Futur 3. Sg. + enkl. Pron. 3. Pl. + Konnektivum		182, 183
	tan=d-	Mit WE /*-t-*/ [d]		89
	tan=d=i=b	3. Sg. (althurr.)		122, 129, 134, 207, 209
tab/v-		Verbalwurzel	„(Metall) gießen"	21, 55, 56
	tab=ašt=o=m	3. Sg. (althurr.)		128, 216, 218
taballi		Nomen, Berufsbezeichnung auf -li	„(Metall)gießer, Schmied"	
	tab/v=li			56, 61, 217
	taballi=š	< tab + li + ne + š Ergativ		128, 216, 217, 220, 222
	tab=ili=a=ne=š	Adjektiv oder Passiv-Partizip im Ergativ; Segmentierung unsicher	„das, was gegossen wurde"	220, 221
ta/ibira/i		Agensorientierte Partizipialform	„der, der gießt; Gießer, Kupferarbeiter"	21
	tab=i=ri=ma	Mit enkl. Partikel *-ma* „und"		217, 218
	tab=i=r(i)=if(f) =u=(v)e	Mit Poss.-Pron. 1. Sg. + Genitiv		139, 217, 219
	tabrinni	< *tab=(i)=r(i)=i=nni* Agensorientierte Partizipialform + den Berufe bildenden Elementen *=i=nni*	„Schmied"	55, 217, 218, 220, 221
tapp-		Verbalwurzel	„befestigen"	
	tapp=e=š	Imperativ 2. Pl.		104, 241
tapš-		Verbalwurzel	„streiten?, vernichten"	49, 234
	tapš=u	3. Sg. mit unklarer Endung *-u*		188
	tapš=uḫ=umme			235
tapšaḫi		Nomen	„Mundschenk"	
	tap=š=a=ḫi=na	> *tapšaḫi=na* Absolutiv Pl.		130, 213
	tap=š=a=ḫḫ(e)= a	Essiv		68
tar- (1)	(*ta-rV)	Verbalwurzel	„zusammenkommen?, sich begeben?"	48

	tar=i=(i)d=en= an	Jussiv 3. Pl. + Konnektivum		175, 178
tari (2)	(*ta-a-rV)	Nomen	„Feuer“	48, 59
	tarri	Mit sog. „Artikel“ Sg.		
	tar=idi		„Topf“	59
taršuvani		Nomen	„Mensch“	224
	taršuvan(i)=na= aš=va	Dativ Pl.		115
	taršuvani=š	Ergativ Sg.		112
taš-		Verbalwurzel	„schenken; (zu etwas) verhelfen“	59
	taš=ol=uva	Durativ 3. Sg. (althurr.)		216, 218
	taše	Nomen	„Geschenk“	52, 141, 180, 181
	taše=na	Absolutiv Pl.		180, 181
	taše=ne=va	Dativ Sg.		182
	taš=me	Nomen	„Geschenk“	59
	taš=umme	Infinitiv	„Schenkung“	113
tašp-		Verbalwurzel Siehe auch *tapš-*	„vernichten“	49, 235
	tašp=i	3. Sg. (althurr.)		235
	tašp=u=en	Optativ 3. Sg. (althurr.)		235
tad-		Verbalwurzel	„lieben“	86, 120
	tad=av	Präs. 1. Sg.		90, 145, 153, 154
	tad=av=š	Präs. 1. Pl.		90
	tad=a=pti	Nominalbildung		57
	tad=ar-	Mit WE *-ar-*		88
	tadarašk=ae	Adverbialbildung		165, 167, 198, 201
	tad=ašt-	Mit WE *-ašt-*		
	tad=ašt=i=(i)d= en	Jussiv 3. Pl.		102, 144, 147, 153, 156
	tad=i=a	Präs. 3. Sg.		77, 112, 145, 153, 154, 218
	tad=i=a=šš(e)= a?	Präs. 3. Sg. + *-šše* Morphem zur Nominalisierung der Verbalform + Essiv?		196, 197
	tad=i=b	3. Sg. (althurr.)		83
	tad=ed=a	Futur 3. Sg.		146
	tad=ed=o	Futur 2. Sg.		90
	tad=on=i=(i)d= en	Mit WE *-on-*, Jussiv 3. Pl.		88
	tad=oš=a	Prät. 3. Sg.		90
	tad=oš=o	Prät. 2. Sg.		90
	tad=ugar-	Mit WE *-ugar-*	„einander lieben“	87, 88
	tad=ugar=i	Antipassiv		87
	tadugarre	< tad + ugar + i + l+e Voluntativ 1. Sg.		103, 105
	tad=ugar=i=š	Jussiv 1. Pl.		87

	tadugarreva	< tad + ugar + il + eva konditioneller Optativ		103, 148, 165, 170, 228
	tad=upp-	Mit WE -*upp/ff*-		89
^{f}Tadu-Ḫeba		Weiblicher Personenname	(1) Tochter des Tušratta	28
			(2) Gemahlin Tutḫalias III.	31
	^{f}Tadu-Ḫeba-n(na)	Mit enkl. Pron. 3. Sg.		198, 201
	Tad=o-			126
tea		Adjektiv	„groß, zahlreich"	72, 161, 164, 192, 193, 196, 197
	teona	Adverb	„viel"	192, 195
	teon=ae	Adverb	„viel"	58, 196, 197
teḫ-		Verbalwurzel	„erhöhen; groß werden"	55, 88
	teḫ=ešt-	Mit WE -*ešt*-		88
	teḫ=ešt=a=b	3. Sg. (althurr.)		223, 224
	teḫ=oš=a	Prät. 3. Sg.		224
	teḫambašḫu	< teḫ=a=mb=aš(še)=ḫ(ḫ)u Nominalableitung (akkad. Form)	„Lohn zur Aufzucht von Säuglingen"	55
tîḫan-		Verbalwurzel	„zeigen"	48
	tîḫan=>in<=i=šḫ(i>)=a=l(la)=an	Unklare Ableitung, vielleicht ein Substantiv	„das Gezeigte?"	157, 160
	tîḫan=i=šḫi=n(na)			184, 189
	tîḫan=i=(i)d=en	Jussiv 3. Pl.		48, 175, 177, 178
	tîḫan=oll=et=t=a	Futur 3. Pl.		175, 176
	tîḫan=ol=om-			88
tel-		Verbalwurzel	„streiten" o.ä.	188
	tel=u	3. Sg. mit unklarer Endung -*u*		188
timeri		Adjektiv	„dunkel"	53
	timer(i)=ne	Mit sog. „Artikel" Sg.		207, 208
tive		Nomen	„Wort, Sache, Angelegenheit"	57, 70
	tiv(e)=ai	Instrumental		73
	tiv(e>)a=tta=ân	Mit enkl. Pron. 1. Sg. + Konnektivum		105, 184, 186
	tiv(e>)a=lla=ân	Mit enkl. Pron. 3. Pl. + Konnektivum.		121
		Möglich ist aber auch eine Segmentierung tiv(e)=a=lla=ân, es liegt dann eine Form im Essiv vor.		121
	tive	Absolutiv Sg.		122, 165, 167, 180

	tiv(e)=i=a	Essiv		73
	tive^{MEŠ}	Absolutiv Pl.		153-156
	tive=na	Absolutiv Pl.		78, 112, 148, 165, 167-168, 171, 172, 182, 183
	têna	> *ti(v)e=na* oder *ti(v)e=n(i)=a* Essiv		200
	tive=na=aš=u=š	Ergativ Pl.		71
	tive=ne=n(na)	Mit sog. „Artikel" Sg. + enkl. Pron. 3. Sg.		171, 173
	tipšari	Nominalableitung	„Wort, Erzählung"	
	tipšari	< *tiv(e)=šari*		57, 225, 226
	tiv=u=šḫe	Nominalableitung	„Wort, Rede"	57
Tiš-atal		Personenname	Name eines frühen Königs der Stadt Urkeš	24, 25 passim
tiša		Nomen	„Herz"	52, 155
	tiša=mân	Absolutiv Sg. + Partikel *-man*		171, 172
	tiša=nna	Äquativ		157, 158, 171, 173f.
	tiša=nna=man	Mit enkl. Pron. 3. Sg. + Partikel *-man*		192, 194
	tiša=nn(i)=a	Mit Adverbialendung *-nni* + *a* Essiv		136, 151, 182, 183
	tiša=v	Mit Poss.-Pron. 2. Sg.		64, 83, 230, 231
	tiza=da	Direktiv; Mari-Graphie		
	tiša=dan	Ablativ		196, 197
	tiš(a)=i=nni=n	Mit Poss.-Pron. 3. Sg. + Adverbialis? + Ablativ-Instrumental		
	tiš(a)=i=a<š>=a	Mit Poss.-Pron. 3. Pl. + Essiv		83
	tiš(a)=i=aš (=a=n(na))	Mit Poss.-Pron. 3. Pl. (+ Essiv + enkl. Pron. 3. Sg. [vertritt 1. Pl.])	„in ihren Herzen ... uns"	63, 143, 153, 155, 224
	tiš(a)=iff=a=n(na)	Mit Poss.-Pron. 1. Sg. + Essiv + enkl. Pron. 3. Sg. (vertritt 1. Sg.)	„in meinem Herzen"	142
	tiš(a)=iff=aš (=a=n(na))	Mit Poss.-Pron. 1. Pl. (+ Essiv + enkl. Pron. 3. Sg. [vertritt 1. Pl.])	„in unseren Herzen ... wir"	64, 142,
	tiš(a)=iff=aš=a	Essiv Pl.		64
	tiš(a)=iffe=nna=ân	Mit Poss.-Pron. 1. Sg. Absolutiv + enkl. Pron. 3. Sg. + Konnektivum		196
	tiš(a)=i=da	Mit Poss.-Pron. 3. Sg. + Direktiv		63

tiššan		Adverb	„viel, sehr“	52, 117, 153, 155, 156, 149, 180, 181, 184, 187, 171, 196, 197
	tiššanna=man	Nebenform von *tiššan* + Partikel -*man*		165, 167
Teššub		Hurritischer Name des Wettergottes		25, 26, 45, 111, 203, 204, 207, 208, 213, 230-231
	^{D}Teššuba=š	Ergativ		144, 153, 154, 220, 222
	^{D}Teššub + va	Dativ (Graphie -up-pa / -úw-wa$_{a}$)		73, 207, 209, 210, 211
	^{D}Teššub=v(e)=ai	Genitiv mit Suffixaufnahme des Instrumental ohne -NE-		73
	^{D}Teššub=va=lla	Dativ + enkl. Pron. 3. Pl.		213, 191
	^{D}Teššup=pan	< ^{D}Teššub + man		78
	^{D}Teššub + ve	Genitiv (Graphie -ub-bi / -úw-we$_{e}$)		67
		In PN: *Ar=o=m Teššub*		130
		Ḫašib-Teššub, Šarri-Teššub,		27, 32
		Tunib-Teššub,		27
		Urḫi-Teššub		32
tid-		Verbalwurzel	„zählen?“	212
	tid=i=bade	Abstraktbildung	„das Gezählte?“	210, 212
	tidin-	Erstes Element in dem PN *Tidin-atal*		30 Anm. 31, 212
	ti-ti-iš-ti/te-te	ti-di-iš-te-di		212
	ti-du-um	tid=o=m 3. Sg. (althurr.)		212
Tukriš=ḫe		Zugehörigkeitsadjektiv	„zu Tukriš gehörend“	54
tumni		Zahlwort	„vier“	81
	tumn(i)=arbu		„vierjährig“	58, 81
	tumn(i)=ade		„je vier; vierrädrig“	81
	tumn(i)=ade=ne=lla	Mit sog. „Artikel“ Sg. + enkl. Pron. 3. Pl.		145
	tumni=lla	Mit enkl. Pron. 3. Pl.		77, 82, 145
	tumušše	< tumun+še	„vierter“	81
tun-		Verbalwurzel	„können, vermögen; ausstatten“	
	tun=id=o	3. Pl. (althurr.)		129
	tun=ošt=o=m	3. Sg. (althurr.)		216, 218
	tun=i=b	Namenselement		27

tupp-		Verbalwurzel	„vorhanden sein, existieren"	86, 155
	(=lla) tupp=a=šše=na	3. Pl. + *-šše* Morphem zur Nominalisierung der Verbalform + *na* Artikel Plural		123, 162
	tupp=e	3. Sg. (mit Themavokal *-e*)		141, 161, 162, 163
	tupp=ol-	Mit WE *-ol-*		
	tupp=ol=ai= n(na)	Modalform: Debitiv-Finalis + enkl. Pron. 3. Sg. (für 3. Pl.)		175, 178
	tupp=ol=eva	Konditioneller Optativ		198, 200
tuppi		Nomen; akk. Lehnwort	„(Ton)tafel"	71
	tuppe	Fehlerhafte Schreibung für *tuppi*		123, 143, 161, 163
	tuppi	Absolutiv Sg.		71
	tuppi=aš	Absolutiv Pl.		142, 139
	tupp(i)=i=aš			161, 163
	tuppi=mân	Absolutiv Sg. + Partikel *-man*		141, 161, 162
	tuppi=ni	Mit sog. „Artikel" Sg.		70
tupki		Wahrscheinlich ein Nomen	Bed. unbk.	22
	tup + ki			57
	tupki-	Namenselement		22
tupšarri		Nomen	„Schreiber"	
	tupšarr(i)=iff=u =nni	Mit Poss.-Pron. 1. Sg. + Adverbialis	„als mein Schreiber"	143, 171, 174
torubi /toruve		Nomen	„Feind"	70, 109, 217
	toruve	Absolutiv Sg.		223, 224
	torub(i)=i=va	Mit Poss.-Pron. 3. Sg. + Dativ		70
tur-		Verbalwurzel	„(weg)laufen"	
	tur=a	Präs. 3. Sg.		208
	tur=i	3. Sg., Form unklar		207, 208 f.
turi		Adjektiv	„unten, tief"	53, 208 f.
	tur=i=šḫe	Nominalbildung	„Okzident"	57
turoḫḫe		Zugehörigkeitsadjektiv	„männlich"	54
	tur(i)=o=ḫḫe	Absolutiv Sg.		54
	tur(i)=o=ḫḫe= NA=aš=(v)a	Mit Morphemen der Suffixaufnahme des Dativ Pl.		73
Tušratta		Name des mittanischen Königs		28, 29 m. Anm. 27, 149, 161, 162, 167, 177, 180, 194, 200
	^{I}Tušratta=ve	Genitiv		198, 201
	^{I}Tušratta=va= mân	Dativ + Partikel *-mân*		198, 201
tudigi		Nomen	„Abfallhaufen, Lehmgrube"	57
	tudi + ki			57

O/U

oja (u-i-a-/ u-i̯a-)		Selbständige Negationspartikel	„nein“	48, 117
	oja=mân	Mit Partikel *-man*		48, 184, 188, 190, 191
ug-		Verbalwurzel	„fürchten“	
	ug=ol=a	Mit WE *-ol-*, 3. Sg.		244
ugul=gar-		Verbum	„sich niederknien“	236, 237
ugul=ugar-		Verbum		237
ôli (u-u-li)		Pronomen	„der andere“	84
	ôle	Nebenform von *ôli*		190
	ôle=n(na)	Mit enkl. Pron. 3. Sg.		189, 190
	ôl(i)=na=ân	> *olla=ân* Absolutiv Pl. + Konnektivum		175, 179
	ôl(i)=na=aš=(v)a	> *ollaša* Dativ Pl.		142, 192, 195
	ôli=mân	Mit Partikel *-man*		189, 191
	ol(i>)a=ffa	Absolutiv Sg. + enkl. Pron. 2. Pl.		225, 226
	olvi=ne=ma	Nebenform von *oli-* + sog. „Artikel“ Sg. + Partikel *-ma*		129
ôl=ôḫ- (u-u-lu-u-ḫa-)		Verbalwurzel	„nahe sein?“	89
	ôl=ôḫ=a=dil=an	Präs. 1. Pl. + Konnektivum		157, 159
ômini (u-u-mi-i-ni)		Nomen	„Land“	48, 114, 177
	u-mi-i-ni	Ungewöhnliche Graphie		174, 177
	ômin(i)=na	> *ôminna* Absolutiv Pl.		123, 175, 179
	ômin(i)=na=aš =(v)a	Dativ Pl.		142, 192, 195
	ômini	Absolutiv Sg.		177
	ômin(i)=ne=ve	Genitiv Sg.		73
	ômini=v	Mit Poss.-Pron. 2. Sg.		64
	ômin(i)=iff=u=(v)e=N(E)=e	Mit Poss.-Pron. 1. Sg. + Genitiv + e-Kasus		116
	ômin(i)=i=da	Mit Poss.-Pron. 3. Sg. + Direktiv		196, 197
	ommin(i)=ne	Boğazköy-Graphie, mit sog. „Artikel“ Sg.		129
ove- (u-we$_{e}$-, u-bi-, u-bé-)		Adjektiv	„einfältig, dumm, töricht“	53
	ove=ne=š	Mit sog. „Artikel“ Sg. + Ergativ		217, 218
ulme		Nomen	„Waffe“	59
	ulme=šši	Mit Poss.-Pron. 2. Pl. (?)		63
ulluḫ-		Verbalwurzel	„niederdrücken?“ oder „wechseln?“	159
un- (ú-nV-/ú-ú-nV-)		Verbalwurzel	intr. „kommen“	

			trans. „bringen“	
	un=a	Vermeintlicher Imperativ		107
	un=a	Präs. 3. Sg.		41, 97, 107, 145
	un=a=l(la)= a/ân	Präs. 3. Pl. + Konnektivum		97, 141, 142, 145, 157, 160
	un=a=ân	Präs. 3. Sg. + Konnektivum		157, 158, 184, 189
	un=a=tta	Präs. 1. Sg.		97, 146
	(=lla) un=i=b	3. Pl. (althurr.)		213, 214
	un=et=t=a	Futur 3. Pl. (transitiv)		48, 92, 97, 141, 146, 157, 175, 176
	un=et=t=a	Futur 3. Sg. (intransitiv)		48, 146, 157, 158
	un=eva=tta	Konditioneller Optativ 1. Sg.		110
	un=o=kk(o>)a= lla	Präs. 3. Pl. negativ		97
	un=oš=a	Prät. 3. Sg. (transitiv)		180, 181
	un=a=lzi	Nominalbildung	„das Kommen“	59
	un=a=b	Namenselement		27, 130
undo (un-du-u-)		Adverb	„also, nun“	117, 165, 170
	undo=mân	Mit Partikel *-man*		121, 157, 161, 171, 172, 175, 176
	undo=n(na)	Mit enkl. Pron. 3. Sg.		171, 174
ubi		Nomen	„Gerste“	229, 230
ur- (1)	(ú-rV)	Verbalwurzel	„existieren, vorhanden sein; vorkommen; zeigen“	48
	ur=o=wa=en	Jussiv 3. Sg. negativ? oder		109
	ur=owen	eine nicht geklärte positive Form		109
	ur=om-	Mit WE *-om-*	„sich beschäftigen mit“	47, 88
	ur=om=u	Unklare Verbalform auf *-u*		130, 184, 188
	ur=uva	Durativ 3. Sg.		138
	ur=ušt=e	Imperativ 2. Sg.		104, 241
ûr- (2)	(ú-ú-rV-)	Verbalwurzel	„wünschen, wollen“	48, 145
	ûr=av=ša=šše= na=mân	Präs. 1. Pl. + šše + na + Partikel		153, 155
	ûr=i=a=šše=na	Präs. 3. Sg. + šše + na		48, 171, 172, 175, 179, 182, 183
	ur=i=o	Präs. 2. Sg. (Boğazköy)		145

	ûr=i=u(w)= (a)ffu=nna=ân	Präs. 1. Sg. negativ + enkl. Pron. 3. Sg. + Konnektivum		189, 191
	ûr=i=kki ... ûr=i=kki	Formal negiertes Anti-passiv, bildet zusammen mit *ija-* den Ausdruck für	„sowohl ... als auch“	85
uri		Nomen	„Fuß“	
	ur(i)=i=l(la)	Mit Poss.-Pron. 3. Sg. + enkl. Pron. 3. Pl.	„seine Füße“	203, 206
urḫi		Nomen	„wahr“	200
	urḫ(i)=a	Essiv		113, 200
	urḫ(i>)a=lla= ân	Mit enkl. Pron. 3. Pl. + Konnektivum		123
	urḫi=ne=n	Mit Adverbialendung	„in wahrer Weise“	236, 237
	urḫ(i)=ad-	Verbalableitung		238
	ur?ḫ(i)=ad=o= kk=o	3. Sg. intr. negativ		236, 238
urḫupt=uš-		Verbalableitung	„aufrichtig verfahren?“	
	urḫ(i)=upt=uš =il=eva	Konditioneller Optativ		88, 165, 170
Urkeš^{ki}		Stadtname	Urkeš	22, 23 u.ö.
u(r)b/v-		Verbalwurzel	„schlachten“	55
	uv=o=m	3. Sg. (althurr.)		210, 211
	uv=ugar-	Mit WE *-ugar-*	„sich gegenseitig schlachten“	
	uv=ugar=ed=i	Futur 3. Sg., Antipassiv		242
	urb=umma	Infinitiv		211
	urb=ar=i=nni	Berufsbezeichnung	„Schlachter“	55, 211
uši		Nomen	Bed. unbk., vielleicht gleichbedeutend mit *uzi*?	
	uš(i)=iff=u= nna=mân/ân	Mit Poss.-Pron. 1. Sg. + Äquativ + Partikel *-man* bzw. Konnektivum *-ân*		175, 177
ušḫuni		Nomen, siehe auch *išuḫni*	„Silber“	
udr- bzw. ud+r-		Verbalwurzel	„schützen“	
	udr=an=a	Mit WE *-an-* + Personenkennzeichen 3. Sg.		244
	udr=ašt=e	Imperativ 2. Sg.		104
odirrušanna			Bed. unbk.	
	odirrušanna= lla=man			165, 167
UTU-ga-		Göttername	Sonnengott	233, 235
	^{D}UTU-ga-an	*Šimiga=(a)n* (althurr.) Siehe auch unter Šimige		233, 235
uzi		Nomen	„Fleisch“	177

Z

zalamši		Nomen, akk. Lehnwort	„Bildnis, Statue“	196-199
	zalm=a=tḫi	Götterepitheton		59
zamm+al-		Verbum	„abreißen“	
	zamm+al=ašt=o=š	Imperativ Sg./Pl. (althurr.)		138, 220, 222
zari		siehe unter *šari*		
zaz-		Verbalwurzel		51, 86,
	zaz=ol-	Mit WE *-ol-*	„zu essen geben, verköstigen“	214-215
	zaz=ol=oš=a	Prät. 3. Sg.		133, 136
	zaz=o/ul=umma	Infinitiv		239
zaz(a)l- / zaz+al-		Verbum, nicht sicher, ob zu vorheriger Wurzel		239-240
	zaz(a)l=o=kk=o	Intr. negierte Form		241
	zaz(a)l=i=o=mu	Präs. 2. Sg. + Partikel *-mu*		239, 240
zikk-		Verbalwurzel	„zerbrechen“	
	zikk=u/ol=(i)l=i	Modalform 3. Sg.		139, 217, 219
Zimri-Lim		König von Mari		26
zimz-		Verbalwurzel	Bed. unbk.	22
	zimzeḫi=na	Pl.	ein Bekleidungsstück	22
zukae		Siehe unter šukko		
zugan		Partikel	„dennoch?“	117, 157, 159
zug+m-		Verbalwurzel	„eintreten, hereinkommen	
	zugm=ušt=a=b	3. Pers. Sg./Pl. (althurr.)		130, 213, 214
zul+ud-		Verbum	„lösen“	52, 89 m. Anm. 81
zuw[ə(-)z]uəli		Lesung unsicher	Bed. unbk.	237
zuwari			Bed. unbk.	
	zuwar=r(<n)e=n	Form unklar		236, 238

2. *Urartäisch*

al-/alu-		Verbum	„sprechen“	221
ali/alu-		Relativpronomen		234
ar-		Verbalwurzel	„geben“	89
	ar=d(u)=ilani			89
-ilanni		Verbalsuffix		138
pili		Nomen	„Kanal“	222
-t-		Verbalsuffix		89, 209
-ul-		Verbalsuffix		88
urb-		Verbalwurzel	„schlachten“	56, 211

^{LÚ}urb=i=ka-	Nomen	„Schlachtopfer, Priester?“	56, 211

2. Morphemverzeichnis (überwiegend des grammatischen Teils)

A

-a	Themavokal nominal	52, 53
-a	Kasusendung	42, 66, 67, 134
-a	Verbalsuffix	41, 91
-a+š(a)	Verbalsuffix	91
-a-	Intransitivanzeiger	34, 41, 90, 126 ff.
-a- > o		97
-ae-	Verbalsuffix	111 f.
-ai-	Verbalsuffix	111 f.
-ai	„Gerundium“, siehe auch *-m=ai*	112
-a-i	Nominaler Themavokal -a- + „Honorificum“ -i	53
-ae/-ai	Kasusendung	58, 66, 67
-ae	Adjektiv- und Adverbialendung	66
-aḫ(ḫ)-	WE/Aktionsartkennzeichen	88, 130
-a-(k)ka-	Nominalsuffix, siehe auch –ga-/-(k)ka-	59
-al-	Verbalsuffix	87
-am-	WE (verbal)	88
-am=ḫ=a	Suffix bei Zahladverbien	82
-an(n)-	WE (verbal)	88
-an/ -a-an	Partikel	78
-anni	Verbalsuffix	112 f.
-ang-	WE (verbal)	129
-and-	WE	186
-av, -Ka-(a)-ú	Verbalendung 1. Sg. trans.	91 f., 136
-affu-	Verbalendung Langform 1. Sg. trans.	91, 136
-av-š(a)-	Verbalendung 1. Pl. trans.	91
-apš- /-epš-	WE (nominal und verbal)	88
-ar-	WE (nominal)	53
	WE (verbal)	88
-arbu	Nominalsuffix	58, 81
-arde	Nominalsuffix	58
-aš-	WE (verbal)	88
-aš-	Pluralanzeiger (nominal)	63, 64, 65
-aš=a	Pluralanzeiger + Kasus	66
-aš-u/o-	Pluralanzeiger + Bindevokal	64, 65
-aš-(v)a	Pluralanzeiger + Kasus	65
-aš-(v)e	Pluralanzeiger + Kasus	65
-ašk-	WE	167
-ašt-	WE V($_{okal}$)št/Aktionsartkennzeichen	88
-aš=ta	Pluralanzeiger + Kasusendung	65
-aš=tan	Pluralanzeiger + Kasusendung	65
-a-(a)-ú	Siehe -av	
-a=šše	Siehe unter *-š(š)e*	
-aššu	Verbalendung	91
-aš=u=nna	Pluralanzeiger + Bindevokal + Kasusendung	66
-aš=u=ra	Pluralanzeiger + Bindevokal + Kasusendung	65

-ad-	WE (verbal)	88, 228
-ade	Nominalsuffix	53, 81

E/I

-i/e	Themavokal nominal	52, 54
-i/e	Themavokal verbal	101
-i/e	Verbalendung Imperativ	103 f., 138
-e	Kasusendung?	66, 68
-e-	Genitiv-Allomorph	68 f.
-e-	Themavokal der Form *man=e-*	101
-i-	Nominalisierendes Element	139
-i(-)	Possessiv-Suffix	63
-i̯a-/-i̯e-	Possessiv-Suffix, Nebenform in Boğazköy	63
-i-aš-	Possessiv-Suffix + Pluralanzeiger	63
-i-	Transitivanzeiger	34, 41, 90 f., 94, 104, 126 ff.
-i- > a		77, 147
-i-	Bindevokal	107
-i-	Jussivanzeiger	103 f., 138
-*e/iḫ-	WE (verbal)	88
-i=kk=onni	Nominalelement	56
-i+l-	Verbalsuffix	112 f., 138
-i-l-ai / -i-l-anni	Verbalsuffix	112 f., 138-139
-*il+an-	WE (verbal)	89
-i-l+e	Voluntativ	103 f., 138
-il-	Verbalsuffix	112, 138
-ill-	Verbalsuffix	89, 130 f.
-i+m=ai	Verbalsuffix, „Gerundium“	112, 139
-imbu-	Verbalelement	90
-en	Verbalendung (Jussiv)	103 f.,
-i=nni / -o=nni	Nominalsuffix	55 f.
-iffə /-iffe/ -iff-u-	Possessiv-Suffix	62
-iff-aš-	Possessiv-Suffix + Pluralanzeiger	63
-epš-	Siehe *-apš-*	
-ir-	WE (verbal)	89
-i-ri	Partizipialendung	21, 113
-ewa /eva/	Modalsuffix	110 f.
-eva=š	Modalsuffix Pl.	110
-eš	Verbalendung	112 f.
-e+š(?)	Verbalendung	104, 138
-(i)=šše	Siehe unter *-š(š)e*	
-e/ište-	WE -V($_{\text{okal}}$)št-	88
-et- /-ed-/	Futurformant trans.	86, 90, 130, 134
-et-t-	Futurformant intrans.	97
-ett-		92
-idi	Nominalsuffix	59
-(i)t-/-(i)d-/	Pluralisator	102
-id-en	Verbalendung	105
-it /id/-o	Verbalendung	92, 129
-i-u(w)-	Verbalendung	94 f.
-i-wa-	Verbalendung	108 f.
-i-uffu(-)	Verbalendung	94 f.

-i-uffu=š	Verbalendung Pl.	94 f.

Ḫ

-ḫ=a	< -(ḫ)ḫe+a	82
-(ḫ)ḫe	Adjektivsuffix	54, 57, 58
-ḫḫuri	Nominalsuffix	58

G/K

-kk-	Nominalsuffix	56
-g-/-(k)ka	Nominalsuffix	56
-kkV-	Verbalsuffix intrans. negativ	91, 97, 137
-kk=o=nni	Nominalsuffix	55-56
-ki	Nominalsuffix	57
-kki	Siehe -kkV	
-kk-o-	Siehe -kkV	

L

-l-	Verbales Element	41
-ill-	> -l+il	110
-(i)l-	Siehe *-il-*	
-(i)l-eva	Siehe *-eva*	
-lla/-l	Enkl. Pronomen	76 ff., 78, 134
-l+e	Voluntativ	103 f., 106, 108, 138
-lli	Allomorph von *-l+e*	108
-li	Nominalsuffix	56, 57, 58
-lle-	Allomorph von *-lla*	78, 116
-lzi	Nominalsuffix	59

M

-m	Verbalendung, in *=o=m*	34, 97, 126 f.
-m-	Verbalsuffix, siehe unter *-i+m-ai*	
-(m)ma	Partikel	117, 137
-ma	Negationspartikel	96
-mma	Negationspartikel	137 f.
-mma /-m	Enkl. Pronomen	76 f., 91
-ma-	Pronominales Element siehe auch *-me-*	78
-ma	Partikel	117
-m-ai	Verbalendung, „Gerundium“	112
-mma-man	Partikel	78, 117
-man/-mân	Partikel	78, 117
-me-	Pronominales Element	78, 116
-me	Nominalsuffix	59
-mu	Partikel	117

N

-nna/-n	Enkl. Pronomen	76 f., 78, 91
-na(-)	Nominalsuffix, „Artikel“ Pl.	60, 62, 65

-NA-	Morphem der Suffixaufnahme Pl.	60 f., 69 ff.
-nna	Kasusendung	66, 67
-nna	< -nn(i) + a	66
-nnae	< -nn(i) + ae	66
-ni /-ne	Nominalsuffix sog. „Artikel" Sg.	48, 60 f.
-NE-	Morphem der Suffixaufnahme Sg.	58, 69 ff.
-ni	„Individualisierend"	53
-ni/e?	Kasusendung	66
-nni/e	Nominalsuffix	56
-nni, -nn(i)+ a		56, 65, 66, 67
-n(n)i	Adjektivierend	54, 55, 56, 69
-nin	Partikel	79, 117
-nn-oḫḫ-a	Suffixkombination > -nn(i)=o=ḫḫ(e)=a	69
-nzi	Nominalsuffix	59

B/P/W

-b	Verbalendung 3. Sg. „althurr."	34, 42, 125 ff.
-v	Possessiv-Suffix	62 f.
-v-u-	Possessiv-Suffix + Bindevokal	62 f.
-va	Kasusendung	45, 65 m. Anm. 71, 67
-ú-a	Graphie des Dativs nach *-u-*	45 Anm. 51
-wa-	Negationspartikel siehe auch *-u(w)/-wa*	94, 108
-ppa /ffa/-p /b/v/	Enkl. Pronomen	76 ff.
-bade	Siehe *-ubade*	
-ve	Kasusendung	45, 65 m. Anm. 70, 67
-ú-e	Graphie des Genitivs nach *-u-*	45 Anm. 51
-pae	<*ve + ae	58
-pḫe/i	<*-ve + (ḫ)ḫe	57
-pti	Nominalsuffix	57
-(a)=pti		
-(i)=pti		
-b/vur	Negationsmorphem	137

R

-rr- < -r+(i)l		110
-ra	Kasusendung	65
-ri	Siehe *-i-ri*	

Š

-š	Kasusendung	41, 65
-š(a)-	Pluralelement (verbal)	91 f., 95, 110, 112, 136
-šša < -š+nna		76 f.
-šari	Nominalsuffix	57
-(e)š	Verbalendung	112
-šše	Nominalsuffix	55
-š(š)e	Adjektivsuffix	55, 69
-šše	Nominalisierungssuffix bei Verben	69
-š(š)e	Zur Bildung von Ordinalzahlen	81

-ššì	Possessiv-Suffix Pl. (fraglich)	63
-šḫe/i	Nominalsuffix	57
-(a)=šḫe/i		
-(i)=šḫe/i		
-(u)=šḫe/i		
-št-	WE (verbal) Allomorph von -V($_{okal}$)št-	155
-šu-	Possessiv-Suffix Pl. (unsicher)	63
-šu-uš/ -(na)-šu-uš	Nominalsuffixe *-na+aš+u+š*	64

D/T

-t-	Verbalmorphem intransitiv in *-et-t-* und *oš-t*	97, 136
-t- / -d-	Verbalmorphem Plural, siehe auch *-ido-*	92
-t + a	Verbalmorpheme	91
-t- / -d-	WE (nominal)	59, 89
-t- / -d-	WE (verbal)	89
-tta/-t [d]	Enklitisches Pronomen	76 ff.
-ta /-da	Kasusendung	65
-tan /-dan	Kasusendung	65
-tann-/-tenn-	Nominalsuffix	58
-ti / -di	Nominalsuffix	59
-til /-dil/	Enkl. Pronomen	76 f.
-tilla /-dilla/		76 f.
-(a)-tḫ-	Nominal- und Verbalsuffix	59, 209
-tḫi/e	Nominalsuffix	59
-(a)=tḫi/e		
-(i)=tḫi/e		
-(u)=tḫi/e		

O/U

-o-	Themavokal intransitiv, eigentlich *-a-*	97
-o-	Anzeiger des Zustands	126
-o-	Verbalsuffix „althurr.", in *=o(=m)*, *=id=o*	96 f., 126 ff.
-o/u(+m+ai)	Verbalsuffix „Gerundium"	112
-u/o-	Bindevokal vor Kasus (*-u-ra*, *-u-da*)	64, 71
-o-	Derivationsvokal	54 m. Anm. 61
-o	Verbalendung 2. Sg. trans.	91
-u	Verbalendung unklar, bei intrans. Handlungsverben	130 f.
-ú-a	Siehe *-va*	
-u/oḫ-	WE (verbal)	89
-uḫli	< *=o=ḫ(e)=li* Nominalsuffixe	57-58
-uḫuli	Nominalsuffix	57-58
-ug-	WE	88
-ukar- /-ugar/	WE (verbal)	88
-u-kki	Nominalelement	59
-o-kk-o	Verbalendungen intransitiv	97 f., 137
-ol-	WE (verbal)	88
-o+l-		112
-u/ol-	WE (verbal)	88, 130
-u/ol+il-	>u/oll-	139
-om-	WE (verbal) „althurr."	88, 126 ff.

=o=m	Verbalendung „althurr.“, siehe auch *-o-*	34, 96 f., 126 ff.,
-umme	Infinitiv	113
-on-	WE (verbal)	88
-o=nni	Nominalelement	56 f.
-u(w)/-wa-	Negation	91, 94, 108 f., 136
-uva	Verbalendung	137 f.
-ubad-	Nominalsuffix	59, 137
-uw(a)+ade		137
-u/owen	Verbalendung	109
-upp-	/uff/ WE (verbal)	89
-upt-	WE	170
-uffu	<-u(w)+(a)ffu Verbalendung negativ	94, 95
-uffu=š	<-u(w)+(a)ffu+š Verbalendung negativ	94, 95
-o-b/vur	Siehe *-b/vur*	
-o/ur-	WE (verbal)	89
-u=šḫe/i	WE (nominal)	57
-u/o=š	Verbalendung	108, 138
-oš-	Tempusanzeiger Prät. trans.	86, 90 ff., 130, 136
-oš-t-	Tempusanzeiger Prät. intr.	97
-uš	Kasussuffix	66, 67
-uš-	WE (verbal)	89, 130
-ušt-	WE -V($_{okal}$)št-	89, 130 f.
-uššu	< u(w) + (a)ššu Verbalendung negativ	94, 95
-ut-/-ud-	Verbalsuffix negativ	96 f., 136
-ut- /-ud-	WE	89
-u-da	Bindevokal mit Kasusendung	65
-u-dan	Bindevokal mit Kasusendung	65
-uzzi /-u/o=zzi	Adjektivsuffix	56

Z

-zari	Siehe -šari
-zzi	Siehe -uzzi

3. Stellenverzeichnis

		Seite
IBoT 2: 39	Vs. 22	138
IBoT 2: 51+	Rs. IV 1 u.ö.	104
KBo 12: 80+	I? 6	112
KBo 15: 75+	IV 22‘	133
KBo 19: 139	II 12‘	49
KBo 20: 134+	Vs. 9	133
KBo 27: 214	V 4'	229
KBo 27: 217	Rs. 16'	200
KBo 32: 11	I 1	212
	I 2	103
	I 4	106, 138
	IV 12', 16'	200
	IV 19'	85
KBo 32: 12	I 7-8, 9	106, 224
	IV 18 ff.	224
KBo 32: 13	I 1-6	203-206
	I 2	89
	I 4	134
	I 5-6	128, 132
	I 7-11	207-210
	I 12	122, 129, 134
	I 15	132, 134
	I 15-16	115
	I 15-19	210-212
	I 16-17	132
	I 18-19	132
	I 21	129, 130, 134
	I 21-26	213-215
	I 22	129, 134
	I 23	129, 135
	I 26	133
	I 28 f.	130
	I 30	143, 145
	II 1-8	207-208
	II 9-14	212-213
	II 15-20	212-213
	II 21-27	215-216
KBo 32: 14	I 5	68
	I 6	113, 138
	I 8	112
	I 12-13	105, 108, 138
	I 17	137
	I 18	142
	I 19-20	129
	I 21	134
	I 22	74
	I 23	104, 138
	I 24	106
	I 28	138
	I 29	97
	I 38	97
	I 40	106
	I 42	128, 132
	I 42-51	216-219
	I 42-43	132
	I 48	139
	I 52-59	220-222
	I 54-55	133
	I 57, I 58	138, 77
	II 42-51	219 f.
	II 52-60	222 f.
	III 1-5	223 f.
	IV 1-5	223
	IV 4	132
	IV 6-8	225-226
	IV 7	106
	IV 17	129, 134
	IV 18, 27	115, 132
	Rs. 21, 33	106
	Rs. 28	130
	Rs. 35	134
	Rs. 38	129
	Rs. 53	106
	Rs. 60	59
KBo 32: 15	I 4'-6', I 5'	129, 142, 227-228
	I 6', 8'	110
	I 9'; 7'-9'	110; 229 f.
	I 11'	142
	I 16'	110
	I 18'	111, 138
	18'-21'	230-232
	I 20', 21'	83, 137
	I 23'	136
	I 24'	96

	I 26'	85, 136
	II 7'-9'	230
	II 18'-21'	232 f.
	III 9	89
	IV 2	136, 143, 145
	IV 3	138
	IV 8 f.	132
	IV 9	56
	IV 12-13	112
	IV 16	137
KBo 32: 19	I 1, 3	104, 138
	I 5	49
	I 6, 8	136
	I 14	136
	I 16	64
	I 20	96
	I 23	110, 138
	I 24	136
	I 29, 32	143
	I 29, I 32	104, 143
	I 37	136
	IV 25'	136
KBo 32: 20	I 10'	73
	I 16'	92, 129
	IV 21'	115
KBo 32: 31+	Vs. 11-12	137
KUB 8: 60(+)	I 16"	106
KUB 10: 63	II 15	145
KUB 24: 71+	28	133
KUB 27: 1	I 71	141
KUB 27: 6	III 62	231
KUB 27: 34	I 4	142
KUB 29: 8	II 29-30	74
	IV 31	112
KUB 45: 47+	III 19'	70
KUB 45; 61	Vs. II? 18	78
(+)KUB 45: 62	I? 6	112
KUB 45: 63	IV 6	142
KUB 47: 1	I 3	222
KUB 47: 2	I 2	141
	IV 7'	105
	IV 8'	92, 133
(+)KUB 47: 9	I 16'	106

KUB 47: 78	I 13	144
KUB 47: 93	Rs. 9'	229
KUB 47: 109	6	229
Mari 5	8-11	92
Mari 7+6	9'-14'	236
Meskene		
MSK 74.192a	Vs. 10	73
Mit. I	50	48
	51	71, 104, 105
	73	71, 148
	74	77, 145
	74-82	153-156
	75	145
	76	141
	76 ff.	144
	77	76
	78	78, 143, 148
	79	55
	82	147
	83	77, 146
	83-89	179-181
	84	62 Anm. 67, 141, 180
	89	63 Anm. 68
	90	48, 146
	93-94	82
	94 f.	72
	99	114
	101-103	236
	104	114
	104-109	182-183
	106-107	142
	108	48
	110	109
	115	142, 145
Mit. II	5	144, 147
	6	143
	12	147
	13	104, 147
	14	134, 145
	15	143
	32	77
	50	76, 144
	52	141

	54	64, 143
	55	142
	56	49, 77, 105
	58	144
	59	82
	65	141
	69	55
	71	55
	72	73
	75	78
	76	87
	77	62
	79	55
	85, 84-85,	103, 106, 144
	91	147, 224
	92	145
	100	224
	101 f.	122
	103	121
	107	121
	107-108	121
	117	215
	124	215
Mit. III	1	76, 141, 146
	2	146
	5	85
	5 f.	85
	5-7	85
	7	70, 74, 143
	9 f.	144
	11	141, 146
	11-20	156-160
	12	48, 146, 147
	13	146
	14	173
	15	146
	17 f.	123
	21	48, 70, 141, 146
	21-34	174-179
	23	104
	24	48
	30	107
	32	77
	34	102 Anm. 84, 104 Anm. 86,
	35	141
	35-43	160-164
	36	141
	39	107
	40	48, 104, 147
	40 f.	71, 123, 143
	41	107
	42	104
	45	142
	48	59
	49	147
	49-65	164-171
	51	147
	52 f.	148
	52, 58	63 Anm. 68
	52-53	115, 123
	54	76, 83
	55 f.	115
	56	123, 148
	60	71
	63	110
	64	89
	65	148
	66-74	164, 191-195
	68-69	72
	69	63 Anm. 69
	73	142
	75, 78	147
	89-94	196-197
	97-107	198-201
	98	71, 144
	99	146
	101	77
	102	110, 148
	110-112	109
	111	109
	114	71
	120-121	119
Mit. IV	1	103, 147
	5	59, 146
	6	59
	12	143
	16	77
	16 f.	121
	18	109, 114, 148
	19	68
	20, 20-21	108, 141, 147
	22	114
	26	109

27	92
27 ff.	123
30-39	171-174
33	77
36	77
37	143
40	147
40-44	183-184
41	87
42	116
42-43	106
43	103, 147
45	114, 146, 148
45-50	184-189
46	48, 71, 77, 96, 146
46 f.	144
47	130
48	71
49 f.	68, 114
51-57	189-191
52	112
53	112, 142
54	108, 148
55	147
56	111
58	143
59	59, 111
60	92
63	76
64	111
65	112
104	224
110	147
113	142
117	141, 145
121	104
121-122	112
123	148, 228
124 f.	123

Qaṭna-Briefe:

MSH02G-i0194+0284	Rs. 17-18	239
MSH02G-i0194+0284	Rs. 23-24	239-240
MSH02G-i0193	Rs. 37-39	240
MSH02G-i0274	Vs. 9-12	240-241
	Rs. 30-34	241-242
MSH02G-i0275	Rs. 60-65	242

Tiš-atal-Inschrift (AO 19938)	1-25	232-236

Ugarit

RS 15.015	1-9	243-244
RS 15.30+49		83